（上）１歳近いころの私（左）、１歳よりちょっと上の私（下）。

ちがう年齢の私（上）、母や親友といっしょに（下）。

父はやさしい顔をしている。

私はいろんな顔をしています。

1949年のセント・ピーターズ校の集合写真から。（反時計まわりに左上から）私、ランカスター大尉、トルソン夫妻、ミスター・バートレット、ドルマン師。

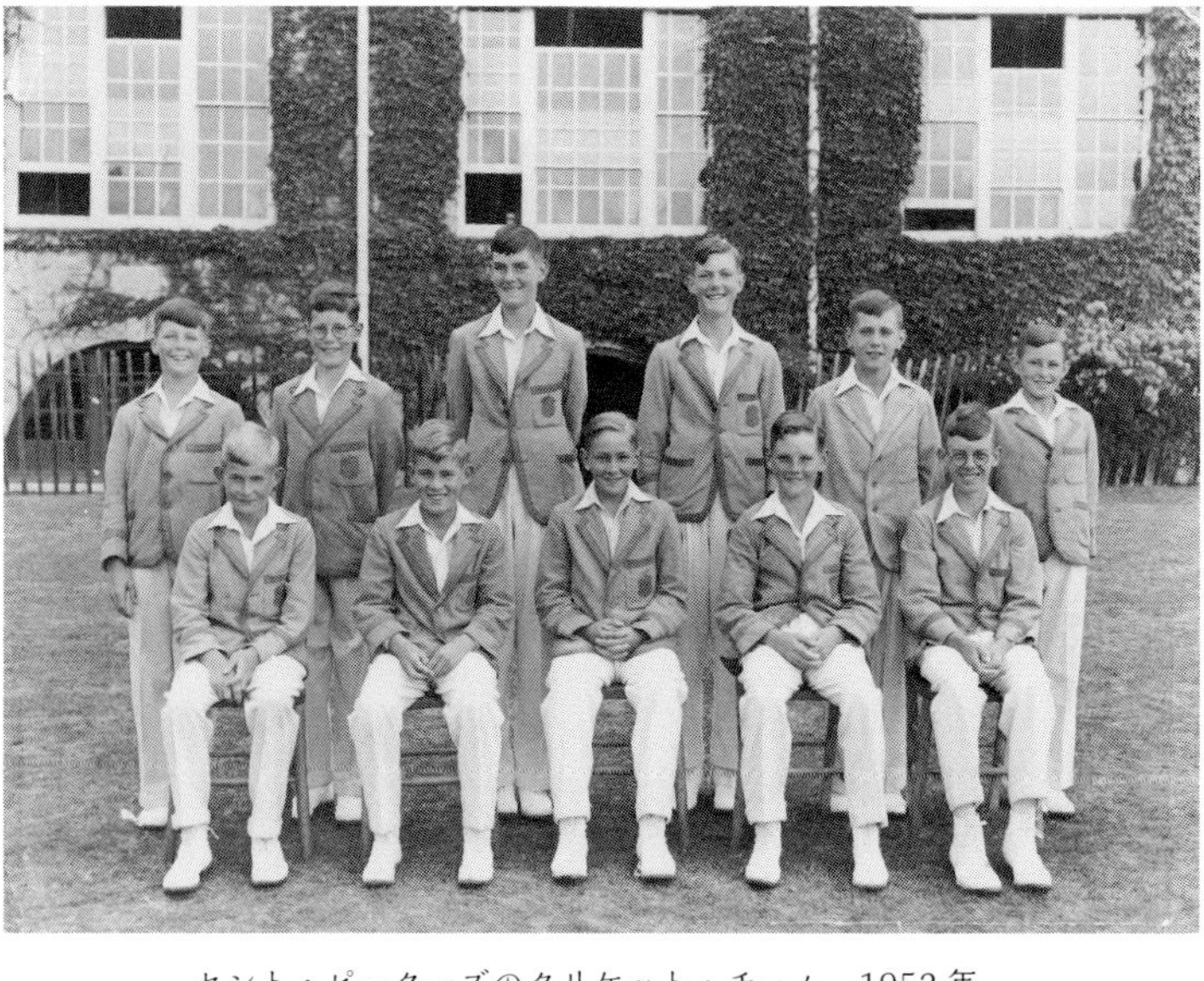

セント・ピーターズのクリケット・チーム。1952年。

（上）奨学金の試験のあと、クリフトンから出てくるところ。1953年夏。
（下）クリフトン・コレッジの美しい写真。

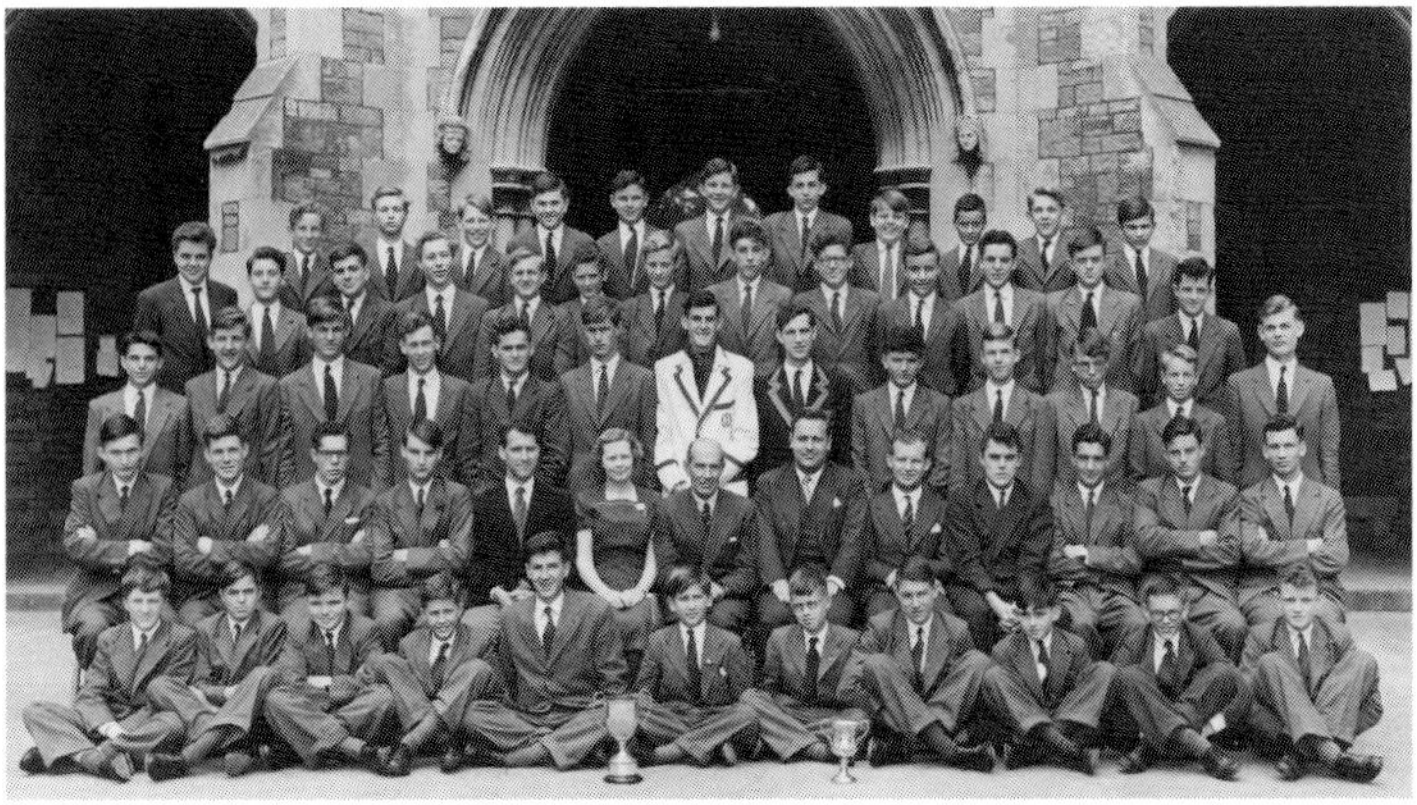

クリフトンの集合写真。私はひとりだけクリケットの１軍選手のブレザーを着ており、その明るい色のせいで、真ん前に座るユーモアを解さない小男がいやがうえにも目立っている。

ルシフェル役の私。ファウストをおどかしているところ。

教師として戻ったころのセント・ピーターズ。幸福な日々だった。

セント・ピーターズの教師
（ひげを生やしたころ）。

（上）1961 年夏に撮影されたダウニング・コレッジの集合写真。私は撮影に遅れてきたうえに、ガウンも忘れている。

（右）1962 年のフットライツ・レビュー用のぱっとしない写真。

（下）1963 年のレビュー用のプログラム。

※図版中の紹介文の訳。ジョン・オットー・クリーズ：頭がよくて憎めない、パブリックスクール出身者（23 歳）。フランス語は少しかじった程度、運転できます。7 月以降、面白くて給料のいい仕事を求む。なんでもしますどこでも行きます（ロラード派にあらず、完全なノンポリ、時計の便利さを見て機械打ち壊し派から転向したが、自転車には乗れない。――文責エド）。

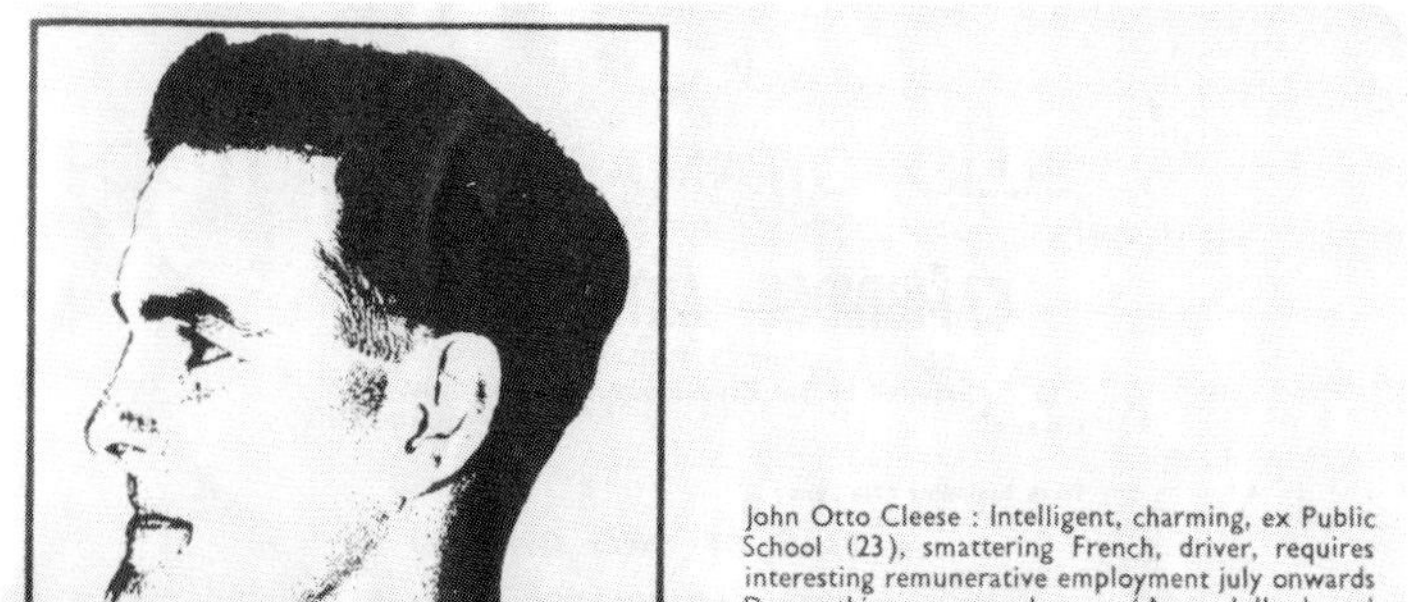
John Otto Cleese : Intelligent, charming, ex Public School (23), smattering French, driver, requires interesting remunerative employment july onwards Do anything, go anywhere. (A non-lollard, and utterly trend-less, he was converted from Luddism by watches, and cannot ride a bicycle.—Ed.).

GRAHAM CHAPMAN.

A 23-year-old medical student, he has made frequent appearances in cabaret at various London night-clubs, and though not an original member of the cast he joined the revue when it transferred to the Lyric Theatre in London. His friends and enemies alike describe him as a gangling pipe-smoker. Gangle, gangle, gangle he goes, smoking his pipe.

JOHN CLEESE.

Bluff, slate-faced and gimlet-eyed, he prefers to be known as Otto and lives in a light-weight cupboard. He worked as a script-writer for the BBC until released by them for this tour, and is an amusing 24. He gives his hobbies as photography, football, food and slumber — but (he adds) 'I am utterly trendless.'

『ケンブリッジ・サーカス』の出演者ふたり。

※紹介文の訳

グレアム・チャップマン／23歳の医学生。ロンドンのさまざまなナイトクラブの寄席にしょっちゅう出演している。最初の配役には入っていなかったが、ロンドンのリリック・シアターに移ってから参加。味方からも敵からもパイプをくわえてひょろひょろ歩くやつと評されている。ひょろひょろひょろ歩きながら、今日もパイプをふかしている。

ジョン・クリーズ／ぶっきらぼう、いかつい顔に鋭い眼光、オットーと呼ばれたがり、軽量の戸棚で暮らしている。BBCで台本書きの仕事をしていたが、このツアーのために休みをもらって、いまは愉快な24歳。本人によれば、趣味は写真とサッカーと食物と昼寝——だが（と付け加えるところでは）「流行には左右されない」。

私の撮影した『ケンブリッジ・サーカス』の出演者たち。（反時計まわりに上から）デイヴィッド・ハッチ、ティム・ブルック=テイラー、ジョナサン・リン。

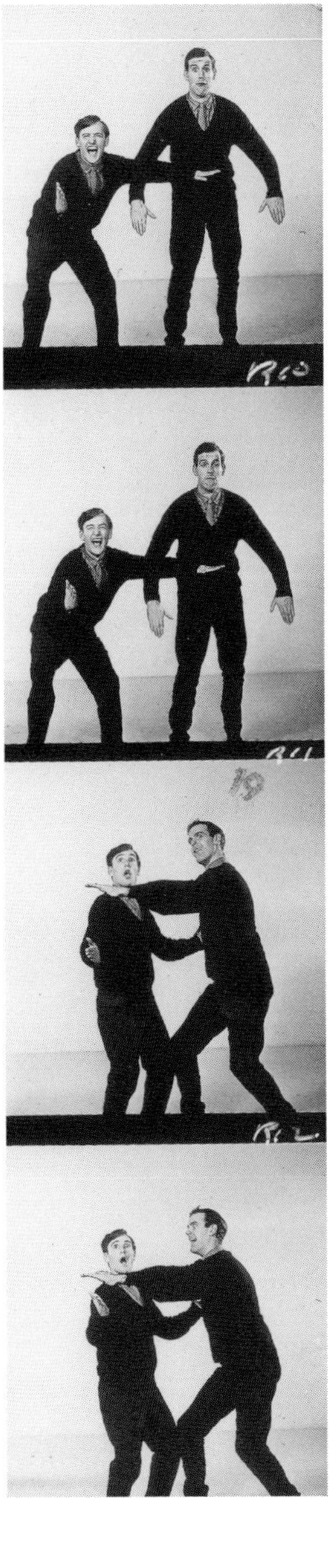

その他の出演者：（上）ハンフリー・バークレイ、（下）ビル・オディ、（左）デイヴィッドと私がふざけているところ。

『ケンブリッジ・サーカス』のコント：（上）ジョー・ケンドルと私、サマセット・モームのパロディ。（下）おびえるグレアム・チャップマンに容赦なく反対尋問する私。裁判官はデイヴィッド・ハッチ。

「中国の歌」：いまでは人種差別的で許されないが、1963年当時は問題とは思われていなかった。

（上）トミー・スティールとポリー・ジェームズ。『ハーフ・ア・シックスペンス』から。
（下）意図不明のスチール写真。私と踊り子。

《フロスト・レポート》から。（左から）ニコラス・スミス、ジュリー・フェリックス、トム・レーラー、ロニー・バーカー、私、ロニー・コーベット、ニッキー・ヘンソン、デイヴィッド・フロスト。

（左）警官に扮して。
（下）「階級」コント。私はロニー・コーベットに笑わされている。

コニー。

グレアム。

（上）《やっと1948年に企画したショーが》の出演者。上から反時計まわりに、エイミー・マクドナルド、マーティ・フェルドマン、私、ティム・ブルック＝テイラー、グレアム・チャップマン。
（下）「ルバーブのタルト」の歌のレコーディング風景。

（上）《やっと1948年に〜》の出演者たちがふざけているところ。
（下）『マイケル・リマーの大躍進』のセットで、ピーター・クックと。

（上）ピーター・セラーズ、リンゴ・スター、私の３人がジョークで笑っているところ。
（下）《グーン・ショー》の出演者たちと私の一部。

（上）《モンティ・パイソン》のメンバー。
（下）「さて、お話変わって……」

（上）「第 127 回上流階級ばか旦那競争」。
（下）「ヘルズ・グラニーズ（地獄のおばあちゃん）」のひと休み。

さまざまな制服。

（上）テリー・ジョーンズと私によるアラン・ウィッカーの物まね。
（下）オウムを調べているところ。

だれでしょう。

JOHN
CLEESE

So, Anyway...

モンティ・パイソンができるまで

ジョン・クリーズ自伝

ジョン・クリーズ
安原和見 訳

早川書房

モンティ・パイソンができるまで
――ジョン・クリーズ自伝――

SO, ANYWAY...
by
John Cleese
Copyright © 2014 by
John Cleese
Translated by
Kazumi Yasuhara
First published as So, Anyway... by Random House Books
an imprint of Cornerstone Publishing
Cornerstone Publishing is a part of the Penguin Random House
group of companies
First published 2016 in Japan by
Hayakawa Publishing, Inc.
This book is published in Japan by
arrangement with
Random House Books
an imprint of The Random House Group Limited
through The English Agency (Japan) Ltd.

父とフィッシュに

謝辞

ジム・カーティスの驚くべき学識と、変わらぬ支援と、そして聞けばただちに時系列を明らかにしてくれるその能力に心から感謝したい。また、ハワード・ジョンソンは《やっと一九四八年に企画したショーが（*At Last the 1948 Show*）》に関するよい資料を大量に発掘してくれた。大西洋の両側の出版社のかたがた、とくにスーザン・サンドンと、とりわけケヴィン・ダウトン、そして広報担当のシャーロット・ブッシュにも感謝したい。

私の人生に関わってくれたあらゆる人々にお礼を言いたい。この本が書けたのはその人々のおかげである。ここではお名前をあげたくない――数が多くなりすぎるし、ふたりの名前をあげなかったら、怒って二度と口を聞いてくれないだろうから、そんな危険は冒したくない。

最後に、校正者の「スパッツ」ことナイジェル・ウィルコックソンに警告しておくが、この本の唯一の著作権者であるなどと主張しないように。きみの権利はせいぜい四分の三だ。

それから……三匹の猫とひとりの魚《フィッシュ》に、私があれやこれやだったときに我慢してくれてありがとう。

目次

謝辞　30

第1章　過保護な父と心配性の母　35

第2章　中流の下《ロウアーミドル》の暮らし　60

第3章　セント・ピーターズの憂鬱　85

第4章　クリフトン私立中等学校《コレッジ》で笑いの味をしめる　112

第5章　教師として一〇歳児に立ち向かう　146

第6章　〈フットライツ〉の中で
——ケンブリッジのアマチュアコメディアン　188

第7章 相棒グレアムと喜劇漬けになる 220
第8章 『ケンブリッジ・サーカス』ツアーに
——笑いのプロへの第一歩 255
第9章 ブロードウェイでミュージカル!?
——アメリカに乗り込む 282
第10章 ボストンとトロントで場数を踏む
——ミュージカルとの別れ 319
第11章 初めてのテレビ出演 346
第12章 イビサ島での「甘い生活」
——映画脚本書きの日々 382
第13章 いよいよ番組を持つ 407

第14章　苦々しき《人をいらいらさせる方法》　475
第15章　《バリー・トゥックのフライング・サーカス》!?
――パイソンズ始動　500
第16章　そして現在……　535
訳者あとがき　559
写真クレジット　565

第1章　過保護な父と心配性の母

生まれて初めて人前に出て注目を浴びたのは、保健室に続く階段をのぼっているときだった。一九四八年九月一三日のこと、それは英国サマセット州ウェストン＝スーパー＝メアのセント・ピーターズ私立小学校《プレパラトリースクール》の保健室の階段だった。私は八歳と一〇カ月、観衆は九歳児の集団で、こっちに向かって野次を飛ばし、「チーーズ！　チーーーズ！」とはやし立てる。階段をのぼりながら、恥ずかしく、また恐ろしかった。しかしなにはさておき面食らっていた。どうしてみんなぼくばかり見るんだろう。こんなに意地悪をするなんて、ぼくがなにをしたっていうんだろう。それに……いったいどうして、ぼくの名字がもとはチーズだったことを知ってるんだろう。

寮母の「フィッシー」ことフィンドレーター先生から、新入生としてお定まりの身体検査を受けながら、私は考えをまとめようとした。両親からは、常づね「乱暴な悪い子」に近づいてはいけないと教わっていた。それなのに、そういう子たちがどうして、セント・ピーターズみたいないい学校にいるんだろう。どうやって近づかないようにすればいいんだろう。

最大の不幸は、私がただの子供ではなく、ひじょうに背の高い子供だったことだ。このときにもう一六〇センチあったが、一二歳になる前に一八〇センチを超えることになる。だから、目立たないように身を隠すのがやたらにむずかしかった。そうできたらどんなによいかとよく思ったものだ——どの先生よりも背が高くなってからはとくにそうだった。バートレット先生に、いつも「抜きんでた市民」と呼ばれていたのもきつかった。

しかも、この雲つく高さのせいで「身長に体力が追いつかない」状態で、ひょろひょろの身体はぎくしゃくして不器用だった。そのせいで数年後、体育教師のランカスター大尉に「一八〇センチのくたくたの紐」と言われるほどだ。それに加えて、野獣の群れのような少年の集団に関わった経験がなかったことを思えば、保健室のドアが開いて、「フィッシー」先生にやさしく外へ出されたとき、私の顔に正真正銘の臆病者の表情が浮かんでいたのも無理はないだろう。人前に出て注目を浴びるのは、これが生まれて二度めだった。

「大丈夫よ、ただからかってるだけだから」と先生は言った。それがなんの慰めになるというのか。同じせりふをニュルンベルクで言ってみろっていうんだ。しかし、少なくともさっきの合唱はやんでいて、なにかを待ち受けるような沈黙のなか、私は自分の足を励まして階段をおりていった。

「議会派《ラウンドヘッド》か王党派《キャヴァリエ》か」

「えっ？」

四方八方から詰め寄られ、口々に「ラウンドヘッドかキャヴァリエか」と問い詰められた。なにがなにやらさっぱりわからない。

質問の意味がわかっていたら、私はまずまちがいなく気絶していただろう。それぐらいひ弱な温室育ちだったのだ（もっと育ちのよい読者のために説明しておくと、清教徒革命時に対立していた二派のどちらがよいと思うか訊かれているわけではなく、割礼を受けているかどうか白状しろと迫られていたのである）。とはいえ、私立小学校《プレパラトリースクール》の初日はまったくの不毛だったわけではない。家に帰るころには、新しい単語をふたつ憶えていた。「pathetic（どうしようもない）」と「wet（しょんべんたれ）」だ。もっとも、「sissy（意気地なし）」は父の辞書で調べてやっと意味がわかったのだが。

どうしてあんな……でくのぼうだったのか。まずは生い立ちから説明しよう。生年月日は一九三九年一〇月二七日、生地はアップヒル、ウェストン＝スーパー＝メア（イングランド南西部、ブリストル海峡に臨む都市。保養地として知られる）の南にある小さな村だが、海岸から内陸に伸びる道路を一本渡れば、もうそこはウェストンだった。私の最初の記憶の舞台は、しかしそのアップヒルの村ではなく、数マイル離れたブレント・ノルという村であり、憶えているのはそこに生えていた一本の木のことだ。私はその木の陰に寝ころんでいて、枝と枝のすきまから真っ青な空を見あげている。陽光がさまざまな角度から木の葉にあたり、あちらの色からこちらの色へと目を飛ばせば、翠緑《すいりょく》の葉叢《はむら》は翠緑のあらゆる色合いを見せていた（ここで「翠緑」と「色合い」と「葉叢」という単語を使ってみようと思ったのは、私が英語を教わった教師は例外なく、それが文才の表われだと考えていたからだ。ただ、「翠緑」の語を二度使ったのはまずかったかもしれない）。

もちろん、これが最初の記憶だと確信があるわけではないが、最初の記憶だとずっと思ってきたのは確かだし、好んでそう思ってもいる。なぜなら筋が通るからだ。赤ん坊の私が乳母車のなかに寝かされて、きらめく翠緑の葉叢のからみあいとその美しい色合いを飽きず眺めているというわけだ。

しかし、ひとつ確かなことがある。この樹木の記憶の少し前に、ドイツ軍がウェストン＝スーパー＝メアを爆撃したということだ。今度もまた、すぐに同じことを書いてしまうが……

一九四〇年八月一四日、ドイツの爆撃機がウェストン＝スーパー＝メアを爆撃した。ちゃんと証拠がある。あらゆる新聞に載ったのだ。とくに《ウェストン・マーキュリー》紙にはまちがいなく載った。ウェストン市民はみな、この空襲はなにかのまちがいだと信じていた。ドイツ人は有能で知られた国民なのに、ウェストン＝スーパー＝メアなんぞにちゃんと爆発する爆弾を落とす理由がない。爆弾のように高価《たか》いものを使って壊すかいがあるほど高価いものなど、ウェストンにはなにひとつないではないか。つまり、爆弾がひとつ爆発するごとに、ドイツ経済がちょっぴりへこむということになる。

しかし、ドイツの爆撃機はまた戻ってきた。それも何度も戻ってきて、だれもが首をひねった。とはいうものの、ウェストン市民は実際には、爆撃されて喜んでいたのではないかと思わずにはいられない。かつてなくえらくなったような気がするからだ。しかしやはり疑問は消えない。なぜドイツ兵はわざわざこんなことをするのか。これはたんに、ゲルマン的な生きる喜び《ジョワ・ド・ヴィーヴル》というやつだろうか。ドイツ空軍《ルフトヴァッフェ》のパイロットは、ウェストンの海岸地区《シーフロント》を西部戦線《ウエスタン・フロント》と混同したのではあるまいか。年配のウェストン市民がまじめに言うのを聞いたことがあるのだが、あれはウィリアム・ジョイスの命令だという説もあった。有名な「ホーホー卿」、戦時中に英国に向けてナチのプロパガンダをラジオ放送したため、一九四六年に反逆罪に問われて英国で絞首刑にされた人物だ。アイルランド人の子孫でブルックリンで生まれた人物が、わざわざヒトラーをつかまえて説得するほどどうしてウェストンに敵意を抱くのかと訊いてみたら、そのアマチュア歴史家たちは黙ってしまった。私自身は、ドイツ国家元帥《ライヒスマーシャル》ヘルマン・ゲーリングが遺恨を抱いていたせいだとにらんでいる。一九二〇年代に、ウェストンの埠頭で不愉快な目にあったのだろう。たぶんノエル・カワード（英国の劇作家・俳優・歌手、一八九九～一九七三）とテレンス・ラティガン（英国の劇作家、一九一一～七七）が一枚かんでいるにちがいない（英国では、埠頭の先端に演芸場などの娯楽施設が作られていることが多かった）。

しかし、いちばん筋が通っていたのは父の説だった。ウェストンに爆弾を落としたのは、ドイツ人にもユーモアセンスがあることを証明するためだったというのだ。

真相はともかく、最初の空襲の二日後、わが家はサマセット州のブレント・ノルというひなびた小村に引っ越した。父はフランスの塹壕で四年過ごしたことがあって、どっかんどっかんには辟易していたし、ウェストンで戦争遂行に欠かせない重大ななにかをやっていたわけでもなかったので、空襲の翌日には近くの田舎を一日かけて車で走りまわり、小さな農家を見つけてきた。所有者のラッフル夫妻は、有料の客人としてクリーズ一家を受け入れることに同意してくれた。父が時間をむだにしなかったのはすばらしいと思う。わが家はぶじ逃げ出せたのだ！　農家を見つけてきたのも、父らしい抜け目ない選択だった。厳しい配給の時期に、卵一個や鶏一羽、ときには小さな豚の一頭すら見当たらなくなっても、だれも大して気にしないからだ。

あるとき母から聞いたのだが、父がさっさと撤退したものだから、ウェストンでは陰口を叩く者もいたそうだ。同じ逃げ出すにしても、一週間ぐらいは待つほうが世間体がよいということらしい。私が思うに、この考えかたは逃げ出すという行動の本質を見逃している。逃げるというのは、思いついた瞬間にとる行動だ。ぐずぐず引き延ばす癖が強迫観念の域に達しているのでもないかぎり、「生命《いのち》からがら逃げ出そう、でも水曜日の午後になってからね」なんて人間がいるわけがない。

木に話を戻そう。何年もたってからくだんの農家を訪ねてみたところ、記憶のなかにあるとおり、そこには前庭のまんなかに栗の大木がそびえていて、私の乳母車がその下に楽に置けそうだった。この農家は中ぐらいの大きさの家で、一九四〇年には、同じぐらいの大きさの家々が道路沿いに並び、向かいには畑が広がっていた。正面から見るとあまり農家らしくないが、車寄せを歩いていって裏にまわると、ふつうの畑があって、泥と鶏とさびた農機具があり、フェレットのかごと木造のウサギ小屋があった。

私の二番めの記憶は、ここがその舞台になる（最初のよりあとの記憶なのはまちがいない。このときは自分の足で立っているから）。ウサギに噛みつかれたのだ。

というより、ウサギにくわえられたというべきだろう。しかし、私は弱虫泣き虫のめめしいチビだったので、腕を一本なくしたかのように大騒ぎをした。あまりに理不尽な成り行きに、すっかりショックを受けていたのだ。ついさっきまで、「こんにちは、ウサちゃん！」とにこにこ声をかけて、小さなかわいい顔とふわふわの長い耳を愛《め》でていたのに、次の瞬間にはこの悪党に襲われたのだ。なんと無理無体な。こんな狂暴な反応が返ってくるなんて、私がいったいなにをしたというのか。

しかしここで問うべきなのは、なぜ私はこんなに意気地なしだったのか、ということだろう。その答えは明らかだ。ひとりっ子で、しかも両親はかなりの年配で過保護だった。その証拠になる記憶

（三番め）がある。このときは三歳ぐらいで、舞台はレッド・カウ・インというホテル、ブレント・ノルの中枢にして活気ある心臓部だった。私はなにかのはずみに手をぶつけて、わっと泣きだす前に、その手をあげて父に見せ、「パパ、見て！　ぼくの大事な親指が痛いよ！」と叫んだ。すると驚いたことに、どっと笑いが湧いたのだ。私の親指は大事ではないというのか。父はぜったい大事だと思っているはずだ。なにかあるたびに、「かわいそうに、大事な――［適切な身体部位の名称を入れる］が痛かったね」といつも言っているではないか。

　できれば父を批判したくはない。私に正気があるとしたら、それは愛情深い父のやさしさのおかげだ。しかし過保護だったのは否定しようがないし、私が意気地なしとして人生のスタートを切ったのは、甘やかされて育ったことも理由のひとつだったのはまちがいない。学校時代を通じて、私は一度も自分が男らしいとか、強いとか、たくましいとか、活発だとかやんちゃだとか感じたことがない。学校では「腕白坊主」たちには近づかないようにしていた。あんなふうに行動したがる理由が理解できなかった。球技は好きだったが、たとえばラグビーなど、なんと荒っぽいスポーツだろうと見ていてぞっとしたものだ。というのも、いつも安全な距離を置いてプレイするふりをしていたからである。ところが一七歳のとき、クリフトン中等学校《コレッジ》の舎監助手だったアレック・マクドナルドのせいで、とうとういまいましいタックルをやらされることになった。私のやりかたを「病気の妖精が踊りを踊ってるみたいだ」とけなし、ちゃんとしたタックルをやってみせるからよく見ていろと彼は言った。そしてファーストＸＶ（レギュラー選手のこと）のトニー・ロジャーズに、こっちに向かって走ってこいと指示を出した。マクドナルド先生はロジャーズに迫っていき、思いきりぶつかったが、ちょうどそのときロジャーズが体《たい》をかわそうとしたため、頭のてっぺんをロジャーズの右の腰骨にしたたかにぶつけてしまった。その日の午後、マクドナルド先生は教壇に立てなかった。それどころか、その後四八時間は姿を見せなかったほどだ。やっと姿を見せたとき、「思いきり行けば痛くない」っておっしゃいませんでしたっけ、とは臆病な私にはとても言えなかった。そんなわけで、国際試合にやって来たラグビー選手がトウィッカナムをぶらついていたとき、私はその姿を畏敬の念をもって眺めたが、遺伝子レベルでべつの生きものだという気もした。私は屈強な男には生まれついていないし、自分が根っから臆病者なのを認めてなんの不満もない。それに、臆病者はめったに厄介を引き起こすことはないように思う。たぶんそのせいで、厄介ごとを引き起こす人に撃ち殺される臆病者があとを断たないのだろう。*

断わっておくが、子供のころ意気地なしだったのはすばらしいなどと言いたいわけではない。とはいえ、私が腰抜けのへなちょこだったのは否定しようもないが、それにはよい点もあった。少なくとも、一部の若者のようにしょっちゅう頭に血が上って爆発するようなことはなかった。狂暴よりは意気地なしのほうがましだろう。私は金網レスリングをまともに観戦できたことがないが、そんな自分を恥ずかしいとはまったく思わない。

こんなひ弱な人間に育ったのが、ひとつには父に甘やかされたせいだとすれば、ふたつかみっつぐらいには母との複雑な関係のせいでもある。そしてこの話題になると思い出す、幼いころの記憶がもうひとつある。ベッドに横になって眠りかけているところへ物音がする。寝返りを打つと、寝室の半開きのドアに影が動いていた。けんかをしている両親の影だ。父は私の部屋に入りかけていて、母がその父に手をあげている。何度もこぶしを見舞われて、父はそれをよけようとしている。ふたりとも無言だった――私を起こさないよう気をつかっているのだ。とてもはっきりした記憶なのに、それに付随する感情の記憶がない。ほんの数秒ほど影が見えただけ、そのあとは……静寂。いまこれを書きながら、少し胸が詰まるのを感じる。大した暴力ではない――棍棒もチェインソーも出てこない。ただ中の下の階級《ロウアーミドルクラス》の素手のけんかで、英国の法律に言う「重大な身体傷害」の恐れは皆無だ。しかしそうは言っても、私のやさしい父が、親切で立派な人物が、得体の知れない生物に襲われているのだ。みんなが言うところでは、その生物はどうやら私の母らしいのだが。

　幼児は人生経験がほとんどないから、身のまわりで起こること、わが身に降りかかること、それがふつうのことだとどうしても思い込んでしまう。私の娘のシンシアがまだ小さかったころには、友だちのお父さんがみんなテレビの仕事をしているわけではないと知って驚いていたものだ。そんなわけで、母との関係に問題があると考えるのは、当時の私にはむずかしかっただろう。なぜなら、「母親らしい」という言葉からたいていの人がなにを連想するのか、まったく知らなかったからだ。あるとき父が、第一次世界大戦のさいに、塹壕に寝ていた負傷兵が母の名を呼ぶのを聞いたことがあると話

＊　臆病者の定義として最も的を射ているのは、アンブローズ・ビアスの「危機的状況において、ものごとを脚で考える人」だ。この性質は、危険に対するひじょうに賢明な反応だと思う。将軍たちが臆病者を殺したがるのももっともだ。そうでないと、とりあえず逃げるというアイデアはたちまち支持を広げて、将軍たちは一夜にして失業するか、あるいは少なくとも自分で戦わなくてはならなくなる。そしてそれは、将軍という仕事の一部ではない。

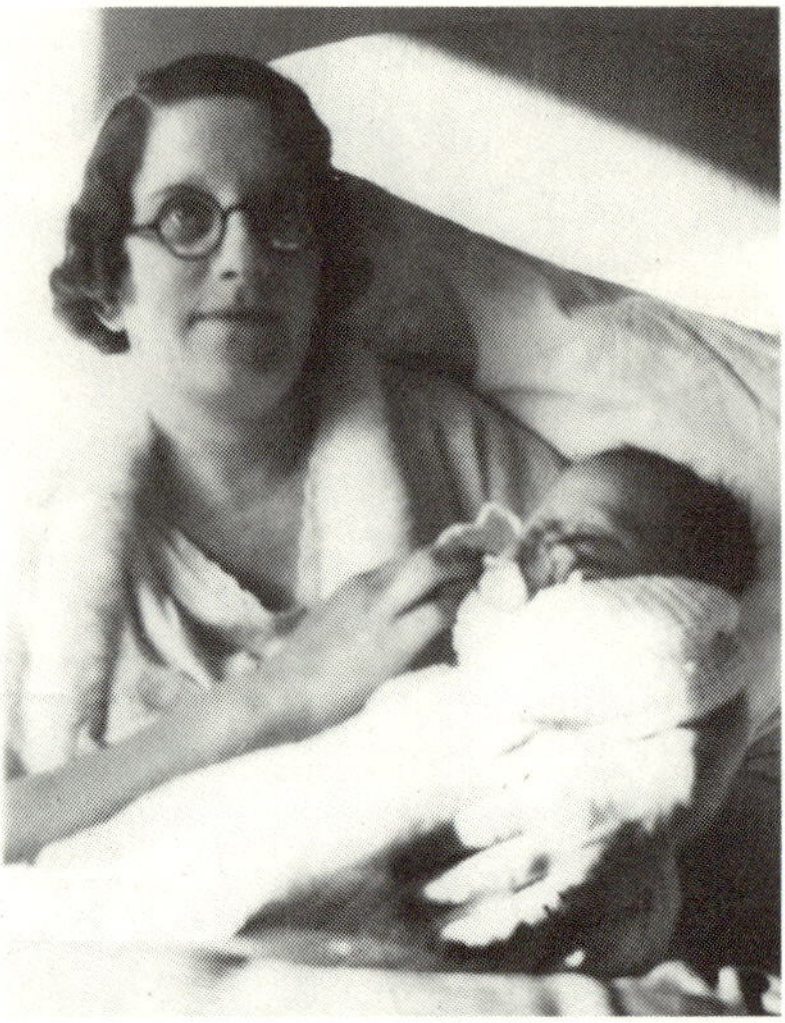

母（左）と私。

してくれたのだが、「どうしてお母さんなんか呼ぶんだろう」と合点がいかなかったほどだ。長年にわたって、母親がいちばんの味方であり、その日あったことをいつも話しているとか、励ましたり慰めたりしてくれるとか友人たちが話すのを聞くたびに、私は「なんとうらやましい……」と思うばかりだった。

私が尊大にも、「悪い母親」とレッテルをはっていると思わないでほしい。多くの点で母はよい母親だったし、とてもよい母親と言えるときもあった。日々の務めに関しては勤勉そのものだった。おいしい食事を作り、寒くないか濡れていないかと私の服装や靴に気を配り、家を片づけて掃除をし、がむしゃらに私を守ろうとした。軽い催眠術をかけられたとき、ドイツ軍による空襲のことをを思い出したことがある。さほど遠くないところで爆弾の音がしたかと思うと、大きなキッチンテーブルの下で母が私に覆いかぶさってきた。ほんとうの記憶ではないかもしれないが、母はそういうことをしても不思議のない人だったのだ。

そんなわけで、実際的な面からいえば非の打ちどころのない母親だった。その反面、被害妄想が強くて心配性で、いっしょに暮らしていると気の休まるひまもなかった。

これは被害妄想の強さのしるしだと私はずっと思っていたのだが、母は信じられないほど常識がなかった。八〇年代後半、ロンドンのわが家を母が訪ねてきたとき、ウズラの卵の入ったサラダが出てきた。なんの卵かと訊かれた私は、モグラの卵だと答え、今朝ものすごい早起きをして、ハムステッドヒース（ロンドン北西部の高台にある自然公園）にのぼって採ってきたのだ、なぜならモグラは夜のうちに穴に卵を産むのだけれども、採ってきたらその日のうちに食べないと孵《かえ》ってしまうからだ、と説明した。家族がみんな口をぽかんとあけているのをよそに、母はその話を熱心に聞き、「おいしい」と思うと言った。また同じ日のこと、スコットランド女王メアリ（メアリ・スチュアート。エリザベス一世の暗殺に加担したかどで処刑された）という名を小耳にはさんだ母は、聞き憶えがあるけどだれなのかと私に尋ねた。家族が聞いていたので、私はさらに限界に挑戦することにした。グラスゴー（スコットランドの港市）のダーツ投げチャンピオンだったが、ドイツ軍の空襲で死んだ人だと説明すると、「もったいない」と母は言った。

いささか悪ふざけが過ぎたのは言うまでもないが、以前に私が母について言ったことがほんとうだったと、家族に対して証明したいという気持ちもあった。家族は信じなかったが、私はこう言ったのだ——自分の生活に直接、それもいますぐ影響があることを別にすれば、母はなにも知らない、だから常識がぜんぜんない。そしてここで「常識がない」というのは、「ほんのちょっぴりしかない」という意味ではないと。当然ながら、家族は私が誇張していると思っていた。

　これは、頭が悪かったからではない。たえずパニック一歩手前の極度の緊張状態で生きていて、直接自分に影響がありそうなことにしか意識が向かなかったからだ。だから言うまでもないが、ありとあらゆる一般的な恐怖症にかかっていたし、特殊な恐怖症も抱えていた（たとえばアルビノや眼帯をした人がこわいとか）。しかし、母はもっと手広くやっていた。それどころか、なんでも恐怖症《オムニフォビア》にかかっていると私はよくふざけて言ったものだ。なんでもいいからあげてみれば、母はそれを死ぬほどこわがっているのだ。たしかに、パンとかカーディガンはもちろん、椅子さえ怖がっているようではなかったが、中ぐらいの大きさがあって、少しでも動きまわれるものならなんでも危険で、ちょっと大きな音がすると決まって必要以上に驚くのだ。私はあるとき、母がこわがる物事の一覧表を作ったことがあるが、それにはなんでもそろっていた。やたらに大きないびき、低空を飛ぶ飛行機、教会の鐘、消防車、列車、バスにトラック、雷、叫び声、大きな車、ほとんどの中ぐらいの車、やかましい小さな車、盗難予防警報器、花火（とくにクラッカー）、大きな音のラジオ、吠える犬、いななく馬、いななかない馬のそばにいること、牛全般、メガホン、羊、スパークリングワインのボトルから飛び出すコルク、オートバイ（どんな小さなものでも）、破裂する風船、掃除機（自分が使っているのは除く）、落ちるもの、食事を知らせるゴング、オウム小屋、ブーブークッション、呼び鈴の音、ハンマーの音、爆弾、警笛、昔風のめざまし時計、空気ドリル、ドライヤー（自分が使っているものも含む）。

要するに、母の生きる世界は、巨大な無限のブービートラップだったのだ。

そんなわけで、母は芯から気の休まるときがなかった。ただ、ソファに座って編み物をしていて、父と私がテレビを観ているときは例外だったかもしれない。しかしそんなときでさえ、完全にゆったりはしていられなくて、時間と競争で編み物をしていた。何年も前に気づいたのだが、人は（もちろん私自身も含めて）不安になると、無関係なことを熱心にやりたがるものだ。それで多少は気が紛れて、実際に不安が小さくなるからである。なにもしないでいると恐怖を最大限に味わうことになるから、どういうわけだかいつも時間が足りないというように、あちこち駆けずりまわってあれこれやってまわるのだ。しかし、母はいつでも数えきれないほどの無意味な仕事をせっせとやっていたが、それでも不安をやわらげることはできなかった。名状しがたい災厄を瀬戸際で食い止めるには、たえずそれを心配しつづけていなくてはならない。一瞬でも気を抜いたらそれが襲いかかってくる――いつでもそんなふうに感じていたのだ。私はあるとき、ハムスターの回し車の大きなやつを母のために買ってきてはどうかと父に提案したことがある。そうすれば一日じゅう簡単にせかせかしていられるから、豆の缶詰を磨いたり、カップを積み重ねたり、ハンカチのふちを縫ったり、編み針を熱湯消毒したり、カーペットの毛羽をむしったり、そういうむだな仕事をたえず発明する手間が省けるだろうと思ったのだ。

母が自分で考え出した対策は、紙に心配ごとを書き出し、うっかり忘れて大変なことになるのを防ぐという方法だった。父が亡くなったあと、私はよくウェストンの母を訪ねたが、そこで待っているのは決まって一杯のコーヒー、そしてそれまでの何週間かにまとめられた、長い長い心配ごとのリストだった。そこで私たちは腰をすえて、心配ごとのひとつひとつをじっくり話しあう。なにが問題で、それはなぜなのか、どれぐらい起こりそうなのか、防ぐためにはどうすればいいのか、実際に起こったらどうすればいいのか、逆に起こらなかった場合、どうしたらよいかわかるものかどうか……この調子で六つばかり片づけたころ、母はもう一杯コーヒーを淹《い》れてくれ、それから寝る時間が来るまで検討会が続く。寝る時間になってもまだ終わらないときは、残りは翌日の朝食のときにとっておく。何十年もこれを続けたあげくやっと私も気がつくのだが、母の不安がこれでやわらぐのは不安を分析したからではなく、べつのだれかとずっと接しているうちに、だんだん気持ちが鎮まってくるからだったのだ。

　母がなぜあれほど心配性だったのか、私にはまるで見当もつかない。ただまちがいなく言えるのは、そのせいで母はつきあいにくい人だったということだ。いや、「つきあいにくい」と言ってはいささか言い過ぎだ。母の望みはひとつだけだった。たったひとつ。しかしそのたったひとつというのが、自分の流儀を通すことだった。それが通らないとかっとなる。そして母は、ほんとうにちょっとしたことでかっとなる人だった。というより、かっとなるのが得意わざだったと言っても言い過ぎではないと思う。そしてなにかでかっとなると――なんにしても、母がかっとならないことはきわめて少なかった――たちまち癇癪を起こした。それも何度も。その頻度も激しさも桁はずれだったから、父はおそらく、第一次大戦の塹壕のほうが静かだったと懐かしんだときがあったにちがいない。

　しかし母自身は、自分を暴君だとは夢にも思わなかっただろう。弱さを通じて支配するというのが母の手だった。父は窓をあけて寝るのが好きなだけだが、母はどうしても閉めずにはいられない。そうでないと耐えられないからだ。残念ながら選択の余地はなく、したがって交渉するという道はないのである。もっとも、あるとき父が漏らしたところでは、結婚前は母もここまでかたくなではなかったらしい。

だいぶあとになるまで、母の癇癪を父がほんとうはどれだけ警戒していたか私は気づいていなかった。「お母さんを爆発させない」ことが必要だと父はときどき言っていたが、その面白がっているようなさりげない口ぶりは、内心の恐怖を隠すための見せかけだった。というのも、母は癇癪を起こすときは徹底的に起こすからだ。全身に怒りが充満するせいで、それ以外の人格は入るすきまがなくなり、いくらか事態が鎮静化するまでしばらくわきへどいているのだ。「怒りでわれを忘れる（beside oneself with anger、直訳すると「怒りで自分のわきにいる」）」という表現は、ウェストン＝スーパー＝メアで生まれたのではないかと思う。

その気になれば、母は人一倍愛想よく、明るく面白い人にもなれたが、それは客が来ているときだけだった。客が帰ったとたんに、そんな社交性ははがれ落ちはじめる。というわけで、クリーズ家はいつでも緊張状態にあった。母が怒っていないのは、たんにまだ怒っていないからにすぎない。ささいな理由、というよりほとんどどんな理由でも母は爆発する。父も私もそれがわかっているから、つねに母のご機嫌をとることが至上命令になっていた。

これは偶然ではないと思うが、私は一生のかなりの部分をセラピーに費やしたし、抱えていた問題は女性との関係にまつわるものばかりだった。母を相手にするときはいつも薄氷を踏むようにしていたので、それが習い性《しょう》になってしまい、女性とつきあうときはずっとそれにふりまわされていた。それを少しずつ脱するまで、女性にはまったくもてなかった。やたらに礼儀正しく、はてしなく気をつかい、意見の対立を極度に嫌うという、めったにない組み合わせのせいで、私はまったく性的魅力に欠けていた。親切一辺倒の男にはなんの面白みもないものだ。私はあるとき、若いころの自分をネタにしてこんなコントを書いたことがある（一九六八年の《人をいらいらさせる方法》という番組で）。人の気持ちを傷つけまいとするのも、やりすぎるとうっとうしいということを描こうとしたのだ。

ジョン・クリーズ：今夜のぼくはあまり楽しい相手じゃなかったね。
コニー・ブース：そんなことないわ、悪いのは私よ。ぴりぴりしてたから。
J：とんでもない、きみは文句なしだよ、いやほんとに！　悪いのはぼくのほうだ。
C：ねえ、もうやめましょうよ。
J：ぼくはつまらないやつだから。
C：そんなことないわ。
J：いや、あるんだ。こうやってずっとしつこくしてる。
C：いいのよ、そんなこと。
J：いつだってしつこくしてしまうんだ。ぼくが悪いんだよ。この前も、あんまりしつこいってきみに言われちゃったし。
C：もうやめてったら。
J：ほら、あんまりしつこすぎるよね？

C：ちょっとね。

ほんとうの意味で気持ちが通いあうことはほとんどなかったが、母と私にも親密な時間はあった。そしてそれは、たいていいっしょに笑うときだった。母はきわめて鋭いユーモア感覚の持主だった。大人になるにつれて気がついて私は驚いたのだが、ブラックとは言わないまでも、かなりきついジョークにも笑う人だったのだ。あるとき、もう生きていたくない理由を母が順序よくあげていくのを聞きながら、なんの力にもなれない自分の無力さに、私はいつもの自己嫌悪を感じていた。そのうち、ふと気がついたら言葉が口を突いて飛び出してきた。「母さん、いい考えがあるよ」

「ほんと？　どんな？」

「フラム（ロンドン近郊の地区）に知り合いの小男が住んでてね、来週も母さんがずっとそんな気分だったら、そいつに頼んでみるよ。よかったら――あくまでも母さんがよかったらだけどさ、そいつに頼んで、ウェストンに来て母さんを殺してもらうよ」

沈黙が落ちた。

「しまった、なんてことを言ってしまったのか」と私は思った。ところが、やがて母は盛大に笑いだしたのだ。あのときぐらい、母を愛しいと思ったことはなかったような気がする。

まあ、それはともかく……そんなわけで、私たち一家はラッフル夫婦の家に住んでいた。ドイツの空襲を逃れて、サマセット州の農家の暮らしをかぶりつきで眺めていたわけだ。牛の乳を搾《しぼ》り、豚を太らせ、鶏を絞める。とても小さな農場で、ただひとつ意外だったのは、ラッフル夫婦が英語を話さないことだった。外国語を話していたというわけではない。言語と言えるような言語はひとことも話さなかったのだ。それでも、ふたりは明らかに互いの発する音を理解していた。だが夫婦仲はあまりよくないようで、語彙が少ないおかげで無用の対立が防がれているのではないかという気がした。この家を借りるとき、父がミスター・ラッフルとどうやって交渉したのかはわからない。小石を使ったのかもしれないが、ラッフル夫婦の幼い息子が幼稚園に通っていたから、そこで英語を憶えてきて通訳したのかもしれない。

ミスター・ラッフルは牧羊犬を二頭飼っていた。だからこれはいささか驚きだったのだが、羊は一頭も飼っていなかった。それなのに牧羊犬を飼っているのは、人に羊を飼っていると思われたいからではないかと父は言った。母は、あれは牧羊犬ではなく牧牛犬だという意見だった。私はその二頭が好きだった。ウサギよりは愛想がよかったからだが、二頭はしょっちゅうウサギ穴をのぞき込んでいた。ウサギと言えば、なぜラッフル一家がわざわざウサギを飼っているのか、私にはついぞその理由がわからなかった。一家はフェレットを飼っていて、野生のウサギをそれでつかまえていたからだ。つかまえたのを飼っておけば、ちょっと小腹がすいたときに手近に新鮮な肉があって好都合だからだろうか。とすれば、あのウサギが私に歯を立てたのも無理はない。黙って食われるつもりはないぞというわけだ。

残念ながら、農場の動物たちの一頭一頭に私が名前をつけはじめ、ブレント・ノルという小さな村になじみはじめたころに、クリーズ一家はデヴォン州に引っ越し、トットネスの小さなコテージに住みはじめた。それから、これといった理由もなくまたラッフル夫婦の家に戻り、またデヴォン州に戻り（今度はホラブリッジだった。ここで私は、足音が聞こえるぐらい大きな蜘蛛を見た）、その後またブレント・ノルに戻り、それからヨーロッパ戦勝記念日（一九四五年五月八日）の直後にバーナム＝オン＝シー（サマセット州の海辺の町）に移り、ここでは三年間に三軒の家に住み、それから一九四八年、私をセント・ピーターズ私立小学校《プレパラトリースクール》に通わせるために、ウェストン＝スーパー＝メアに（また）越してきた。合計すると、私の生涯最初の八年間にわが家は八回引っ越したことになる。

私はまだ幼くて、この問題に関する話し合いには参加していなかったから、なぜあんなにしょっちゅう引っ越していたのかは想像するしかない。実際的な見地から言うと、頻繁に転居してもほとんど問題はなかった。引っ越しても父は職を変わる必要がなかったからだ。ガーディアン保険会社のエージェント（つまり外交員）として、父は西部地方の一地域を割り当てられていて、そこを車でまわっておもに生命保険を売っていた。また、農家が対象の暴風や大雨の保険もかなり売っていた。父はまっとうな人物として知られていたから、生命保険の注文はどっさりあった。サマセット州の銀行の頭取や弁護士がじかに紹介してくれるのだ。有能で正直で、大切な顧客に必要以上の保険を売りつけたりしないとわかっていたからである。おかげで父の生命保険の売上は、ほかの〈ガーディアン〉のエージェントのだれよりつねに高かった。しかし、その働きぶりはかなりのんびりしていた。午前九時半より前に家を出ることはなく、帰りが午後四時半より遅くなることもなかった。その秘訣は、紹介者のおかげで「飛び込み販売」をする必要がまるでないということだった。そんなわけで、サマセット州のまんなかあたりであれば、どこに住もうと大差なかったのである。なにしろ狭い地域だから。

ひっきりなしに引っ越していたのが父の仕事のせいでないとすれば、経済的な不安がその理由かもしれない。父は保険の外交員として、一九五〇年代初めのいちばん多いころには週に三〇ポンド稼いでいた。炭鉱夫やほとんどのサッカー選手が週給一〇ポンドだったのだから、これはけっして悪い給料ではない。事実私は、わが家がお金に困っていると感じたことは一度もなかった。しかも、クリーズ家は「贅沢品」に手を出そうとは夢にも思わなかった。守備範囲には入っていなかったのだ。たとえば、休暇に外国へ遊びに行くなど、私は文字どおり考えたことすらなかった。新車が欲しいと思ったこともなかったし、クリスマスのごちそうに、鶏肉以外のものを食べたいとも思わなかった。

とはいうものの、父はそんな不似合いなことを思いつくことがあったにちがいない。やさしくて気前のよい人だったから、私たちにもっと贅沢な暮らしをさせてやりたかったのだろう。なにしろ一九二〇年代前半、インドや香港や中国で働いていたころには、そんな暮らしをしていたからである。しかし、年に一五〇〇ポンドの収入ではそこまでの余裕はないし、父は経済的な不安をうまく隠してはいたものの、私もだんだん気がつくようになってきた。ときどき、買い物のときに無理にお金を節約しようとすることがあったのだ。母も気づいていて、父が自分の買ってきたものを絶賛するのを聞きながら、私とよく目配せを交わしていたものだ。父は自分でもよくわかっているのだ――「びっくりするほど安い」ユーゴスラヴィア製のしゃれたスポーツジャケットとか、特級品のアルバニア製のハムとかは、すぐに型崩れしたり、まともに着られなかったり、ひどい味がしたりするのである。わが家の引っ越しのほとんどは、支出を抑えられるという父の幻想が原因だったというのは、だからそう的外れでもないと思う。

幼児を抱く父（右）。

しかし、これには思わぬ波及効果もあったのではないだろうか。研究によれば、子供のころにしょっちゅう引っ越しを経験すると、創造性が高まることが多いそうだ。どうやら創造性の火花は、対立する世界観の折り合いをつける必要性から発するらしい。引っ越しをすると、それまでとは少しちがう生活が始まり、いまの生活を以前の生活と比較し、相違点と類似点に着目し、以前よりよくなったところ、以前のほうがよかったところに目が行くようになる。そうするうちに、人の心はより柔軟になり、新しい新鮮な角度から考えや発想を組み合わせられるようになるのだ。創造性をのばすにはもうひとつ方法がある。自分にとって大事な人々（とくに両親）のものの見かたがそれぞれに異なっていると、その異なる意見をすり合わせるために、どこが同じで、どこがどうちがうかを理解しようと努めるようになる。いっぽう、両親の意見がいつも一致していて、みんながみんなと同じ考えかたをしているような場所で育った場合、子供は革新的にはなりにくいし、また革新的になりたいとも思わなくなる。アイオワ州立大学には、創造《クリエイティビティ》学部（演劇、ダンス、デザインなど芸術的表現を扱う）などはとくに置かれていないのではないかと思う（アイオワ州立大学はマンハッタン計画で原爆製造に関わったことで知られる）。

そんなわけで、創造性の面で私は二重に恵まれていた。頻繁に引っ越しをしていたし、おまけに両親は不仲だった。このふたつの好条件に加えて、これは定説だが、芸術の面でも科学の面でも、世界最大の天才の多くは母性の深刻な欠如の産物なのである。したがってこう結論せざるをえないのだが、もし母がもう少し精神的に不安定だったら、私にはまず無限の可能性が広がっていただろう。才能ある音楽家とか、すばらしい視覚芸術家になっていたかもしれないし、傑出したダンサーとか、発明家とか本職の詩人とかになっていたかもしれない。だが実際には、非常に限られた条件のもとで、コメディを書いたり演じたりするのがうまいという程度で終わってしまった。残念なことである。

幼いころ西部地方を突撃してまわっていたわりに、ラッフル夫婦の農場とホラブリッジの蜘蛛のほかは、わずかに断片的な記憶があるだけだ。たとえば、父といっしょに散歩に出て、轟音が聞こえて見あげたら、大陸のほうへ飛んで行く大きな飛行機の群れで空が埋まっていたとか。昼間の空襲だと父が説明してくれた。戦争に勝てそうになってきて、もう夜中に隠れて飛ぶ必要がなくなったのだと。また父とふたりのとき、やさしいアメリカの若い空軍兵士と話をしたこともあった。ジープに乗せてもらって、大事なかかとをこすったのを憶えている。またべつのとき、父の車でウェストンに接する丘陵地帯に出かけ、畑に墜落したドイツの飛行機を見たこともある。想像していたより小さかった。

おおぜいの人が見物に来ていたが、みんなものも言わずに眺めていた。

なにより楽しかったのは日曜日、よく父に連れられてブレント・ノルの鉄道の駅に遊びに行ったことだ。信号扱所（線路近くに建つ信号制御用の小さな建物）に入らせてもらい、大きなレバーを動かしてポイントを切り換えたりもさせてもらえた。それから駅のホームにおりると、そこにはいつも大きな枝編み細工のかごがあって、なかには伝書鳩がいっぱい入っていた。駅長が私にそのかごの蓋をあけさせてくれるのだが、蓋を大きくあけると鳩はいっせいに飛び立ち、ひとかたまりになって空高く舞いあがる。そして三度——いつも三度と決まっていた——輪を描いて、北のウィドネスとウォリントンとウィガンにあるねぐらへ飛んでいくのだ。あれはほんとうにわくわくする忘れられない経験だった。

戦争がわが家に直接的な影響を及ぼしたのは一回きり、家具が破壊されたと両親が知らせを受けたときだけだった。初めてラッフル家に引っ越した日、ラロンズというウェストンの有名な競売業者の所有する倉庫に、両親は家具を預けてきたのだが、そこへ焼夷弾が落ちて丸焼けになってしまったのだ。もちろん高級な家具などではなかったし、ある意味ではドイツ軍のおかげで助かったとも言える。これでずっと簡単に引っ越しができるようになったからだ。さまざまな種類の家具つき住居を次々に移っても、家財道具の面ではさほど不便ではなくなったのである。

考えてみると、私の幼いころの記憶は戦争に関係するものが多いが、これはたんに、ふだんのあたりまえの日常とはあまりに異質な経験で、強く印象に残ったからだろう。サマセットやデヴォンの田舎では、戦争のことなど気づかずに何カ月も過ぎるのがあたりまえだった。いまこうしてふり返ってみると、西部地方の小さな村々で、翠緑《すいりょく》の葉叢《はむら》と碧《みどり》のあらゆる色合いに囲まれて育って、ほんとうによかったと思う。思い浮かぶのは、都会ではめったに得られないたぐいの静かな幸福、なんの苦労も不安もない満ち足りた喜びばかりだ。何年も前に、心理学者アブラハム・マズローが「至高体験」について書いたものを読んで気がついたのだが、私の場合、そういう瞬間はほぼ例外なく休息中に訪れ、仕事にはまったく関係がない（マズローによれば、努力やエネルギーを注ぎ込んだすえの達成感が「至高体験」につながるという）。ワーズワースも、好きな花について書いた詩でこう言っている。

心うつろに、あるいは物思いに沈みて、
われ長椅子に横たわるとき、
独《ひと》り居《い》の賜物なる内なる目に
あの情景のしばしばひらめく。
するとわが心は喜びに満ちあふれ、
踊りだす、菊の花々とともに。

（田部重治訳を一部改変。これはワーズワースの有名な詩「水仙」の最終連だが、著者のいたずらで最後の一語が「daffodils（水仙）」から「chrysanthemums（菊）」に変えてある）

完全無欠な、時間を超越した幸福の瞬間を思い起こせば、それはたとえばこんなときだ——ホランド・パーク地区のわが家の庭で、デッキチェアに腰をおろし、二匹のバーミーズの子猫がじゃれあっているのを眺めていたとき。ハーグのデルフトの美術館で、フェルメールの絵を鑑賞し、それにひたっていられたとき。シドニーでカンガルーの赤ちゃんと遊んでいたとき。ジョン・ウィリアムズのギター演奏を聴いていたとき。中ライン（ライン川の中流域、風光明媚でローレライなどの名所が多い）を船でくだりながら、モーゼル・ワインをなめていたとき。ふた晩前、妻といっしょに〈ギールズ〉（ロンドンのシーフード料理店）でフィッシュ・アンド・チップスを食べていたとき。芝生に寝ころんで日光浴をしていたら、「内なる」目にディック・チェイニー（湾岸戦争時の米国防長官）が水責《ウオーターボーディング》めにあっている図が浮かんだとき。やはり、仕事どころかどんな刻苦《こっく》勉励《べんれい》にも関係がなさそうな気がする。テリー・ギリアムにそう教えてやらなくてはいけない。

第2章　中流《ロウアーミドル》の下の暮らし

ブレント・ノル時代の最後の記憶と言えば、かなり小柄で物静かな、ジョン・チーズという老人が遊びに来たことである。私の父親の父親で、一族のなかでもめずらしくまともな人と言われていた。なんでも親兄弟の生きかたにどうしても賛成できず、独り立ちできる年齢になるとすぐに家を出て、何マイルも離れたブリストルに引っ越して親戚づきあいを断ったらしい。具体的に親兄弟がなにをしていたのか、私は一度も聞かされたことがない。パン屋をしていたそうだが、それはたんに、ひと晩じゅう起きているための表向きの口実だったのかもしれない。

初めて会ったとき、祖父は七十代だったはずだ。当時としてはかなりの高齢で、母と私と三人でサマセットの通りを歩いているとき、杖にすがってゆっくり歩いていたのを憶えている。堅苦しいほどきちんとした人だった——控えめで、軽はずみなことはせず、慎重で口数が少なかった——が、明るく優しい雰囲気の持主だった。それどころか、まるでドリトル先生のようだった。私は祖父といっしょにいるのが好きだったし、祖父と父がお互いにとても礼儀正しくしていたのを憶えているのだが、いっしょに楽しいことをしたという記憶はあまりない。ただ、ひとつお得意のジョークがあった。ペットの孔雀《ピーコック》が塀を飛び越えて隣家の庭で卵を産んだ。この卵は孔雀の飼い主のものか、それとも隣人のものか、というのだ。私たちが答えを当てようとすると、祖父はピーコック、、、は卵は産まない（「コック」は雄鶏の意）と言うのだった。どう考えても、大受けする傑作なジョークとは言えない。だからこれは意外でもなんでもなかったのだが、あとで知ったところでは、祖父はずっと法律事務所に勤めて書記をしていたらしい。

私の祖父母のうち、まだ存命だったのはこの祖父だけだった。母方の祖母はもう何年も前に亡くなっていた。写真を見るかぎりでは、歳をとって世俗を超越したヴァージニア・ウルフという感じだった。対して彼女の夫のマーウッド・クロスは、世俗を超越することとイボイノシシのごとしだった。ずんぐりしていて、癇癪もちで、押しが強くて品のない小男で、現役のころはウェストン＝スーパー＝メアでも一目置かれる競売人《きょうばい》のひとりだったらしい（欧米では競売人は職業として確立されており、専門職として尊敬されている）（ウェストン市民には、互いを形容するのにやたらと大仰な言葉を使いたがるくせがあった。医師の名を口にするときは敬意をこめて声を低くし、外科医や建築家は例外なく「高名」で、弁護士は「傑出」していて、ビジネスマンなら「有力」、会社は「一流」、校長は「尊敬され」ていて、煙草屋（日本のいわゆる「煙草屋」とはちがって各種の煙草製品を扱う専門店であり、煙草に関する専門知識が必要。イメージとしては江戸時代の呉服屋に近い）は「有名」と決まっていた）。そんなわけで、ウェストンには競売人は六人いて、その全員が傑出していて、有名で、押し出しが立派だと言われていた。両親が私の名前をつけたとき、ジョンは父方の祖父から、マーウッドはこの母方の武骨者からとった。将来人に名前を訊かれて、「ジョン・マーウッド・クリーズ」と答えたら、みんな驚いて「えっ、まさかあの競売人のマーウッド・クロスのご親戚ですか」と言うだろう、と母は私に言ったものだった。さて、ここで三択クイズです。私はこの地上に七十有余年生きてきましたが、人からそう言われたことが何度あったでしょうか。（a）五〇〇〇回、（b）二回、（c）一度もなかった。

マーウッド・クロスは、世に知られた赤ら顔の威張り屋で、たいへんなやかまし屋だった。テーブルに食事を並べるときには、彼の食器のそばには杖が用意されていた。テーブルマナーがなっていない子供をぴしゃりとやるためだ。彼はまた傑出した卑怯者でもあった。泥棒が地下室にいるとわかったときなど、二階の寝室のバルコニーに出てハンドベルを鳴らし、子供たちとメイドに調べに行くよう言いつけたほどである。主たる娯楽は中傷の手紙を書くことで、それを私の父に預けて、保険を売りに行く途中で通るサマセットの村から投函させ、疑われないようにしていた。マーウッドはまた、競売という仕事の大家でもあった。競売にかけるよう依頼された品物を見て気に入ると、競《せ》りがまだろくに始まらないうちに架空の買手にすぐさま落札させて、ひどい安値で獲物をかっさらいながら、そのいっぽうでは共同体を支える名士という顔をしつづけていた。この男の遺伝子の一部を受け継いでいることを、私は広く社会に謝罪したい。技術の進歩で可能になったら駆除するつもりである。

すでに亡き祖父母のうち、最後のひとりは父方の祖母だ。一九二〇年代前半に亡くなっており、私はこの祖母のことをほとんど知らない。それは父がその死に深く傷ついていて、何年たっても祖母の話をしようとしなかったからだ。私がそれに気づいたのはまったくの偶然だった。一四歳のころだったか、小さな古いスーツケース（父の家族に関する古い書類がしまってあった）をあさっていたら、

傑出した競売人、マーウッド・クロス。

祖母が死の直前に父に宛てて書いた手紙が出てきたのだ。それを見せると、父はなんとも言えない顔をして、「受け取ったときに読んだきり、一度も読み返したことがない」と言った。手紙を開くと、父はまもなく泣きはじめた。父が泣くのを私が見たのはこのときかぎりだった。のちに父が言うには、あの涙は祖母を失ったためもあるが、ずっと罪の意識にさいなまれていたせいでもあった。祖母の生涯最後の四年間、父ははるかインドや極東にいた。当時は手紙のやりとりでも旅行するでも時間がかかったから、祖母の死に目に間に合うように戻ってくることができなかった。それで祖母を悲しませたと父は思っていた。理屈に合わないことながら、祖母は父に見捨てられたと感じただろうというのだ。その手紙の終わりの一枚を、父は私に見せてくれた。祖母の署名は便箋の下のほうへ斜めに流れていた。揺れながらのびる長く細い線に、

よくわからない組み合わせのブレント・ノルの住民たち。右端が祖父、母（角張った肩の女性）、そして私（鈍器を持っている子供）。

祖母の「あきらめ」が表われていると父は言うのだった。私はまだ子供だったが、それでも察しはついた。父はこの悲しみを三〇年近くも抱えてきて、だから父も母も祖母の名を口にしようとしなかったのだ。

泣くのを見たのはその一度きりだったが、父が腹を立てて声を荒らげるのも、またいわゆる四文字言葉を口にするのも、私は一度も聞いたことがない。語の最高の意味で父は紳士だった。もちろん生まれ育ちでそうなったのではなく、そういう行動を学んで身につけたのだ。その基盤にあったのは父の重んじる価値観、すなわち「英国紳士」のそれだった。陸軍で、またその後インドや極東で過ごすあいだに、父はその人種の最高の見本を目にする機会に恵まれ、かれらの礼儀正しさ、親切心、控えめな立ち居振舞い、快活さ、勇気、正直、そして自分の悩みや問題で他人をわずらわせるのを避けようとする性質に大いに感銘を受け、みずから観察した手本にならって自己を律しようと努力してきたのだ。

とはいえ、父が一八九三年にブリストルで生まれたときは、そんなこんなはまだずっと先の話だった。父の家はどこをとっても中流の下《ロウアーミドルクラス》に属しており、通ったのもセント・ブレンダンズ・コレッジというカトリックの学校だった。チーズ家はカトリックだったわけではないが、そこの校長が父の父と親しかったのだ。父は頭の回転が速くて優秀な生徒だったが、学問にはなんの関心もなかったので、さっさと学校生活とはおさらばして保険会社に就職した。野心がさっぱりないのは父のとくに愛すべき性質のひとつであり、その後ずっと保険業界で働いていた理由もこれでかなり説明がつく。もうひとつの理由は数字にとても強かったことで、かなり複雑な計算でも暗算ができた。父にとってはあまりに自然なことだったため、そのせいでセント・ブレンダンズの算数の教師とは反りが合わなかった。「計算の過程を示す」のが必要だと叱られても、父には納得できなかったのだ。

事務員を務めた数年間、父はきっと有能だったにちがいない。計算能力はあるし、礼儀正しいし、人間観察の眼は鋭かったしで、これで有能でないはずがない。そのうえ、もらった賃金以上に働かないと気がすまないたちだった。しかし、生真面目なのに陽気さを失わないのが父のいいところでもあった。つねに、友人たちと冗談を言ったりいたずらをしたり、人をかついだりしていて、思い出話はまるで、自分でも愛読していた『ボートの三人男』のようだった。保険会社にやって来た客にまでいたずらをしていて、たとえばステッキに糖蜜を塗ったのをわざと倒したりしたそうだ。親切な人が拾ってあげようとすると手がべたべたになるという寸法である。会社の外ではさらに破目をはずしていたが、意地の悪いいたずらはしなかったし、暴力とはまったく無縁だった。最寄りの海浜保養地だったウェストンは、よく父たちのおふざけの舞台になった。ロバに乗ってはあさっての方向に行ってしまい、人の家の庭にロバを置いてきて草花を食べさせてしまったり（ウェストン＝スーパー＝メアでは、観光客向けにロバで海岸めぐりをさせている）。いちばん人騒がせだったのは、羽をむしった小さな鶏肉を肉屋から持ってきて、それをウィンター・ガーデンズ（ウェストン＝スーパー＝メアの歴史ある公園）のパビリオンのバルコニーにこっそり持ち込み、一、二の三で空中高く放り投げるといういたずらだった。人々が上品にアフタヌーンティーを楽しんでいると、ＢＧＭを演奏していたオーケストラの上にそれが落ちてくるというわけだ。

父は両親の家に同居していたが、一九一四年の晩夏、二二歳のときに第一次世界大戦が勃発した。入隊しようとしたものの、身体検査ではねられてしまった。視力検査で表の四行めが読めなかったからだ。戦争も後期になると軍はあまりより好みしなくなるが、そうなる前に父はまた志願した。このときは、自分の前に並んでいる男に、読めなかった問題の行を憶えておいてくれと頼み、出ていくさいにそれを教えてもらって乗り切った。この工作のおかげで、父はフランスに行って大虐殺に参加することができたわけだが、このときは別名を使っている。発酵凝乳とからかわれるのに嫌気がさして、チーズ（Cheese）のhをlに換えてクリーズを名乗ったのだ。しかし、どうしてそれでうまく行くと思ったのかわからない。私は学校では、入った瞬間からもう「チーズ」と呼ばれていた。その類似に気づかないとは、父の所属したグロスターシャー連隊の兵士たちはよほど想像力貧困だったにちがいない。

訓練が終わると、父は少尉になった。軍の階級で言うと、最下位とはいえ将校である。なぜ将校に選ばれたのかわからないが、たぶんまともな英語がしゃべれたからだろうという。一九一五年にフランスに渡ったが、数週間で背中と肩に榴散弾の破片を受けて負傷した（三十数年後にもまだ傷跡が残っていた）。そこで除隊願を書いて部隊長に提出し（当時の軍はとても優雅だったのだ）、英国に戻って治療に努めた。傷が治るとまた入隊したが、今度は一兵卒としてだった。以前は将校だったことがわかると怒鳴りあいになったものの、しまいには軍も気を鎮めて、ただの上等兵としてフランスに戻らせることに同意した。私はずっと、これは父の愛すべき奇行だと思っていた。ほんとに、昇進にぜんぜん関心がないんだからと思っていたのだが、何年も経ってからそうではなかったことを悟った。西部戦線での下級将校の平均寿命は……たったの六週間だったのだ。将校が兵士を率いて塹壕を出ていくと、ドイツ軍はリヴォルヴァーとホイッスルを持っているやつを探して、最初にそいつを撃っていたのである。

第二次世界大戦直後、まだ子供だった私は、父が保険外交めぐりに出るときよく車に乗せてもらってついていった。そんなときには、戦争中の話だけでなく、そのあとに起こった面白くてめずらしい話を聞かせてもらったものだ。一九一八年に休戦が成立したときのことらしいが、戦争が終わってこれからどうするのかと部隊長に尋ねられた。ブリストルに戻ってまた保険を売ると答えたところ、「なにを言ってるんだ」と大佐は大声をあげた。「いい若いもんが、海外へ出て帝国じゅう見てまわらなくてどうする！」そして、すぐに紹介・推薦状を二通書いてくれた。そんなわけで、わずか数週間後には、父は船上の人となってボンベイ（現ムンバイ）に向かっていた。そして大佐の人脈のおかげで、ユニオン・カントン保険会社という大きな英国企業で海上保険を売る仕事につくことができた。

そして絢爛豪華な生活を送ることになったのである。もうただの保険外交員ではない。海上保険業者《マリン・アンダーライター》なのだ（underwriterは一般に、リスク評価から保険料の算定までおこなう人をさす。海上覇権国だった英国では、海上保険のアンダーライターは尊敬されていた）。外見的にもさわやかだし、話す英語はきちんとしているし、礼儀正しいし、ユーモアがあって楽しい人物だというので、「よい」パブリックスクールを出た中流《ミドルミ》の中《ドルクラス》の人々と交わるようになり、ときには本物の上流人士とすらつきあうようにもなった。その多くは親しみやすく、温厚で教養豊かだった。とはいうものの、これで温厚にならなければ不思議というわけがあったのだ。なにしろミニ殿さま暮らしをしていたのである。父は他の英国人と共同である屋敷に住むことになったが、最初から召使が一四人ついてくる契約だった。多すぎるから減らしたいと言ったところ、インド人たちはきわめて愛想よく、残念ながらそれはできないと言った。英国の紳士として、最低限これぐらいは雇うのが義務だというのだ。

その屋敷で共同で暮らすことになったのは、ウッドハウスという男だった。それがなんと、あの有名なP・G・ウッドハウスの弟だったのである。父によれば、とびきり人好きのする人物だったそうだ。愛嬌があって、いっしょにいて楽しく、思いやりもあったが、ただどういうわけか、ユーモアのセンスはまったくないようだったという。しかしそれよりさらに奇妙だったのは、あまりにものを知らないということだった。父と同じく年齢は二十代なかばだったが、ボンベイで医師に診てもらうまで、包皮が引っ込むことを知らなかったというのだ。これはとうてい信じがたい話だ。若い男が二〇年間も、この事実に気づかずにいられるものだろうか（ほとんどの男にとって、自分の身体各部のうちでも、格別の興味関心の対象のはずである）。しかしこのことは、PGが偉大なユーモア作家と言えるかどうかを判断する手がかりになると思う。弟がこれほど無知だったとすれば、ＰＧ自身もある程度は世事にうとかったのではないだろうか。平均的な遊び人のごくふつうの経験や、実際的で平凡な世知に欠けるところがあったのでは。そしてもしそうだとすれば、まさしくその無邪気さのゆえに、登場人物の心理がいささか薄っぺらいと感じられるのではなかろうか——私はそのせいで、ＰＧはひじょうにうまいユーモア小説家ではあっても、偉大とまでは言えないと思わずにいられないのだが。

と言っても、無邪気なのが悪いとは思わない。私が心から好きだと思える人々には多かれ少なかれそういう面があるし、知ったかぶりの俗物ぐらい虫酸《むしず》の走る人種はいない。しかし無邪気さも度を越せば、どこにでもいるありふれたノータリンと区別がつかなくなる。ここで考えなくてはならない問題はこうだ。包皮が引っ込むことに気づかなかった人物と遺伝子を共有しているとしたら、その男がナチスのプロパガンダを誤って放送してしまう——ＰＧがそう主張しているとおり——ことも大いにありうるのではないだろうか。この問いに対しては、答えは徹頭徹尾「イエス！」だと思う（Ｐ・Ｇ・ウッドハウスは一九四〇年、ナチスドイツに拉致されてアメリカ向けのラジオ放送に出演させられた）。

全体として、父はインドですばらしい時期を過ごした（その大きな理由のひとつは、ウッドハウスが例の発見をしたときその場にいなかったことだ）。インド人について語る父の声には、つねに心からの親愛の情がこもっていた。しかし、それがきわめて植民地主義的な、主人と召使の関係だったことに疑問の余地はない。父はヒンディー語が少し話せたが、あるとき自分で認めたとおり、ヒンディー語の動詞で知っているのは命令形だけだった。父とその友人たちは陽気な集団だった——おぞましい戦争をくぐり抜けてきたばかりだったのだから、それも不思議はないだろう（比較のためにあげると、一九四五年のガイ・フォークスの夜（一一月五日。火薬爆発事件の犯人ガイ・フォークスの人形を燃やす祭がおこなわれる）、ヨーロッパでの戦闘から帰国したばかりの学生たちが破目をはずし、ケンブリッジの建物を破壊してまわったことがある。第二次世界大戦を通じてドイツの爆撃機が与えた被害より、このたった一夜の被害のほうが大きかったと言われている）。つまり、土曜日の夜の一般的なラグビー選手と似たような行動をとる傾向があったということだ。全体として、乱暴で手に負えなくても悪気はない連中だったが、父の思い出話によれば、いささか行きすぎというときもあった。デイヴィスという友人（たぶんウェールズ人だろう）に誘われて、その友人のオープンカーで日曜日の午後にドライブに出たとき、運転手の後ろの席に乗り込んだ父は、そこにレンガの小さい山が積んであったので驚いた。それを指摘したところ、なんに使うのかそのうち説明するという返事。一〇分後、デイヴィスはレンガをひとつ手にとって、通りすがりの商店のウィンドウに放り込んだ。インド人の運転手は、主人と同じくこれを面白がっている。父は肝をつぶしたが、少なくとも日曜日で店は閉まっているのだからと考えたという。

それにくらべると、父のいたずらはおとなしかった。とある有名なボンベイのホテルから、今後は敷地内への立ち入りを禁じるという手紙をもらって、父はそれを宝物にしていた。それには長々と、父のやったさまざまないたずらが列挙してあって、たとえばバター皿、有名な英国風インド料理キチュリー（豆がゆ）のトレイ、その他食用の発射体を投擲《とうてき》したことがあげられていた。しかし、〈ロイヤル・ボンベイ・ヨットクラブ〉に入会してからは、そんな父も行動を改めたのではないかと思う。本物の生きた紳士と交わるのを楽しんでいたし、いまなら私にもわかるが、紳士たちへのあこがれは、その態度や習慣を研究して模倣することにもつながっていた。そしてのちには、その一部を私に教えることにもなった。「驚いた顔をしてはいけないよ。ゆっくり動くことだ。だれかがなにかを落とす音が聞こえて、そっちを見たいと思っても、すぐに見ちゃいけない。ちょっと待ってから、なにげなくふり向いてちらと見るんだ。じろじろ見てはいけないよ」

インド暮らしの唯一の不運はマラリアにかかったことで、その後何年もこの病気に苦しめられることになる。発作が起こると、数日間は寝室にこもっているしかなかった。ベッドのうえで震えながら汗をかき、歯をかちかちいわせるばかり、起き上がる体力もなくて、辛抱強く体重を減らしていくほかしかたがなかった。

インドで三年過ごしたのち、ユニオン・カントン保険会社の辞令で父は香港事務所に転勤になり、その後すぐにまた広東の本社に転勤になった。初めて大英帝国の外に出た父は、ボンベイがチェルテナム（グロスターシャー北部の温泉地）に見えるような経験をした。アヘン窟に出入りし、刺青を入れ、犬を食べた（と言っては語弊がある。おいしい料理を食べたあとで、それが「犬」だったとわかったのだ）。また、中国人の事務員が父の下で働いていて、父は彼がとても気に入っていた。英語は流暢《りゅうちょう》だったし、愛嬌があって、仕事もよくできたからだ。ところが、ある日その事務員が出勤してこなかった。調べたところ、監獄に放り込まれていることがわかった。父は（例によって）まっすぐその監獄に行き、責任者に会わせてくれと言った。責任者はうやうやしく父に挨拶して、あなたの部下は「非合法の政治活動」で有罪になったのだと説明した。いつ出られるのかと尋ねたところ、「明日の午前中には処刑することになると思います」という返事だった。

私は常づね不思議に思っていたのだが、そんなことがあった直後、父はウェストン＝スーパー＝メアに戻ることになる。父も非合法の政治活動に関わっていたのだろうか。犬のことで嫌気がさしたのだろうか（どうやらほんとうに美味だったようだから、また誘惑に負けないように遠ざかったという可能性もある）。それとも、たんに興奮の日々に倦んだのだろうか。実際には理由は単純だった。マラリアである。発作で身体があまりに弱ってきて、涼しい気候の土地に移らなかったら、もう長くは生きられないのではないかと不安になったらしい。事実、英国に戻ってくるころには、父の体重は五〇キロにまで落ちていた。身長一八〇センチの男としては重いとは言えない。というより立派な「骨と皮」である。発作はその後も続いたが、数年もたってからようやく収まってきた。しかしそのあいだ、父はキニーネを服《の》んでいる数少ないウェストン市民のひとりだったわけだ。

しかし、ウェストンに戻る前にまずブリストルに行き、五年も会っていなかった父親を訪ねた。体力を回復するため父の家でしばらく暮らし、そのあいだは独身の姉のドロシーが世話をしてくれた。ふたりはとても仲がよく、しょっちゅういっしょに過ごしていたが、そのあいだは共通の趣味に没頭していた。つまり喫煙だ。父は一日に四〇本（フィルターなし）吸っていたし、ドロシーもまさるとも劣らずで、それも吸いさしのぎりぎりまで吸っていた。にもかかわらず、父は少しずつ健康を回復し、最寄りの海辺の街、というのはたまたま例によってウェストン＝スーパー＝メアだったのだが、そこへ遠出をするようになった。そしてそのさいに母と出会い、マーウッドが娘の門限を一〇時と決めていたにもかかわらず（このころ母は二六歳である）デートするようになり、恋に落ちた。数カ月後には結婚しようと言い交わしている。

私の両親。このころは子供を作る予定はなかった。

そして――ここでいささか話はロマンチックになる――ふたりは駆け落ちしたのだ！

そうするしかなかった。階級がちがう家の出だったからである。マーウッド・クロスには、身分の低い男との結婚を認める気はさらさらなかった。正確に言えば、いわゆる身分の低い男ではなく、この特定の身分の低い男である。ミュリエル・クロスと、このうさんくさくて刺青入りで労働者階級のくせにのらくらしている馬の骨とでは、身分の差はとうてい越えがたかったのだ。なにしろ、父はせいぜい中流の下の中クラスの家の出だ。厳密に言えば中流の下の中の中である。いっぽうミュリエル・クロスは、マーウッド・クロスという傑出した競売人の家の娘であり、クロス家はほとんど中流《ミドル》の中《ミドル》クラスなのだ。ぎりぎり最低に見ても、その階級は中流の下の上の上である。マーウッドに言わせれば、貴《き》賤《せん》結婚（貴族などが身分の低い相手と結婚すること。この場合、配偶者とその子は貴族の称号や財産などを継承できない）など問題外だったのだ。

そんなわけで、父と母は手に手をとってロンドンへ——はるかに遠く、都会的で国際的でリベラルな大英帝国の心臓部へと出奔《しゅっぽん》した。そこではだれも、田舎の競売人がなんと言おうと一顧《いっこ》どころか半顧も与えはしない。思いあがった、脳みその足りない、中流の下の上の上のケツに頭を載せたようなやつならなおさらである。

自由！　二年間ふたりはゴールダーズ・グリーン（ロンドン北部、ユダヤ人街がある）で幸せに暮らし、父はユダヤ人の友だちをおおぜい作って、イディッシュ語をびっくりするほどうまく話せるようになった。ユダヤ人の友人たちは、なにも知らないべつの友人に父を紹介して大喜びしていた。見間違えようもない異教徒の口から中欧の言葉がぽんぽん飛び出してきたときの、あっけにとられた表情が面白かったからである。ユダヤ人とのつきあいを、父は内心自慢にしていたのだろうと思う。差別が横行していた時代に、それを打破するためにできることをやっていたのだ。もっとも、父は（母も同じだったが）ウェールズ人だけは差別もやむなしと思っていた。これは西部地方（サウサンプトンとセヴァーン河口とを結ぶ線より西側の地方）に深く根をはった傾向で、これを根絶するには何世代もかかるのではないかと思う。

だがその後……運命は暗転した。マーウッド・クロスとの和解が成立して、それで当然ながら……夫婦はウェストン＝スーパー＝メアに戻り、そこで少なくともまずまず幸福に暮らすうちに、一九三九年一〇月に私が生まれた（やはりウェストンで）というわけだ。結婚してからたった一三年後のことだった。どうやらクリーズ家の世界では、すべての道はウェストン＝くそったれ＝スーパー＝くそったれ＝メアに通じているらしい。

とはいえ、父が私にインドの思い出話をしてくれたころには、わが家はバーナム＝オン＝シーに引っ越していた。ウェストンから海岸沿いにわずか数マイルの、小さな海辺の町である（バーナムは、英国の歴史に重要な役割を果たしている。というのも、エル・アラメインの戦いで知られるモントゴメリー子爵の最初の細君は、この町で蜂に刺されて亡くなっているからだ。奥さんが亡くなっていなかったら、モントゴメリー将軍は腰を落ち着けて幸福な隠退生活を送っていたかもしれない。だが実際には、北アフリカに進軍してロンメルを打ち負かしたというわけである）。バーナムに引っ越した理由は（もしあるとすればだが）、当時六歳になっていた私をちゃんとした学校に通わせることだった。

問題は、両親の選んだのがとんでもなくひどい学校だったことだ。思い出してみれば、まるでディケンズの小説にそのまま出てきそうだった。大きな教室がふたつあって、照明は火だけでかなり暗く、生徒は一五人かそこら、みんな私より年上で、小さなグループに分かれて勉強していて、それを監督するのはつんけんした恐ろしげな婆さんただひとりだった。そしてこの婆さんというのが、わざわざ教えてやらなくても、生徒はなにをすべきかわかっていて当然と決めつけているようだった。二、三日当惑と不安のうちに過ごしたのち、ついに危機が訪れた。気難しい婆さんに、これまで見たこともないやたらにむずかしい計算問題を渡されたのだ。四桁の数を三桁の数で割るとか、その手の問題だった。当てずっぽで計算して、出た答えはまちがっていた。やりかたを教えるでもなく、婆さんはやりなおせと言った。またまちがった。もっとまじめにやりなさいと叱られ、まじめにやったがまたまちがった。すると婆さんは、手を前に出すように言い、その手をしっかりつかむと、手のひらに三度ムチをくれた。力いっぱい。最初に感じたのは驚愕だった。私の通った幼稚園はカトリックではなかったから、こんな罰は予想もしていなかった。次に感じたのは痛みだった。猛烈に痛い！　ぼくの大事なおててが！　二五年後、初めてセラピーを受けたとき、思い出した幼少時のトラウマのひとつがこれだった。洪水のように強烈な感情がよみがえってきて、仰天したものだった。怒り——というより激昂、自己憐憫、屈辱感、深い恨みつらみ、そして純然たる憤り《いきどお》——答えをまちがったからといって体罰を加えるのは、不当というより狂気の沙汰である。まことに恐ろしいことだ、こんなじつに不親切な、まったく無意味な、それどころか気が遠くなるほど**逆効果**な行動が、何世紀にもわたって子供たちに向けられてきたとは。それも、頭の足りない、権力欲旺盛な、あのいまわしいゾンビのような婆さんによってである。かなりの割合のああいう精神病質者が、慈愛深い神の名のもとに行動している、ということになっていたのだ（カルトゥジオ修道会の運営する学校に通ったという友人がひとりいる。授業で生徒がまちがうと、司祭はムチを取り出し、もういちど質問を繰り返しつつムチをふりあげ、またまちがったら叩く用意をしているのだという。『でもさ、そんなことされたって、正しい答えがわかるわけないよな』と彼は言ったものだ）。

しかし、サディズムとの接触から多少は得るところがあったのかもしれない。セラピーのさいによみがえってきた感情のうちで最も強烈だったのは、ふつふつとわき上がってきた最後の感情だった。**二度とこんな目にあわされてたまるか！**　という尋常でない、鋼《はがね》のような決意だった。六歳児の小さな心臓のどこかで、なぜだかなにかが身じろぎした。そして、いまは脊椎骨をふたつ三つどこかに置き忘れているかもしれないが、いつかそれを使って気骨のあるところを見せてやるのだと言っていた。

学校での初体験があまりに悲惨だったため、父はその翌日、その悪夢の場所から私を連れ去って、〈ミス・クレスウェルズ・アカデミー〉という学校に入れなおした。そこはじつに親切で楽しい親しみやすいよい学校で、私は帽子をかぶったネズミの絵に色を塗ったり、それをハサミできれいに切り抜いたりした。こうして私は、学問に対する自信を取り戻し、以前どおりの軟弱な少年の道を歩みだしたのである。

ふりかえってみると、私はずいぶん物静かでひとりが好きな子供だった（といっても寂しい子供ではなかったが）。母に言わせると、赤ん坊のころもぜんぜん泣かなかったそうだ――たぶん、泣くと母が来ると思ったからだろう。心理学者ハンス・アイゼンクによる、すばらしくわかりやすい内向性と外向性の説明を読んでから、私は自分が明らかに内向的だということを知った。もちろん、一方の端から他方の端まで、その程度は連続的に変化していくわけだが、両向性格と呼ばれる人々、つまり真ん中あたりに位置する人々は、両方の傾向をだいたい同じぐらいの割合で備えていることになる。これらの言葉を聞くと、戯画化された両端の人物像を思い起こすだけの人もいる。こっちの端には、口べたで痛々しいほど引っ込み思案なスウェーデン人の記録保管係がおり、あっちの端には、おしゃべりで厚かましいアメリカ中西部の車のセールスマンがいるというわけだ。そういう人たちは、俳優は外交的な性格にちがいないと思い込んでいるものだが、じつはそうではない。舞台では堂々としているのに、大変な恥ずかしがり屋という演技者は少なくない。だれかのふりをすることと、自分自身であることのあいだには、なんと言っても大きな隔たりがあるのだ。

アイゼンクはまた、内向的な人は生まれつき精神活動のレベルが高いとも言っている。そのためめったに退屈せず、刺激も必要としない。頭のなかですでに多くのことが起こっているからである。いっぽう外向的な人は、精神活動のレベルが低い。だから退屈しやすく、外的な刺激が少ないとすぐにぼんやりしてしまう。これもまた、私は内向的だと思うひとつの根拠になっている。私はめったに退屈しない。例外はディナーパーティの席で、自分を熱心に売り込もうとする人につかまってしまったときだけだ。また、私はしょっちゅうくたびれてしまう。ハロッズ百貨店の派手なディスプレーを見たり、Eメールや電話が大量に押し寄せたり、また公的な集まりの場で、おおぜいの人々がどっと近づいてきて、そのひとりひとりが「あなたと私には共通点がある！」と言おうとしたりすると（「私の妹の夫は、あなたより二〇年あとにクリフトン・コレッジに通ったんです。それで、あなたがむかしバッティング・グラブを買ったっていうスポーツ用品店によく行ってたんですよ」「えっ、ほんとですか！」）。とはいえ、いまでは外向性が必要な状況にもちゃんと対応できるようになったし、それを楽しむこともできるようになった。もっともそのあとには、多少の平和と静けさが必要だという気がするが。また逆に、一日ものを書いて過ごしたあとには、社交の夜を心待ちにしたりもする。黒か白かではなく、バランスの問題なのだ。

六歳、七歳、八歳のころは、ひとりで過ごすか両親と過ごす時間が長く、たしかに同年代の子供とはあまりつきあっていなかった。私はひとりで楽しく遊んでいた。ぬいぐるみを使ってお店ごっこをしたり、メカノ（玩具メーカー。またその組み立て玩具の商標名でもある）の模型を組み立てたり、粘土《プラスチシン》をこねたり、英国の鳥の絵はがきを集めたり、絵を描いては画才のなさを露呈したりしていたわけだ。

漫画が好きで、登場人物の行動原理を理解しようとでもするようにじっくり読み込んでいた。おかげで、人の尻を蹴っ飛ばすのはたいへん愉快なことなのだと思い込んでしまったが、実際にやってみると思ったほど人を笑わせることはできなかった。私には、同じ年頃の子供ともっとつきあうことが必要だった。

そこである晩、両親のはからいで、私は同じアパートに住むふたりの少年といっしょに夕食をとり、《特別捜査官ディック・バートン》という一五分の連続ラジオドラマ（*Dick Barton, Special Agent*　一九四六～五一年まで、六時四五分からBBCが放送していた）を聴いた。それで生じたアドレナリンの急増が数日間収まらなかったため、これはあまりたびたびやらないほうがいいと両親は考えた。またべつのときには、数時間「お行儀のよい」少年少女たちといっしょにされて、かれらがモノポリーで遊ぶのを見て目玉が飛び出しそうになったこともある。この世にこんな刺激的な遊びがあるとは夢にも思わなかった。自分も仲間に加わって、いっしょにゲームをするところを想像したものだ。いまはおっかなくて無理だが、何年かしてもっと大きくなったらと。

このころの私自身について、どうにも説明しかねる点がふたつある。私はあるとき急に自動車に夢中になり、わが家の小型車オースティン10のバックシートに陣取って、こっちへ走ってくる車の名前を正確に言い当てていったものだ。「ラゴンダ！　ハンバー！　MGM！　ウーズレー！　ヒルマン・ミンクス！　ジョウエット・ジャヴェリン！」それなのに、ある日その興味を完全に失ってしまった。一夜にして！　その瞬間から、車は退屈でしかたのないものになった。いまでは、車の雑誌を読む人間はみんなオタクにちがいないと思っている。たかが自動車で、競合モデルの得失を比較したり、知識の量をひけらかしたりするなど、正気の人間のやることとも思われない。何台もの自動車が玉突き事故を起こすのを目撃し、重要証人になってしまったらどうしようと思うと恐ろしくてたまらない。私に事情聴取をする警察は、きっとからかわれていると思うにちがいない。

さらに奇妙なのは、クリケットでオーストラリアを応援していたことだ。いったいなんでそんな気になったのだろう。父は戦争中に南アフリカ人やオーストラリア人やカナダ人と知りあい、そういう人々のことを親愛の情をこめて語っていたが、しかしそれにしても、なぜ私は急にオーストラリアを選んで、一九二〇年代から三〇年代のクリケット選手に詳しくなろうと思い立ったりしたのだろうか。私は全員に通じていた。ウッドフル、ポンスフォード、ブラッドマン、マカートニー、マッケイブ、キパックス、リチャードスン、オールドフィールド、クラリー・グリメット（ニュージーランド人だが、オーストラリア・チームでプレイしていた。ボールにきつくスピンをかけるのが得意で、ビリヤード台上だったら直角に曲がっていただろう）、ビル・オライリー、フリートウッド＝スミス（国際試合テストマッチに出場した最悪の打者《バッツマン》）、そして唖然とするほどの速球投手《ボウラー》二人組、マクドナルドとグレゴリー。父と私は、一種のリビングルーム・クリケットを発明して、冬じゅうそれをやっていた。木のマッチ箱ホルダーの前に小さなバットを立てて、それ目がけてピンポン球を投げるというものので、父はいつもホッブズかサトクリフかハロルド・ラーウッド（いずれも英国のクリケット選手）をやったが、私が選ぶのはオーストラリア選手と決まっていた。この奇妙な疑似愛国主義的偏愛は長く続き、ついに英国チームびいきに乗り換えたのは、一九五〇年代もなかばになってからだった。なぜ自分がオーストラリアを応援していたのか、いまとなってはまったく、さっぱり、これっぽっちもわからない。

変てこな行動と言えば、このころに大いに当惑する出来事があった。アパートの上階に、ミセス・フィリップスという老婦人が住んでいたのだが、あげたいものがあるから遊びにおいでとその人に呼ばれたのである。階段をのぼっていったのを鮮明に憶えている。わりと急な階段で、のぼりきったところに彼女は待っていた。肘かけ椅子に座り、手になにかを持っている。手を出しなさいと言い、私の指先をつかんで支えると、わざと尖らせた棒で手のひらを突いた（その棒は、火をつけるのに使われていた細い木の灯心だったが、その先端をぎりぎりまで尖らせてあった）。元気な、もう少し意気地のある少年なら、棒を奪い取って目玉をくりぬいてやるところだが、なにしろ私のことだから、突つかれた豚のように悲鳴をあげ、大騒ぎをして、めそめそして……そのあとは？　記憶はそこでとぎれている。不思議でならないのは……私がなにをしたのかということだ。なにかをしたにちがいないのである。そうでなければ、ミセス・フィリップスがあんな罰をくれるはずがない。わけもなく子供の手のひらを突くような、そんな行動をとる人ではなかった。バーナム＝オン＝シーでは、うわさはあっという間に広まるものだったし（お通じがあったことすらすぐにうわさになるぐらいだった）、ミセス・フィリップスは「とてもきちんとした人」に分類されていた。生涯のうちであの短い二分間だけ狂暴化して（幸運にも何百分の単位ではなく）、その後はまたふだんの生活に戻ったなどということがありうるだろうか。それとも、私がなにかこっそり、後ろ暗い、いやらしいことをしたのだろうか――とはいえ、性的なことであるはずがない。当時の私は、女の子にペニスがあるかどうかすら知らなかったのだ。誕生日ケーキにマスタードを仕込むとか、鉛筆箱に蜘蛛を入れるとか、ハムスターをいじめるとか、そういうけしからぬことをしたのだろうか。きっといささか卑しいことをしでかしたにちがいないと思う。そうでなければ、ミセス・フィリップスのあの計画的な行動は説明がつかない。周到に用意をして、武器を巧妙に選択し、きちんと尖らせて、手管《てくだ》を弄しておびき寄せ、不意をついて攻撃し……あれはいったい、なにに対する報復だったのだろう。

それとも、たんに退屈していただけだろうか。答えのわかるときは来ないだろう。そしてまた、私に恥じるべき点があったのかどうかも……

とは言っても、当時の私が一点非の打ちどころのない子供だったなどと言うつもりはない。たとえば、犯罪の世界にちょっと手を出したこともある。潜水艦を盗んだのだ。たしかに大した潜水艦ではなかった。長さ八センチほど、灰色の鉛製で、だいたい潜水艦の形をしているだけだった（値段は一ペニーぐらい。それも二〇一四年の貨幣価値で）。あるパーティのときに見かけて、それをこっそり持ってきたのだ。自分のものでないのは知っていたし、それがいけないことだとちゃんとわかっていたのに。なにかの拍子に私はそれを漏らしてしまったらしく、返してあやまってきなさいと父に言われた。私はそのとおりにしたが、ここのうちのものを盗ってしまったと打ち明けたとき、被害者一家はちょっと驚いていたように思う。よほどすごいものかと思ったら、差し出されたのは小さな鉛の潜水艦だったからだ。しかし父は、私がやったことをその後一度も蒸し返したりしなかった。人のものをとってきてはいけないと説明して、返しに行かせただけだ。それで罰は終わりだった。こんな人が父親で、ほんとうに運がよかったと思う。

さて、ここでついに大事件が起こる。私たちは近くの私立小学校《プレパラトリースクール》を見学してまわっていたが、どれもみな大きくて堅苦しくて恐ろしげに見えた。しかし父は、ウェストン＝スーパー＝メアに引っ越して、そこにあるとてもいい学校に通わせるからと説明した。セント・ピーターズという寄宿学校に、自宅通学の生徒として入学させるというのだ。私はよくウェストンに連れていってもらったが、そこは大きな街だった——祖父の住むブリストルほどではないものの、それでもすごく大きく、大埠頭《グランド・ピア》があって「世界最大の屋内遊園地」という看板が立っていたし、ウィンターガーデンズがあって、ミニチュアゴルフのコースが三つもあった。さらに重要なのは、八月にサマセット郡クリケット・チームがクラレンス・パーク（ウェストン＝スーパー＝メアの公園。古くからクリケット場がある）に来て、スリーデイ・マッチ（文字どおり一試合を三日がかりでおこなうこと）を三試合ぶっ続けでやることになっていて、父はそのうちの一試合を見物に連れていってくれたのだ（ウェストンがどんなに楽しい場所か教えるために）。そして私はたちまち夢中になった。たった一試合だったが、これは手始めだ。それは初恋だった——クリケットに、そしてサマセット・チームに私は恋をしたのだ（とくにバーティ・ビューズに。父と同じく口ひげをはやしていたので）。

バーナムに帰ってから、私はクリケットの試合を開いて、なんとセンチュリー（一イニングにひとりで一〇〇点入れること）を達成した。選手はほかにふたりしかいなかったが（《ディック・バートン》の友だちだ）、私はテニスボールをアパートの裏庭じゅうにかっ飛ばし、二三球で一〇〇点とったのだ（これが、私の生涯で唯一のセンチュリーになる）！

そんなわけで、九月の初めにわが家はウェストンに引っ越した。今度の住まいはクラレンス・パーク・ノースという通りに面した小さな家の一階で、例のクリケット場のすぐそばだった。こうして私はセント・ピーターズというプレパラトリースクールに入学することになった。そこでは教師はほとんど男性で、一二歳、一三歳の上級生たちがいて、校長先生ははげ頭でとんでもなく太っていた。

第3章　セント・ピーターズの憂鬱

セント・ピーターズ・プレパラトリースクールのおぞましい第一日、私は執拗にからかわれたが、それになんとか耐え抜いた。そしてその夜、寝室で静かに横になり、コルディッツ（第二次世界大戦中のドイツの捕虜収容所）に入れられたばかりの兵士のように、どうやって生き抜こうかと計画をめぐらせた。唯一の希望は私の影法師だった。以前から、私は自分の影に強い愛着を感じていたのだ。彼はジョン・リードという年上の少年で、どこへ行くでもかならずついてきて、案内や説明をしてくれ、警告したり激励したりしてくれた。どこに行ったときでも、どうすればいいかかならず教えてくれたものだ。とても親切で面倒見がよくて、これほど歳月を経たいまも、彼への感謝の念は消えていない。もっとも、彼はまもなくセント・ピーターズを立ち去ってしまい、その後は一度も姿を見ていない（つまり私は見ていないという意味だ。急に不可視になったとか、透明になったとかいう意味ではない）。親切なリードがいなかったら、こそこそ逃げ出してごみ箱に隠れてしまい、私自身も姿が見えなくなっていただろう。ほかの生徒たちはみんな私を嫌っているようだったからだ。言うまでもないが、私の対人スキルはおそまつなものだった。たとえば、ほかの生徒の尻を蹴飛ばせばもっと人気者になれるといまだに思い込んでいたし、おまけにいらつくほど背が高く、意気地なしでめそめそしていた。しかし、リードのおかげで最初の二週間を乗り切ると、その後にチャンスがめぐってきた。

私にはもうひとつ、生き延びる手段があった。たまに、なにかを言ってみんなを笑わせることができたのだ。そういうことがあると、すぐに心温まる瞬間が訪れた。みんなに受け入れられている、「ひょっとしてやっていけるかも」と感じる瞬間だ。ピーター・クック（英国の喜劇俳優・脚本家。一九三七〜九五）は、いじめられないようにきわめて意図的にみんなを笑わせていた、とよく言っていた。しかし私の場合は、もう少し無意識の行動だったと思う。もっと「あれ、うれしいな」と感じる経験だったというか。だんだん緊張がほぐれてくると、ますますみんなを笑わせられるようになった。もともとそういう素質はあったのだ。それでだんだんいじめられなくなり、初めて友だちが作れるようになってきた。

学業に関しては、私はごく平凡な生徒だった。二学期間は勉強はとても楽で、書き取りをしたり、張り子の操り人形を作ったり、雌しべと雄しべを見分けたりだったが、それから二学年に進級すると、教師はみんな男性だった（例外は校長先生の奥さんで、セント・ピーターズの男性教師のだれにも――校長先生を含めて――彼女はひけをとらなかった）。二年生になるとラテン語の授業が始まったが、それを担当した教師はランカスター大尉だった。軍人ふうの美男子で、豊かでみごとな白髪、白い口ひげはもじゃもじゃながら短く整えてあり、ひどい赤ら顔で恐ろしく短気だった（お約束どおりである）。勉強は命がけになった。先生を「激怒」させるのではないかと生徒はみな恐れていたからだ。

授業はかなりの部分が暗記もので、私にはとても面白かった。名詞や形容詞の変化、動詞の活用を徹底的にたたき込まれ、おかげで私はいまでも、なんの苦もなくすらすら暗唱することができるほどだ。みょうなことに、ランカスター大尉がその恐ろしい癇癪玉を破裂させるのを、私は一度も見たことがなかった。しかしそれは、そんなことにならないよう生徒たちががんばっていたからだ（のちにわかるのだが、その軍人ふうの態度や称号や、怒りっぽいという評判に反して、いささかとっつきにくく見えることがあるのは、たんに彼がとても照れ屋だからだった。そんなこんなの見かけの下に、とくべつ心のやさしい柔和な人物が隠れていたのだ。彼はよく鳥の歌を聞き分ける方法を教えてくれたり、生徒たちがちゃんと勉強していればだが、『ボートの三人男』の一部を読んで聞かせてくれたりした。どういうものか、恐ろしげな評判のせいで、持ち前のやさしさが見えにくくなっていたのである。また、体育とボクシングと射撃を教えていたことや、大尉という軍の称号を持っていたこともあって、ますますみんな幻惑されていたわけだ）。

私はつねにラテン語と算数が得意だった。理由はよくわからない。たぶん、どちらも単純な論理に基づいているから、私の頭でも理解できたのだろう。規則を憶えてそれを応用すればよい。これが英語になるとせいぜい平均で、その他の教科はかなりの劣等生だった。とくにフランス語には途方にくれた。いままで一度も聞いたことのない変な音を出さねばならず、しかもその音はページに書いてある綴りとぜんぜん対応していないのだ。なんで？　どうしてこんなことに？　それに歴史！　アルフレッド王がケーキを焦がした話（九世紀、アルフレッド王はバイキング軍に敗れて敗走中、逃げ込んだ農家の主婦に火にかけたケーキを見ていてくれと頼まれたが、考えごとにかまけてそれを焦がしてしまった。英国史でもとくに有名な故事）なんか、どうして教わらなくてはならないのだろう。ケーキを焦がしてはいけないと言いたいのなら、ただそう言えばすむ話ではないか。アルフレッド王がそれとなんの関係があるのだろう。それにとにかく、王さまなのになんで料理なんかしているのか？　またカヌート王は、海に命令して潮を引かせようなんてなにを考えていたのか（一一世紀、信心深いカヌート王は満ちてくる海に引けと命じ、それが不可能であることをもって神の偉大さと王権の卑小さを家来たちに教えたと伝えられる）。こんな頭のおかしいやつにどうして王さまなんかやらせていたのか。海岸で見ていた家来たちは、こんな話はもみ消そうとするはずではないのか。なにもかもわけがわからず、それで混乱した。私はまだ、ものごとにはすべて意味があるはずと考える年ごろだったので、意味がわからないととにかく落ち着かなかったのである。

最悪なのは聖書だった。苦手どころか、私は聖書が恐ろしかった。第一に、そこに書かれている歴史にはまったく意味というものがない。なるほど、アハブ（前九世紀のイスラエルの王）という男がいて、聖書によれば「打ちしおれて歩いた（列王記上二一章二七節）」。またイエフという男は「狂ったように戦車を御して（列王記下九章二〇節）」いて、またエゼキエルという人はたぶん「受けが悪かった」のだろう（エゼキエル書）。しかし……これは何千年も前の話だ！　どうしてこんな話を暗記しなくてはならないのだろう。たしかに、そうすることで神に近づけるのではないかということになっているが、そもそもとの国にいたころこの神は何者だったのか。どうして、自分の選んだ民とともにいつもその国を失ってばかりいるのか。さっさと気を変えて、もっと言うことを聞く民を選べばいいではないか。

どれもこれも、一度たりときちんと説明されたことがない。どうしてラテン語を勉強したり、張り子の操り人形をいっぱい作ったり、亜麻がどこで育ったか学んだりすることが重要なのか、こういうことは知っていて当然と昔から見なされていた。それと同じように、カトリックがプロテスタントとどうちがうのか、また「永遠の生」とはなんなのか生徒が理解しているものと、教師たちはひとりの例外もなく決めつけている。まるで食料品店の棚で見たことがあるだろうと言わんばかりだ。しかし、私にとって聖書がなにより恐ろしかったのは、それが重要なのは明らかだったからだ。なにしろ毎朝、お祈りのときに校長先生が朗読するのである。しかし、どうやら英語を読んでいるようなのに、私にはその意味がさっぱりわからない。校長先生がフラマン語で朗読していたのなら、理解できなくて当然なのだから安心して聞いていられただろう。しかしどう見ても、理解できることになっているらしいのである。「右の手のすることを左の手に知らせてはならない（マタイによる福音書六章三節）」。はあ？　「柔和な人々は幸いである（マタイによる福音書五章五節）」。そうかなあ、柔和（原文meekは「意気地なし」のニュアンスが強い）でいいことなんかない気がするけど。「隣人の牛を欲してはならない（出エジプト記二〇章一七節）」。それはなにかの冗談ですか。教師がそれについて話をして、生徒たちの経験に引きつけて説明してくれたら、こういう聖書の語句にももっと興味を持てただろう。そうしてくれればよかったのに。

神経・精神科医のモーリス・ニコルは、あるとき聖書の文章について校長先生に質問したことがあるそうだが、先生の答えをしばらく聞いているうちに、この人は自分でもなにを言っているかわかっていないのだと気がついたという。たった一〇歳でそこに気がつくとは、ニコルはすごいと思う。私はといえば、それがやっと腑に落ちるまでさらに四五年かかった。この世には、自分がなにを言っているかわかっている人などほとんどいないのだ。セント・ピーターズの教師のだれかひとりでも、一九四九年に「これは忘れないようにしなさい。人の言うことの九〇パーセントは完全なたわごとなんだよ」と教えていてくれたら。そうしたら、私の知的進歩はどれだけ速まったかと思わずにいられない。

毎週、日曜日の夕方は父と散歩に出ていたのだが、歩きながら私はいつも明日からの心配事をくわしく説明し、すると父は私を励まして、月曜日の朝に突撃をかける勇気を与えてくれた。私の不安の種はたいてい、なにが起こっているのか、それになんの意味があるのか理解できないということだった。

しかし、セント・ピーターズに入学して最初の数年間で、私が最も驚いた(そして最も混乱した)のは、ある日の午後の「休憩時間」に起こった出来事だった。生徒たちはみな自分の席に着いて、『ビグルズ』や『ビリー・バンター』を読みながら昼食がこなれるのを待っていた。本からふと顔をあげた私は、四、五メートル先の右手の席のクラスメイトに目を留めた。本を読むのをやめて、ひざのあいだのなにかをそっとなでている。私は不思議に思った。あそこになにを持っているのだろう。なにをあんなにやさしくなでているのだろうか。読者のみなさんはもう三行ほど先を行っておられるだろうが、九歳のクリーズはああでもないこうでもないと頭のなかで仮説をひねくりまわし、この事態を理解しようと努めていた。そしてついに理解は訪れた。太平洋の島の岸に初めて大型船がやって来たとき、そんな大きな船が存在するというのは完全に理解の範囲を超えたことだったため、島民たちにはその船が見えなかったそうだが、それと同じように、自分が明らかに見ている現実を私はなかなか呑み込むことができなかった。しかしやがて目からうろこが落ちて、はっきり認識するにいたった。彼は自分のペニスをいじっているのだ。あと知恵の助けを借りて自己弁護をするなら、まるでお気に入りの鉛筆をのんびり削っているかのような、落ち着きはらった当たり前のような顔でやっていたから、それでまごついてしまったのだと言うしかない。あんなに平然と、当然のことをしているかのように、性器を人前にさらすなどとても考えられないことだった。だから、なにかほかに説明があるはずだと思ったのだ。ところが、そうやってべつの説明を必死で考えているとき、今度は左側の生徒が頭を低くして（監督の先生に見つからないようにするためだ。教室の向こう端で、先生自身も本を読んでいた）私の前を走っていき、ペニス少年に近づくなり、わきにしゃがんでかぶりつきで見物を始めたのである。ふたりが声もたてずに空中に浮きあがり、翼竜に変身して窓から飛んでいったとしても、目の前で繰り広げられる光景に私はあれほど驚かなかっただろうと思う。

そのあとのことは記憶にない。次に憶えているのは、家に帰ってなにもかも父に話したことだ。翌日、父は校長のミスター・トルソンと話をした。そしてその翌日、私は学校へ行かなくてよいと言われ、そのあいだに校長は陰部という問題について全校生徒に話をした。ミスター・トルソンらしい行き届いた配慮だ。彼の話をその場で聞いていたら、私は顔色が変わっていただろう。全校生徒の前で、告げ口したのがだれなのかばれてしまっていたはずだ（ここで説明しておきたいのだが、あのとき私が目撃したのは、私にとっては性的な――大人の考える意味での――行為ではなかった。私はたんに、ペニスは人前に出すものではないと理解していただけなのだ）。

しかしその他の分野では、私はそれほど引っ込み思案ではなくなった――というより、セント・ピーターズの用語で言えば「へなちょこ」ではなくなってきた。それどころか、一度などは私をからかっていた生徒と取っ組み合いをしたこともある。なんとこの私が、まともな小学生みたいに、床に寝ころがってつかみあいをしたのだ。相手の頭を床に叩きつけることまでやった。ところがその瞬間、「どうしよう、これで形勢逆転になったらおんなじことをされる！」と思い、当然のことながら形勢が逆転しはじめた。幸い、そこへ担任のミスター・ホードルがやって来て引き離してくれた。不思議なことに、私へのいじめがやんだのはそのころのことだった。そしてまた、この人生初の殴り合いは、私にとって人生最後の殴り合いでもあった。ともかくずっとそう思っていたのだが、先ごろ《サンデー・タイムズ》を読んでいたら、私が一九八〇年代にテリー・ギリアムと殴り合いのけんかをしたと書いてあった。しかし、これはちょっとありえないと思う。クリーズ家の歴史において殴り合いは比較的まれな事象なので、そんなめずらしい事件を私が憶えていないというのは統計的にありえないことである。私の人生に拳闘家的色彩はきわめて乏しいから、そんなことがあればくっきりと目立っているはずだ。それなのに、テリー・ギリアムと取っ組み合いをしたという記憶はまったくない。またこう言ってよければ、もしやっていたらまずまちがいなく殺していたにちがいない。《サンデー・タイムズ》の記事について唯一考えられる説明は――もしその記事が事実だとすればだが――テリーが殴りかかってきたのに、私は気がつかなかったということだ。テリーはがに股のせいでとても背が低いので、ちょろちょろしているとあまりに床に近すぎて、はるか下界でなにをやっているのか見えにくかったりするのである。

話がそれた。

私が引っ込み思案でなくなってきたもうひとつの理由は、しょっちゅうゲームをやっていて、おかげで少し緊張がほぐれてきたからである。勇気も腕力も必要ないゲーム——卓球とかチェスとかビリヤードとか——だけでなく、（手と目の協調は悪くなかったので）チームでやる球技にも加われるようになった。とはいえ、もちろんラグビーはべつだ。あれは、図体の大きい、乱暴な悪ガキがやるものなのである。ゲームをやってはいても、実際にはルールはちゃんとわかっていなかったのだが、子供にとってそれは大した問題ではない。あるとき私は、ふたりの少年がチェスをしているのを見ていて、いっぽうのキングがもうとられているのに気がついた。それを指摘したところ、ふたりは「うん、わかってる」と言っただけだった。ともかく、子供たちはやっているうちに少しずつルールを憶えていき、しまいにはまともにプレイできるようになるものだ（ただしラグビーはべつだ。国際試合のレベルですら、ルールをすべて理解しているのは審判だけで、審判は判定のたびごとに選手たちに〔図体の大きな選手にはとくに〕いちいち説明しなくてはならないのである）。

ちょうどこのころ、私はほかのだれよりも忘れがたい教師——ミスター・バートレット——に出会った。彼は私の算数の先生だった。受け持たれた最初の学期には、正直言ってほとんどなにも理解できなかった。ところが次の学期に同じことを教わったときは、それがすんなり理解できた。当たり前のことのようだった。それで一学年進級して新たな算数の分野に導かれると、どれもこれもまったく理解できなかった。ところが次の学期には、やはりあまりに自明のことになっていて、なんの苦もなく呑み込めた。要するに、進級するとわけがわからなくなり、ところが次の学期には完全に理解できるのだ。ミスター・バートレットはじつにすぐれた教師だった。

しかし、ミスター・バートレットの真に重要な影響力——ひとりひとり、すべての生徒にとっての——は、彼が生徒にかけた心理的な魔法のうちにあった。先生を喜ばせるのが、個人的にも、クラス全体にとっても、とてつもなく重要なことになっていたのだ。私たちは全身を耳にして先生のひとことひとことを聞き、宿題が出されればりっぱにやりとげようと死ぬ気で努力した。ある夕方のことを思い出す。生徒はみな自習室《ビッグ・ルーム》の席について、ミスター・バートレットに与えられた幾何の課題を解こうとしていた。そのとき、デイヴィッド・ロジャーズという生徒が、コンパスの技術的問題に困っていた。ここでいうコンパスとは、尖った金属の先を紙に突き刺しておいて、その他の部分を回転させると完璧な円が描けるという文房具だ。最初のうち私は気づいていなかったが、隣の席でロジャーズはしだいにいらいらを募らせていた。もう少しできれいな円が完成するというときに、きまってコンパスの先がすべる。それでいっしょに鉛筆もすべって紙をよごし、完成まぎわだった円が台無しになる。とたんに、ロジャーズは絞め殺されかけたような低い怒りの声を発し、消しゴムをひっつかみ、もうちょっとで完成だったできそこないの円を猛然と消しにかかる。そしてまたコンパスをとって先端をノートに突き刺し(四、五回それを繰り返したあとには、そのページは軽く鋤き返した畑みたいになっていた)、恐ろしく丁寧にコンパスを回転させる。しかし、鉛筆が三五〇度の円弧を描いたところで、また先端がすべり、その瞬間までの努力はすべて水の泡になり、ロジャーズはまた押し殺した絶望のうめきをあげ、怒りも新たにそれを抹消しにかかる。それはすでに、純然たる報復行為の様相を呈しはじめていた。しかしなにに報復するというのか。おそらくはこの世界そのものに対してだろう……

あとで考えたのだが、あれが滑稽だったのは、怒りそれじたいのせいではなく、その底にある恐怖のせいだ。ミスター・バートレットの寵《ちょう》を失うことへの絶対的な恐怖、その学期が終わるまで暗い辺縁部に追いやられることへの恐怖だ。ミスター・バートレットは、その驚くほど強い影響力で生徒を支配していた。叱られる恐怖ではなく、彼の称賛を失う恐怖だ。何年ものちに気づいたのだが、あれは恋人の不機嫌な顔のようなものだった。だれもが知っているとおり、それには奇妙なほど強烈な効果があるものだ……

さて、それまでの人生で、私はあれほど滑稽な状況を目撃したことがなかった。ロジャーズはペンナイフを借りてきて、決然たる足どりでくずかごに向かい、すさまじくも冷たい憤怒《ふんぬ》をがっちり抑えつけ、それでいてかすかに震えながら、そのナイフでコンパスの先端を猛然と尖らせにかかったのだ。ふつうのペンナイフで金属をそいで尖らせるなどできるわけがない。それなのに、ロジャーズは冷静に、正気を疑うほど抑制された態度でそれを試みている。しかもそのあいだずっと、彼は血に飢えた獣のように怒り狂っていて、その沸騰し荒れ狂う怒りをやっと抑え込んでいるのだ。そんなこんなに隠れてはいるが、その底にあるのは胸の悪くなるような恐怖――ミスター・バートレットの寵を失うのではないかという恐怖である。これほど三拍子も四拍子もそろった滑稽な状況に、私はとうてい太刀打ちできなかった。しかし、私が涙を流して笑えば笑うほど、ロジャーズの決意は固くなるいっぽうで、なまくらなコンパスの先端をあくまで尖らせようとするのだった。

ロジャーズのこの心理状態は実際のところ、コニー・ブースと私が《フォルティ・タワーズ（*Fawlty Towers*、一九七五年、七九年にＢＢＣテレビで放映されたコメディ・シリーズ。主人公のバジルをジョン・クリーズが演じた)》の一話ごとに、バジルのなかに生み出そうとしてきたのとほとんど同じだ。バジルの怒りについてはすでにいろいろ書かれているが、その多くは単純化されすぎているか完全な見当違いかどちらかだから、ここで記録を正しておくのも悪くないだろう。もっとも、うまく行きっこないという気もするが。

バジルの怒りは、たいてい恐怖に発している。ホテル検査官に悪い報告書を書かれるのではないか。客に食中毒を起こされるのではないか。衛生検査官にネズミを見つけられるのではないか。宿泊中の精神科医や貴族などの大切な客を怒らせるのではないか。ドイツ人客が気分を害するのではないか。シェフの具合が悪くなってグルメ・ナイト(腕のいいシェフを雇ったバジルが客を招待して開いた晩餐会)に料理が出せないのではないか。結婚記念日に招待した友人の前で恥をかくのではないか。アメリカ人の客にシェフがほんとうは厨房にいないことを気づかれるのではないか。オーストラリアのブロンド美女や魅力的なフランス人女性とあやしげな状況に陥っているのを、妻に見つけられるのではないか。競馬にお金を賭けているのを、あるいは経費を節約しようと無能な大工を雇ったのを妻に見つかるのでは……まだ続ける?

そして、この恐怖によるストレスのせいで、バジルは各エピソードの冒頭でささいな過ちを犯す。そしてその恐怖の状況を修正しようという努力が裏目に出ると、いよいよパニックを起こして破れかぶれになり、そのせいでますます適切な対処ができなくなる。そしてついに墓穴を(ときにはいくつも)掘って、ほんとうに八方塞がりな状況に自分を追い込んでしまうのだ。

これはまさに、古くからある笑劇にほかならない。一、主人公がなにかをしでかし、それをごまかそうとする。二、パニックがつのるせいで、彼は失敗に失敗を重ねる。三、ばかげた状況にはまり込んでにっちもさっちも行かなくなる。四、しまいに彼の悪事は露見する（あるいは危ういところで露見を免れる）が、すべて収まるべきところに収まってめでたしめでたしを迎える。

（ちなみに、右の節で代名詞に「彼」を使っているのはお目こぼし願いたいが、古典的な笑劇で女性が主人公という例を私は寡聞にして知らない）

ここで、バジル・フォルティとデイヴィッド・ロジャーズのもうひとつの類似点を指摘しておきたい。笑えるのは「抑圧された」怒りなのだ。バジルが完全に怒りを破裂させ、大声で怒鳴りだしたら視聴者は笑わないだろう。怒りを抑えようとしているのだが、それに失敗しているのが動作や言葉の端々《はしばし》に現われる（無益な皮肉を言ったり、自分の尻や車を叩いたり、過度に丁寧な言葉を使ったり、受話器を叩きつけるようにして電話を切ったり）するのがおかしいのである。デイヴィッド・ロジャーズがコンパスを尖らせようとしていたとき、その行動の裏に潜む恐ろしい不安が見え隠れしていたのと同じだ。またべつの見かたをするならこうなる――真の怒りは実生活では役に立つこともあるが、喜劇では使えない。怒りが笑えるのは、それが役に立たないときなのだ。

まあ、それはともかく……

ミスター・バートレットが忘れがたい先生だったのは、たんに教えかたがうまかったからでも、また生徒たちを自在にあやつっていたからでもない。彼はまた、私が初めて出会った真に忘れがたい人物だったのだ。それには理由がふたつあった。第一に、彼には知らないことはなにもないかのようだった。そこに徐々に気がつくとともに畏怖の念も高まり、この世の森羅万象についてじゅうぶんな情報を得ることさえできたら、私もまた思うとおりの人生を送ることができ、意地悪な運命が石つぶてや矢——具体的には、嫌がらせとか皮肉とか冷やかしとか——をぶつけてきても、まったく動じずにいられるのではないかと思うようになった。そんなわけで私は、あらゆることに通じているべきだという感覚に取り憑かれはじめた。頭脳も意志力も足りなくて、この目標に向けて前進することはできなかったとしても、全知であれば問題はすべて解決できるという確信が揺らぐことはなかった。

私が、そしてセント・ピーターズの数世代の生徒たちが影響を受けた、ミスター・バートレットの第二の特質は、その潔癖な生活態度だ。彼の毎日は、この世の下品なものに対する絶え間ない紳士の聖戦のようだった。ここで言っているのは、二〇一四年の英国で下品と呼ばれているものとはちがう。尻や胸や性器のことをあけすけに話題にするとか、汚い言葉づかいとか、横柄で無礼な態度とか、ボディピアシングとか、けばけばしい服装とか、大酒を飲むとか、金ぴかの装飾品とか、スキンヘッドとか、刺青とか、リアリティ番組とか、マーケティングとか、その他ありとあらゆる刺激的な行動様式、つまり今日《こんにち》のわれらが偉大な国を形作っているものとはちがうのだ。ミスター・バートレットがぞっとする（彼の口癖だった）対象はもっとささいなことだった。たとえば、ちょっとした「気取り」の気配とか、自分からわざと注目を浴びようとする——彼の言う「自己宣伝」——とかだ。いまのセレブリティ文化を見たら先生はなんと言うだろうか。先生は、エドワード七世時代（二〇世紀初頭）の紳士のように生きていた。礼儀と上品さと節制と、他者に気まずい思いをさせないための心遣い、押しつけがましくなく、思慮深く、親切で、控えめで——いや、たんに控えめというのでなく、なるべく自分を表に出さないように努めるのである。こういう人間は、《デイリー・メイル》にはけっして雇ってもらえないだろう。しかし、なにより魅力的だったのは、しょっちゅう「ぞっとしている」その態度にユーモアがあり、かすかに面白がっている風情《ふぜい》さえ見えることだった。また、心底ぞっとすることはめったになかった。ときにはごくわずかにぞっとするだけのこともあった。たとえば、そういうことはしょっちゅうあったが、生徒の出来が悪かったりしたときだ。生徒たちがまたばかをさらすと、先生はすばらしく超然とした顔をする。それは当惑と驚愕の表情なのだ。生徒の出来がよいと、ほとんどはにかんだような笑みがこぼれる。みんながそれを待ち望んでいたが、一部の生徒―先生のお気に入り――はときどきそれを向けてもらえた。ミスター・バートレットは、長身で、憂い顔で、教養あふれる神であり、私たちは先生を愛すると同時に恐れていた。生徒の出来が悪いと、母親がたったいま肉挽き機に呑み込まれたような顔をして教室に入ってきて、「さて……これは戦争だな」と宣言する。それからゆっくり窓ぎわに歩いていって、ぼんやり外を眺める。すると私たちはみんな自殺してしまいたくなり、また先生が生徒のひとりに笑顔を見せてくれるときが来ますようにと祈る。私はまったく先生のお気に入りではなかったが、いつか気に入ってもらえないともかぎらないではないか。また私は先生のジョークも好きだった。生徒のひとりを「場所ふさぎ」と呼んだときなどは、天地開闢《てんちかいびゃく》以来最高に冴えたせりふだと思ったものだ（これはいまだにそう思っている。もっとも、いまでは彼のオリジナルでないのはわかっているが）。

私を気に入ってくれた先生がひとりいた。ひとつには、私のほうもその先生がわりと好きだったからなのはまちがいないと思う。しかし、ほかの生徒にはまったく好かれていなかった。たぶん風采があがらなかったからだろう――と言っては正しくない。遠慮せずにはっきり書くと、その先生は醜男だった。まったく醜かった。歯を抜かなくても醜男コンテストで優勝できるほどだった。しかしいささか驚くと同時に親しみを感じずにいられなかったのだが、その先生はちょっと見栄っ張りなところがあった。しょっちゅう髪の毛を気にし、鏡をのぞいているのだ。圧倒的に不利な条件にもかかわらず、こんなふうに闘っているのを見るとみょうに胸に迫るものがあった――カジモド（『ノートルダムのせむし男』の主人公）がアイラインを引いているとか、エレファント・マンがかつらをつけているようなものだ。

その先生はA・H・ドルマン師といい、ドイツ人だった。それ以外のことは私たち生徒にはいっさいわからなかったが、Aがなんの頭文字なのかはだいたい見当がついていた。その他にもさまざまに不愉快なところがあった。とても太っていて（失礼、肥満していて）、よたよた歩きまわり、しょっちゅう人にぶつかったり出口をふさいだりしていたし、口臭がきつくないとは言えなかったので、生徒たちはなるべく近くに立たないようにしていた。また無意味なジョークを無理に言ってはその説明をするし、のどに引っかかったような声で話すし（驚き！）、英語には聞き慣れない訛りがあるし、おまけに「実際の話」「じつのところ」「一般的に言って」「正直な話」がしょっちゅう出てきて、なかでもとくに多かったのが「まったくの話」で、これは二〇秒に一度ぐらいのわりで飛び出してくる。したがって当然の話、これらの口癖が何度出てきたか生徒たちは数えるようになった。ランカスター大尉から引き継いでラテン語を教えていたのだが、どうしてあの先生から教わってラテン語が身についたのかよくわからない。たぶんラテン語が好きだったからだろう。おそらくそれがおもな理由で、先生と私はしまいに馬が合うと言ってもいいほどになった。

これが幸いした。一九五三年にクリフトン私立中等学校《コレッジ》に進学するとき、数学の奨学金を私に申し込ませるかどうかという話になったことがある。ミスター・トルソンに打診されたミスター・バートレットはその話を一蹴したのだが、そこでわがドルマン師がラテン語の奨学金を申し込ませるべきだと強く推してくれたのだ。残念ながらそちらはだめだったが、どういうわけかおかげで数学の奨学金がもらえることになった（年に三五ポンド）。いったいどういうことなのか、神にいっぺん問いただしてみたい。

憶えているかぎり、私はほかの先生たちもみな好きだった。ミスター・ギルバート、ミスター・ホードル、ミスター・サンガー＝デイヴィス（独特の歩きかたのせいで、サンガー＝ワグテイル〔セキレイのこと。尾を上下に振りながら歩く〕とあだ名されていた）。ミスター・トムは、底がクレープ〔絹地の一種〕のスエードの靴をはいていて、ほかの先生たちにくらべるとちょっと毒舌だった。親切な音楽教師のミスター・ヒックリーはしまいに私を歌唱クラスから追い出した。悲惨なほど才能がなく、おまけにちょっと危険分子だったからだ（一五年後、私は雪辱を果たす。ミスター・ヒックリーの教えた生徒のうち、ブロードウェイのミュージカルに出演した唯一の生徒になったのだ）。実際、ちょっとおかしいと思うほど先生たちのことが好きだった。年に一度のクリケット大会で生徒と教師の対抗試合があるときなど、自分が出場していてすら先生たちを応援していた。思うに、私は父を心の底から信頼していて、私にとって一番いいように行動してくれると信じて疑わなかったから、その父への信頼を教師たちにも投影していたのだろう。それにいずれにしても、みなちゃんとした親切な先生ばかりだった。しかし、先生たちに私がどんな感情を抱いていたにしても、とくに好きだったのはドルマン師と校長先生のふたりだった。

校長のミスター・トルソンの第一印象は、**大きい**ということだった。実際にはそこまで大きかったわけではないが、そんなふうに見えたのだ。身長は一八〇センチあまり、肩幅が広くて鳩胸で、大きな丸顔には温かい笑みが浮かび、大きな縁無し眼鏡の奥の目はいささか焦点が合っていなかった。そしてそのすべての頂点に鎮座するのが、きれいで大きくて完全につるつるの、びっくりするほどピンク色の頭だった。第二の印象は、いわば……重要人物だということだ。明らかにこの学校を所有していて、彼がなにか言えばそれが通ると感じられた。それだけではない。ここの校風は彼の気質をそのまま反映していた。そして第三に――のちに、こういう人はとても珍しいとわかるのだが――感情的にきわめて開けっ広げな人物だった。高度に洗練されたミスター・バートレットとも、恐ろしく厳《いか》めしくて内気なランカスター大尉とも、人好きのしないドルマン師ともまるでちがっていた。基本的に楽天的で、心が温かくて、前向きで、どこをとってもまっとうな人物だったが、すぐにかっとなるくせがあった。とくに、生徒たちが弱音を吐いたり、秩序が破壊されそうになったり、あるいはわが校最大のライバル、バーナム＝オン＝シーのセント・ダンスタンズ校にサッカーで負けたりするとかんかんになった。そして彼が最も腹を立てる（そしてピンク色になる）のは、美しくて上品でまるで女帝のようなジーン・トルソンと夫婦げんかをするときだった。なにしろ、三〇歩離れたところから舌先三寸で大の男を叩きのめすことができる女性だったのだ。ジェフリー・トルソンがなにか言えばそれが通ると書いたが、そのなにかを言った相手がミセス・トルソンだった場合はそうではなかった。というより、その場合はまったく通らなかった。通るどころか、何歩かあとじさってそのまま硬直して突っ立っていたほどだ。しかし、たいていは校長先生は快活で、目にお茶目な光を浮かべてよく悪意のないジョークを言っていた。私はそんな校長先生が大好きだったし、信頼していた。

　だが奇妙なことに、いまでもいちばんはっきり憶えているのは、私が「えらそう」だったというので校長先生に叱られている場面だ。先生は私をわきへ連れていって、前日のクリケット場で見苦しい態度をとったと聞いたが、と言った。なにか不適当なことを言ったわけではなく、態度や動作の端々に思いあがりやうぬぼれが見え、オーストラリアの古い言い回しを借りるなら「天狗になっている」のがうかがえたというのだ。それはそのとおりだった。自分はクリケットがかなりうまいと思うようになり、たしかにそれをひけらかし、「すっかりいい気になって」、「身のほどをわきまえなくなって」いた。ミスター・トルソンはやさしく、そういうのは不作法だからもうやってはいけないと諭してくれた。先生の言うとおりだと私は思い、ちょっと恥ずかしくなって、二度とそんなことのないように気をつけたものだ。

　この出来事が興味深いと思うのは、比較的ささやかな自己顕示欲（つまり「自己宣伝」）の発露が、すぐさま学校の最高権威者に報告されていたのは明らかだからだ。そして数時間のうちに、その軽佻《けいちょう》な地中海的行動がほかの生徒に広がる危険が首尾よく食い止められているからでもある。校長もミスター・バートレットもランカスター大尉もその他の先生たちも、この点では結束していた。気取り、見栄、「もったいぶった」態度……礼儀知らず……紳士的でない行動は許してはならないのだ（私は数年前、カリフォルニアで夫婦セラピーを受けたが、そのときの経験はこれとは正反対だった。〔ひじょうに有名な〕セラピストに、英国では「ほらを吹く」のはちょっと垢抜けない――やや下品とは言わないまでも――行動とされていると説明したら、「ほらとラッパは大きく吹け」と言って、それは子供っぽい行為でもなんでもなく、社会的にも完全に容認されていると言われただけだった)。

また、これは私の世界観形成に影響するできごとだったが、ミスター・トルソンに連れられて全校生徒で『南極のスコット』を観に行ったことがある。スコットが泣き言ひとつこぼさず苦難に耐えている姿に、私たちはみな深い感銘を受けた。しかし、この映画を観て感じずにいられなかったのは、失敗に直面しても平然と受け入れるのが英国人にとって最高のヒロイズムであるということだけでなく、スコットの場合、もう少しで成功するところだったせいで、不幸に耐える気高さにいささかけちがついているのではないかということだった。なんと言っても、スコット隊が全員凍死したいっぽうで、ノルウェー隊は金メダルを獲得しているのだ。それとは逆に、「軽騎兵旅団の突撃(クリミア戦争中の一八八五年、無謀な突撃をしかけた英軍の騎兵隊が大砲の前に多数の死傷者を出した)」の栄光は、その完全な無意味さによって高まっているのだし、斬り殺されたゴードン将軍(常勝軍指揮官として有名だったが、一八八五年、スーダンのハルツームで反乱軍に包囲されて戦死。英国本国から救援隊が到着したときには彼の部隊は全滅していた)が平然と死を受け入れた立派さは、ハルツームで彼の部隊が全滅したときのことだったせいでいっそう悲劇性が強まっているのである。それに対して、ネルソン卿(一八〇五年のトラファルガーの海戦で、フランス・スペイン連合軍に大勝利を収めたものの戦死)とウルフ将軍(七年戦争中の一七五九年、カナダでフランス軍を激戦の末破るも戦死)のヒロイズムがいささか輝きを失って見えるとしたら、それはかれらの死が英国史上きわめて重要なふたつの勝利と強く結びついているせいだ――勝利の瞬間に息を引き取ったおかげで、劇的という面でよけいに点数を稼いでいると言ってもである。思うに、カスター将軍（南北戦争で活躍した北軍の将軍。のちに圧倒的に数にまさるインディアン軍に無謀な戦いを挑んで戦死）は英国系だったのではないかとアメリカ人は疑っているにちがいない。

実際のところ、わが国の役割モデルと見なされる人物を見てみると、だれについても喜びとか楽しみとか楽観主義を見いだすことはむずかしい。いたるところに抑鬱の徴候すら見てとれる。面白いことに、生きる喜び《ジョワ・ド・ヴィーヴル》という言葉はおそらく外国語なのである。

とはいうものの、失敗の価値について啓発的な教訓を与えられ、ミスター・トルソンからは虚栄心を抑える必要性を教えられているあいだも、私はどんどん自信をつけていった（自尊心はともかく）。これについては友人たちに感謝しなくてはならない。アメリカの心理学者ジュディス・リッチ・ハリスは数年前、これで大いに心理学界を憤慨させてしまったのだが、子供の発達に対する両親の影響力は過大に、いっぽう仲間集団の影響は過小に評価されているのではないかと唱えた。学問的に見てこの見解が正しいのかどうかは知らないが、私の意気地なし度が低下し、私に取り憑く弱虫の大群が見る見る数を減らしていったのはまちがいないし、それが同年配の仲間と遊んだおかげなのもまたまちがいないのである。

成績のおかげでないのははっきりしている。算数とラテン語以外はまったくぱっとしなかったし、芸術の分野でも才能はかけらも見えなかった。ドルマン師の配役で、シェイクスピアの喜劇『十二夜』のマルヴォーリオ役をやることになったときも、自分がなにをしていることになっているのか（というか、なにを言っていることになっているのか）まるで見当がつかなかった。いまでも「M、O、A、I、か。ここにかくされた謎は、前ほど容易には解けん。だが、ちょっとこじつければおれ

トルソン夫妻、ミスター・バートレット（右端）、
私はミセス・トルソンの後ろに立っている。

のことになるはずだ、この四つの文字はすべておれの名前に含まれているのだから（小田島雄志訳）」を、どういう意味かさっぱりわからないまま暗唱したのを憶えている。だれもなにも説明してくれなかった（マルヴォーリオが「十字の靴下どめ」をつけて現われる意味すら）。しかし、少なくとも私は出ていって、正しい順序でせりふをしゃべった。ただのひとつも笑いはとれなかったように記憶しているが、気絶はしなかったし、みんな満足したようだった。

しかし、セント・ピーターズで過ごした最後の一年に、私はほんとうに長足の進歩をとげたように思う。以前、『達人のサイエンス』と題する本を読んだことがある。著者のジョージ・レナードはじつに傑出した人物で、マイケル・マーフィーを補佐してビッグ・サー（米カリフォルニア州の雄大な海岸）のエサレン研究所を運営していた。この研究所は、アメリカでもとくに優秀な人々が「自分の真情を吐露しに行った」場所だ。この本で彼が指摘しているのは、なにかの技能を身につけようと練習しているとき、右肩上がりの直線のように徐々にうまくなっていくのではなく、上達はとつぜん起こるということだ。まったくうまくならないと思える時期が続いたあと、それでも辛抱強く練習を続けていると、思いがけず次のレベルへの飛躍が起こる。停滞《プラトー》……飛躍！　停滞……飛躍！　停滞……飛躍！　進化論で昔言われた跳躍進化にちょっと似ている。ミスター・バートレットに算数を教わっていたときの経験がそれだった。そしていま、いきなりもっといろいろなことが身についてきたようだった。それはたんに、ミスター・トルソンもふくめてどの先生より、私のほうが背が高くなったからというだけではなかった（もっとも、棒高跳びや障害物走やローンボウリングなど、そのおかげでうまくなれたこともある。そしてまた、以前よりもちょっとえらくなったような気がしたことはたしかだ）。

　この年、私のクラスには一三歳の少年が六人しかおらず、学校というより会員制の学習クラブのようだった。ひとりひとり個別に教えてもらい、それがとても楽しかった。どの教科もわくわくするほど面白くて、こんなことはかつてなかった（このころは知らなかったが、その後もめったになかった）。いまでも憶えているが、こんな環境にいられたら日に日に賢くなっていけそうだと思ったし、それまで手の届かなかったさまざまな分野でも私はどんどん向上していった。とくに目立っていたのはラグビーだ。臆病すぎてまだ一軍に入れてもらえるほどではなかったが、このころにはどの生徒より九〇センチほども背が高かったから、二軍ではだれも私を止められなかった。トーントンのキングズ・スクールと初めて試合をしたときは、私にパスが通ると、キングズの二軍一五人が目の前で見る見る分かれて、私はそのあいだを走っていって得点したものだ。キックオフ、セント・ピーターズがボールをとる、私にパスが来る、するとまた得点。すぐに同じことのくりかえしになった。以前の私は、けがをしては大変とあわててほかの選手にパスしていたものだが、いまではボールを手にゆうゆうと走っていく。侏儒のあいだを駆け抜けるキリンのようだ。モーセの前で紅海が分かれたように、目の前で侏儒たちは分かれていき、私はなんの苦もなくポストとポストのあいだにタッチダウンを決めるのだ。たしかあのときは、四三〇対ゼロぐらいで勝ったと思う。

第二戦《リターンマッチ》はもっと面白かった。キングズ・スクールのキックオフ、セント・ピーターズがボールをとる、パスをもらって私は走りだした。ところが意外にも、キングズの小柄なジャージが逃げていかずにこっちに向かってくるではないか。とうぜん私はそれに気をとられた。そのジャージのなかにちっぽけな生きものが入っているのは明らかで、よく見ようと足をゆるめたら、それはいきなり頭を下げ、足を速めたかと思うと、私のみぞおちにぶつかってきた。これは劇的な効果をもたらした。スローモーションでエッフェル塔が崩れていくような。私は運び出され、フィールドの外で横になっているしかなかった。三〇分ぐらいはろくに息もできず、そうこうするうちにキングズは前半にかなりのリードを奪っていた。しかし、後半開始時には私はまたフィールドに戻っていた。そしてパスを受け取った瞬間、さっきの鉄砲玉を探した。いた！　今度もかなりの速さで向かってくる！　慎重にタイミングを見計らい、向こうが頭を下げるのを待って、私は腰をひねった……やつの頭が腹に当たらず、固い骨に当たるようにしたわけだ。これがやつの最後だった。セント・ピーターズは一三〇対一八ぐらいで勝ったが、それでも形勢は五分五分と言ってよかった。

セント・ピーターズで過ごした最後の数カ月は、子供っぽい意味でではあるが、私の生涯で最も幸福な時期だった。けっこう活躍していた——クリケット・チームではキャプテンにまでなった。もっとも、点《ラン》をとったことがあったような記憶はないし、アウト《ウィケット》もあまりとれなかったと思うのだが——し、勉強は面白かったし、毎日楽しくて自分に自信も持てたし、みんなのことが好きだった（そしてみんなも私を好いてくれているようだった。これがとても重要なことだ）。ふりかえってみると、あのころは黄金時代だったように思う。もう少し成長するとあれこれ悩みが出てくるのだが——もっと勉強しないと試験に通らないのではないかと心配したり、本気で好きなものごとで自分よりうまい人がいてがっかりしたり、ニキビを気にしたり、女の子の前に出ると絶望的にどぎまぎしたり……そんなこんなは、まだ地平線のかなたのしみですらなかった。

実際のところ、このころの唯一のしみは……母だったと思う。どういうことか説明しよう。

人間の感覚器、つまり五感の顕著な特徴は、変化を検出するようにできていることだ。動きとか、いままでしなかった音とか、ちくりとする痛みとか、変わった味とかにおいとか——人はすぐにそれに気がつく。これは生存のための仕組みである。なんの変化もなければ安全ということだ。だから変化しないものは感覚から遮断される。午前中にいらいらしていたドリルの音は、午後には意識的に聞こうとしないかぎり気にならなくなる。「空気」と同じになるのだ。慣れてしまって、おなじみになって気がつかなくなるわけだ。さてここで以下の話をお読みいただければ、ウェストンにおけるクリーズ家のふだんの雰囲気がよくわかると思う。

私が一二歳のとき、わが家は（また）引っ越しをした。今度の住まいは、セント・ピーターズを間近に見おろすアパートの二階だった（私がアパートの車寄せを歩いていき、道路を渡り、門を抜け、校舎の裏口まで来て、ふりかえって手をふるところまで、両親はずっと見守っていられたほどだ）。ここに住んでいたころ、ある晩父は私を座らせて、穏やかにこう説明した。数日後にお母さんは出ていき、よそで暮らすことになると思う、代わりに父方のおばのドロシーが越してきて、父と私の面倒を見てくれるだろうというのだった。思い出すと不思議だが、私はとくに衝撃を受けることはなく、驚きすら感じなかった。ドロシーおばさんのことは大好きだったし、「おばさんがここに来れば、穏やかで幸せな日が過ごせるだろう。みんながみんなにやさしくなって、なにもかもすごく楽になる」と思っただけだった。

しかし、実際にはなにも起こらず、父は二度とそのことを口にしなかった。わが家に泊まっていたドロシーおばは帰っていき、その後長らく会うこともなかった。一年後、わが家はブリストルに引っ越し、そこで私はクリフトン・コレッジという寄宿学校の自宅通学生になったが、もちろん母もいっしょだった。

このブリストルのわが家を、私はかなり気に入っていた。長年祖父が住んでいた家で、よく遊びに来ていたからなじみもあった。祖父が一九五二年に八五歳で亡くなったとき、この家を父に遺したのだ。わが家にとっては初の一軒家だった。二軒長屋の一棟で、ちっぽけな前庭と狭い裏庭があり、裏庭の端にはレッドランド警察署があったからなにがあっても安心だった。

私にとって、この家は一三年で一二軒めのわが家だった。ひとつには視覚的な記憶力が低いせいもあるが、どの家にもあまり長く住まなかったせいで、最初の一一軒については断片的な記憶しか残っていない。母が父を叩いていた寝室、ミセス・フィリップスの部屋に通じる階段、センチュリーを達成した裏庭、セキセイインコを逃がしてしまったバーナムの家のリビングルーム。しかし、ブリストル市クリフトン近くレッドランド・イーストシュラベリー二番の家は、どの部屋もかなりはっきり憶えている。それから五年間、ここが私にとってわが家だったからだ。クリーズ家の標準で言えば、ほとんど地質学的な長さである。私はこの家で長い時間を過ごした。通学生だったからということもあるが、休暇中でもわが家はめったに遠出しなかったからだ。

あの家を思い出すとほんとうになつかしくなる。安全な基地のようだった。そこから私は打って出て、しだいに大人の世界へ足を踏み入れていったのだ。

第4章　クリフトン私立中等学校《コレッジ》で笑いの味をしめる

クリフトン私立中等学校《コレッジ》に入学する前日、ちゃんとしたパブリックスクールの生徒になるという記念に、両親は私をブリストルの高級レストランへ連れていってくれた。このお祝いの重要性に私もまったく気づいていなかったわけではないが、これは両親にとっては画期的なできごとだったのだと思う。息子を「よい学校」へ入れることができて誇らしかったのだ。また、それが社会的なランクアップをそれとなく意味しているのも誇らしかったのだろう。クリフトンはけっして、それほどランクの高い学校というわけではなかった。ラグビーやマールボロにくらべると格段に落ちるが、シェルボーンよりはやや上、おそらくマルヴァーンやトンブリッジ、ヘイリーベリーと比べても引けはとらなかったかもしれない（こういう細かい序列が当時は重大問題だったのだ）。ただ、アッピンガムやアウンドルとくらべてどうなのかはよくわからなかった。

しかし私にとっては、その夜の目玉は料理だった。ほんとうに高級な料理を食べるのはこのときが初めてで、人がモノポリーをして遊ぶのを初めて見たときにも劣らない衝撃の経験だった。まったく新しい世界が開けたのだ。優雅で、非日常的で、ゆったりとしていると同時に強烈な快楽。この世にこれほどおいしい食物があるとは知らなかった。これには頭脳すら刺激されたようだった。以来、食の喜びが去ることはなかった。それどころか七四歳のいまでも、私はこんなに美味なものは食べたことがないと感じる。実際のところ、私がどうしても口にしたくない食物は三つしかない。セロリとウニと生の人肉だ。

奇妙なことに、この料理の強烈な記憶に覆い隠されたように、クリフトンでの最初の数週間の記憶はあいまいだ。だがこれは、「新入生」としての毎日がごくありきたりだったからだと思う。私はもうそれほど幼くなかったから（クリフトンに入学した最初の月に一四歳になった）、セント・ピーターズでの最初の日々ほど、なにがあろうと印象的でもなければ恐ろしくもなかったのだろう。先生たちは巨人ではなくふつうの人間だったし、生徒に対して生殺与奪《せいさつよだつ》の権をもっているわけではない。また私の新しい学校生活には、劇的なところがまるでなかった。穏やかで事務的でてきぱきしていて――驚きなどほとんどなかった。というのも、クリフトンは徹頭徹尾、あらゆる面で中庸な学校だったからだ。いじめなど存在しない種類の、上品で、これと言った特色のない、ごくふつうの学校だった。だから……奇妙なほどなんの印象も残らなかったのだ。

とはいえ、クリフトンは大きな学校だった。生徒数は七〇〇人ほど、その大多数は寄宿生で、八つの寮に分かれて寝起きし、また空き時間を過ごしていた。通学生用にも、さらにふたつの寮があった。ノース・タウンとサウス・タウンといって、ブリストルのどこに住んでいるかで生徒はそれぞれに振り分けられた。私の寮はノース・タウンだった。中央に大きな部屋があって、壁にはかなり大きなロッカーが並んでいた。中央には大きなテーブルがあり、まわりに椅子が置かれている。生徒たちはひとりにひとつずつロッカーを割り当てられ、所持品や教科書をすべて収めることになっていた。その大部屋から少し離れたところに事務室がふたつあった。ひとつは上級監督生用、もうひとつは舎監用だ。二階には図書室と、チェスをしたり自習したりできる区画があった。そしてノース・タウン寮の真向かい、文字どおり通りをはさんだ真ん前には、ブリストル動物園の入口があった。そこからは一日じゅう、テナガザルやライオンやゾウやディンゴやオウムやアメリカ人観光客の声が聞こえてきたものだ。私はその声が気に入っていた。エキサイティングな外の世界を思い出させてくれるからだ。

自宅通学生用の寮で過ごす最大のメリットは、親密になった友人たちがいつも近くにいることだ。中間休暇（学期なかばの数日間の休暇）や長期休暇のとき、国じゅうあちこちに散っていったりしないのである。そのおかげで、また私が以前ほどへなちょこでなくなり、少しはつきあって楽しいやつになっていたおかげもあって、家に遊びに行ける友だちが何人もできた。とくに親しくなった友人がふたりいる。このふたりとのいっぷう変わった、愉快なふざけたつきあいによって、それに呼応する私の一部――それまで一四年間ずっと眠っていた――が表に顔を出してきた（そのふたりのうち、エイドリアン・アプトンはいまではカナダのマクマスター大学の医学部〔神経科〕教授で、学位をリストにしたら人の脚より長くなりそうだし、またマイケル・アプターは「反転理論」を生み出した心理学者だ。世界じゅうあちこちの客員教授になっていて、いまはワシントンDCのジョージタウン大学で教えている）。ふたりとも私より頭がよかったが、私たち三人は大部屋で「いたずら実験」をやって遊んだ。これは楽しみであると同時に、さまざまなことを教えられたものだ。たとえば、大きなテーブルに畳んだメモ用紙を放置しておき、その外側に「フォスターへ」などのように、この寮に属するだれかの名前を書いておく。それからどこかに隠れて、ほかの生徒たちがなかを見たいという誘惑といかに闘うかを見物するわけだ。ほとんど全員が、しばらくぐずぐずして、だれかに見られていないかちらちら確認してから、こっそり取りあげてさっとなかをのぞく。すると、「きみの名前はフォスターだっけ?」とか「見たぞ」とか書かれている。そこであわててメモを放り出し、だれかに見られていなかったか確認しようとするのだ。またべつのときには、ふたつのロッカーの中身を入れ換えておくといういたずらもやった。ロッカーにはその生徒の全生活が入っているから、人がほんとうにパニックを起こすとどんな行動に出るか、じっくり観察することができた。

いま思うと、あの親密なつきあいの核心にあったのは笑いだった。陽気さと楽しみが私たちを結びつけ、私は受容と承認と連帯を経験して自信をつけていった。もちろん、少年の私たちは自分の気持ちを口に出したりはせず、この世界はおかしいと話しあった。そしてついに私は、父と母の影響を脱し——というより教師たちを含めてあらゆる大人の影響を脱して、人格的に成長する段階に入っていった。いまふりかえってみると、ほぼ正常な人間にいたる道を歩きだしていたのがわかる。

私の考えでは、ふつうの日常的なまともさは、「ひとりっ子」には身につけにくいものだ。両親の影響を中和、あるいは希釈するものがなにもないからである。両親の注目が分散すれば——というより、両親の行動について実際に話しあうことのできる兄弟姉妹がいれば、それはきっとたいへんな解放感にちがいないと思う。もし私に兄弟が(姉妹ならなおよい)いて、「今日は母さん、いったいどうしたの」と尋ねることができたら、セラピーにかける時間は劇的に減っていたにちがいない。

言うまでもないが、クリフトンに通う第一の目的は学業であり、つまり試験のために勉強することだ。そしてO（「普通（ordinary）」）レベル（教育一般証明試験のひとつ。Oレベル、Aレベル、Sレベルとあり、Oレベルは一六歳ぐらいで受験する）は二年後に近づいていた。それに合格するのが重要なのは否定しようもなさそうだったから、私は腰をすえて標準科目の勉強にとりかかった。数学、ラテン語、英語、フランス語、歴史、化学、物理学、などなどだ。

それで気がついたのだが、数学やラテン語はそれなりに興味が持てて、よくできたクロスワードパズルぐらいには熱心に取り組めた。物理は光学に引き込まれたし、化学は原子論が面白かった。『マクベス』と『ヘンリー五世』を学ぶのは楽しかった。しかしそれ以外の時間（言い換えれば九〇パーセント）は、授業で教わることにまったく関心が持てなかった。というわけで、つねに意識的に努力していないと集中できない。ちょっと気を抜こうものなら、たちまち頭がお留守になってしまう。

要するに、私にとって教育とは意志力の試される場だったわけだ。私はこの挑戦を受けて立った。実際の話、ティーンエイジのころの私は、頭のどこかで本気でこう信じていたほどだ――学校へ行く目的はただひとつ、自分にとってなんの意味もない勉強にいかに集中するかを学ぶことだ。つまり、クリフトンで教わったのは、教育の主たる目的はこの世界を理解することではない、ということだった。人格形成こそがその真の目的なのだ。とすればとうぜん、ほんとうに面白いと思うことを勉強するのは、完全なルール違反とは言わないまでも、まちがいなく目的をはずしていることになる。それが私の結論だった。

クリフトンに通っているあいだ、私はおそらく三〇人の教師に教わったが、そのうち二八人は好きだった。もっとも、強烈な印象を受けた教師はほとんどいなかった。ただひとりの例外が小柄な「ジャンパー」・ギーという教師だ。両大戦で戦った人で、英語の教師ということになっていたのだが、しょっちゅう脱線しては面白い話をしてくれた。そのなかのある一話が、のちに私にとって大きな意味を持つことになる。古代ローマでは、晩餐のあとの余興としてレスリングの試合がおこなわれることがあったらしい。あるときそんな余興の席で、選手どうしがっちり組み合って戦っているうちに、身体と身体がからまりあって離れなくなった。ぼきっと大きな音がして、いっぽうの選手の腕が折れたのがわかった。審判が試合を止めてふたりを引き離し、もういっぽうの選手が勝ったと宣言した――が、見ればその選手は死んでいたというのだ。「ジャンパー」に言わせると、この物語の教訓は「あきらめなければ負けることはない」なのだが、私にはどうも納得できなかった。しかしこの話は頭のすみにずっとこびりついていて、それがヒントになって一四年後に書いたのが、『モンティ・パイソン・アンド・ホーリー・グレイル』の両腕両脚を切り落とされてもなお降伏しない黒騎士の場面というわけだ。

　また、ホイットマーシュという歴史の教師もひじょうに愉快だった。この人は語の先頭近くに「r」が来るとうまく発音できなかった。本来は大した問題にならなかったかもしれないが、一七世紀の英国史を専門に選んだのが失敗だった。ラウンドヘッズ（一七世紀前半の清教徒革命時における議会派への蔑称）とかロイヤリスツ（王党派、清教徒革命時に議会派と対立していた一派）とか、オリヴァー・クロムウェルとか、リチャード・クロムウェルとか、プリンス・ルパート・オブ・ザ・ライン（清教徒革命時の英国王チャールズ一世の甥、王党派を指揮して戦った）とか、ランプ・パーラメントとプライズ・パージ（一七世紀なかば、長老派が追放されたあとの独立派が指導権を握った長期議会のこと）とか、レストレーション（一七世紀後半、チャールズ二世による王政復古のこと）とか、ライハウス事件（一七世紀後半、チャールズ二世らの暗殺が計画された陰謀事件）とか、ロイヤル・ソサエティ（英国王立協会、一七世紀なかばに設立）などなどでしょっちゅう苦労することになったのだ。「r」を発音しようとするたびに、唇が奇妙に横へねじれて、顔が痙攣して頭がびくりと動く。生徒たちは、先生に練習をさせてあげようと慎重に質問を考えたものだ。ひょっとしてマゾの気でもあったのかと思うのは、一八世紀を教えていれば楽なものだったはずだからである。せいぜいリージェンシー（摂政時代。英国の摂政時代は一九世紀なので、これはフランスの摂政時代（一八世紀前半）のことと思われる）で苦労するぐらいだろう。しかし、ミスター・ホイットマーシュに私は正体を完全に見抜かれていた。ある学期の終わり、歴史のレポートが返されたのを見たら、ただ一文こう書いてあったのだ――「クリーズは教室の奥で破壊活動にいそしんでいる」

しかし、万能のエンタテイナーとして最高だったのは、長身で猫背、ぼうぼうの白髪をはやした老教師、サミー・ビーチクロフトだろう。話をすると鼻の奥でみょうな音がして、まるでそこにマルハナバチでも飼っているかのようだった。幸いサミーが教えていたのは旧約聖書で、これは試験に関係ない授業だったから、私たちは好き勝手に目いっぱい楽しんでいた。彼はおそらく、捕囚の憂き目にあった最古の英国人教師だったにちがいない。というのも、まるでじかに体験したかのようにバビロン捕囚のことを話していたからである。なぜあの年齢でいまも教師をしているのかだれにも理解できなかったが、校長の弱みを握っているのだろうと言われていた。関節炎のヤモリのように教室をそろそろ歩きまわっていたが、なにより愉快なのは刺激に対する反応の鈍さだった。全身の神経系が「前方注意」モードに切り換えてあるかのようで、そのためニューロンを伝わる信号がずっと徐行運転していて、接合部《シナプス》に来るたびにしばらくためらい、なかなか向こうへ飛び移れないのかと思うほどなのだ。

サミーの反応速度を最もよく物語っているのは、クリーヴというクラスメイトが黒板の裏に隠れたときのエピソードだ。この黒板は教室のすみにある大きなもので、教室の一番後ろからもよく見えるように、教師が板書したあと上にスライドできるようになっていた。クリーヴは、サミーが来る前にその裏にもぐり込んで、板書するときの高さにまで引き下げた。いまでは黒板の下に脚が見えているだけだ。さてそこに入ってきたサミーは、しかしふだんとちがうことにはまるで気づかず、まっすぐその黒板に歩いていって、チョークをとり、預言者の名を書き並べはじめた。黒板の裏側にいるクリーヴの鼻先から、三〇センチと離れていないところをその手は動いている。これでクラス全員が三〇分は楽しませてもらった。しまいにサミーは板書を終えた。黒板がするするとあがっていくと、気がつけば五〇センチ先にクリーヴがじっと立っていたわけである。このときなにより笑えたのは、サミーが三〇センチほども跳びあがったことではなく（この数十年、あれほど高く跳んだことはなかっただろう）、クリーヴを見てから跳びあがるまで**三秒間**もかかったことだ。コメディの用語で言えばお手本のような「一度見」《シングルテイク》で、あれほどの傑作はまだほかに見たことがない。

「サミー・Bをびっくりさせよう」コンテストでは、私のやりかたはいささか地味だった。このころ私は国民健康保険の眼鏡（健康保険で無償で入手できる眼鏡）をかけていたが、それは固い眼鏡ケースに入っていて、ふたを閉じるとかすかに金属的なかちんという音がする。私は後ろ手にそれを持っていて、口をあけ、サミーがこっちを見たときに口を閉じると同時にケースを閉じて、口を閉じると変な音がするかのように見せかけた。サミーはそのたびにじっとこっちを見ていたが、それ以上追及しようとはしなかった。

その前には、この眼鏡を上下さかさまにかけるというのをやってみた。最初にやったときはかなり目覚ましい効果があって、サミーは話の途中で絶句していた。ゆうに五秒ぐらいは私を見つめていたが、やがてなにごともなかったように話を続けた。それからも私は週に二回、いつも眼鏡をさかさまにかけていたが、学期の終わりになって、サミーはこちらを見て、当たり前のことのように「クリーズ、眼鏡がさかさまだぞ」と言った。反応するのに一〇週間ほどかかったわけだ。

クリフトンの教師で、好きになれなかったのはふたりだけだった。ひとりは「ビリー」・ウィリアムズといって、私の属する寮を監督する陰気な侏儒だった。そしてもうひとりは、二年生のときのへイゼルトンという体育教師だ。大きめのかなり毛深い男で、やたらにゆっくりしたみょうな話しかたをするうえに、話すときに下の歯のすきまからかすかに口笛のような音をさせていた。私を受け持って数週間したころ、彼は私をしげしげ見てこう言った。

「あー……クリーーズ……」

「はい」

「きみの、舎監の先生が、きみは頭がいいと言っているぞ」

「えっ」

「……私は、自分では、そうは思わないが……」

私は腹も立たず、驚きもしなかった。純粋に情報として受け取っただけだった。しかし、何年もたってこのときのことを思い出して、ふと「あの人はどういうつもりであんなことを言ったんだろう」と思った。それで達した結論は、私を見下して喜んでいたのだろうということだった。人が下品なゴシップ欄を読むのと同じ理由だ。言うまでもなく、だれかが（だれでもいいから）けなされるのを見て感じる満足感などごく一時的なものだが、ヘイゼルトンのような人間にとっては、それでもないよりはましなのだろう。彼の表面的な人格は、私にはとても奇妙に思えた。まるで一度だけ知的な人に会ったことがあって、それからずっとその人のまねをして生きているかのようなのだ。

クリフトンでのささやかな奨学金は数学でもらっていたから、私は理数系を専攻するものと学校側は最初から思い込んでいたし、それは私も同じだった（この国には科学者が必要なんだと父にも言われていた）。そういうものが存在すると知っていたら、興味を持ったにちがいない教科がひとつある。それは心理学だ。しかし、クリフトンでは教えていなかった。なんと言っても、人間の心の働きなどを調べて、大事な学校教育の時間をむだにするわけにはいかない。生きていくうえで欠かせない知識、たとえば三角法とか旧約聖書の歴史とか「ノー」という答えを予想しているときのラテン語の質問のしかたなどを身につけるのが先だ。ものごとの軽重《けいちょう》を考えなくてはならない。そんなわけで、私が心理学に触れたのはべつのルート、とくにBBCだった。私がクリフトンに通っていたころ、このテーマでためになる番組をよく放映していたのだ。とくにはっきり憶えているのが、志願者に催眠術をかけて、花瓶の水を床にこぼすよう指示するという実験だった。この実験でとくに引き込まれたのは、その人が指示に従ったことではなく、なぜ水をこぼしたのかと質問されると、自分の行動を「合理化」しはじめたことだった。火のついた煙草の吸殻から煙が出ているのが見えたと思ったので、火事になる前に消さなくてはならないと思ったと言ったのだ。そのほか、B・F・スキナーのネズミやハトを使った行動の条件づけや、ソロモン・アッシュの同調実験、スタンレー・ミルグラムの有名な服従実験にも興味をそそられた。

　心理の研究は研究室や実験と関連しているように思えたので、私はほとんど無意識に生物学に進もうという計画を立て、Oレベルがぶじ片づくと、Aレベルの試験のために生物学のコースに進みたいと申請した。許可がおりて、受け持たれることになったドクター・デイヴィーは、植物学を教えると称しており、またドクター・スタッブズは動物学について同じことを言っていた。どちらもおおむね夜行性と考えられるが、日中に教室に出没する例も知られており、多少は動きまわって話し声を立てることすらあった。しかしあまり小さい声なので、たんにふだんより荒く呼吸をしているだけではないかという疑いがぬぐえなかった。このふたりにクラスを任せられると思った人は、だれでも金返せと言ってよいと思う。ふたりがいっしょにやっていたら、たとえ両者ともリヴォルヴァーを持っていたとしても、テディーベアのクラスを静かにさせておくこともできなかっただろう。初《しょ》っぱなから、私を含めクラスメイトはみな途方にくれた。いったいどうしろというのだろう。このふたりを無視するべきなのか、もっとがんばれと励ますべきなのか、それともときどき餌をやればいいのか？

　Aレベル対策専門の第三の教師は、物理学を教えていた。この人はましだった——といっても、ややましという程度だったが。リンジー＝ジョーンズ（折れそうな骨《フリムジー・ボーンズ》と呼ばれていた）先生は人気はあったが、しかしだれもまともに授業を聞いていなかった。数週間後に試験があったとき、私はクラスで四番だった。一〇〇点満点でたった二八点で、しかもかなり大人数のクラスだというのに。そんなわけで、黒板に書かれたように明らかに、私はそこに凶兆を見てとったのである。

ある意味で、次に私がとった行動は大いに自慢できると思う。一六歳の誕生日を迎えるか迎えないかのころに、自分に独学でやっていく能力はとうていないと自分でちゃんと認識していたのだ。Ａレベルに合格したければ、まともな教師が必要だ。そこで学校側にかけあって、数学・物理化学のコースに変えてもらった。おかげで助かった。こちらでは、ほんとうにすぐれた三人の教師に受け持ってもらえたからである。数学のミスター・リデル、化学のピーター・「スティンカー」・デイヴィス、そして物理学のフレディ・ミーだ。このうちあとのふたりはわりと愉快な先生でもあった。もっともフレディには、いささかドルマン師を思わせるところがあったけれども。三人のおかげで私はＡレベルを突破することができた。担当の教科をちゃんと理解させてくれたし、クラスに規律と秩序をもたらしてくれた。内容にほとんど興味が持てないときには、これはどうしても必要なことだ。三人の先生にはとても感謝している。

仕事の最高の定義が「やらなくてはならないがやりたくないこと」であるとすれば、クリフトンでそれに当てはまる活動はほかにふたつあった。礼拝堂に行くことと、将校養成団（つまりティーンエイジの少年の兵役だ）に行くことだ。

礼拝にはかなり時間がかかった。セント・ピーターズでもそうだったが、平日の朝にはいつも英国国教会の礼拝がある。クリフトンの驚くほど美しい礼拝堂でおこなわれるのだが、これに一五分かかる。そして日曜日には、まる一時間の長丁場だ。本格的な説教があって、聖歌の合唱があり、ヤドカリ競争があり、火食い術があり、トランポリン曲芸があった。

精神的に成長したあとの高みから、当時の宗教的活動をふりかえってみると、「あれはいったいなにをやってるつもりだったのか」と疑問に思う。生徒たちはみな、どうふるまうべきか教えられていた。ふだんよりゆっくり歩き、うつむいて、席に着き、初々しく、熱心に、少しかしこまって、有名だが意味のよくわからないキャッチフレーズ（「万軍の主」とか「神の子」とか「神の小羊」とか「永遠の生命」とか）をくりかえす。どれもまともに説明されたことがなく、ただまじめに唱えていれば、お化けが寄ってこないらしいというだけ。それから立ちあがって、意味のわからない歌詞の歌を歌う。たとえばギレアドの人々は日が落ちてからあたりをうろつくとか（ホセア書六章七節より）、「進めキリストの兵士たちよ」のような元気な軍隊行進曲とか――「平和を実現する人々は幸いである（マタイによる福音書五章九節）」ではなかったのか。それからわれらに恵みを垂れたまえと神にお願いする。イエスの教えた「主の祈り」では、はっきり「地上においても御心がおこなわれますように」と言っているのだから、明らかに「いまはおこなわれていない」という意味なのに。

組織化された教会をおちょくるのが簡単なのは私もわかっている。しかし、なぜそんなに簡単なのかとだれも考えてみた者はいなかったのだろうか。

腹が立つのは、「宗教」は本来最もわくわくするテーマのはずだからだ。死後の世界はあるのか。人生に真の目的はありうるのか。敵を愛するのは空中浮揚よりむずかしそうだが、どうしたらそんなことができるだろうか。自己の利益を追求することは、どの程度まで倫理的に許されるのか。ふつうの人にも超越的な体験をすることができるのか。こんな重大な問いをうっちゃっておいて、生半可で無味乾燥な儀式ばかり熱心にやっているのだ。あんなものは基本的に、中流階級向けの雨乞いの踊りと変わらない。とはいえ、『人生狂騒曲（原題 *The Meaning of Life*〔人生の意味〕）』の礼拝堂の場面が生まれたのはそのおかげだ。

もうひとつの「仕事」は月曜の午後にあった。みんなで兵隊のかっこうをして行進し、犬のように命令に従うチャンスをもらってうれしくてたまらないという顔をしようとするのだ。しかし、これが私にはとてもためになった。三〇分ほどやったあとには、軍隊生活は吟味されざる生《せい》だからソクラテスが言うように生きる価値がない、と気がついたからである。私のような臆病者にとってはとくにそうだ。以来、私の人生の至高の目標は、戦争で戦わないこと、出産を手伝う破目に陥らないこと、金融業界で働かないことになったのである。そういうわけで、私は自分の人生は成功だったと思っている（『危険な動物たち（一九九七年アメリカ映画）』と三度めの結婚があってもだ）。

仕事と来れば次は遊び、スポーツと芸術だ。もうほんとうに、私はスポーツが好きだった（ラグビーはべつ）。スポーツは私の存在理由《レゾンデートル》だった。クリケットのサマセット州代表になり、サッカーのブリストル市代表になり、余暇にスカッシュができたら、三五歳で死んでも悔いはなかったと思う。クリフトンははなはだラグビー偏重の学校だったが、最終学年のとき、友人ジョン・フィリップスとロバート・ヒルと二人で、クリフトン吊り橋（エイヴォン峡谷にかかる吊り橋。一八六四年開通）を渡った向こうの運動場の管理人を口説きおとし、そこを使わせてもらってクリフトンでサッカーを始めた。これはわれながらよくやったと思っている。

しかもその同じ年に、私はクリケットでもずいぶん腕をあげた。オフスピンのかなり優秀なボウラーになって、一軍に入って、ローズ（由緒ある有名なクリケット場）で試合に出たのである。年に一度、恒例のトンブリッジ校相手の二日がかりの試合で、私は両イニングで一三得点をあげた（クリケットは一試合に長時間を要するので、正式に両チーム二イニングずつ試合をすると二日から四日かかるのはふつう）。そして……クリフトンが勝ったのだ。これは何年ぶりかわからないぐらい久しぶりのことだった。

芸術に関しては、クリフトン・コレッジの状況を端的に表わしている事実をひとつ紹介しよう。すなわち、絵画の教師はもとラグビーのスコットランド代表選手だった（ある年のクリスマス、私はその先生に塗り絵《ペインティング・バイ・ナンバー》のセットをプレゼントし、自分でじかに渡した）。音楽については、私はすっかり習い損ねて（試合が多すぎてその暇がなかったのだ）、そのため音楽の文法については生まれてこのかたずっと無知なままだ。サー・トマス・ビーチャム（一九世紀～二〇世紀の英国の指揮者）は「英国人は音楽は好きでないかもしれないが、それが立てる音は大いに愛している」と言ったが、私には彼の言いたいことがよくわかる。

そうは言っても、文化的に完全に不毛な少年時代を過ごしていたわけではない。イースター期（復活祭後六週間ほどの春学期）には、毎年寮対抗で演劇大会が開かれていた。私が三年生のとき、ノース・タウン寮は最近ヒットした『ソレントのかもめ（*Seagulls Over Sorrento*、ヒュー・ヘイスティングズ作の戯曲で、一九五四年に映画化された）』をやることになり、どういうわけか私に端役がまわってきた。なぜ私が選ばれたのかわからない。たぶん私のやった役が「のっぽ」と呼ばれていたからだろう。喜劇だとずっと思っていたのだが、どうやら高性能爆薬を使った魚雷の研究プロジェクトについての劇だったようだ。とすると、観客はまちがった理由で笑っていたのだろう。その翌年、ノース・タウン寮は『ファウスト博士』をやった。「演技に興味のある」生徒がふたりいたので、そのふたりが主役のファウストとメフィストフェレスをやった。そして私には、脇役ながら重要な役どころがまわってきた。ルシフェル、魔王、悪の権化、反キリストそのひとだ！

悪魔を演じるのは、まじめな俳優としての演技の才能を示すチャンスだ。私は最初からそう気がついていたが、ただあまりに悪魔が行きすぎだったのではないかと思う。ひとつには、問題はタイツだった。ルシフェルの初登場をできるだけおどろおどろしくするため、全身黒ずくめで緋色のマントをはおり、さらに……タイツをはけというのである。おわかりと思うが、私は筋骨隆々ではなかった。脚は骨と皮でフラミンゴを演じられるほどだった。それなのに監督は、人もあろうにこの私に黒いタイツをはけと言うのである（まだ子供だったあのころですら、これはまちがいなく破滅的な選択だと思ったが、しかし演劇について私がなにを知っているというのか。専門家のいうことにまちがいない）。

本稽古（衣装その他、すべて本番どおりにやる練習）の日、私は黒いカーテンの陰の真っ暗闇のなかに立って、舞台に出る合図を待っていた。下級生がひとりついていて、カーテンのすきまがどこにあるか教えてくれることになっていた。合図が聞こえて、その下級生がカーテンを開き、私は進み出て、「われ……こそは……ル……シフェルなり！」と呼ばわろうとした。

ところが口を開くひまもなく、劇場を揺るがす爆笑の壁にぶち当たってしまった。もちろんタイツのせいばかりではない。そもそも、こんなやせっぽちのまぬけが観衆の心に恐怖をかきたてられると思う、そのことじたいがまちがっているのだ。肝がつぶれるどころか、腹の皮がよじれるのが関の山である。つまり私は、意図していたのとはべつの器官を破壊しようとしていたわけだ。

とっさに考えてみて、これはもうどうしようもないと結論し、私はアドリブでこう言った。

「われ……こそは……ば《ル》……かみたい《ディクラス》なり！」

また大爆笑だった。

その晩の本番のときは、そこに至る前からすでに暗雲が垂れ込めはじめていた。私は黒いカーテンの裏の定位置に立ったが、いっしょに暗がりに立っているのがいつもの下級生ではない。私は目を細めて彼を見た。

「だれだよおまえ」

「タップマンだよ。グールドは音楽のレッスンがあるんだ」

「それじゃ、おまえがカーテンをあけてくれるんだな」

「えっ？」

「カーテンをあけてくれるんだろ。ぼくが舞台に出るときに」

「そんなの聞いてないよ」

「なんだって!?　じゃここでなにやってんだよ」

「知らないよ。代わりに立っててくれって言われただけだもん」

そのとき、登場まであと一〇秒という合図が聞こえた。暗がりのなかでカーテンをまさぐり、自分で分かれ目を探そうとした。真っ黒な布を出口を求めて必死で探っているうちに、どんどん時間はたち、ついに合図が来た！　しかたがない……私はまっすぐカーテンに向かって歩いていき、全身にまとわりつく重いベルベットの布を引きずって出ていった。早くも観客席からは笑い声が漏れはじめた。この奇妙な、だんだん大きくなる黒い布の塊《かたまり》が、しだいに足どりを緩めながら、こっちに向かって近づいてくるのだ。俳優たちはぎょっとしてあとじさった――少なくとも、怖がってくれた者がいたわけだ――そして客席の最前列に向かって舞台をなかほどまで進んだところで、やっとカーテンが伸びきって、しだいに頭のうえからすべり落ち、ついに完全に抜け出して、現われた奇妙な生きものは、てかてかしたナナフシがかつらをかぶったような生きもので、それが大声でこう呼ばわった。

「われこそはルシフェルなり！」

このころには、ほとんどの観客は椅子からすべり落ちていた。

それ以来、私はまじめな演技には手を出さなかった。ところが三七年ぶりに、ケネス・ブラナーの映画『フランケンシュタイン』に出演し、主人公の師ドクター・ウォルドマンを演じることになった。しかし、このときは大成功だった！　ロバート・デ・ニーロに私が刺し殺されたときですら、だれもい、い、い、くすりともしなかったのである。

英国のジャーナリストは、人がなにかに熟達しようとする目的は、富と名声に決まっていると考えがちだ。英国でジャーナリストになる人間は、それ以外の動機を知らないのである。しかし、精神的健康状態のレベルがより高い人間のなかには、本心からそれが好きだからやっているという人もいるものだ。そういうわけで、私がコメディに惹かれたのがどうしてだったかはよく説明できないのだが、惹きつけられたのはまちがいない（そしてそれは、たんに笑いが好きだからというだけではなかった。とはいえ、ティーンエイジのときから、私にはあの抵抗しようもない輝かしい発作を引き起こす能力があった——人がもうほんとうに笑いたくない、笑いすぎて苦しいからと言っているときにも）。

たとえば、私はときどきコメディ映画や喜劇を見て気分が高揚し、興奮して、ここに私が関わりたいなにかがあると感じることがあった。父に連れられて初めてマルクス兄弟の映画『マルクス捕物帖（一九四六年アメリカ映画）』を観たときや、先生の引率でロンドンのロイヤル劇場に行き、N・F・シンプソン（英国の劇作家、一九一九〜二〇一一）の不条理劇『一方通行の振り子（*One Way Pendulum*、一九五九年初演、のちに映画化もされた）』を観たとき、またひいきの喜劇役者アラステア・シム（スコットランドの俳優、一九〇〇〜七六）の出る『天国の笑い（一九五一年英国映画）』を観たとき、イーリング・スタジオの製作した喜劇映画、たとえば『マダムと泥棒（一九五五年英国映画）』や『やさしい心と宝冠（一九四九年英国映画）』などを観たときだ。言うまでもなく、そんな高揚感はつねにしばらくすると薄れていったが、おりにふれてよみがえってきたものだ。それは、掻きたくても掻けない痒みに似ていた。

もうひとつ奇矯な例をあげよう。クリフトンでは、学期ごとに「ブルーブック」が配布された。小さなソフトカバーのメモ帳で、学校行事の日程や、先生や生徒の名簿、大きなスポーツ大会の予定などなど、さまざまな情報が書き込まれていて、生徒たちはどこへ行くにも持ち歩いていた。それをなくすのは、いまで言えば携帯電話を置き忘れるようなものだった。しかし、私のブルーブックはジョークだらけだった。面白いジョークを耳にするたびに、余白という余白に書き込んでいたからだ。そんなことをしているのは私だけだったが……

さらにまた、土曜の夜にクリフトンの寮で「余興」が催されることがあり、私はときどき短いコントや寸劇をやっていた。それで、録音に合わせてものまねをやることを覚えたのだ。保護者を招いてそんな余興が開かれたとき、私は滑稽なオーケストラ・コントの指揮者役を演じた。その後、どうだったかと母に感想を訊いた。「すごく面白かったよ！」と言ってくれるのを期待してわくわくしていたのだが、実際には「けっこう面白かったわ」だった。

こういう非正統的な情熱の発露に加えて、毎晩夕食と宿題をすませたあと、居間で両親といっしょに観るテレビ番組があった。父と私はサスペンス番組やスポーツ実況を観ることもあったが、たいていは……コメディ番組を観ていた。いまふりかえってみると奇異に感じるが、とくべつ面白い番組にはとにかくアメリカの番組が多かった。ジャック・ベニー（アメリカの喜劇俳優、一八九四〜一九七四）やジョージ・バーンズ（アメリカの喜劇俳優、一九〇四〜八七）、《エーモスとアンディ（ふたりの黒人を主役とする連続コメディ。最初はラジオ番組だったが、のちにはテレビでも放映〔一九五一〜五三〕）》（オーウェル的なことに、いまではなかったことにされている。白人が「黒人のメーキャップ」で演じていたからだ）、ジョアン・デイヴィス（アメリカの喜劇女優、一九一二〜六一）、アーニー・コヴァックス（アメリカのコメディアン、一九一九〜六二）も好きだったが、一番好きだったのはフィル・シルヴァーズの演じたビルコ軍曹（アメリカのテレビ番組《フィル・シルヴァーズ・ショー（一九五五〜五九）》の主人公）だった。台本がよく書けていて、だれでも楽しめる愉快な番組で……もっとも、あまり新しいとは言えなかったが……

少し変てこな、あるいは「大胆な」企ての兆候が見えるのは、唯一バラエティ番組だけだった。そこでは、ミュージック・ホール（つまり「バラエティ」）の時代のすばらしい、独創的な喜劇役者が、なんとも分類しようのない芸を披露していた。マックス・ウォール（英国の喜劇俳優、一九〇八～九〇）、トミー・クーパー（英国のコメディアン、一九二一～八四）、シド・ミルウォードとうすのろたち《ニットウィッツ》（英国のコミックバンド）、フランキー・ハワード（英国の喜劇俳優、一九一七～九二）、ウィルスンとケッペルとベティ（二〇世紀なかばの英国の寄席芸人）、ジミー・エドワーズ教授（英国のコメディ番組 *Whack-O!*〔一九五六～六〇〕で喜劇俳優ジミー・エドワーズが演じた役柄）、ノーマン・ウィズダム（英国の喜劇俳優、一九一五～二〇一〇）、チック・マーレイ（スコットランドの喜劇俳優、一九一九～八五）……私にとっては最高に笑える役者たちだったが、たまにしか画面には登場しなかった。概して英国のテレビでは、マックス・ウォールのバラエティのような、調子っぱずれで、無謀で、破天荒で、でたらめで、大胆で、頭のおかしい、突拍子もない、パイソン的な（失礼、先走ってしまった）、型破りなコメディは敬遠されがちだった。

しかし、英国のラジオはそうではなかった。ＢＢＣラジオというういささか停滞した場所には、あらゆる時代を通じて最高のラジオコメディ番組が潜んでいたからだ。すなわち《ザ・グーン・ショー（*The Goon Show*、一九五一～六〇、goon は「うすのろ、間抜け」などの意）》である。

《ザ・グーン・ショー》を知っている？　それはけっこう。だがもし知らないなら、私はあなたがうらやましい。あなたは信じられないほど恵まれている――なにしろ、あの番組を生まれて初めて聴くことができるのだ！　あの番組ほど、ラジオを最大限に利用しきったコメディ番組はほかにない。きわめて多種多様なすばらしく滑稽な音声と、度肝を抜く創造的な効果音とを組み合わせて語られるばかばかしい物語は、機知と狂気と狂った論理に彩られ、あっと驚くほどくだらなくて、徹底的に破壊的なユーモアに満ちていた（三人の出演者はみな軍隊経験があり、将校階級に対して共通の見解を抱いていたのだ）。

私はこの番組の大ファンで、あまりに好きすぎて分析もできないぐらいだ。たんに、すばらしく面白かったというだけではない。寝室のラジオで聴き、二日後には意を決して再放送を聴く――ベッドにラジオを寝かせて片方の耳を押し当て、もう片方の耳は枕でふさいで、本放送のとき聴き逃した五つのジョーク（聴衆の笑い声のせいで）をなんとか聴き取ろうとしたものだ。それだけではなく、私と友人たちを結びつけるよすがにもなった。私たちはあの番組を崇拝し、それについて話し、出てきたジョークを言い交わし、そうすることで生きる喜びを感じていた。ある意味でカタルシスを得ていたのだ。欲求不満と退屈の毎日から引っぱりあげられ、活気づけられた。周囲で展開する、この「人生」という奇妙な事象から解放されて、はたから眺める視点を与えられたのだ。そして何年ものち、《モンティ・パイソン》の頭のおかしい一部のファンに当惑させられたとき、私ははたと気づいた。私があれほど《グーン》に夢中になった、あのときとまったく同じ感情をかれらはいま経験しているのだ。そうと気づいたら腹も立たなくなった。

そういうわけで、《グーン》の三人に乾杯しよう。ピーター・セラーズは、あらゆる時代を通じて最高の「声優」だ。尊敬すべきハリー・シーカムは、周囲で物語が展開しているのも気にせず、ずっと野次を飛ばす馬鹿者を演じていた。スパイク・ミリガンは、あらゆる時代を通じて最高のラジオコメディの台本を書いた天才だ。敬礼！

あのころ、一〇年後にこの巨人たち三人とともに《グーン・ショー》に出ることになるとお告げがあったとしたら……その瞬間に、私は神を信じるのをやめていただろう（当時からとくに親しかったわけではないが）。

クリフトンでの最後の一年間は、苦々しい事件とともに始まった。新学期の初日、私はノース・タウン寮に入ると掲示板を見に行った。舎監のミスター・ウィリアムズが、ついに私を上級監督生に指名したことを確認しようとしたのだ。私がそう思ったのは理由のないことではなかった。夏にはクリケットの学校代表チームに入り、寮代表チームのキャプテンになり、三教科でAレベルに合格し、寮の図書室を完全に刷新し、寮の劇では主役を演じ、いままでに奪ってきたよりも多くのクリケットの道具をほかの寮から奪い取ってきた。それに、私のほかの友人たちはみんな上級監督生になっただけでなく、学校全体の監督生になり、公式に重要人物と認められていたが、私がその友人たちよりはるかに劣るということもなかった。それなのに、私たちの社会的地位には大きな格差が生まれていたのだ。そもそも寮の上級監督生という地位は、最上級生になればだれでも自動的になれるものなのだ。どれほど怠け者で、意地悪で、鼻つまみ者だったとしてもである。いくら「ビリー」ことミスター・ウィリアムズでも、このささやかな承認のポーズをこれ以上出し惜しみしたりするはずがない。

ところが、すでにご想像のとおり、そんなはずがあったのだ。私はその場に突っ立って、自分の名前があるはずだった空欄を見つめていた。そんなばかなと思い、次には屈辱を、しまいに軽蔑を感じた。屈辱を感じたのは、どうしても上級監督生になりたかったからではない。そんなことは、実際にはどうでもいいことだった。傷ついたのは、いやがらせのせい、いわれのない侮辱のせいだった。一撃をくらった自尊心の鈍い痛みが、やがてずきずきとうずきはじめた。ところがそれはだしぬけに、尋常でない軽蔑の高波に押し流されてしまった。それは高みから見おろしたような軽蔑だった。ミスター・ウィリアムズだけではない。優劣を無視して、個人的な偏見からこんなばかげた決定を下すのを許している体制もどうかしている。これは公正ではない、したがって尊敬に値しない。単純な話だった。

この瞬間に、私の世界観は大きく変化したように思う。このときまでは、父やセント・ピーターズの先生たちがお手本を示してくれたおかげで、上に立つ人々への信頼感が私のなかには培《つちか》われていた。権威ある人たちは基本的に公正にふるまうものだと信用していたのだ。ウィリアムズのやり口は、だから信じられないほどの大きな衝撃だった。私はあっぱれな応戦ぶりを見せた。その日のうちにノース・タウン寮の帽子を投げ捨て、多くの友人が所属していたワイズマンズ寮の帽子を「借り」、クリフトンでの最後の一年間はずっと、ノース・タウン寮のなかにいるときですら、それを昂然とかぶりつづけたのだ。

そのときまで、私はウィリアムズのことを嫌ってはいなかった。しかしこうなってみると、ほんとうは嫌いだったということに気がついた。そしてその理由も正確に理解していた。ウィリアムズには、まじめくさっていることと、真剣であることとの違いがわからないのだ。彼は気むずかしくて陰気な小男だった。全身全霊を傾けて努力しながら、それと同時に楽しむことができるということも、またあくまでも真剣に議論をしながら、それをユーモラスに表現できるということも理解できなかった。

彼にとって、笑いは不まじめさのしるしだったのだ。尊大さとユーモアは両立しないものである。

公平に言って、ウィリアムズは尊大な男ではなかった。できれば尊大にふるまいたかっただろうが、あまりに背が低くてとうてい無理だったのだ。相手の膝がこっちの頭に届くほどのときに、ふんぞりかえろうとしてもうまく行くはずがない。そんなわけで、クリスマス・プディングを禁止したクロムウェル的な陰気さで間に合わせるしかなかったわけだ（一六四七年、クリスマスをにぎやかに祝うのは清教徒的でないということで、クリスマス・プディングや聖歌その他の祝いごとが禁止された）。私の最後の通知表に彼はこう書いている。「クリケットの練習に打ち込んでいた」。打ち込んでいた!?　いちごのクリーム添えをむさぼり食ったとか、マスターベーションばかりやっているのを「打ち込んでいた」と言ってほめるようなものだ。私がクリケットを一度もさぼらず練習していたのは、それが楽しかったからだ！　例によってその年の夏、ウィリアムズが寮のクリケットチームで守備の優秀賞を贈ったのは、だれが見ても守備のへたくそな生徒だった。その理由はほかでもない、いつものとおりキャッチし損ねたときにすごい勢いで悪態をついたのが、チームの勝利のために真剣に取り組んでいた証拠だというのだ。いわば当然のことだが、その生徒は上級監督生にも選ばれていた。

ウィリアムズが嫌いになったことよりはるかに重要だったのは、権威というもの全般に疑いの気持ちを抱きはじめたことだった。以前からクラスのいたずら者ではあったが（叱られずにすむと思ったときだけだが）、このころから学校の規則を出し抜くことを覚え、重要な権威者のことを以前ほどこわいとは思わなくなってきた。この獲得したばかりの不遜さの餌食になったのが学校監督（学校の運営・警備など諸事全般を監督する役職）だ。全体の規律を維持するためにさまざまな役目をこなしているだけに、彼が毎朝教室に出欠をとりに来るたびに、私は以前からいささか緊張していた。しかし、ささやかな抵抗が始まって数週間後のこと、どうして礼拝に来なかったのかと学校監督に尋ねられたとき、私はこう答えた。ロウアー・レッドランド・ストリートを歩いていて、警察署の向かいにある警察官宿舎の大きな建物の前を通っているとき、最上階の窓が開いたと思ったらなべひとつの熱い油をだれかがぶちまけて、それを頭からかぶってしまったので、帰宅してシャワーを浴びて着替えてこなくてはならなかったからです。教室内はしんと静まりかえった。監督が、そしてクラス全員がこっちを見つめている。私は鉄面皮を押し通し、まっすぐ監督を見返した。三〇分ほどもたったころ、「きみは、それを私に信じろというのかね」「監督、これはほんとうにあったことなんです」。監督は妙な目つきで私を見た。これが突拍子もない作り話なのはちゃんとわかっているのだ。「わかった」監督は言って、クリップボードにチェックを入れると出ていった。クラス全員が感嘆のまなざしをこちらに向けていたが、あのときは監督も面白がっていたと思う。

ことの成り行きに、ほかのだれにも劣らず私自身が驚いていた。あらかじめ計画していたわけではなく、この突然の大胆さにはわれながらあきれたが、と同時に大いに気をよくしていた。これは自信がついてきた、というより自分の足で立ちはじめたことの表われだった。学校のスケジュールに自分を合わせるだけでなく、もっと自律的に行動しはじめたのだ。タイミング的にもこれ以上はないほどぴったりだった。ケンブリッジ大学とオックスフォード大学の入学試験が近づいてきていて、将校養成団とかスポーツとか旧約聖書のクラスとかにかかずらってはいられなかったからだ。かつて経験がないほど必死で勉強しなくてはならない。それから数週間、私は鉄の規律で受験勉強にいそしんだ。

自分にそんなことができるとは思いもしなかったが、これは生まれて初めて直面する、真に重要な試練だと感じていたのだ。

ケンブリッジ大学のダウニング・コレッジの試験を受けに行った（オックスフォードやケンブリッジなどの大学では、学寮〔コレッジ〕単位で入学試験がおこなわれる）とき、ケンブリッジ大学は大いに気に入ったが、コレッジのキャンパスはいささか殺風景という気がした。筆記試験はとくにむずかしくなかったものの、しかしどの程度できればよいのか見当もつかない。一週間後には、オックスフォード大学最古のコレッジであるユニヴァーシティ・コレッジに行き、理数科目の筆記試験を受けた。物理の試験を半分までやったところで、いい点はとれそうにないと悟った。かなりまとまらないいい加減な解答しかできなかった問題が二問あったし、予定の時間から大幅に遅れていた。計算問題で遅れを取り戻そうとロケット工学の問題に手を出したが、これは失敗だった。この分野は勉強したことがなかったからだ。私はパニックを起こして、三時間の試験が終わったときは完全に混乱していた。大事な科目で失敗してしまった。これではもう取り戻すのは無理だ。その日の午後はオックスフォードを歩きまわり、意気消沈して、残りの試験を受ける必要があるだろうかと思っていた。宿泊していた部屋に戻ったが、落ち込むあまり夕食ものどを通らなかった。ところがそのとき電話が鳴り、ダウニングに合格したと父から知らせがあったのだ。

しかし、その後もすんなりとは行かなかった。ちょうど徴兵制が廃止されたところだったため、あらゆる大学がパンク寸前になっていた。高校を卒業したあとに二年間の兵役を終えた若者も、高校を今年卒業する生徒も、こぞって大学に入ろうとしていたからだ。そんなわけで、ケンブリッジ大学に合格はしたものの、クリフトンを卒業してから二年間は待たなくてはならないと言われた。入学できるのは一九六〇年一〇月になるということだ。

とはいえ、それが少しでも気になったというわけではない。あいた二年間になにをしようかと頭を悩ますこともなかった。クリフトンを卒業するまでまだ九カ月近く残っていたし、まだ一八歳になったばかりのクリーズにとっては、未来の不安ははるか地平線のかなただったのだ。しかも、かつて経験のないゆったりした気分を味わってもいた。何年かぶりに試験のプレッシャーから解放されたおかげだ。以前から気づいていたが、プレッシャーがあると私は意識の幅が狭まって、好奇心がちぢこまってしまう。参考書に鼻を突っ込んでいると、その鼻を空中にまたあげて、花の香りをかぐのがむずかしくなるのだ。よい仕事をするためには、ある程度の強迫観念はあったほうがいいのは言うまでもないが、よい人生を送るためにはじゃまになる。

それがいま、ケンブリッジに籍を確保して、私はもうSレベルの試験に合格できるかどうか心配する必要がなくなった。それどころか、当時はその重要性に気づいていなかったが、もう理数系の勉強にはほとんど目を向けなくなって、ほかにもっと面白いことはないかときょろきょろしはじめたのだ。

クリフトン時代に関する最大の不満はこれだ。このときだったら、どんな教師でも簡単に、私を新たな興味分野に導くことができたはずなのだ。それなのに私は完全に放置されていて、自力に頼るしかなかった。そして実際のところ、私の自力はまったく大したことがなかった。しかし言い訳をさせてもらうなら、どんな教師も私の知的好奇心を刺激しようとはしてくれなかったのだ。またクリフトンで学んだ五年間に、どんな意味でも私のうちに創造的な能力を見いだしてくれた教師もいなかった。

私は「時間」というテーマで小論文を書いたことがあるが、自分ではなかなか独創的だと思っていた。その論文は最初から最後まで、なぜこの論文が書けなかったかという説明になっていた。いかに言い逃ればかりしていたか、ぐずぐず先のばしにしていたか、時間をむだにしていたかを延々と説明したあげく、一五〇〇ワードの小論文の最後の行で、論文を書けなくて申し訳ないと謝罪して結ぶというものだった。私が教師としてこれを読んでいたら、そこに才能の片鱗を見いだしていただろうと思う。ただ残念ながら、自分でも多少は創造的才能を持っていなかったら、他者のそれに気がつくことはできないものだ。クリフトンの教師には、そんな新しい才能を持った人はいなかったのだろうと思う。また学校じたい、独創的な才能と言えば「雪のじゅうたん」とか「翠緑《すいりょく》の葉《は》叢《むら》」（前にも出てきた）とか「秋の彩り」という語句の出てくる文章か、あるいは絵画にしかないと考えているようなところだった。

そんなわけで、その最後の一年間、どの先生にもこの本や戯曲を読めとか新しい技能に挑戦しろと勧められることはなかったし、展覧会とかなにかそういう、知的世界を広げられるようなことを勧められることもなかった。そして私の知的世界は非常に限られていた。なにしろ一九五五年から五八年まで、週に三六時間の授業のうち三一時間は数学と科学で、残りの五時間は体育と旧約聖書の勉強だったのだ。はなはだ偏った教育内容だが、これはクリフトンのせいではない。当時の学校教育の「権威」が、Ａレベルの試験制度を通じて押しつけてきた内容だからだ。それからわずか三〇年後、私はハワード・ガードナーの『心の枠組み（*Frames of Mind*）』を読んで、知能にはさまざまな種類があることを知った（ガードナーによれば九種類で、それぞれほとんど無関係だという。それでやっと腑に落ちた。道理で、自分はすごく賢いと思うときもあれば、まったく能無しだと思うときもあるわけだ)。言うまでもなく、伝統的な英国の教育制度ではそのうちふたつ、つまり「論理・数学的知能」と「言語的知能」のふたつしか伸ばそうとしていない。あとは「音楽的知能」と「身体運動的知能」を教室の外で開発しているぐらいだ。それ以外の五種類は完全に無視されている。もっとも、教えたくても教えられる教師はいなかっただろう。

そういうわけで、四十代なかばになってようやく、英国の「左脳」教育がいかに偏狭なものだったか私は気がついた。そしてまた、学校の勉強はとてもよくできたのに、大学を卒業したあとには大した業績を残せない人がやたらに多いようなのはなぜなのか、その理由もこれでやっと得心が行ったのである。*

かくして一九五七年一二月、ケンブリッジに籍を確保し、自分の世界を広げる時間をもらった私だったが、クリフトンからはなんの刺激も与えられず、自力で知的分野（どんな分野であれ）を開拓しようという意識も大胆さも持ち合わせがなかったので、せっかくのチャンスをふいにしてひたすら面白おかしく過ごしていた。コナン・ドイルの『勇将ジェラールの回想』などの冒険小説や、アガサ・クリスティの『アクロイド殺し』やG・K・チェスタトンのブラウン神父シリーズなどの推理小説を

＊　このジグソーパズルの最後のピースを提供してくれたのは、ダニエル・ゴールマンの『EQ――こころの知能指数』だった。この本を読み終わった私は、伝統的なパブリックスクールの感情教育のカリキュラムはどんなものになるか想像してみた。おそらく、三六時間のうち三一時間は「いかにして感情を無視するか」という授業になるだろうと思う。

読み、春学期（四月中旬～六月下旬）には日がなサッカーをしたり、タルチュフのふりをしたりしていた（その年の寮対抗演劇コンクールでは、『タルチュフ（モリエール作の喜劇。タルチュフは主人公の名）』をやることになっていたのだ）。そうこうするうちに、このふたつの活動には共通点が多いことに気がつきはじめた。私はチームに属するのがとても好きだ。共同作業、「チームスピリット」、内輪受けのジョーク、集団への帰属感、そして仲間として認められているという意識。おそらくそのすべてが、かつて経験したことのなかった家族の一員という意識を与えてくれたからだと思う。そして明らかに、私はいまだにそれを求めている。二〇一四年のパイソン復活ライブでも、パイソン・チームとしてみんないっしょにカーテンコールをしたのが、私にとっては格別幸福な瞬間だった。

夏にはクリケットをした。そしてなんと、英国の誇る大プレイヤー、デニス・コンプトンから一イニングで二度もアウトをとったのだ。コンプトンは、息子がクリフトンの生徒だったのでプレイしに来てくれたのである。最初に私がアウトをとったときはだれも喜ばなかった。チームの全員が、彼の打つところを見たがっていたのだ。二度めにコンプトンが打った球は、一軍に入ってこれが初の試合出場だった生徒が捕球してしまった。ほかの生徒だったらわざと落としていただろう。そんなわけで、D・C・S・コンプトン、ホイッティによりアウト、クリーズの投球数二七という結果になった。

また、高跳びで五フィート六インチ（約一六八センチ）を記録したほか、第六学年の演芸会（最終学年の一学期〔九月～一二月上旬〕におこなわれる）では、伝説になったジョークにも参加した。場所はイーストタワーの真下、屋根のない中庭。でたらめなドイツ語のまねが愉快だと思った私は、ヒトラーの扮装をして観客の前で熱弁をふるった。ややあって、観客のひとり（サクラ）が反論しはじめると、ふ

クリフトンのクリケット・チーム。私に似ているのが私。

たりの突撃隊員（ふたりとものちにアメリカで大学教授になる）が現われて逮捕し、イーストタワーのなかへ引きずっていく。そのあいだも私は偽ドイツ語の演説を続け（いかにもドイツ語っぽかった）、するといきなり、タワーのてっぺんの手すりにさっきのサクラが現われて絶叫する。「やめろ、やめろってば！　助けて！　助けてくれ!!」突撃隊員に投げ落とされようとしているのだ。その直後、等身大の人形――サクラとまったく同じ格好をした――が手すりを越え、五階の高さから空を切って落ちてくる（そのあいだ、サクラは悲鳴をあげつづけている）。そして観客のすぐそばで、どさっという鈍い音を立てて地面に叩きつけられるのだ。完全な、純然たる恐怖の瞬間！　ルシフェルを演じたときにはみごとに失敗したが、今回はみごと目的を達成したわけである。少なくともふたりは恐怖のあまりちびっていた。そして次の瞬間、担《かつ》がれたと気がついて大爆笑が起こった。ハリウッド・ボウルに出るまで（一九八二年、〈モンティ・パイソン〉は野外音楽堂ハリウッド・ボウルでライブをおこない、有名なコントを披露した）、あれほどの笑いはとったことがない（ちなみに、クリフトンで私が仕掛けた大がかりなジョークは唯一これだけだ。いまでは私がやったことになっている同様のいたずらがほかにもあるが、これ以外はすべて、一九五三年に私が入学したときにはすでに伝説になっていたものばかりである）。

だいたいこのころ、セント・ピーターズのトルソン校長から私は思いがけない電話をもらった。ウエストン＝スーパー＝メアに遊びに来ないかと招待されたのだ。ケンブリッジに入るまで二年間ひまにしているという話を聞いたが、そのあいだセント・ピーターズで教師をする気はないかというのである。数日後、ミスター・トルソンの書斎を訪ねた私は、すっかりその気になっていた。しかし、ひとつだけ問題がある。

「でもトルソン先生、ぼくはなにを教えたらいいんですか」

「二年生と三年生に、英語と歴史と地理を教えてもらいたいんだよ」

私は落胆した。

「でも……先生、ぼくはその教科はなんにも知らないんですよ！　この三年、勉強してきたのは数学と科学だけで……」

ミスター・トルソンは私の腕をぽんと叩いた。

「ジョン、相手は一〇歳児なんだよ。教科書の一ページ先を読んでおけばいいんだ」

そして週給は五ポンドだという。考えるまでもなかった。

さてクリフトンに話を戻すと、ついに卒業の日がやって来た。伝統にのっとり、「卒業生」はこの日ばかりは、礼拝堂から真っ先に、教師たちよりも先に出ていくことが許される。昨年までは、卒業生が通路を歩いていくのを見送りながら、その心情を思いやって深い悲しみを感じたものだった。きっと身を切られるようにつらいだろう。古巣をあとにし、クリフトンでの生活、これまでの全人生に別れを告げるのだ……これを最後に。私の心は卒業生のあとを追い、別離の痛みを感じていた。わがことのように……

しかし自分の番が来てみたら、私は元気いっぱいで希望に満ちていた。完璧だ！　六週間ほど前からここにはすっかりうんざりしていて、出ていけるのがうれしかった。そしてそれ以来、「こんな心理状態が続くなら死んだほうがずっとましだ。もう飽き飽きだ。早く出ていきたい！」と何度思ったかしれない。ついに望みがかなったのだ……

とはいえ、完全に去ったわけではなかった。私はまだクリフトン・コレッジ・イレブンのメンバーであり、その一週間後にローズ・クリケット場での試合に出場したのだ。第一球でアウトをとられたが、そんなことはどうでもよかった。チームが勝ったのだから。

そして、その夏休みじゅうクリケットをして過ごしたら……そのあとは、ウェストン＝スーパー＝メアが待っている。

第5章　教師として一〇歳児に立ち向かう

そういうわけで一九五八年九月の末、私はセント・ピーターズ・スクールに戻り、生まれて初めて就職することになった。ここはなんとも言いようがないほど居心地がよかった。なにしろなにもかも以前のままなのだ。運動場も、本校舎も、樹木も、学校の犬たちも、そしてなによりミスター・トルソンの温かい笑顔も。彼はいまでも、親しみやすいながらも権威者の風格をまとっていた。もっとも、私が子供だったころよりずっと小さく見えた。以前からミスター・トルソンのことが好きで信頼してはいたが、もう彼に杖で打たれることはないのだと気がついたら急に気が大きくなった。やたらにくつろいだ気分になって、生徒から教師への変身は、いまではごくふつうの繰りあがりのようにすら感じられた。

それに加えて、この新しい役割をこなすうえで、私はきわめて有利な立場にいる。生徒をやめてからまだ二カ月しか経っておらず、したがって自分の置かれた状況の政治的現実がはっきりくっきり見えているということだ。チェ・ゲバラやホーチミンや老子に相談してみなくても、新米教師がゲリラ戦の標的になることはわかっている。最初に生徒になめられたら、教師のあいだで言うところの「死に体」になってしまう。クリフトンのあるクラスで、人はいいのだがうぶなベインズという化学教師がどんな目にあわされたか、六〇年たったいまでも私ははっきり憶えている。気の毒な教師はたった三週間で神経衰弱を起こし、それでようやくさらなる責め苦から救われたのだ。いまでも目に浮かぶ。彼の乗せられた無標示のヴァンが、生徒たちの歓声に送られて去っていくさまが……

だから、これから数日間はなにがあってもひるんではならないのはわかっていた。敵の情けは期待できない。しかし戦闘の覚悟はできていたし、武器も選んであった。それは「黒星」だ！

セント・ピーターズでは黒星はあくまで象徴にすぎず、規律違反をすればどの生徒にもつけてかまわなかった。黒星をつけるには、教師はたんにその生徒にそう伝え、何秒間か生徒の抗議を聞いて（「でも先生、そんなのひどいです。だってイボイノシシが見えたと思ったんです！」）、有罪を確認してから、職員室へ行ってその生徒の名前を書き、短く罪状――「静かに」と言われているときにしゃべった、喧嘩をした、生意気、火遊びなどなど――を書き加えるだけでよかった。

「黒星」に効果なんぞありっこないと思う人もいるかもしれない。たとえばロンドン南部の武装強盗の急増を食い止めるとか、たしかにそういう方面では無理かもしれないが、しかしこれだけは言える。一九五八年のセント・ピーターズでは効果てきめんだったのだ。

毎週土曜日の朝の全校集会では、お祈りのあとにミスター・トルソンが、その週に黒星をつけられた生徒全員の氏名を発表する。信じられないかもしれないが、名前を読まれた生徒は見るからにしょげかえるのである。そういうわけだから、その学期の最初の土曜日、ミスター・トルソンが一六個の黒星の内容を読みあげはじめ、うち一二個は成り上がりの見習い教師クリーズがつけたものだとわかったとき、それが全校生徒に及ぼした影響を想像してみてほしい。集会が始まったときは、私のことを血祭りにあげて当然の標的と見なしていた生徒たちが、最初は驚き、次には信じられないと思い、しまいにはだんだん不安になって用心するようになる。この新米教師は、やられっぱなしでいる気がないと身にしみてくるからだ。

私は椅子に座ったまま、こんなことは毎週土曜日にかならずあったことだという顔をして、わき上がる満足感の高波を押し隠そうと努めていた。そのざまあ見やがれという得意な気持ちは、「長いナイフの夜（一九三四年、ナチ党政権下で起こった突撃隊粛清事件。突撃隊長レームを陥れるためにヒムラーらが画策したとされる）」を成功させたあとのヒムラーが味わったそれにまさるとも劣らなかったにちがいない。教師のなかにも、感心したような顔をしている者がいた。

ここまで読んでこられた読者のなかには、教師と生徒との戦争関係を私が強調しすぎていると思われる向きもあるかと思う。それはそのとおりで、ほんとうの戦争とは大きな違いがふたつある。使われる兵器がちがうことは言うまでもない。そしてふたつめの違いは、たいていの戦争では両軍とも自分が勝ちたいと思っているということだ。教室の戦争ではしかし、両者ともに教師が勝つことを望んでいるのである。教師が勝利を収めれば、事態は予測可能なパターンに落ち着いて、みんな安心して学校生活を送れるようになるからだ。

私がこれに気づいたのは、ある若い教師が恐ろしく不人気だったからだ。とても感じのいい先生だと私は思っていたので、その理由がわからなかったのである。たった一学期教えただけで辞めていったため、彼が担当していた学年の生徒から話を聞くことができた。生徒たちに言わせると、その教師が嫌われていた理由は意外なほどはっきりしていた。「だって先生、あの先生って態度がくるくる変わるんだもん。すっごく厳しかったり、なにしても黙ってたり、と思ってたら急に怒りだしたりするんです」

驚いたことに、生徒たちは正確に教えてくれていたのだ。かれらが教師に望むもの、それは一貫性である。ランカスター大尉のように厳しいのも、いついかなるときも厳しいならまったく問題はない。問題はないどころか、生徒はみな彼を慕っていた。また逆に自由放任でも、いつでもそれで一貫しているなら問題ない。しかし、今日はこういう規則、明日はべつの規則となると、生徒はそれを嫌う。そしてそういうことをする教師も嫌われるのだ。

私の「黒星」戦略にはひとつだけ欠点があった。校長の権威で私の決定が全面的に支持されるのはいいが、それには土曜日まで待たなくてはならないのだ。そうこうするうちに、私は「いかにして秩序を維持するか」について最初の教訓を学んでいた。生徒の名前を憶えることだ。でないとこういうことになる。

ジョン・クリーズ：そんなわけで基本的に、国王は秩序を維持しなくてはならなかったが、このころは警察も、また……そこ、静かにしなさい！

生徒その一：ぼくですか？

ＪＣ：きみじゃない。きみだ！

生徒その二：ぼくは騒いでません。

ＪＣ：きみに言ったんじゃない。
生徒その三：先生、ぼくは騒いでないです！
ＪＣ：だからきみでもない。そこのきみだ！
生徒その四：……はい、なんですか？
ＪＣ：……どういう意味だ、「はいなんですか」とは。
生徒その四：すみません先生、なにを訊かれたのかわかりません。
ＪＣ：いやその……なんだったかな……ええと……なぜ騒いでいるのか訊いたんだよ。
生徒その一：ぼく騒いでません。
ＪＣ：だからきみじゃないって！

かくして、グァバジュースが半透膜を抜けてなくなっていくように、教師の統率力はみるみる目減りしていくのである。

だから真っ先にすべきことは、紙にざっと座席の配置を書いて、生徒ひとりひとりに名前を訊いて、該当の個所に書き込んでいくことだ。

そして第二の教訓は、「騒ぐのはやめなさい」と言わないこと。そう言われると、生徒はかならず「騒いでません」と言うからだ。だから「静かにしなさい」と言わなくてはいけない。生徒が騒いでいないと抗弁しても、「きみが騒いでいたとは言っていない。『静かにしなさい』と言ったんだ」と言ってやることができる。これなら言い逃れの余地はない。

第三の教訓は、質問するときは最後まで質問を言ってから、答える生徒を指名することだ。最初に指名してしまうと、ほかの生徒はとたんに質問を聞かなくなる（ガリ勉やごますりはべつだが）。

第四の教訓は、反乱が起こりそうな気配を感じたら、皮肉を使えということである。生徒はこれには対抗できない。効果てきめんだ。水槽のなかの魚を撃つようなもの、あるいはドナルド・トランプをジョークのネタにするようなものだ。簡単すぎて恥ずかしいほどである。しかし使いすぎは禁物だ。大事にとっておくことだ……ここぞというときのために。

ところで、教師としての私はひとつ大きな欠陥を抱えていた。ミスター・トルソンに白状したとおり、教えることになっている教科のことをなにも知らなかったのだ。一度だけ歴史の試験に合格したことがあるが、情けないことながら——一六〇〇で始まる年がなぜ一七世紀なのか、いまだによくわからなかったりする。これは歴史の基本中の基本なのに……また地理に関しては、地図を見る以外になにをすればいいのか、辞書を調べてみなくてはならないほどだった。英語の基礎については多少はましだったとはいうものの、当時は気がついていなかったが、英語の文法はラテン語と同じだと思い込んでいた。ちなみにラテン語の文法はしっかり頭に入っていたのである（最初の週、宿題をしていた生徒に、ager〔ラテン語の名詞。「畑」の意〕は第二変化か第三変化かと尋ねられたときには、一瞬も考えることなく即答することができた。ager は annus〔「年」の意〕と同じく第二変化だが、変化するとき“e”は落ちる。いっぽう agger——塁壁——は第三変化で“e”は落ちない。離れていく生徒の後ろ姿を見送りながら、「いやあ、ランカスター大尉に叩き込まれたおかげだな」とまず思い、次に思ったのは「塁壁ってなんですかと訊かれなくてよかった……」だった）。

しかし、なにしろ教える相手が一〇歳児だったから、ジェフリー・トルソンの「一ページ先を読ん

セント・ピーターズの6年生の教室。くずかごに注目。

でおけばいい」というアドバイスはしごくもっともだと思われた。したがってまったく予想もしていなかったのだが、初めて歴史の授業をするために第三学年の教室に余裕しゃくしゃくで入っていったとき、私は卑劣な待ち伏せ攻撃を食らうことになったのである。

座席表に全員の名前を書き込んだあと、私はウィリアム征服王について「教え」はじめた。前の晩にきちんと暗記してきたのだ。なにごともなく授業は進んでいたが、やがて前から二列めのやけに白い髪をした小柄な生徒が手をあげて、「先生、ヘンリー八世の在位は何年から何年までですか」。私はすかさず、いまはヘンリー八世ではなく、ヘースティングズの戦いは一〇六六年だったという話をしているのだからとたしなめ、ヘンリー八世のことが訊きたかったら授業のあとで訊きにおいでと言って切り抜けた（授業が終わる前に、すきを見て職員室に駆け込み、何年だったか調べてくればよい)。

というわけで、授業のあと例の生徒がやって来たとき、私はああそうだったというような顔をして、さらりと「一五〇九年から一五四七年だよ」と言ってやった。ところが「知ってます。それじゃ先生、チャールズ一世の在位は何年から何年ですか」と来るではないか。私はパニックを起こしかけ、危うく「そんなのずるいぞ」と言いそうになったが、気を取り直して「すぐ教えてもいいけど、その前に職員室からチョークを取ってこないと」と言おうかと考え、結局「それで、きみは何年だと思うの」と訊き返した。するとまばたきもせずに「一六二五年から一六四九年です」。私は秘密めかした笑みを浮かべてみせ、「チャールズ一世でいちばん面白いのは、治世の最後には最初よりも一フィート身長が低くなってたことなんだよ」。これで笑わせて仲よくなろうとしたのだが、このいまいましいチビはなんと、イギリスの王と女王の在位年を自分はみんな憶えていると言いだし、ためしにどれか質問してみろと言う。そこで「リチャード四世は?」と訊くと、「そんな王さまいないよ!」引っかけようとしたと思ったらしい(リチャードは三世まで)。さらにやつは、世界のすべての国の首都もみんな憶えていると言った。そして言うまでもなく、私は翌日こいつに地理を教えなくてはならないのだった。

この生徒とのやりとりがどんなふうに終わったのか憶えていないが、次に憶えているのは、自分の部屋にこもって英国の王と女王の在位年を頭に詰め込み(アン二世とかウィリアム五世とかダレン一世が紛れ込まないように気をつけた〔いずれも存在しない〕)、次には世界のあらゆる国の首都(あるいは首村)を詰め込んでいたことだ。

この場を借りて、あの白い髪のちびすけに感謝したい。こうして年代を憶えたおかげで、初めて歴史を学ぶ楽しみがわかったからだ。それまではこの教科にどうしても「入り込む」ことができないようだったのが、個々の情報をはめ込む枠組みができたおかげで、これのあとにある《ポスト・ホック》、したがってこれ《エルゴ・プロプ》のゆえにある《テル・ホック》（本来は、時間的な前後関係と因果関係を混同した誤った論法を意味する）、というやりかたで少しずつ全体の形が見えてきたのである。

　これは修辞的に言うのでなく、私にはほんとうに、暗記という学習法（これを批判する人はたいてい「機械的学習」と呼ぶ）がこれほど嫌われる理由が理解できない。たしかに昔はそればかりやりすぎた。しかし、だからと言って暗記じたいに問題があるわけではない。演技をしてありがたいと思うのは、せりふを憶える方法が身につくことだ。私より文学に通じた友人たちが、その場にふさわしい散文や詩の一節を引用してくれると愉快だと思うし、自分で適当な文句を思い出せればさらにうれしい。短い詩を憶えるのも楽しい。

I really rather care for fish,
In fact they are my favourite dish.
　I love the sole,
I value dabs,
I prize all carp,
I lust for crabs,

I like to take small bits of dace
And put them right into my face.

ほんとうに魚がとても好きだ
じつは魚料理が大好物だ
ササウシノシタ（カレイ目の食用魚）はほっぺたが落ちる
マコガレイは舌がとろける
コイはどれもこれもよだれが出る
カニを見るとのどから手が出る
ウグイを少しばかりとって
それをこの口に詰め込みたい

（グレアム・チャップマン&ジョン・クリーズ『ナンバー101』より）

これを憶えるのには二週間とはかからなかったが、いまでもそらで言えるのがうれしい。また、ケヴィン・クライン（アメリカの俳優。クリーズが脚本を書いた『ワンダとダイヤと優しい奴ら』でアカデミー賞助演男優賞）のような本物の俳優に、夕食の席で『ハムレット』の一節をやってもらえたら、さぞかしわくわくするにちがいない。

最初の数日間を乗り切って、生徒全員の氏名を憶えたあとは、毎日決まったとおりのことを快適にこなしていけるようになった。一九五三年以来、ここには多少の変化があった。ドルマン師がイングランド中部の教会区に赴任したため、いまではミスター・バートレットが上級の古典の授業を受け持っていた。ボクシング大会が中止されて、みんなが胸をなでおろしていた。そしてミセス・トルソンの飼っていたコーギーが一匹死んで、これまたみんなが大いに胸をなでおろしていた。しかしそれ以外は、私が生徒として通っていたころとほとんど変わっていなかった。

組織に属することには大きな利点がある。すべてに予測がつく。自分がなにをすべきか正確にわかっていて、それ以外のことはほかの人がやってくれるのだ。私は毎朝七時半に起き、人前に出てもおかしくないように身繕いをして、ほかの教師たちとともに朝食の席に着く。朝食がすんだら職員室に行くと、そこではミスター・バートレットが《タイムズ》のクロスワードパズルを解くために綿密な作戦を立てている。列を作って（私は最後尾）お祈りのために全校集会に向かう。教師全員が生徒たちに顔を向けて椅子に腰かけ、いっぽうミスター・トルソンはお祈りをしたり、新約聖書の一節を読みあげたりする。それがすんだら起立して聖歌を合唱。その甲高い不協和音は、はたで聞いていたら神を怒らせようとしてわざとやっているように聞こえただろう。着席してミスター・トルソンの祝福を受け、その日の朝に彼の心に去来することがらについてお言葉を聞く。それから英語とか歴史とか地理の授業と言えなくもないことをやって、昼食の三〇分前に職員室に引きあげてひと息つき、午前中にやらかしたへまの話をして同僚と笑いあい、ミスター・バートレットがクロスワードを続けるのを見物する。

昼食時間になると、自分の職務に従って九歳児と一〇歳児の長テーブルの端に座る。子供たちとうまく話せるようになるにはいささか時間がかかった。私は猫の知能の研究に出資したことがあるが、それはかかりつけの獣医が私の飼い猫を見くびっているのにむっとしたからだった。数カ月後、資金を渡したサセックス大学の教授から結果報告があった。それによると、「猫は、猫にとって知能が高くなくてはならない分野においては非常に知能が高い」。最初の獣医の軽蔑的な見立てとくらべても、むっとするという点ではほとんど差がなかった。それはともかく……九歳の小学生は、その必要があるかぎりにおいては頭がよい。しかしそれ以上ではない。たとえば最初の昼食のとき、私は生徒のひとりに歳を訊いた。すると向こうも同じことを訊いていたので、いくつか当ててごらんと言ってみたら、言うにこと欠いて「四〇？」と来た（これは私がひげをのばす前の話である）。またべつのとき、親指の先がとれたように見えるという、目の錯覚を使った古い手品をやってみせた。すると自分でもやってみて、できなかったので本気で驚く生徒が何人もいた。手品だと気がついていなかったのだ。

……

そんなわけで、私が皮肉を言わないようにすればだが、いささか限界はあるものの会話を続けるのは造作もなかった。生徒たちがいちばん喜んだのは、私が生徒だったころに教師にしかけたいたずらの話だった。そして向こうがいちばん熱心に教えてくれたのは、恐竜とクリケットについての統計データであり、中国ではどんな拷問をして人を殺しているかという話だった。

昼食のあとには、セント・ピーターズのすてきな習慣、「休憩」の時間がやって来る。生徒たちは自習室《ビッグルーム》へ行って自分の机の前に座り、好きな本を読む。ただ、年少の生徒たちは上階の寮の部屋でベッドに横になり、ミス・ラヴェルから本を読んでもらっていた。教師は肘掛け椅子に陣取り、煙草を吹かしたりうたた寝をしたり、《タイムズ》のクロスワードの仕上げにかかったりする。

午後は授業とスポーツだ。私が担当したのは最下級生のサッカーだった。子供のころからずっとこのスポーツが大好きだったから、生徒たちがそのやりかたをまったく知らなかったのには衝撃を受けた。私はまず生徒たちを位置につかせて、ひとりひとりにそのポジションについて説明した。ここはセンターフォワードで、ここはレフトハーフで、ライトウィングで、ゴールキーパーで、と。しかし私がホイッスルを吹いた瞬間、ボールの一番近くにいた生徒が方向もかまわず力いっぱい蹴り、すると全員が一団となってボールを追いかけていき、ひとりが追いつくとその生徒が蹴って、するとまた全員がそのあとを追いかける。どこにゴールポストがあろうがまったく気にしない。あまりにもでたらめで、なにも考えていないのがおかしくて、私は突っ立ったまま涙が出るほど笑っていた。息があがって、しばらくはホイッスルを吹くこともできない。やっと吹けるようになったときには、生徒たちの姿はもう校庭のどこにもなかった。隣のキャベツ畑に入り込んで、そこで続きをやっていたのだ。地面が変化したのもまるで気づいていないようだった。何度かホイッスルを吹き、大声で呼んで戻ってこさせると、私は生徒たちを落ち着かせて、きみたちの半分はこっちのゴールにボールを蹴って、残りはあっちのゴールを狙わなくてはならないと説明し、ひとかたまりにならず、少しはばらけなくてはいけないとも説明した。生徒たちはうなずき、私はホイッスルを吹き、するとまたさっきと同じことが始まる。私はまたホイッスルを吹く。また説明する。また同じ結果。生徒たちは反抗しているわけではなく、私がなめられていたわけでもない。たんによく理解できなくて、ホイッスルが鳴った瞬間に本能のおもむくままに行動してしまうのだ。しまいに私は、その「試合」を続けさせることにした。生徒たちはたっぷり運動しているし、少なくとも第一段階には到達している。つまりボールをちゃんと蹴っていて、食べようとはしていないということだ。

スポーツと午後の授業が終わると、その日の正規の仕事は終わりなので、試験の採点をしたり、翌日の授業の準備をしたり、あるいは夕食時間が来るまで、生徒たちとチェスやビリヤードをしたりしていればよかった。また、自分で歴史や地理や英語の勉強もした。

夕方になると、私は食堂のすみでトルソン夫妻とともに夕食をとった。ミスター・バートレットのほか、ふたりの若い教師もいつもいっしょだった。そこでどんな会話が交わされたかまったく憶えていないが、私はここで、このような社交の主たる目的を学んだのだと思う。つまり、ばつの悪い思いをしない・させないということだ。だれもが丁重で礼儀正しく、ときにはひかえめな笑い声があがることさえあり、またバルマー社のウッドペッカー・シードルを一、二杯たしなむこともあった。しかしその二年間、ただの一度も意見の対立が起こったことはなかったし、げっぷをする者も、ちょっとした無神経なふるまいをする者もいなかった。きわどいジョークを口にする者も、政治や宗教の話題を出す者も、不作法に人の話をさえぎる者もおらず、気づまりな沈黙が続くことすらなかった。放屁など物理的に不可能だったと思う。

日曜日には、全員が夕食のあとにトルソン夫妻の居間《ドローイングルーム》（夕食後にタバコや酒を楽しむ部屋）に招かれて、コーヒーを飲みながらラジオを聴いた。いまにして思うと、みんなで一度金網レスリングを観戦しに行ってみたかったという気がする。ルールも礼儀もないあんな露悪趣味をどう思ったか想像もつかない。これはある女性の話だが、父親といっしょにパリに行ったとき、ひどい雨に降られたため映画館に避難したところ、そこでやっていたのは封切られたばかりの『ラストタンゴ・イン・パリ（一九七二年イタリア映画。大胆な性描写で物議をかもした）』だった。マーロン・ブランドの出るあれだ。父親は最後まで黙って観ていて（例の悪名高いバターの場面も）、映画館の外へ出てから初めて口を開いた。「まあ、あれはみんなやり過ぎだな」。ミスター・バートレットが金網レスリングを見たら、やはりやり過ぎだと言ったのではないだろうか。

　このときはもう私も大人（というか、それに近い年齢）だったから、子供時代に形成してきたジェフリー・トルソンと教師たちの人物像を、あるていど修正する必要があることに気がついた。たとえばミスター・トルソンは、数年前に記憶していたとおり、心の広い率直で立派な人物という印象に変わりはなかったが、それでもときおり、海岸に立つ最も明るい灯台ではないことを思わせる出来事に気がつくようになった。例をあげると、あるとき集会の最中に彼はひどく不機嫌になったことがある。生徒たちが最近だらけていると思ったからだ。それで、生徒はひとり残らず、これから二週間のうちにクラスでの順位をあげるようにと言い放ったのである。いくらなんでも無理だと思ったのは数学の教師だけではなかった。

　また学校を運営するについては、彼の直感がぴったりはまっていないと困ったことになった。というのも、そのときに頭に入れておくべき情報量が一定水準を超えると、すぐに混乱してわけがわからなくなるからだ。ある土曜日のこと、昼食時間の終わりに彼はこんな発表をした。この週末に自宅へ帰る生徒は散髪をしなくてはならないが、ただしその前に更衣室に行って、洋服かけ《ペグ》の番号が一番から三七番までであれば、運動着をすべて低いペグに移しておかなくてはならない。週末に他校の生徒が試合をしに来るので、高い位置のペグを使えるようにするためである。ただし、週末に友だちの家に客として泊まりに行くのなら、その場合はまず二週間に一度の学校からのお便りを受け取って、家へ送る手紙に同封しなくてはならない。ただし「試合を休む」番でないなら、まず寮母からサインをもらわなくてはならないが、まずはその前に運動着を低い位置のペグに移して、それからそのサインを担当の教師に見せて……ここに来て彼はしばし絶句した。脳がストライキを起こすと決めてしまったのだ。全校生徒がかたずをのんで待っている。次にいったいなにをすればよいのか、はっきりわかればよいと思いながら。ミスター・トルソンの顔に、穏やかな――いささか悲しげではあっても――表情がゆっくりと広がっていく。これまでの人生が走馬灯のようによみがえってくる。やがて大きく息を吸った。そして威厳をこめて「……みんな散髪に行くように！」と言って、そこで腰をおろした。その後には当惑したような沈黙が流れた。生徒はみな椅子に座ったまま、自分の爪をしげしげと眺めている。ここを取り仕切っている人物が、たったいま頭がおかしくなったことに気がつかないふりをしているのだ。

二三年後、このときのせりふを文字に起こそうとして、私は大いに愉快な思いをした。『人生狂騒曲』のセックスの授業の冒頭に使おうと考えたのだが、これよりよいせりふは思いつけなかった。そんなわけで、ミスター・トルソンの実際の言葉が、そのままセックスの実演の前置きになってしまったのである。

ミスター・トルソンには、昔気質《むかしかたぎ》なところが魅力的という一面があった。たとえば、おどけたことを言うときにほんとうに舌で頬を膨らませる人を、私はミスター・トルソン以外に知らない。また、英国の偉大なスポーツの伝統を重んじていた。たとえばクリケットだ。英国が勝っていると、宿題をしているところへやって来て、満面に笑みを浮かべて得点を発表する。また、トウィッケナム（ロンドン南西部の地区）での大学ラグビーの試合は欠かさず観戦に行っていた。ケンブリッジ大学の卒業生として、オックスフォードが勝つと少ししょげていたものだ。

感情の方面について言うと、男が内心の感情を吐露するのは恥ずべきことだと、彼は思っていたのではないかと思う（ただし、妻が相手のときは例外中の例外として）。そのいっぽうで、彼がボクシング大会を中止したのは、友だちを殴りたくないという生徒の訴えに心を動かされたからだった。まだあるときのこと、教師を怒らせるのを仕事にしているような生徒がいて、私は逆上してその髪の毛を引っ張ってしまったのだが、この教師にあるまじき行為はとうぜん校長に報告された。するとミスター・トルソンは私をわきへ引っ張っていって、その生徒の家庭の事情を穏やかに説明してくれた。その生徒は養子なのだが、引き取ってもらっておまえは運がよかった、その恩を忘れるなと常づね養《よう》親《しん》に言われつづけているのだという。そのせいで、権威者と見れば挑発せずにいられないのだ。そう説明を受けたおかげで、私はその生徒に心から謝罪することができ、うれしいことに以前よりは仲よくなることもできた。いまでも、あのときのミスター・トルソンの声音《こわね》を、そして私の驚きをはっきり思い出すことができる。どちらかと言えばがさつで開けっ広げに見えるミスター・トルソンのような人が、みんなに厄介者と思われている生徒に対して、これほどの思いやりと理解を示すことができるとは、そのときまで思ってもみなかったのだ。

愛情深い人ではあったが、われらが校長は癇癪もちでもあった。ただ幸い、はたで見ていればいつ爆発するかかならずわかる。というのも、腹が立ってくると顔がどんどん赤くなっていくのだ。そもそも彼の顔はふだんからみごとなピンク色で、そのうえにてかてかにはげたきれいな丸い頭がのっている。しかし怒りが募ってくると、それが驚くほどはっきりと段階的に濃くなっていき、しまいには暗褐色に至るのだ。慣れた人なら、いつ逃げ出すべきか正確にタイミングが計れるほどだった。彼が怒る理由はいつでもわかりやすかった。煎じ詰めれば、だれか（あるいはなにか）の根性が足りないというところに行き着くのだ。そういう無気力な態度は「腑抜け」と評されるのがつねだった。

ミスター・トルソンの癇癪が人とちがうのは、それがかならず爆発することだ。いったん「腑抜け」の徴候（それがどんな形であれ）が認められ、赤みが増強する最初の徴候が現われると、それを途中で止めることはできなかった。癇癪がそれじたいで生命を持ってしまい、かなりの大声を出さなければ解消されないのだ。腹が立ったら爆発するしかなく、ほかの結果に持っていく方法を彼は文字どおり知らなかったのだと思う。

そのせいで、爆発を抑えなくてはならないときは面倒なことになった。ある土曜日、わが校の最大のライバルであるバーナム＝オン＝シーのセント・ダンスタンズ校とサッカーの試合をして、わが校の五チームすべてが負けたことがあった。ミスター・トルソンはそのあと、こんな惨憺たる結果になったのは、わが校のチーム・メンバーが立て続けに臆病なまねをしたからだと考えたらしい。セント・ダンスタンズの選手がボールを力いっぱい蹴ろうとすると、怖がってそちらに背中を向けていたからだというのだ（この敗因の分析はどう考えてもおかしい。負けたのは明らかに、セント・ダンスタンズの選手のほうがずっとサッカーがうまかったからなのに）。

翌日、日曜日の朝の礼拝が数分後に始まるというとき、職員室に集まっていた私たち教師は、なにが起ころうとしているかまるで気づいていなかった。前日の午後の完敗で校長がいささか不機嫌なのは勘づいていたものの、彼が職員室のドアをノックし、先頭に立って歩きだしたときには不安をかき立てられた。なにしろ、見たことも聞いたこともないようなピンク色なのだ。ショッキングピンクの対極に位置する色だったが、それでもショッキングであることに変わりはなかった。私たちは神妙な顔をして校長のあとから自習室《ビッグルーム》に入っていき、生徒たちのほうに顔を向けて席に着いた。今日の校長は礼拝は完全に放り出して、すぐに要点に入るのではないだろうか。私はいつのまにかそう思っていたのたが、それはまちがっていた。形式は守らなくてはならない。というわけでお祈りが始まった。

主イエス・キリストの教えが殺人的な怒鳴り声で伝えられる。それを聞いていると、なにか現実のこととは思えなくなってくるが、ジェフリー・トルソンはいまピンクのもやに包まれていて、一時的に愛の福音の美が見えなくなっているのだ。彼の唱える主の祈りはあたかも最後通牒のようで、記録的なスピードでまくしたてられる最後の祝福は鬨《とき》の声のようだった。時がしだいに近づいてくる。ビートのように真っ赤になって、彼が憤怒《ふんぬ》の原因を明らかにするときが……

「……いまこうして父なる神と子と聖霊の御名《みな》において、すべての善なるものと終わりのない生とがあなたがたとともにあるように、ということでわが校の惨憺たるプレイについて話しておきたい。なかでも、セント・ダンスタンズの生徒がボールを蹴ろうとしているときに、セント・ピーターズの生徒が背中を向けていたという……」

ついに来た！　変化らしい変化もないまま聖から俗へ切れ目なく移行し、ミスター・トルソンはセント・ピーターズの生徒の完全な精神的堕落を激しく糾弾しはじめた。大きな、湿って重いサッカーボールが股間を直撃しそうだからといって、それを蹴ろうとしている相手に背を向けるとはなんたるざまか。そうこうするうちに、少しずつ、超ショッキングピンクだった顔がビーツのような赤に変わり、それが暗褐色に、深紅に、緋色に、鮮紅色に、濃いピンクに、珊瑚色に、淡紅色に、そしてそれから……少しずつ戻っていった……正常な、ふだんどおりの、ありふれた……ピンク色に。

こうしてすっかり落ち着きを取り戻してみれば、セント・ピーターズの生徒たちもそう腑は抜けていないと（順当に）見えるようになるのであった。

これ以外では、トルソン的怒りの唯一の発露は双方向的だった。夜も更《ふ》けたころ、数人で職員室に残って宿題の採点をしたり本を読んだりしていると、そこはトルソン夫妻の居間からほんの数フィートしか離れていないので、怒鳴り声やドアを力任せに閉める音が聞こえてくることがあった。そんなとき、私たちはみな椅子に座ったまま凍りついていた。怒鳴り合いが終わった直後にトルソン夫妻のどちらかに出くわしたら、どれだけばつが悪いことかと思って震えあがっていたのだ。ばつの悪い思いをしない・させないというのが人生の主たる目的になっていたし、慎みなどかなぐり捨てた猛烈な舌戦は上品な中流階級の価値観に対する重大な侵害だった。だからそんな騒ぎを目撃していたと知られたら、性交しているのをうっかり見てしまうよりややまし程度と見なされていただろう。私たちは、口には出さないながらも恐ろしい疑念をみな抱いていたと思う。もしそんな状況に至ったら、問題の教師は名誉を守るためにピストル自殺をするしかないのではないだろうかと。

そんなわけで、闘いの気配が鎮まっても、私たちは物音ひとつたてずにじっとしていた。ややあってから、だれかが勇を鼓して忍び足でドアに向かい、耳を当て、細くあけてみて、危険はないと判断すると、私たちはこそこそと自分の寝室に引き揚げていくのだった。教職員がこんな実に情けないことをしているところを見つけたら、ミスター・トルソンはただちに腑抜けと決めつけ、いずれにしても全員解雇していただろう。しかしそうは言っても、私たちがネズミのようにこそこそしていた理由はただひとつ、見つけられるのを防ぐことだったのだ。その思慮深さによって、臆病さの罪は相殺されると思う。

耳撃現場をミセス・トルソンに押さえられたら、さらに恐ろしいことになっていただろう。男より声は大きくなかったかもしれないが、破壊的という点では勝るとも劣らなかった。彼女の人格を理解する鍵は、その気になれば感じのいい態度もとれるということだ。しかしそれを言うならスターリンだってそうだっただろうし、彼女と同じくヨシフも顔の利かせかたは心得ていた。ジーン・トルソンの場合、物理的にはその顔は大きくなかったが、持てるものをきわめてスマートに利かせて、そして大きな効果をあげていた。こういう女性の不興を買うのはできれば避けたいものだ。

とはいえ、ふだんの彼女は感じのよい（そして親しみやすい）女性だった。ただし、こちらがうまく立ちまわっていればという条件つきではあったが。なにより目につくのはその外見的な魅力だった。ウェストン＝スーパー＝メアのような町では、クェーカー教徒の集会に紛れ込んだ闘牛士《マタドール》のように目立っていた。長身で、優美でほっそりしていて（ウェストンの基準で言えばとてもほっそりしていて）、艶やかなダークヘア、人目を惹く、みごとな造形と言ってよいような目鼻だちは、美しいというより端整と言うほうが当たっていた。私はそういう面ではおくてだったから、彼女に性的魅力があるかどうか当時はよくわからなかったが、いま思い返してみればきっとあったにちがいないと思う。とは言うものの、彼女に対して情欲を抱く者がいたとしても、その男は自分で自分の生命を断つしかなかっただろう。なにしろファッショナブルな鉄条網の雰囲気を発しているような女性だったから。しかし、なにより興味を惹かれるのは、そのいささか異国的な——というより、たんに英国的でないというべきだろうが——風貌だった。顔色はポルトガル系を思わせ、はっきりした色の口紅をつけ、ラテンの情熱が鬱積しているという印象を受けた。もっともウェストンでは、情熱の現われと言えばドアをバタンとやるぐらいしかなかった。ゴロワーズ（フランスの紙巻き煙草）を吹かしたり、フラメンコを踊ったり、決闘をしたりするわけにもいかない。

五十余年をへてふりかえってみて、いまなら私にもわかる。ミセスTほどおしゃれで洗練された女性が、ウェストンのような田舎町の私立小学校《プレップスクール》の校長と結婚したのがまちがいだったのだ。たとえばフランス大統領の妻になって、流暢《りゅうちょう》なフランス語をあやつって訪れる政治家をもてなしたり、礼儀正しいヌーヴェル・ヴァーグの映画の監督や、おしゃれな型破りの天才《アンファン・テリブル》や、ジャン＝ポール・サルトルのむら気な親戚たちを呼んで夜会を主催したり、そういう生活のほうがはるかに向いていたと思う。だが実際には、田舎のクリケット試合のことしか話題のない、時代後れの教師の集団とつきあわざるをえなかった。

めったにないことだったが、ミスター・トルソンはあるとき、私に打ち明け話をしてくれたことがある。セント・ピーターズの校長になって一年が過ぎたころ、妻とふたりでロンドンへ遊びに行ったという。何週間か過ごして、ショーを観たりして都会の夜を楽しもうと計画していたのだが、最初の週の終わりに請求書を見たら、尻尾を巻いてウェストン＝スーパー＝メアに引き揚げるしかなかったそうだ。私はこんな打ち明け話をされたことに感動すると同時に、華やかなライフスタイルを思い描いていただろうに、夫妻の夢がこんなふうにはじけてしまったと知って悲しい気持ちになった。だがそのいっぽうで、幻滅が大きかったのはたぶんミセス・トルソンのほうだっただろうと思わずにはいられなかった。

すべて考えあわせてみると、ジーン・トルソンはしぼんだ夢をかなり潔《いさぎよ》く受け入れていたと思う。そして教師たちに対して気安くも恩きせがましい態度で接していたのは無理もないし、それどころかむしろ当然のことだったと思うのだ。

彼女が慇懃無礼《ドウオータンバ》な態度で接しなかった教師は、ひとりジェフリー・バートレットのみだった。古風な紳士（にして学者）なのはあまりに明らかだったから、ほかの教師と同じ野暮な馬の骨として扱うわけにはいかなかったし、完全に対等ではないにせよ、同じ救命ボートに乗る資格のある人間と見なされていたのはまちがいない。セント・ピーターズに戻って再会したとき、私はかなり不安を感じた。いまでも少し畏敬の念を抱いていたし、子供のころ彼にあまり好かれていなかったのはわかっていたからだ。それでそっけない扱いを受けたわけではないが、いささか気に染まないところが少年クリーズにあったのは明らかだった。子供っぽい鈍感さかなにかが、彼の洗練された、というより繊細な気質と反りが合わなかったのかもしれない。しかしいままでは、好意に近い丁重さで私を受け入れてくれていた（生徒たちが教えてくれたのだが、語呂合わせで私についたテミストクレス《テミストクリーズ》というあだ名は、ミスター・バートレットが言い出しっぺだったらしい）。私たちは意外なほど居心地のいい関係に落ち着いたが、その基礎にあったのは、彼に対する私の深い敬意だった。それでだんだん気がついてきたのだが、彼は私が子供のころに思っていたよりいささか無口な人だった。それが内気さのせいなのか、それとも洗練された古風な紳士の流儀なのかはなんとも言えない。彼は徹頭徹尾、節度と抑制を守っていたからだ。なにかに嬉々として取り組むというのは、彼にとっては考えられないことだっただろう。練習用のクリケット・ネットで投球するときにも、スポーツジャケットを着たまま、パイプもくわえたままだった。オックスフォード流の行動規範、「易々と卓越する」の鑑《かがみ》だった。なにかを達成しようとがむしゃらにがんばるのは、達成しそこなうより多くの点で感心できないことだったのだ。彼を崇拝していた生徒たちがそんな態度をまねしたのは、それがたんなる気質の問題ではなく、紛れもなく道義的な必要条件と感じられたのが大きな理由だった。私たちの英雄崇拝の対象がミスター・トルソンだったら、人生でなにより大事なのは、最高の結果を出すために全力で努力することだという信念を抱いて、セント・ピーターズをあとにすることになっていただろう。*

ミスター・バートレットの「易々と卓越する」という雰囲気が、私にこれほど強く影響を及ぼしたのは、父から聞かされていた上流階級の行動様式とそれが一致していたからだ。その行動様式には、

＊　近年の研究によると、努力や根性を称賛するトルソン式の教育法のほうが、子供たちははるかに伸びるそうだ。つまり、頭のよさや創造性といった、不変と見える才能を両親や教師が称賛する（この場合、期待に応えられないことを恐れたり、困難に直面したときに努力から逃避したりすることにつながりやすい）よりも、ということである。言うまでもないが、すでに述べたように、ミスター・トルソンはオックスフォードでなくケンブリッジの卒業生なのである。

称賛に値する面があると当時の私には思えたのである（これはいまでも変わらない）。なにしろ真の意味での礼儀とは、要するに自分の我を抑えて他者の我に配慮する方法のことだ。たとえ上辺だけのことであっても、それが出発点になることに変わりはない。

ミスター・バートレットにとっても私にとっても、いっしょに食事でもどうかと言い出すのはとうてい考えられないことだっただろう。不穏当だからではなく、たんに考えもつかないことだったからだ。しかし、たまたま職員室でふたりきりになったときなど、彼は自分のことをぽつぽつと話してくれるようになった。アッピンガム校（英国の由緒ある寄宿学校）時代、彼は将来を嘱望される少年だったらしい。オックスフォードに進学して古典を学びはじめたときには、本物の学者になるつもりだったのだろうと思う。ところが、名高い哲学者にして歴史学者のR・G・コリングウッド（ロビン・ジョージ・コリングウッド、一八八九〜一九四三）に接した経験から、彼は終生立ち直れないほどのショックを受けた。ほんの数年前にコリングウッドの追悼記事が《タイムズ》に掲載されたが、それによれば「ヨーロッパ最高の六人の頭脳のひとり」だったのである。そんなわけで、オックスフォードに入った初日に、指導教官にコリングウッドの名がまじっているのを見てバートレッドは興奮した。初めて会う前にある本を読んでくるよう指定され、生まれて初めてというほど熱心に予習をし、鋭くて独創的だと思う質問を用意して、紹介が終わるとすぐにそれをコリングウッドにぶつけてみた。するとコリングウッドは間髪を入れず、そちらを見ようともせずに、きみの、つまりバートレットの背後の書棚の、上から二段めの棚の左から六番めの、赤い表紙の本の、一三四ページの第四段落に、コリングウッドがなんと言うよりもはるかによい解答が書いてあると言った。バートレットはしかたなく立ちあがって、言われたとおりの場所で本を見つけ、一三四ページの第四段落を読んでみた。するとたしかに、彼の質問に対する完璧な解答がそこに書かれていた。それで彼はすっかり気落ちしてしまった。「いったいなんになるのか。哲学みたいなものに一生を捧げたところで、コリングウッドのようにとんでもなく頭のいい人にはとうていかなうはずがない」と思ったのだ。全英形而上学《けいじじょうがく》選手権で準々決勝に残りたいなどと思っていたわけではないが、最高の頭脳とほぼ同じ土俵で闘えないとしたら、努力してなんになるだろう。そしてその瞬間から、少なくとも私の知るかぎり、バートレットの生涯に落ちた影が完全に消えることはなかった。

　コリングウッドについては、これ以上に驚異的な話も教えてもらった。バートレットは、それまでずっとチェシャー州の風光明媚な地域に住んでいて、自分の手の甲よりもよくその地域のことは知り尽くしていた（昔はこういう言いかたをしたのだ。いまはもう聞かなくなったが）。ところが、コリングウッドはあるときそこで休暇を過ごしたことがあって、その後短期間入院したおりに、その地域についてガイドブックを書いたというのだ……ただ記憶だけを頼りに！

　そこでバートレットは書店に駆け込んでその本を買い、いわばしらみつぶしに読んでいって、ついにまちがいをひとつ見つけた。ある田舎道に踏み越え段《スタイル》（柵などを乗り越えるための階段や踏み台のこと。人間は越えられるが家畜は越えられない）が設けてあると書いてあったが、バートレットは子供のときからずっとその道を歩いていて、スタイルなど存在しないことを知っていたのだ。意気揚々と、ガイドブックを手に家を飛び出し、スタイルがあるはずの場所へ行ってみたら……なんとほんとうにあったのだ！　ついにコリングウッドのまちがいを見つけたという希望の光は消え失せ、バートレットは悄然とまわれ右をして、とぼとぼとわが家に戻って自殺をした（もちろん比喩的にである）。

　コリングウッドはしかし、たしかにまちがいを犯したと言ってよいと私は思う。すぐれた教師の仕事が、教え子を知的に成長させ、好奇心を刺激し、なにより学問への愛を教えることにあるとすれば、ウェインフリート記念形而上学教授はそれに失敗したと言えるのではないだろうか。バートレットを励まし、その能力を引き出すどころか、安っぽい寄席の「メモリーマン」のような曲芸を見せびらかして、学生のやる気を永遠にそいでしまったのだ。コリングウッドが知恵を愛する人であれば、そのようなわざとらしいひけらかしは慎むものと、ふつうは期待するのではないだろうか。しかし皮肉にも、すぐれた「知能」は感情的な発達の遅れをともないやすいものなのである。

　学者になるという希望はかなわないまま、バートレットはオックスフォードを離れた。そして当時の若者の例にもれず、まもなくドイツとの戦争が始まるのだからと考えて、それまでのつなぎとしてセント・ピーターズで古典を教える仕事についた。その後まもなく、陸軍に入って砲兵隊の将校になり、少佐に昇進して、連合軍の砲兵中隊を指揮してイタリアを北上した。彼が大いに自慢にしていたのは、勇敢に戦ったことではなく（そんなことを自慢するのはいささか自己宣伝の気があるし）、数カ月進軍したあとの中隊の位置が、三角法を使って地図上で計算した位置から一五メートルとずれていなかったことだった。

　戦争が終わってセント・ピーターズに戻ってみると、上級クラスの古典教師というもとの地位はもうふさがっていた。A・H・ドルマン師が引き継いでいたのだ。これはとくに意外なことではなかった。トルソン校長が代わりを見つけるだろうというのは予想できたことだった。ただ、ドルマン師がドイツ人だったのが気に入らなかった。バートレットはさんざんドイツ人を殺す訓練を受けてきたのだから、すでにかなり赫々《かくかく》たることになっている戦果に、もうひとり付け加えたいという誘惑に駆られたのではないかと思う。どうせばれることもない。しかし、身についた礼儀正しさが結局はものを言って、彼は数学を教えることに落ち着いた。

何年ものち、リヴァプールで〈モンティ・パイソン〉が舞台をやっていたとき、私はミスター・バートレットと昼食をともにしたことがある。もちろん、そのころには彼はもう引退していた。ミスター・トルソンと行き違いがあってセント・ピーターズをやめてから、しばらく二、三の学校で教えたのちに教師を引退したのだという。そう話す口調には、どこか失意の色が——不当な扱いを受けたと感じている気色《けしき》がにじんでいた。食事が終わるころ、私は勇気をふるってその「行き違い」について尋ねてみた。それで彼が言うには、ひょんなことでわかったのだが、ミスター・バートレットがもらっていた給与——上級クラスの古典と数学の教師としての——は、用務員のミスター・ジョーンズの給与より低かったのだという。

いま思えば不思議なのだが、おおむね和気あいあいとしていたのに、セント・ピーターズの教師たちは私的につきあうことがめったになかった。トルソン夫妻との夕食のあとで、たまに二、三人で出かけて、せいぜい地元のパブのサルーンバー（他より高級な特別室。値段も高い）で飲むぐらいだった。そこで私は少しずつ、色鮮やかなボトルの外国産リキュールの世界になじんでいったのだ。飲み仲間はたいてい、アンソニー・ヴァイニーという歴史の教師だった。本人の言によれば、彼の人生にはある決まった種類の滑稽な事件がしょっちゅう起こっている。よかれと思ってやったことが、なぜか混沌や破壊を引き起こしてしまうというのだ。たとえば、ある年のクリスマスに郵便局でアルバイトをして、派手な包装をされた巨大なプレゼントの箱をある家に配達することになった。大きな包みに手を焼きながらその家の車寄せを歩いていくと、なかの子供たちが気づいて走り出てきた。駆け寄ってきて、彼のまわりで興奮してぴょんぴょん飛び跳ねている。そのせいで、玄関の踏み段に牛乳ビンが何本も置かれているのが見えず、つまずいて二本ほど割ってしまい、それでバランスを崩して、持っていた箱をいちばん小さな子供の頭に落としたうえに飼い犬を踏んづけてしまった。子供は泣くわ犬は吠えるわ、何事かと両親も玄関に出てきた。無理もないことながら、平和な家庭生活が乱されて立腹している。アンソニーはどうにか体勢を立て直し、両親にあやまり、痛い思いをさせた子供をなだめようとし――そしてはたと気がついた。この豪華なクリスマスプレゼントの宛て先は、この家ではなかったのだ。いたたまれないほど恥ずかしくて、つっかえつっかえ謝罪しようとしたが、その家の主人はもう怒り心頭で大声で怒鳴っている。アンソニーは謝罪をあきらめ、あわてて箱を抱えなおして、車寄せを走って引き返していった。背後では、このとつぜんの成り行きが理解できずに子供たちが泣き叫んでいたそうだ。

この話が笑えるのは、アンソニーの意図とその結果とがあまりに大きくかけ離れているせいだ。第一に、彼がこの騒ぎをわざと引き起こしたのなら、この話はたちまち面白くもなんともなくなるだろう（同じように、《フォルティ・タワーズ》のマニュエルはいつもバジルの計画を台無しにするが、心から役に立とうとしてやったことが裏目に出るから笑えるのだ〔バジルはフォルティ・タワーズというホテルの短気なオーナー支配人で、マニュエルはそこで働くスペイン人。まじめで気のいい男だが、英語がよくわからないせいでたえず失敗してバジルを激昂させる)。最初から足を引っ張ろうとしてやったのならジョークとしては成立しない)。そして第二に、アンソニーはとくべつ親切な心やさしい男だから、この不運な家族に精神的な苦痛を与えてしまって、心底申し訳なく思っているのである。私の考えでは、彼が自分のしたことに気がついていなかったら、あるいは気がついていても大したことと思っていなかったら、この話はそれほど面白くなくなると思う。

郵便配達人アンソニーの話では、全体の状況がとてもわかりやすい。彼には悪気などかけらもなかったし、牛乳ビンを割ってしまったのもたまたまだし、奪い去られたプレゼントは、もともとその家族宛てではなかった。そしてなにより、その家族(そして飼い犬)の受けた心の傷は、結局は一過性のものにすぎず、実害はまったくないのである。

ジェームズ・サーバー(米国のユーモア作家・風刺漫画家、一八九四〜一九六一)は、ユーモアを評して「落ち着いてから思い出す心理的な嵐」と言っているが、これではたんに、そのときはとても重大に思えてもたいていはそうでもないということ、そして一時的な恐慌状態を笑うのは残酷なことではない――それが自分自身のことであればとくに――と言っているだけだ。実際には、自分で自分を笑うことができるのは健全なことだと言ってまちがいないし、自分のことを「あまりにも深刻に」とらない人のほうがずっと好かれるものだ。良質なユーモアセンスは、健全なものの見かたができている証拠だ。だからこそ、虚栄心の強い(思いあがっている)人や神経症的(自意識過剰)な人はユーモア耐性が低いのである。

虚栄心の強い人がユーモアをうさんくさく思うのは、そういう雰囲気のなかでは、自分のうぬぼれが遠からず粉砕されると心のどこかでわかっているからだ。だから「後ろ向き」だの「非建設的」だのと批判するのである。神経症的な人は、ユーモアにはつねにその底に批判精神があることを感じとり、したがって残酷で破壊的であり、背理法的に矛盾を突いてくるものと考える。だから政治的な正《ポリティカル・コレ》しさ《クトネス》に走るのだ。

　そうは言っても、残酷な笑いや破壊的な笑いがないというわけではない。人間の行動はほとんどがそうだが、笑いにも愛情表現から憎悪の表出まで大きな幅がある。後者の生み出すのが悪意のある人種差別的ジョークであり、無慈悲なあざけりだ。いっぽう前者がもたらすのは、好意と愛情に裏づけられた冷やかしであり、相手をふところに迎え入れる受容のユーモアだ。「世の中はままならないけど、みんな同じ船の乗員じゃないか」と言いあうような。

　それでもうひとつ、アンソニー・ヴァイニーが話してくれたエピソードを思い出した。こちらはとても残酷な話だ。それでいてとてつもなく笑える、と私は思うのだが……

　昔むかしあるところに、アンソニーというたいへん親切で優しい歴史の先生がいました。ある夏の銀行休日（八月の最終月曜日）、アンソニーは車で家へ帰ろうとしていた。心配していた以上に渋滞がひどくて、ソールズベリー平原にたどり着くころには自動車はじゅずつなぎで、これでは木曜日までかかっても車一台の長さぶんしか進めないと思うほどだった。ひどく暑かったし、おまけに退屈で眠くなってきたが、そのときふと一匹のウサギが目に留まった。それは元気で陽気なウサちゃんではなかった。それどころか、見るからに不幸で哀れなウサギだった。粘液腫症の末期を迎えていたのだ（これは一九五〇年代の話で、当時はこの伝染病のために英国ではウサギの数が激減していたのである)。ほとんど息もできずに横たわり、顔は腫れ上がって変形し、眼球も突出してもう見えていないようだった。全身に腫れ物や腫瘍ができているのがはっきりわかる。あと数分とは言わずとも、長くて数時間の生命と見えた。アンソニーは親切で優しい男であり、おまけに大の動物好きだったから、これほど苦しんでいるさまを見ては平静ではいられず、同情で胸がいっぱいになった。そこで車を降り、草地を数メートル横切って、死にかけたウサギのそばに立った。鼻汁を流し、耳は腫れ上がり、生殖器は不気味に肥大化している。彼は涙をこらえ、嗚咽《おえつ》を呑んで、いますぐにこの苦しみを終わらせてやろうと決心した。ウサギの両耳をつかんで持ちあげ、腕を伸ばして自分からできるだけ離し、大きく息を吸って、ウサギのうなじにカラテチョップを食わせた。いわゆる「ラビットパンチ」である。こうすれば確実に殺せるとなにかで読んでいたのだ。

ところがあいにく、このウサギはその記事を読んでいなかったらしく、パンチを食らって逆に息を吹き返して跳ねまわりだした(耳をつかまれていて跳ねまわれるかぎりにおいてだが)。突然のことで、ウサギの殺し屋志願者はすっかり度肝を抜かれた。ふだんなら放り出して一目散に逃げるところだが、ウサギのために正しいことをしようという決意は固く、彼は心を鬼にして、最初のカラテチョップが失敗したのはたんに力の入れかたが足りなかったからだと考え、(親切心から)ふたたび持ち上げると、さらにしっかり耳をつかんで、再度パンチを繰り出した。

ところがなんと!　神の意志をおこなおうとあせるあまり、しっかり狙いをつけるのを怠ったため、パンチはウサギの側頭部をかすめてしまった(それになにしろ、いまではこの標的は動いているのだ)。おかげでウサギはさらに元気よく暴れだし、それと同時に驚くほど大量の鼻汁を彼のスーツに吹きかけてきた。しかしこの時点では、アンソニーにとってそれはまったく大した問題ではなかった。この驚異的に打たれ強いウサギをいかにして絶命させるかという問題で頭がいっぱいになり、恥ずかしいとかみっともないという気持ちは、圧倒的なパニックにはばまれてまったく感じられなかった。

いったいぜんたい、どうやってこいつを殺せばいいのだろう。

さまざまな選択肢が脳裏をよぎっては消えた。射殺、絞殺、溺死、感電死、串刺し、磔《はりつけ》、ギロチン……なにか尖ったもの！　ナイフとかノコギリとか短刀とか斧とか……そうだ、ペンナイフがある！　車に置いてあったはずだ！　あれで喉を掻っ切ってやろう！　完璧だ！

車のほうをふり返った彼は、そこで凍りついた。このときまで、アンソニーはウサギのことしか見えていなかった。ところが気づいてみれば、クラクションの音はどんどん高まっているし、人々の怒鳴り声は耳を聾するほどになっていたのである。目の届くかぎりどこまでも（ソールズベリー平原はあくまでもまっ平らなことで有名だ）、渋滞で身動きのとれない車の列が続き、その車に乗っている人々がみなこちらに向かって怒鳴り、こぶしをふりまわし、罵ったり脅したりしているのだ。車のドアをあけて、降りてこようとしている者もおおぜいいた。

しばしアンソニーは仰天した。この人たちはみんな、彼がこのウサギを面白半分にぶちのめしていると本気で思っているのだろうか。わざわざ車を降りて、このかわいそうな罪もないウサギを、残酷な楽しみかなにかのためにいたぶっているとでも？　そしてサンドバッグ代わりにして、渋滞が動きだすまでの時間つぶしをしていると？　この親切で優しいアンソニーが、じつはサディスティックで汚らわしい残忍無比な男で、いつか《デイリー・メイル》紙の第一面を飾るにちがいないとでも？

まあおそらく、かれらが考えていたのはまさしくそういうことだったにちがいないと思う。ひどい話じゃありませんか。

さて……このような状況に照らして、いまアンソニーはどう行動すべきだろうか。まず第一のプランは、ウサギを車に連れて戻って、静かにアーミーナイフで刺し殺すことだ。しかしこれはいささか時間がかかりすぎる。なにしろ、人々がもう近づいてきているのだから、もう少し手早く片づける手段が必要だ。アンソニーの名誉のために言うと、自然の衝動に従って、ウサギを放り出して逃げようとは彼は考えもしなかった。このウサギはすでにじゅうぶん苦しんでいるのに、いまになって放り出すことはできない。粘液腫症で死にかけていたところへ、その苦しみのさなかによけいな攻撃を受けたうえ、その後にまた粘液腫症に苦しむまま放置されるなど、それはあまりにひどすぎるというものだ。では、第二のプランは……

「待てよ！」アンソニーは考えた。「あれが『ラビットパンチ』と呼ばれているとすれば、ウサギにはパンチなどできないわけだから、きっとあれでほんとうにウサギを殺すことができるのだ、つまるところは。とすれば、最初に失敗したからと言って……」

そこでふたたび、決意も新たにウサギを殴りつけはじめた。近づいてくる人々が、ぎょっとして足を止める。こいつはわざと見せつけているのか。怒号があがり、アンソニーは血も凍る思いだった。人々がまた動きだした。

こうなったらもうやけくそだ。

ウサギを地面に放り出し、そのうえで跳びはねた。ウサギが死んだことを確認し、肩をすくめ、リンチを待ち受けた。ところがまさにその瞬間、神の手が介入してきた。

渋滞の車列が動きだしたのである。背後でエンジンが動きだすのが聞こえ、人々は足を止めた。かれらは逃れようもない選択を迫られていた。この卑劣漢をこの地上から抹殺するか、それとも車列の自分の場所に引き返すか。しばし迷ったものの、やがて良識が勝ちを収めた。あいかわらず肩ごしに罵りながらも、人々は急いで引き返すと、車に飛び乗ってぷりぷりしながら発進した。

アンソニーは気絶したふりをしたが、倒れたときは道路が見張れるような体勢をとった。そのままじっと横たわり、ウサギ殺しのさいに見えていた車がすべて通り過ぎるまで待った。それからやっと気がついたふりをして、さりげなく自分の車に戻り、なかに乗り込むと、今度はほんとうに気絶した。

アンソニーの場合、こういうことはときたま降りかかってくるというのでなく、ほとんど日常茶飯事なのだという。まるで神の悪ふざけ部門が、ヨブ（旧約聖書に出てくる信心深い人物。神の与えるさまざまな試練に耐えた）とともにアンソニーを選び出してとくべつ目をつけているかのようだ。私は彼の体験をこと細かく記録して、忠実な伝記を書くべきだったと思う。

セント・ピーターズで教師を務めた二年間をふり返ると、「ハルシオン・デイ」という言葉が頭に浮かぶ。『オックスフォード英語辞典』によれば、これは「牧歌的に幸福で平穏な日々として思い起こされる過去の一時期」という意味だ。

あのころはなぜあんなに幸福だったのか。第一に、ストレスがまるでなかった。人前に出る必要もなく、重要な締め切りはほとんどなく、満ち足りてくつろいだ雰囲気で、気心の知れた同僚に恵まれ、新鮮な空気を吸ってたっぷり運動していたし……それに、教えるのがほんとうに楽しかったのだ。

もちろん、環境に恵まれたことも大きい。クラスは少人数だったし、当時の一〇歳児は行儀がよくて元気で、先生の言うことをよく聞き、武器も持っておらず、おおむね勉強熱心だった。秩序を保つのになんの苦労もなかった。いったん優位を確立したら、あとは「公平」でありさえすればよいのだ。子供たちは「公平」かどうかをとても気にする。私が生徒たちから絶大な信用を勝ち得たのは、woolyという存在しない単語を黒板に書いてしまったときだった。生徒たちは抗議の声をあげて、自分たちが単語のつづりをまちがったときは、何度もそれを書かされると指摘してきた。そこで私はチョークをとって、黒板じゅうにwoolly（「羊毛の」の意）と一〇〇回書いた。生徒たちは納得した。正義はおこなわれ、私はそれから一度もwoollyのつづりをまちがったことはない。そしてたぶん、『ライフ・オブ・ブライアン』のエピソードには、これが着想のもとになったものもあったと思う。

しかしなによりすばらしいのは、授業が終わって教室を出るときには、あとに残った一〇歳児たちが形容詞句と副詞句の違いがわかるようになっている（四〇分前にはまるで見分けがつかなかったのに）ということだった。気がついてみたら、そのことに言葉にできないほどの満足感を覚えていたのだ。これはひとつには、おかげで私自身も違いがわかるようになったからだと思う。クリフトンの理数系のカリキュラムのせいで、私の受けた教育にはあっちこっちに多くの穴があいていたが、この仕事のおかげでようやくそれを埋めることができたのである。

しかし、この二年間にたった二回ではあったが、ひじょうに気がかりなできごともあった。一度めは、三年生にアフリカについて教えているときのことだった。地図を見ながら大きな国を指さしていって、どんな国か簡単に説明していく。次に大きな川に移って、ナイル川とザンベジ川を見つけ、次にニジェール川とコンゴ川を見つけさせた。ところがひとりの生徒（ここではかりにスミスとしよう）が、最後のふたつが見つけられないという。そこで、ニジェール川はナイジェリアに、コンゴ川はベルギー領コンゴにあると教えた。ところが途方にくれた顔をするので、ほかの生徒にはべつの課題を与えておいて、スミスのとなりの席に座り、なにがわからないのかと尋ねてみた。

「見つけられないんです」

「うん、それじゃニジェール川を探してみようか。ナイジェリアを流れている川だよ。ナイジェリアはどこにあるか憶えてるかな？」

スミスはぱっと顔をほころばせて、ナイジェリアを指さした。

「よくできました。それじゃ、ニジェール川はどこにあるかわかったよね」

「ああ、はい、先生」

「よしよし。次はコンゴ川だね。コンゴ川はベルギー領コンゴを流れてるんだよ［これは一九五九年の話なのである（同国がザイール共和国として独立したのは一九七一年）］。ベルギー領コンゴはどこにあるかな？」

「ここです！」

「よくできました。それじゃ、ほら、ここに青い線が描いてあるよね。これがコンゴ川だよ。わかったかな？」

「はい、先生」

問題はここからだった。

「よろしい。それじゃ……コンゴ川はどこかな？」

スミスが指さしたのはナイジェリアだった。私は首をふった。

「うーん……そうじゃなくてね……ベルギー領コンゴにあるんだよ。ほらね」

スミスはまた面食らった顔をする。五六万七九一七の平方根を暗算で計算しなさいと言われたかのように。私はベルギー領コンゴを指さし、スミスが納得するのを待った。ところがあいかわらず困った顔をしている。私はさらに待った。こういうときに急《せ》かしてはいけない。急かすと緊張するし、子供は緊張するとなにひとつ理解できなくなるからだ。そこで私はにっこりして、励ますようにうなずきかけた。しばらくしてから、もう少しヒントを与えたほうがよさそうだと思った。

「……つまりね……コンゴ川はベルギー領コンゴの川だよね……それはわかる？」

スミスは自信なさそうだ。

「ほら、どっちにも『コンゴ』って名前がついてるだろ？」

スミスは脳みそをしぼっているが、やはりぴんと来ないようだ。

「ほら、コンゴ川と……ベルギー領コンゴ。……ね？……？……？」

私の教えかたが悪いのだろうか。どうすればこれ以上にはっきり教えられると言うのだろう。私の発音が悪いのだろうか。では……もっとゆっくり……

「コ、ン、ゴ……川……ベルギー領……コ、ン、ゴ！　ほら、どっちも『コンゴ』って名前がついてるよね！」

ところが、やはり腑に落ちないようだ。スミスは困難に立ち向かう勇者のような笑みを私に向けた。なんとかわからせなくてはならない。

「いいかい」私は言った。「もういっぺん最初からやってみよう。いま話してるのは、アフリカのふたつの国を流れるふたつの川のことだったね。いっぽうはニジェール川という川で、ナイジェリアという国を流れてる。ニジェール……ナイジェリア。わかるかな？　それじゃ、次は二番めの川の話だよ。この川の名前はニジェール川じゃなくて、コンゴ川だ。そしてこのコンゴ川という名前の川があるのは、……ベルギー領……**コンゴ**なんだ！　それじゃ、コンゴ川とニジェール川のうち、ナイジェ……リアにあるのはどっちかな？」

スミスは私を見て、「ぼくはいま一生懸命考えています」という顔をした。眉根にしわを寄せ、口をとがらせて、教師の頭上一フィートほどをじっと見つめたわけだが、これは質問の意味すらわかっていないという意味である。

私は気が滅入ってきた。

「あのさ、これは引っかけ問題なんかじゃないんだよ」

「コンゴ川です！」彼は言い放った。

そのせつな、私は茫然自失に陥った。このささやかな情報を私の頭からスミスの頭に移す方法は、どこを探しても絶対に見つかることはないと気がついてしまったのだ。反物質という概念をハムスターに教えるほうがまだ実があるぐらいだ。私はこのときまでわかっていなかった。どんなに明々白々に見えようと、あることを理解するには……かならずささやかな知的飛躍が必要なのだ。あれとこれとをつなぐ小さな跳躍。そしてこの世には、それがどれだけ顕微鏡的に小さな間隙であっても、その向こう側に渡ることのできない人間が存在するのである。

ジョークを「理解」するにも、同様の知的飛躍が必要だ。ジョークを組み立てるうえでむずかしいのは、それを「理解」するのに必要な飛躍の幅を測ることだ。頭のいい観衆に対して、嚙んで含めるように過度にわかりやすくしてしまうと、あまり面白いとは思ってもらえない。しかしそれとは逆に、飛躍の幅をあまり広くしてしまうと、今度はつながりが見えなくなってまったく笑ってもらえない。

それはともかく……もうひとつの困った経験はというと、これまた地理の授業のときの話だ。授業を面白くするために、授業が始まる前に生徒は自分の地図を机に広げておくことになっていた。そこへ私が入ってきて、「中国！」とか「ポーランド！」などと声をかけると、生徒はそれぞれその国を指さす。私はそれを見てまわって、まちがった国を指さしている生徒をごつんとやるふりをする。生徒は笑ったりはやしたりして、五分ほどみんなで愉快に過ごしつつ、地理の基礎的な知識が自然と身につくというわけだった。学期の終わりには、国境線だけを書き入れた世界の白地図を配り、三〇の国名をあげてやる。生徒はその国名を正しい場所に書き入れなくてはならない。三〇のうち一〇カ国はオーストラリアとか中国などのやさしい国で、一〇カ国はスイスやチリのようにややむずかしく、一〇カ国はラオスとかボリビアなどのむずかしい国を選んであった。

ある学期の最初に新しい生徒が入ってきた。ちょっと内気な子だったので、仲間意識から私はとくに優しくして、その生徒が溶け込めるように気を配った。彼はやがてクラスにとてもよくなじみ、またかなり頭のよい子のように見えた。学期の終わりの白地図テストのとき、私は驚きかつ喜んだ。その生徒が「ボリビア」の名を正しい場所に書き込んでいたからだ。

しかし、正解はただそれ一国のみだった。オーストラリア大陸にはフランスと書き込み、スウェーデンとノルウェーの両方にブラジルと書き込み、英国諸島（グレートブリテン島、アイルランド島、およびその周辺の島々）は南太平洋のど真ん中にあることになっていた。こうなっては気の滅入る結論を引き出さざるをえない……ボリビアはほぼまちがいなくまぐれ当たりだ。

しかし理解に苦しむ。二十数回の授業のあいだ、ほかの生徒たちが世界地理の基礎を学んでいるとき、この生徒の頭のなかではいったいなにが起こっていたのだろう。外見的には、それなりに興味を持って勉強しているようだった。まったく緊張している様子はなかったし、一度も質問したことはなかった。私はそうするよう励ましていたし、質問する生徒がいればいつでも褒めていたのに。

つまり、質問する必要性を感じていなかったとすれば、いったいなにを勉強しているつもりでいたのだろう。なんのために教室の席に座っていると思っていたのか。血液を循環させる練習をしているとでも？

その生徒に尋ねてみるべきだったのかもしれない。この疑問が頭から離れなくて、私は夜も眠れなかったからだ。しまいに、ともかく三〇の国の名を正しい惑星上に書くことはできたのだ、と考えて自分を慰めることにした。そして彼の答案を職員室の掲示板に貼って、「ここに入る者はみな希望を棄てよ（ダンテ『神曲地獄篇』中の語句）」とコメントを書き添えた。

それを見たとき、ミスター・バートレットはしばらくじっと眺めていたが、やがてしみじみと言った。

「悲しいことだ。真の愚かさに対しては、まったく手の打ちようがないんだからね」

第6章 〈フットライツ〉の中で
——ケンブリッジのアマチュアコメディアン

一九六〇年七月、私はセント・ピーターズを辞めた。悲しくてならなかったが、そのいっぽうで、前に進むべきときだとわかってもいた。……

八月、両親と私はいつもどおりの夏休みを過ごした。一〇日間は、ボーンマス（イングランド南部、英国海峡に臨む保養地）に出かけてデヴォン・タワーズというホテルに宿泊する——そう、私が作った架空のホテル「フォルティ・タワーズ」の「タワーズ」は、まちがいなくここからとったものだ。このデヴォン・タワーズというホテルが私はとても好きだったが、それは一階に本格的な大きさの立派なビリヤード台があって、しかもそれを知っている人がだれもいないようで、おかげで何時間もぶっとおしで占領できたからだ。対戦相手が欲しいとはまったく思わず、自分で自分を相手に対戦し、ひとりですべてのショットを打って満足していた。そうは言っても、たまに父が降りてきて相手をしてくれるのはうれしかったが。

ボーンマスにおけるその他の主たるスポーツ関係の娯楽としては、町のまんなかにある大きなアイススケート場へクリーズ一家そろってお出かけして、初心者のすべりを見て笑うというのがあった。というのも、バランスをとろうとしてうまく行かないと、高いところから落ちるわけでもないのに、人々は名状しがたいパニックにとらわれる。そしてそれを見ていると面白くてしかたがないのだ。怖がる人々の滑稽さを見て喜ぶのは、あまり褒められたことではない。それは承知しているが、私たちは少なくとも多少の礼儀はわきまえていて、あるていど離れたところに座り、あまり大声で笑わないように気をつけていた。ともかく、あれがあんなにおかしかったのは私たちの責任ではない。人が転ぶのはいつ見ても滑稽なものだが、あのスケート初心者たちは格別だった。母があんなに笑うのはほかでは見たことがない。そのあとでは、父と私とでお茶を飲みに連れていって、母を落ち着かせなくてはならないほどだった。

ウェストンに戻ると、夏休みの残りの期間はずっと、法学専攻の下準備に役立つとされるさまざまな本を読んで過ごした。もともとは物理・化学専攻でケンブリッジの学籍を取得したわけだが、まともな科学者と伍していけるほどどこの学科に関心が持てないということに、たちどころに気がついてしまったのだ。しかし、ほかの学科はAレベルの試験を受けていなかったから、一から始められるふたつの学科――経済学と法学――のどちらかを選ぶ以外しかたがなかった（あるとき父から聞いたところでは、私の家系には法律家の血が流れているという話だった。のちにわかったのだが、それは父の父が法律事務所の書記をしていたという意味だった）。そんなわけで、ケンブリッジ大学法学部から渡された書籍リストに、腰をすえて取り組みはじめたのである。グラントとテンパリーの『一九世紀のヨーロッパ――一七八九〜一九〇五年（*Europe in the Nineteenth Century: 1789-1905*）』がどうして、信託や財産継承やローマ法を学ぶ素地になるとされていたのかわからないが、私はまじめにこつこつ読んでいった。とはいうものの、その文字の背後にある現実については、実際にはさっぱり理解していなかった。この行動には、私のいちばんの欠点がよく表われている。つまり、慣れないことに直面すると、常識を働かせようともせずに言われたとおり忠実にやってしまうのである。

まあそんなわけで、世界有数の大学に入ろうとしていたころ、私が身につけていた学問的素養をまとめると以下のとおりである。

・文法的に正しい英語を話すことができ、また読み書きできる。綴りも正確に知っている。急速に忘れつつあるものの、数学と理科の知識は多少ある。

・英国の国王と女王の在位年代を知っている。多少ラテン語ができる。付け焼き刃の地理の知識がある。『ヘンリー五世』と『マクベス』のほか、二〇篇ほどの詩についてそこそこの知識がある。

・まるで知識がない分野は、生物学、心理学、経済学、哲学、政治学、統計学、音楽、電子工学、世界史、美術、工学、地質学、考古学、建築学、ギリシア語、その他もろもろ。

ある意味で、私はあまりに無知だったせいで、自分がいかに無知か気がつかなかった。だからこそ、ウェストンでの日々に別れを告げ、未知の世界へ乗り出すことに、意識のうえではあまり不安を感じていなかった。にもかかわらず、汽車でケンブリッジに向かう予定の日、私はひどい腹痛に襲われて旅行できなくなった。なんと間の悪い！　言うまでもないが、私の属する中流の下《ロウアーミドル》クラスの文化圏では、心身症などという概念は知られていなかったのだ（当時の英国で、知っている人がかりにいたとしても)。心の面ではデカルト主義が幅を利かせていた。肉体的な病気にかかるのは問題ないが、どんな形であれ精神的な異常は許容されない。それは弱さの、精神的なもろさの、そして堕落のしるしと見なされる。病気はあくまでも肉体的なものでなくてはならなかったのだ。

翌日は楽になったのだが、心配した父がわざわざケンブリッジまで車で送ってくれた。バックシートから母が道案内をしてくれた。いまでもはっきり思い出せる——ダウニング・コレッジの外で、私は両親にさよならのキスをし、ふたりに背を向けて、歩いて門をくぐった。これが最終的な親離れを意味するのはわかっていたし、不安にさいなまれてはいたものの、それと同時に解放感も覚えていた。ついに鋳型を脱することができたのだ。

しかし、これを書いているいま、私は父に申し訳ない気持ちでいっぱいだ。長いこと、父は私のことばかり考えて生きてきた——おそらく最大の生きがいだったにちがいないと思う。私の姿があんなふうに門のなかに消えていったとき、それを見送るのは父にとって身を切られるようにつらかったにちがいない。母にとってはそれほどつらい別れではなかった。なにしろ、私がいなくても考えることはほかにある。つまり自分自身のことだ。だがそれを言うなら、父が私の不在に苦しんだとすれば、母はそれまで私の存在によって苦しんでいたのだ。思うに、私が生まれるまでは、両親はとても親密な関係だったはずだ。しかし父と私のあいだに温かなつながりが育っていくにつれて、母はしだいにのけ者にされているように感じ、それゆえに父とも疎遠になったように感じていたのではないだろうか。

それはともかく……門のなかに入ったとき、ダウニング・コレッジの第一印象はとても好ましかった。親しみやすいところだったし、私は一年生でありながら、幸運にも学寮内に部屋を確保できた。広い一階の部屋で、守衛詰め所のすぐそばだった。また、なにをしていいかわからずまごつくということもなさそうだった。唯一の衝撃が訪れたのは、その初日の夜、夕食時刻にかなり遅れて広間《ホール》に入ったときだった。食前の祈りがもう始まりそうだったので、数ある長テーブルの周囲に、唯一見つけた空所にすべり込んだ。ところがラテン語の祈りが終わり、腰をおろしてみたら、まわりは化学者だらけだったのだ。

「それでさ、酢酸クロロベンジルを使ってみたんだよ！」

「嘘だろ！」

まわりじゅうが笑い崩れる。

「5サラミド・ナトリウムを使えよ！」くすくす笑い。

「冗談はやめてくれよ」

「沈殿させたかったら、おれならポリクロステレート亜鉛を使うけどな！」

陽気にはしゃぐ者、ひざを打つ者、目の涙をふく者、そしてのっぽのひげづらをこっそりうかがう者が二、三人。ひとりだけ、明らかにユーモアのセンスがまったくないやつが混じっている。なんという孤独感。ダウニングが名高い理数系のコレッジなのは知っていたが、まさかこんな目にあうとは思っていなかった。耳がよく聞こえないふりをして、私は大急ぎで夕食をかき込んだ。

翌日の夜は重大な一夜になった。手遅れになる前に化学者の集団を見分けて避けられるように、私は早めにホールに向かったのだが、そこでなんとなく見覚えのある学生に出くわした。話してみれば、クリフトンの同窓生、マーティン・デイヴィス゠ジョーンズだった。私よりふたつ年下なので、学校ではあいさつする程度のつきあいしかなかった（それ以上の仲になっていたら、警察が介入してきていただろう〔同性愛は当時の英国では有罪〕）が、すぐに話がはずんで、おかげで彼の新しい友人たち、アラン・ハチスンとトニー・ロビンスンにも紹介してもらい、私たちはいっしょに夕食をとった。四人とも「よい」パブリックスクールの卒業生（ほかの三人は、私より中流の中《ミドルミドル》クラスに近い階級の出だった）で、スポーツジャケットを着ていて、標準的なミドルクラスの英語を話していて――そして、だれひとり化学専攻ではなかった。私たちはひじょうに馬が合い、最後の二年間は同じ下宿で暮らすようになったほどだった。ここへ来てたったの二日めで、私の社交運は大きく上向いたわけである。

歴史的に公平を期すために、ここで断わっておくべきだと思うのだが、アランの記憶はこれとはまるでちがっている。初めて会ったのは、マーティンに連れられて私の部屋を訪ねて紹介されたときだったというのだ。一階の窓からなかをのぞいたら、私がベッドの下にもぐり込んでいるのが見えた。なにをやっているのか不思議に思ったから、私がペットのハムスターを飼っているのを知らなかったのはたしかだ、と彼は断言するのである。しかし、私が通りの市場でハムスターを買ったのは、ケンブリッジに来て少なくとも二週間はたってからだったし、そのころにはまちがいなくアランと知り合っていたから、彼の話は信用できないと思う。

こうして私は落ち着いて、法学の学位をとるのに必要な五科目の勉強にとりかかった。うちふたつの科目ではローマ法が扱われていた。法体系全体を鳥瞰《ちょうかん》する視点を得ることによって、理解の幅が広がるということらしかった。そしてこれは認めないわけにいかないが、それでローマ人について学んだおかげで、かれらに対する見かたがずいぶん変わった。たとえばローマ人は、父親を殺した罪人を毒蛇や雄鶏や犬といっしょに袋に入れてティベリス川（現在のテヴェレ川）に放り込んでいたが、これは他の人々を思いとどまらせるのに効果的だっただろうし、刑務所に入れるよりまちがいなくずっと安くつくと思う。英国憲法には大いに興味をそそられた。国を運営する規則が、何百年ものあいだにどのように発達してきたか学ぶのは面白かったし、いま考えてみると初期の議会は、利害の対立とか、抑制と均衡という概念を近ごろの議会よりよく理解していたように思う。また国際法は、きらびやかなジェット族的未来を約束するもののように思えた——英国からまだ一歩も外へ出たことのない者にとってはなおさらだ。そして最後に英国刑法は、毒蛇こそ出てこないものの、ひじょうに面白かった。すべてあわせて毎週一〇コマほど講義があり、科目ごとに二週間に一度個別指導《チユートリアル》があって、そのさいには小論文を提出しなくてはならなかった。つまり一学期におそらく二〇本ほど、週に二本ちょっとの割合だ。

かなり余裕のあるスケジュールだ。ただ問題は……私はくそまじめだったのだ。学業を中心にすえるにしても、好きなこともできただろうし、またちょっとした冒険ぐらいできなかったはずはないのに、私はそうしなかった。ほかの学部生たちがいかにケンブリッジ・ライフを思うさま満喫し、いかに自分にとって意味のあることをやっていたかを思うたびに、自分で自分を蹴っ飛ばしたくなる（たとえばスティーヴン・フライ〔クリーズと同じくケンブリッジの〈フットライツ〉出身のコメディアン・俳優・作家〕は、一度も講義に出席しなかったそうだ。本を読んだり、三六本もの劇に出演したりして過ごしていたのだ）。しかし、私は毎日こつこつ勉強ばかりして、必要な講義のすべてに出席していた。

少なくともその半分はなんの面白みもない講義だったのに、それでもきちんとノートをとり、なにひとつ聞き漏らすまいとしていたのだ。

さる教授に言わせると、講義とは「講師のノートの内容が学生のノートへ移行するが、そのさいどちらの頭も通過しないという不可解な現象」だそうだ。講師が完全なノートを提供し、そのうえで内容を論じてくれれば、もっと効率的だし理解もしやすかったのではないかと思う。それなら真の相互作用がありえただろう。たんなる口述筆記ではなく、質疑応答はもちろん議論さえ成立したかもしれない。しかしそんなことはまったくおこなわれなかった。なにしろ根が従順だから、あのおぞましいホエイリー＝トゥッカー（ダウニング・コレッジの法学教授）の講義すら、二学期も出席してからやっとサボる決心がついたほどだった。ちなみにこの教授のがらがら声を聞くたびに、精神安定剤でラリっているリア王のようだと思ったものだ。また私は小論文もやたらに重視していて、推敲に凝って時間をむだにしていたが、大したことは身につかなかった。全体として見れば、自分の勤勉さのせいで誤った認識にとらわれ、ケンブリッジ・ライフを味わうよけいな時間はほとんどないと思い込んでいたわけだ。

しかし、この思考パターンに落ち込んでしまう前に、少なくとも「ソサエティ・フェア（大学のクラブやサークルによる新入生勧誘の催し）」には出かけていった。学期の最初の週末に開かれたのだ。多種多様な活動が紹介されていて、私はぼうぜんとした。おびただしい出展スタンドが設けてあり、若い学部生が詰めていて、みんなが熱心に入会を勧めてくる。洞穴探検あり、ブリッジあり、鳴鐘法《めいしょうほう》、演劇、ヤング・クリスチャンズ運動、スカイダイビング、拓本とり、ウォータースポーツ、超常現象研究、格闘技、弁論部《ユニオン》、写真撮影、マルクス・レーニン主義、剝製術……

さまよい歩きながら、私はいささか圧倒されていて、勇気が出るどころではなかったが、心の奥に（それも文字どおりずっと奥に）あったのは「フットライツ」という言葉だった。と言っても、それがどういう意味なのかちゃんとわかっていたわけではない。ただ、クリフトン時代に愉快なことをやっていると、二、三人の教師に「それじゃ、ケンブリッジに行ったら〈フットライツ〉に入るんだろうね」と言われたというだけだった。それで、なにかユーモアに関係することだとは知っていたのである。

とはいうものの、〈フットライツ〉のスタンドを見つけて、そこに感じのいい学生がふたり、歓迎の笑みを浮かべて座っているのに気がついたとき、ふくれあがる強烈な羞恥心を抑え込むのにはかなり時間がかかった。やっとそれに成功すると、たったいま気がついたような顔をして、精いっぱいの笑顔を浮かべてぶらぶら近づいていった。「やあ、こんにちは！　〈フットライツ〉ですよね！　ぼくはその……つまり……面白そうかなと……」

「どうぞどうぞ！」ひとりが声をあげて、パンフレットを差し出した。「歌が歌える？」

「歌だって？」私は考えた。「なにを言ってるんだ？　歌だって。とんでもない、歌なんか歌えないぞ。世界一へたくそなんだ。あんまりへたくそなもんで、学校ではヒックリー先生の合唱のクラスから追い出されたぐらいだ。とにかく歌だけは絶対にだめだ。だいたい、なんで歌が歌えるかなんて訊いてくるんだろう。人を笑わすのとなんの関係があるんだ」

「いや、あんまり」私は答えた。

「大丈夫だよ」もうひとりの〈フットライツ〉の代表者が言った。「ダンスはできる？」

「ダンス？」頭がくらくらしてきた。

「うん、できる？」

「いや」私は言った。「ダンスがしたいんなら、古典バレエのスタンドとか、モダンダンスのスタンドとか、ソーシャルダンスのスタンドとか、タップダンスのスタンドとか、モリスダンスのスタンドか、踊る化学者クラブのスタンドに行くよ」

いや、もちろん、ほんとうにこんなふうに言ったわけではない。実際にはこう答えただけだ――

「いや、ダンスはあんまりうまくないんだ。残念だけど」

ふたりはやさしくうなずいた。「それじゃ……なにができる？」

恥ずかしさと混乱と屈辱感と怒りが、いっせいにわき上がってきた。

「人を笑わせるのは好きだけどね！」と言い捨てて、私はその場を退散した。

こうして、私のショービジネスへの道は断たれたのだった。

少なくとも私はそう思っていた。それでもなんとも思わなかった。いま思うと不思議な気がするが、この赤面ものの出来事はあっというまに記憶から薄れていった。重要な機会を逃したとはまったく感じていなかったし、身内に潜むいくばくかの才能が表に出るときを待ち望んでいることにも気づいていなかったのだ。

だいたい、私はこのころ法律家になるつもりでいたのだ――と思う。もっとも、いつそう決めたのかはよく憶えていない。ともかく、なにより大事なのは法律だ。そして法律といえば議論であり、自分の言い分が正しいと主張し、相手の言い分の誤りをあばくことだから、弁論を学べば役に立つだろうと考えた。そこでケンブリッジ弁論部《ユニオン》のほうへ行って、弁論部員がバルコニーから演説するのを見物した。一九歳から二二歳というまだ子供みたいな若者が、入れ代わり立ち代わり現われては五五歳のふりをしている。全員がチョッキつきのスーツ姿で、全員がチョッキのポケットに親指を入れて、全員が変てこな雄弁術ふうの大仰な言葉を吐いて、ふつうのスピーチとはまるで異なる演説をしていた。将来有望な政治家という印象を与えようと苦心しているのはわかるが、全員が同じことをしているし、見るからに自惚れの強い、独りよがりで血のめぐりの悪い間抜けにしか見えなかった。本人が生み出そうとしている印象と、仲間の学生たちが実際にかれらを見る目と、そのあまりのギャップには驚くしかなかった。しかし、もし知っていたら私の驚愕はこんなものではすまなかったと思うが、このぼんくらたちのなかから、のちにジョン・メージャー内閣の閣僚になる者が何人も出ているのだ。念のため繰り返しておくが、一九六〇年代初めのケンブリッジ大学で、いちばん嫌われていてばかにされていたまさにその集団が、三〇年後にこの国を動かしていたのである――あれを動かしていたと言えればだが。

それで、ケンブリッジ・ユニオンがスカだったとすると、ほかにどこを見ればいいのだろう。私の顕在意識的に受け入れやすい活動といえば、これはスポーツだった。そこで学寮のサッカーチームに申し込み、トライアル試合に参加して、そこそこの活躍をしてみせた。幸い、私はサッカーがそうへたではなかった。ボールコントロールはうまかったし、敵の裏をかいて絶妙なパスを出せることもあった。インサイドレフトでプレイすれば、たまにはゴールを決めることさえあった。ただ問題は、身長が高すぎて、瘦せてひょろひょろで小回りがきかず、力が弱くて、とうてい頑健とはいかず——そのためまともにシュートが打てないことだった。

　しかしこんな欠点にもかかわらず、私はぎりぎりのところで入部を認められて、ダウニング・イレブンのふたりの「南部人」のひとりになった。「南部人」というのは、トレント川（イングランド中部を流れる川）より南で生まれた者のことだ。私はチームのみんなから（寛大な親愛の情をこめて）「上流」の人間と見なされていたが、保険の外交員の息子にとってこれは驚きで、どう反応してよいかよくわからなかった。

　つまり、一九六〇年代前半の英国は階級意識が非常に強くて、はっきり口に出されることは少なかったが、ありとあらゆる面にそれが影を落としていた（一〇年後に《モンティ・パイソン》を作ったときには、こんな階級制度はすたれていくいっぽうで、いずれ消えてなくなると私たちは思い込んでいた。だが実際には、いまも根強く残っていて消える気配もない。このことからわかるように、当時の私たちはなにもわかっていなかったのだ）。金銭を例にとってみよう。六〇年代には、金銭は……まあその、下品なものだった。少なくともその話をするのは下品なことで、人目もはばからず大金を手に入れようとするのは、粗野で美意識に反する行為だった。友人のトニー・ジェイの簡潔な言葉を借りれば、「金を持っていることは下品ではない。下品なのは、いま金を手に入れつつあることなのだ」

　こんな思想態度だから、実業界に入るのもやはりほとんど不可能だった。ビジネスマン、（女性《ウーマン》は多くなかった）は薄っぺらな学のない連中だと見なされていて、学問ができないからしかたなく、商業という退屈な二流の分野で生計を立てるしかないのだと考えられていた。興味深いのは、かれらが財をなすのをうとんじる者がいなかったことだ。そんな下賤な活動を引き受けるのだから、蓄財ぐらいは大目に見ようというわけである。ケンブリッジで過ごした三年間に知りあった学部生のうち、実業界に入ると言っていたのはひとりきりだった。粉末せっけんの取引をして、四〇歳で引退するつもりだというのだ。「商売」に対するこういう貴族的な態度がパブリックスクールを汚染し、私のような卑しい平民の子までそれに洗脳されていたというのは興味深いことだ。

ケンブリッジで重視されたのは、専門職に就いて名声を得ることだった。専門職といえば、高尚な職業——外科医とか法廷弁護士とか教授など——もあれば、それよりやや実際的な職業、たとえば事務弁護士とか会計士とか一般開業医もある。人生の目的は、どの職業を選ぶにしてもその分野で一流になって、同業者から尊敬され、快適に暮らせるだけのじゅうぶんな収入を得ることだった。また、仕事以外にいくつか文化的な趣味を持つことも重要だった。その目的は「全人的なバランス」だ。高い教育を受け、仕事で実績をあげると同時に、多方面に通じていて、余裕のある暮らしができなくてはならないということだ。

そのすべてにおいて、私は微妙な立ち位置にあった。本物の上流人士なら、私をちゃんとした英国紳士として認めたりはしないのはわかっていたが、両親が貯金をはたいてクリフトンへ通わせてくれたおかげで、少なくともその気になれば中の中《ミドルミドル》クラスの人間としてふるまうことはできたし、のちに演技ではいつもそればかりやることになった。メキシコの山賊の頭領の役をやらせたいとは思ってもらえなかったし、陽気なロンドンっ子やスロヴェニアの暗殺者の役がまわってくることもなかった。

まわってくるのはいつも、社会的地位のある、高尚と言ってもいいような専門職の役ばかり。ほかの役がやりたければ自分で書くしかなかったものだ。それに、英国紳士になりすまそうとして、それでなにか問題があるとも思えなかった。紳士の行動規範についての父の見かたを、私は全面的に受け入れていたのだ。それで思い出すのが、国王の晩餐会に招かれた客たちが「まちがった」フォークを手にとったという話だ。その客たちに恥をかかせないように国王も同じフォークをとり、ほかの客もそれにならったというのだが、これはとてもよい話だと思う。いわゆる紳士気取りとはなんの関係もない。ジャーナリストのオベロン・ウォーはあるとき、上着を脱いで椅子の背にかけた客をたしなめて、「紳士のすることではない」と言ったことがあるそうだ。しかし私は、それを指摘することのほうが「紳士のすることではない」と思う。

　ケンブリッジでは、階級間の摩擦はほとんど目にすることがなかった。上流階級の人々にはめったに会うことがなかったが、まれに会ったときには、かれらの暮らしがどんなにちがっているか気づかされたものだ。かれらが本心から好きなのは、なにかを追いかけて撃ったり、水から釣り上げて窒息させたりすることだった。すばらしく礼儀正しいのに、好む娯楽は例外なく死をもたらすことらしいのだ。労働者階級の学生たち——かれらは学部生というより研究生だった——は対照的に、あまり友だちづきあいをせず、中の上《アッパーミドル》クラスの友人たちより、もっと学業に真剣に取り組んでいた。大学を一種の教養学校と考えている者は、いたとしてもきわめて少なかった。この点では科学専攻の学生は別格で、ふだんの住居より化学研究室のほうに好んで生息していた。ふつうのパブリックスクール出身者にダンスの素養がないとすれば、化学者には反ダンスの素養があると言ってよかった。週末に身体を借りてきたばかりで、どう動かしていいかわからない人のようだった。化学専攻の学生に、長身で赤毛でいつもズボンをずり下げて歩きまわっている者がいたが、彼の動きはまるでボーンマスのスケート初心者のようだった。寮の中庭を歩いているだけのときでもである。アランやマーティンといっしょによく眺めて面白がっていたのだが、一度など、完全に歩きかたを忘れてしまったように、派手に地面にぶっ倒れてみせてくれたこともあった。

階級間の問題があるとすれば、パブリックスクール出身者とグラマースクール出身者（パブリックスクールは私立で寄宿学校のことが多い。いっぽうグラマースクールはおもに公立）のあいだには、たしかにごくささやかながら気まずさが存在するようだった。グラマースクール出身者も優秀さに変わりはなかったが、金のかからない学校に通ったということからあまり裕福な家の出ではないということが連想されて、それで社交の場になると少し居心地が悪い思いをしたりしたのかもしれない。親しくなると、かれらは一様に同じことを言った。つまり、パブリックスクール出身者はたいてい自信たっぷりに見えるが、その自信が自分たちには欠けていると思う。だから友だちづきあいをするとなると、どうしても落ち着かない気分になるというのだ。パブリックスクール出身者はみんな、どこからあんな自信を身につけてくるのかと問われて、私にははっきりしたことは答えられなかった。ただ推測するに、社会階層における自分の位置をことさら重視する者もいるから、そういう連中はそれだけで自分はすぐれていると思い、それに応じて行動するのだろう。私がこれまで出会ったほんとうに自信たっぷりな連中は、実際には頭の悪いやつらばかりだったから、頭の良し悪しより階級のほうが重要だとあっさり思い込んでしまっているのだ。自信なんてのは物まねではなかろうか。クリフトン動物園に行って、ヒヒの群れのリーダーを観察してまねをすればいい、と私は言った。悠然とした慎重な動作を心がけ、できるだけ低い声を出し、なにがあっても平気な顔をし、どんなときもいきなり動きださない。それだけのことで、自信ありげに見せられるものだ。そう言う私自身も、自分が自信ありげに「ふるまう」ことができるのはわかっていた。そのおかげで社交の場では大いに助かっていたのだ。どんなに心細くて不安で劣等感にさいなまれていても、おかげで顔に出さずにすんでいたように思う。そして事実、私はいつも不安を感じていた。いわばバートレット効果だった。つまり、実際にはなにも知らないのに、どんなことについてもだれもかなわないほどよく知っていなくてはならないと感じていたのだ。知識の多さはすぐれた知性の表われだと信じていたから、自分は物知りだと（それとなく）仄《ほの》めかそうとする長い悪戦苦闘、それが私の毎日だった。

　ところが、それからわずか数週間後に天啓が訪れた。そのとき私は、ペレグリンなんとかかんとかいう、じつにいろんなことを知っている男と話をしていた。そしてまるで知らない話題について、いかにも知ったような顔でうなずいたり苦笑したりしながら聞いていたのだが、いきなり口から言葉が飛び出してきた。「ぼくはそれ知らないんだ。教えてくれないかな」

　一瞬の沈黙があったが、天井が落っこちてきたりはしなかった。ペレグリンなんとかかんとかも、私を軽蔑して手の甲で顔を引っぱたいたりはしなかったし、つばを吐きかけてもこなかった。それどころか見るからにうれしそうな顔になって、いままで話していたことを一からていねいに説明してくれたのだ。向こうは説明するのが楽しく、こちらは理解できて楽しかった。また自分の博識ぶりを披露する機会を与えてくれたというので、彼は明らかに以前より私に好感を抱いていた。恥をかくどころか、実りある交流のきっかけを作ったわけだ。まったく思いがけない成り行きだった。憑き物でも落ちたようにほっとして、私はなんでも知っているようなふりをすっぱりやめることができた。

対人関係におけるもうひとつの大きな不安要因、つまり女性が相手だと同じ惑星の住人どうしとして話ができないという情けない問題は、まだしばらくは気にする必要がなかった。法学の講義では、声の聞こえる範囲に女性と名のつくものがめったにいたためしがなかったからだ。男子学生二〇〇人に対して女子学生はたった三人だったし、大学全体で見ても、男子寮が一八あるのに、女子寮はガートンとニューナムがあるきりだった。

そんなわけで、私の社会生活は平穏無事そのものだった。数人の友人たちとときたまカレー、ときどき映画、しょっちゅうコーヒー、そして思い出したようにパーティがあるぐらいだった。

私が初めて酔っぱらったのは、そんなパーティの席でのことだった。クリフトンの同窓生のエイドリアン・アプトンが、誕生日のパーティに私を招《よ》んで、そこでユーゴスラヴィアのリースリング（白ワイン）の一気飲みを挑んできたのだ。言われるままに飲み干したが、少しも酔った気がしなかった。ところが一五分ほどして、彼はまた挑戦してきた。乾杯！　今度はたちまちわけもなく愉快になってきて、そのうち頭がくらくらしてきたものの、それがますます愉快だった。エイドリアンが私の酒に混ぜものをしていて、リースリングのグラスの三分の二はジンだったのである。おまけに余興まで始まった。国連事務総長の息子がエイドリアンと口論を始め、ついには拳が飛びはじめたのだ。しかし、飛ぶだけでいっこうに着地はしなかった。両者とも盛大に腕を振りまわしていたものの、かなり離れて立っていたからたまに拳と拳がかすめあうぐらい。愉快このうえなかった。

激怒して攻撃しあっているのにちっとも効果があがっていない。それが私には今世紀最大級に滑稽に見えた。おまけに、戦っているうちのひとりはだれあろう、世界の争いを減らそうとこの世のだれよりも努力している人物の息子なのだ。傑作の名に値する笑劇の条件を、この殴り合いはすべて備えているように思えた。あまり笑いすぎて、私自身がこっけいな見せ物になっていたほどだ。殴りあっているふたりはそれでますます腹を立て、正気とは思えない勢いで腕をぶんぶん振りまわし――ますます滑稽になっていった。ところが、このころから部屋がぐるぐるまわりだし、吐き気とパニックと後悔に襲われて、もう喧嘩を見物するどころではなかった。

私が酔ったと言えるほど酔ったのは、このときが最初で最後だ。

私のケンブリッジ生活はこうして一定のパターンにはまり込み、私はかなり退屈な学生になっていった。マーティン・デイヴィス＝ジョーンズは、私のことを常づね「変わったやつ」だと思っていたと言う。身長は六フィート四インチ（一九三センチ）、がりがりに痩せていて、おまけにひげまで生やしていたのだから、たしかに見かけは変わっていただろう。おまけにハムスターを飼っていたのも珍しかった。また、喘息《ぜんそく》かと思うような変な笑いかたをしていたし、しじゅう自分ひとり（とハムスター）で過ごしていた。しかし、あれは変わっているとは言わない。退屈と言うのだ。

ところがはっぱをかけようというわけで、そこへ運命が介入してきた。アラン・ハチスンが、ラドリー・コレッジ（パブリックスクール）の同窓生にたまたま出くわしたのだが、その同窓生が〈フットライツ〉の運営委員をしていた。こういう活動に興味があるかと訊かれたアランは、自分はそうでもないが、学校で舞台をやっていた友人がいると答え、そんなこんなでアランと私は〈フットライツ〉

の部室に行って、その委員と話をすることになったわけだ。今回は、歌やダンスの話はいっさい出なかった。

私たちの見るところ、〈フットライツ〉の最大の魅力はその部室そのものだった。くつろげる居心地のいい場所で、小さなバーカウンターがひとつ、ランチ用のテーブルとソファがいくつかあって、いっぽうの端は小さな常設舞台になっていて、カーテンやライトもそろっていた。しかし最大の目玉は、それがケンブリッジのど真ん中にあったことだ。つまり、講義と講義のあいだに時間をつぶしたり、信じられないほど安いランチをさっとかき込んだりするのに最適の場所だったのである。

メンバーになるには、オーディションとして作品を披露しなくてはならない。披露の場は、古参メンバーふたりが月に一度演出する「スモーカー」こと「喫煙可《スモーキング》の演芸会」だった。これはじつに和気あいあいとしたイベントだったが、その理由は簡単、観客の全員がその夜のうちに順番がまわってきて出演することになっていたからだ。楽しく気軽な雰囲気を保つことが全員の利益だったというわけだ。

そんなこんなで、アランと私はとぼとぼとぼとダウニングに戻り、腰をすえてオーディション用のコントを練った。いくつかアイデアを出しては没にしたのちに、テレビニュースのパロディをやってはどうかと思いついた。五〇年後のいまでは、これ以上に使い古されて手垢のついた形式は考えられないほどだが、一九六一年の昔にはかなり珍しかったのだ。

どうしてそんなことがと不思議に思われるかもしれないが、ここで理解しなくてはならないのは、当時の英国文化は恐ろしく丁重で堅苦しくて、強迫的なほど過度に礼儀正しくて、並々ならず用心深かったということだ。五〇年代末にテレビで見た短いインタビューを憶えている。これから予算演説をしようとしている大蔵大臣に、あるジャーナリストが質問していたのだが、彼は次のようなくだくだしいほど丁重でまわりくどい文言をひねり出していた。「まことに恐れ入りますが、もしお差し支えなければ、ごく簡単でけっこうですのでお答えいただけるとまことにありがたいのですが、どのような内容を下院にご提示なさるおつもりでしょうか」。一流どころのパブリックスクールの首席の生徒が校長先生を相手に、リハーサルなどしていないふりでインタビューをやっているみたいだ。しかし、権威に対するこういうへりくだった態度はBBCじたいにも広がっていて、真剣にやればやるほど仰々しくなってしまう。だから夜のニュースを茶化すというのは、私たちにとってはほんの少しばかり勇気のいることだったのだ。

当時のアナウンサーはニュース原稿を読んでいて、プロンプターのようなものはまったくなかった。それを利用して、アランと私はまず次のようなコントを書いた。


　こんばんは、ニュースの時間です（**アナウンサーはいったん言葉を切り、原稿に目をやる**）。

失礼しました、おニュースの時間です。女王陛下……

アナウンサーは輝くような笑みを浮かべ、原稿用紙をうやうやしくわきへ置き、次の原稿用紙に移る。

……とフィリップ殿下（**また神々しいほどの笑み**）はおふたりそろってバルモラル城においでになりました。……

いくつか時事問題も採り入れた。たとえば、ＥＥＣへの英国の加入をド・ゴール将軍に阻止されたというニュースに着想を得たのが次のコントだ。

歴史的な英仏協商の復活を祝って、海峡のまんなかで感動的な式典がおこなわれ、ド・ゴール大統領とハロルド・マクミラン首相が、フランス海峡橋と英国海峡トンネルとを結ぶエスカレーターの開通を宣言しました。

臓器移植も取りあげた。

ミスター・ジェラルド・ドーキンスは、昨年大規模な臓器移植手術を受け、心臓、肝臓、肺、脾臓を豚から提供されましたが、いまでは完全に健康を回復しました。体重も手術前の七〇キログラムに戻り、一日に二回元気に散歩をし、価格は一〇〇グラム二シリングだということです。

最後のコントは、コーンウォールの鉱山事故についての長いニュースで、悲惨な事故を放送するさいのＢＢＣの深刻な口調で読まれた。

夜になり、ぶじ救出される見込みは刻一刻と小さくなっていますが、完全に希望がなくなったわけではありません。いまもフラッドライトを用いた救出作戦は続行されています。八歳になるベッツィは、コーンウォールのマブスハーストに住むクラークさんの飼っているコリー犬ですが、錫《すず》の廃坑に落ち、深さ一二〇フィートの岩だなに引っかかって身動きできなくなっています。先にクラークさんと息子のロナルドくんが降りていきましたが、吠え声の聞こえるところまで来て痛ましくも転落死しました。次にクラークさんのティーンエイジの娘ジュリアさんが降りていき、実際に岩だなにたどり着いたのですが、犬に噛まれてやはり転落死しました。家族でただひとり生き残ったクラークさんの妻（三九歳）は、今夜の危険な降下を試みる前に次のように語っています。「薄情な人たちは狂っていると言うでしょうが、これが夫の望みだと私は信じています」

一九六一年の昔には、皮肉といってもこの程度が精いっぱいだったのだ。

ニュースのアナウンサーはアランがやることになったので、私自身が演じるコントも必要になった。そこで、クリフトン時代に書いたひとり芝居を利用することにした。もとになったのは、スタンリー・アンウィン教授（英国のコメディアン。一九一一～二〇〇二）というテレビ芸人から拝借したアイデアだった。この芸人は、まったくのでたらめなのになぜか英語のように聞こえるせりふをあやつるのが得意だった。初めてそれを聞いたとき、私はヒステリックに笑いころげて、両親を心配させたほどだった。アンウィンのでたらめ英語を聞くたびに、その後も同じように大笑いせずにはいられなかった（初めて映画『独裁者』でチャーリー・チャップリンのいんちきドイツ語を聞いたときも同じような反応が起こった）。どうしてこの種のナンセンスギャグが身悶えするほどおかしいのかわからなかったが、取り憑かれたようにアンウィンの番組を観るうちに、徐々にこつが呑み込めてきた。ごくふつうの単語からとった音節と、同じくふつうの別の単語からとった音節とを組み合わせるのである。だから耳にするとごくふつうの英語の言葉に聞こえるのに、全体的にはまったく意味がない文章になるわけだ。たとえば、彼の「ゴルディロックスと三頭の熊」はこんなふうに始まる。「昔むかったるゴルディロッパースちゃんは、深くて暗いやかなのまに入っていきました。手に持たれたかごはバッテレあんとチーズ味でした（Once apollytito and Goldiloppers set out in the deep dark of the forry. She was carry a basket with buttere-flabe and cheesy flavour.）」

当時から感じていたのだが、私にとって最も笑えるのは、恐怖を感じる対象なのではないかと思う。バジル・フォルティのような怒りをケッサクだと思う——が、それはその怒りになんの効き目もないからだ。ほんとうの怒りに直面すると、不安で笑うどころではなくなってしまう。私は暴力が恐ろしいが、よくできたスラップスティックにおいて、人の身体的な安全が脅《おびや》かされる場面（たとえばハロルド・ロイド〔アメリカの喜劇俳優、一八九四～一九七一。チャップリン、バスター・キートンと並ぶ三大喜劇王のひとりと言われた〕やチャップリンがよい例だ。また、スティーヴ・マーティンの映画『ビッグムービー』でエディ・マーフィーが高速道路を渡る場面でもいい）では大笑いしてしまう。私のユーモアセンスは残酷と評されてきた（おもにＢＢＣの重役から）が、私は拷問にはほとんど強迫的な恐怖を覚える。不条理やナンセンスギャグに笑いころげるのは、心の底で無意味さを恐れているからだ。笑うことで、私は不安をまぎらそうとしているのだろうか。笑うことで見下し、恐怖を薄めようとしているのだろうか。

まあ、それはともかく……奇妙にもそれらしいでたらめ言語を生み出すために、スタンリー・アンウィンがどういう手を使っているかわかっていたから、〈フットライツ〉のオーディション用にそれを応用してコントをひねり出すのはむずかしくなかった。もちろん暗記するのは大変だが、科学の講義として演じることにしたから、パニックを起こしそうになったら手もとのメモを見ることができる。

私たちがオーディションで出演するショーは、〈フットライツ〉のメンバーで経験豊富な三年生ふたりが演出することになっていたが、このふたりがもう一本コントをやらないかと言って、アイデアを提供してくれた。それはBBCのラジオ番組から拝借したアイデアで、よくある推理番組の結末二分間のパロディだった。容疑者が全員集まり、探偵が謎解きをするという場面だ。私がもらったアイデアは、そのお定まりの謎解きにひねりを加えるため、探偵が悪漢と最後の格闘をしながら謎解きをし、悪漢のほうも殴られる合間にそれに補足を加えるというものだった。せりふは簡単に再現できる。

探偵：それでヘンダスンは、ハーディング大佐の地図を買おうと骨董屋へ行き（ボカッ！　ぎゃっ！）、たまたまレディ・ペンドルトンが中国人の洗濯屋から出てくるのを見かけたというわけだ。食らえ！（バシッ！）

悪漢：そのとおりだ、それでヘンダスンは……以下略。

私は例の、国連事務総長の息子と殴り合いをやったばかりのエイドリアン・アプトンを口説いて、格闘相手を演じてもらうことにした。リハーサルはじつに楽しかったし、ショーの夜にはコントは三本ともうまく行って、私たち三人はそろって〈フットライツ〉のメンバーに選ばれた。

ただの〈フットライツ〉のスモーカーでささやかなオーディションを受けただけなのに、その話をなぜ延々続けるのかと思われるかもしれないが、これには理由がある。この三本のコントはすべて、のちに思いがけない復活をとげるのだ。ニュース番組のコントは、その年のうちに、毎年恒例の〈フットライツ〉発表会《レビュー》で再演されたのち、《ザット・ワズ・ザ・ウィーク・ザット・ワズ（*That Was The Week That Was*〔以上が今週の以上でした〕、一九六二〜六三年のBBCテレビのコメディ番組。政治や社会を風刺するコントが多かった）》の第一シリーズで、司会のデイヴィッド・フロストが最終回の最後のコントとして演じた。またスタンリー・アンウィンの模倣は、私が舞台で演じるさいに定番の持ちネタになった。最後にやったのは二〇一一年、ひとり舞台の英国内ツアーでのことだった。〈フットライツ〉の部室で初めてやってから、じつに五〇年後である。また謎解き格闘コントは一九六二年の〈フットライツ〉レビューで演じられたのち（私の初出演だった）、《ザット・ワズ・ザ・ウィーク・ザット・ワズ》でも再演され、さらに書き直した拡大版が一九六三年の〈フットライツ〉レビューで掛かっている。しかも、それから五カ月間ウェストエンドで演じられたうえに、しまいには一九六四年にブロードウェイでも再演されているのだ。

こう書いてくると、スモーカー初出演は幸先のよいスタートだったと思われるかもしれないが、実際にはそうではなかった。その後にもいくつか案を出したが、いずれもぱっとしなくて却下されたし、採用されて演じられたコントもふたつあったものの、それはなんとか恥をかかずにすんだという程度だった。これはおそらく、独自の面白いアイデアを出そうとしていたからだと思う。知識も経験もある書き手のすぐれた作品から、アイデアを借用していればよかったのに。

というのも、ほんとうにすぐれたコメディを書くのは途方もなくむずかしいからだ。それができる人は、まことに稀有な才能の持主なのである。もちろん、数は少ないながら、そこそこのジョークを生み出せる書き手もいる。またパロディがうまい書き手もいる。しかし、独創的なコメディの状況を無から考え出し、その状況を説得力と意外性をふたつとも備えた形で生み出し、そしてなにより、それに巻き込まれた人物の心の動きを的確に描き出す……そんなことのできる人はほとんど絶無なのだ。

そのいっぽうで、つまらないコメディを書ける人間は掃いて棄てるほどいて、その殺人的なつまらなさに気づいてひるむこともなく、大量にそういう作品を生み出している。駆け出しのころには、無名の書き手が送ってきた台本をよく読んだものだが、そのすべてが例外なく駄作だったと気づくまでに二〇年ほどかかったように思う。

困難にもめげず、笑える作品を書きたいと思う若い書き手がいるなら、私からのアドバイスはこうだ——

盗め。

面白いとわかっているアイデアを盗んで、自分が知っていてなじんでいる設定でそれを再現してみよう。オリジナルとはじゅうぶんに別ものになるはずだ、なにしろ書いているのがきみなのだから。そしてすぐれたお手本を下敷きにすることによって、やっているうちによい脚本を書く規則が少しずつわかってくる。ほかの芸術家の「影響を受ける」のがすぐれた芸術家なら、「盗んで」から盗んだことを隠すのがコメディ作家だ。

ともあれ、〈フットライツ〉時代の初期に大したアイデアを生み出せなかったとしても、少なくともその部室を使うことはできた。あれはほんとうに楽しかった。そこには、これまでに知りあったうちで最高の仲間が集まっていた。親しみやすくて、面白くて、陽気で、社会のさまざまな階層の出身者がまじりあい、頭はよいがそれをひけらかさず――それとまったく対照的だったのが、ときどきここへ入り込んでくる俳優たちのグループだった。かれらは例外なく黒の革ジャンとジーンズ姿で、テーブルのまわりに集まって腰をおろし、前かがみになって、「動機」とか「疎外」についてわき目も振らずに内省的な議論をしていた。それを見ていると私は不安になった。そういう言葉の意味がわからなかったし、かれらのただならぬ真剣さにたじたじとなっていたのだ。

いま考えてみると、俳優たちが私たちと大きくちがっていた理由もわかる。かれらはみんなプロを目指していたからだ。それに対して〈フットライツ〉の連中には、ショービジネスという運任せの世界で食べていこうという気はまるでなかった。全員が、法律や医学や教育や広告の世界を目指していて、〈フットライツ〉に加わった理由はただひとつ、それが面白かったからだった*。

そんなわけで、私にとっては六月にある試験のほうがはるかに気がかりだった。これはまちがいなく、ひとつにはどの程度の知識が期待されているのかまったくわからなかったためで、そのせいでパニックの予感がひたひたと寄せてきていたのだ。勉強が足りないのではという私の不安を表わしている漫画が、あるケンブリッジの雑誌に載っていた。ふたりの学部生がカム川のほとりでのんびり日向ぼっこをしていて、ひとりが言う――「冬のうちにもっと勉強してれば、いまごろこんなにおたおたしなくてもすんだのに」。私の場合、不安は増大するいっぽうだったが、勉強時間は増大しなかった。

というのも、おたおたしているところへ一通の手紙が届いたのである。一九六一年の〈フットライツ〉レビューのオーディションを受けませんかという招待状だった。最初は大いに興奮したものの、すぐにわかったのだが、これは単なる形式で、招待状は全員に送られていたのだ。それでもアーツ・シアターへ出かけていったが、「ママズ・リトル・ベイビー・ラヴズ・ショートニン・ブレッド（童謡）」を歌い、チャチャチャを踊るように言われてしまった。胸の悪くなるような既視感《デジャ・ヴュ》に襲われた。第一次世界大戦のフランス軍歩兵の気持ちがわかるような気がした。羊のような奇声をあげつつ塹壕を飛び出して突撃する先には、ドイツ軍が銃をもって待ち構えているのだ。

ただ、ほんの数秒で終わったのが救いだった。

しかし、こんな赤っ恥をかいたことで思いがけない報酬が降ってきた。舞台を降りてぼうぜんと突っ立っていたら、列に並んで責め苦の順番を待っていたのっぽの学生が、短い慰めの言葉をかけてくれたのだ。そしてその数分後、私はその学生とコーヒーを飲んでいた。これが、その後二〇年にわたって脚本書きの主たるパートナーとなる人物——グレアム・チャップマンとの出会いだった。

第一印象は、強靱な肉体の持主ということだった。身長は私より少し低かったがはるかに頑健で、スポーツマンらしくしなやかなのにがっちりしていた。医学生で、山登りとラグビーが趣味だと聞い

＊　とにかく一九六一年当時はそうだった。それから五年後には様子はがらりと変わった。一九六三年のレビュー『ケンブリッジ・サーカス』が大成功を収めて、ロンドン公演の出演者全員が「その道」に入ったおかげで、〈フットライツ〉を足掛かりとして、すばらしきショービジネスの世界を目指そうという学生がケンブリッジにやって来るようになったからだ。

ても、だから意外とは思わなかった。かなり厚手のツイードのジャケット、ごつい短靴《ブローグ》という格好で、すぐにパイプに火をつけた。骨の髄まで男っぽく、少し無口な男に見えた。ふたりでしばらく雑談し、少し笑いあっただけで別れた。はっきり憶えているのは、とくに接点が見いだせず、だからとくに好感も抱かなかったということだけだ。

　試験のパニックは頂点に達していた。ある晩など、私があまり暗い顔をしていたものだから、マーティン・デイヴィス＝ジョーンズが旧式の料理用ガスコンロを差し出してきたが（火をつけろ〔light up〕＝元気を出せ、という他愛ないジョーク）、私はにこりともしなかった。しかし、不安を抱くべき対象はそこではなかったのだ。試験の成績はまずまずで、あんなに心配していたのはまったくの時間のむだだった。問題は、よい成績がとれなかったら、もうだれからも相手にされないと思い込む私の性癖にあった。こういう「完全主義」はよりよい仕事を生み出す原動力にはなると思うが、残念ながらゆったりと人生を楽しむ態度とは両立しない。コメディの場合はとくにそうだ。人を笑わせようとして失敗すると、恥ずかしいことこのうえないからである。逃げ場はどこにもない。私の娘カミラがあるとき、「コメディアンって、闘牛士とすごく共通点が多いね。結果がすぐに返ってきて、言い訳なんかするひまがないの」と言ったが、まさにそのとおりだ。

　試験が終わってから、自分がオーディションを受けたフットライツ・レビューを観に行った。その演出のくろうとはだしの完成度には感心したし、個々の出演者もすばらしかった。とくに目立っていたのはデイヴィッド・フロストで、私たちが作ったニュースのコントを彼が演じてくれたときはわくわくした。とくに「コーンウォールの鉱山事故」は出色の出来だった。以前にも、デイヴィッドは部室でときどき見かけることがあった。大学内では明らかに大スターだったが、私たちのようなひよっ子にも気さくに接してくれるのには感激したものだ。そんな彼が、のちに私の進路に最大の影響を及ぼす人物になるとは、いま考えてみると不思議な気がする。

さてその後、私はまたセント・ピーターズに戻って、中程度の教職員的非常事態にあるミスター・トルソンを救うことになった。どうやら教師のひとりが急に辞めてしまい、学期の残りの六週間にその穴を埋める人間が必要になったらしい。私にしてみればこれ以上はないタイミングだった。

またセント・ピーターズに戻って、私は胸が熱くなった。トルソン夫妻にも、たった一年前までいっしょに働いていた教師たちにも温かく迎えられたからだ。夕食のあと、ミスター・トルソンの書斎に連れていかれ、椅子を勧められた。ミスター・トルソンはぐったりと椅子に腰を落とし、私を呼び戻さざるをえなくなった非常事態のなんたるかを説明してくれた。どうやら、夏学期（四月中旬〜六月下旬、第三学期にあたる）が始まる前に新しい教師が必要になったらしく、何人か応募者を面接して、とくに資格能力のすぐれた人物を採用した。ところが数日後、この新しい教師はいささか変人だということがわかってきた。なんとも形容しようのないおかしな服装をしているし、信じられないほど常識がないし、礼拝のあいだにときどき不作法な物音を立てる。しかし、ミスター・トルソンがなにより気がかりだったのは、クリケットの試合の審判をするとき、六フィートの竹の棒をどうしても手から離そうとしないことだったらしい。多少のことには目をつぶろうとしたものの、みんなが落ち着かないものを感じていた。

そんなある日の夜、ミスター・トルソンは怒鳴り声で目を覚ました。ふたりの男が校庭に入り込んでいた。それもかんかんに怒っている。問題の教師が近くの町でよからぬことを企んでおり、かれらの息子たちがそれに巻き込まれていると言うのだ。広く噂になり、セント・ピーターズ校の名前が人の口の端《は》にのぼるようになった。ミスター・トルソンは、教師にあるまじき不品行が起こったのは自分のせいだと感じていた。

私はミスター・トルソンがとても好きだった——なにしろとても立派な人物なのだ——から、慰めようとしてこう言った。「でも先生、その人は立派な資格を持っていたんでしょう」

ミスター・トルソンは私に目を向けた。「ジョン、それなんだよ。私はちゃんと調べてもみなかったんだ。だってな、面接に来たときMCC（メリルボーン・クリケットクラブの略。英国クリケット連盟本部。黄色とオレンジの斜めストライプのネクタイはメンバーのしるし）のネクタイをしてたもんだから」。私はもう少しで吹き出しそうになったが、すぐにミスター・トルソンが気の毒になった。英国クリケットの総元締めとして崇められている組織を重んじたばかりに、これほど手ひどい裏切りにあってしまったのだ。彼は打ちのめされていた。とはいえ、学期の残りの日々は楽しく過ぎていき、数週間後に私はセント・ピーターズをあとにした。これが三度めで、そして最後の別れになった。

かつて私は、この世は基本的にまともな場所だと信じていた。あっちこっちに狂った部分もあるが、分別と健全なジョークによってそれはどんどん縮んでいきつつあると思っていたのだ。いまではそれは完全にあべこべだと思うようになったが、セント・ピーターズ時代の思い出は、数少ないまともな部分として大切に思っているもののひとつだ。だれもが世の中の役に立つ仕事を良心的にこなしているようだったし、金銭は二の次三の次だったし、学習と品行と健全なスポーツマンシップという価値観が住人の行動を律していた。ミスター・バートレットなら、高度に文明的な場所だったと言っただろうと思う。

第7章　相棒グレアムと喜劇漬けになる

その後は、両親のもとで（このころにはデヴォン州のトットネスに引っ越していた）夏休みを過ごした。一九二〇年代の貴族のように、のらくらしたり、本を読んだり、クリケットをしたりして、九月にケンブリッジに戻ったわけだ（仕事をするなど思いもよらなかった。私にとって「仕事」とは大学の勉強のことだった）。しかし、第二学年の話に入る前に、少し時間を巻き戻して前の学期にあったことに触れなくてはならない。ひじょうに退屈な話ではあるが、私にとってはじつに重要なことだったのだ。

最初の学年の終わりごろ、私ははたと思い出した。あと数カ月で、ダウニングの学寮の部屋を出なくてはならない。ケンブリッジを卒業するまで過ごす下宿をそろそろ探しはじめたほうがいい。大学の担当の事務室に出かけていって、どこかいいところはないかとアドバイスを求めた。そして返ってきたアドバイスは、三カ月も前に探しはじめるべきだったというのだった。ほかの学生はみんなそうしている。いまではもう町の中心部から自転車で三〇分以内の下宿は残っていない。その瞬間の絶望はいまでも忘れられない。低湿地帯《フェンズ》を延々と自転車で渡るという果てしない苦行――だいたい、私は自転車にも乗れないのだ。

だがそのとき、事務室の親切なご婦人が、「ああ！」と声をあげた。「そう言えば、今朝電話があったんだわ」と、メモを確認して教えてくれたところによると、町の中心部で下宿屋を経営しているミセス・ライズリーが電話をしてきて、クイーンズ・コレッジと仲違いをして、そちらの学部生は二度とうちの下宿には入れないと言ってやったので、また空室ができたからよろしくと言ってきたという。

一〇分後、私はミセス・ライズリーと握手をしていた。その下宿は町の中心部どころか、町のどまんなかの旧市街にあって、法学部から歩いて五分ほどの距離だった。そのうえ――ここからが、ちょっと不思議な偶然というか、運命というか、宿命を感じる部分なのだが――〈フットライツ〉の部室からはたった二分だったのだ！　天の恵みだ！　さらにありがたいことに――これ以上にありがたいことがありうるのか？――その下宿は定員四名だったから、ダウニングの親友三人、つまりアランとマーティンとトニーといっしょに町のまんなかで暮らすことができるようになった。

こんなふうに片をつけておいたおかげで、その秋ケンブリッジに戻ると、このうえなく楽で便利なパターンで生活できるようになった。二コマ講義に出て、歩いて下宿に戻り、ちょっと勉強をして、かどを曲がってすぐの〈フットライツ〉の部室へ行って安いランチをとり、仲間たちと楽しく雑談し、下宿に戻り、小論文を書き、休憩し、夕食をとりに行き、のんびり下宿に戻り、二時間ほど勉強し、また部室に行って、チーズ＆オニオン味のポテトチップを二袋食べ、パイナップルジュースを二杯飲み、大学でいちばん陽気で面白い連中とともに過ごすのだ。

学期が始まってから初めて〈フットライツ〉の部室へ出かけたとき、知った顔が何人か、知らない顔が何人かいて、それが掲示板の前に集まっていた。なにを見ているのかと近づいていったら、その年の運営委員会の名簿が張り出してある。私が驚いたのは、そこに私の名があったからだ。そして知った顔と知らない顔何人かが驚いたのは、そこにかれらの名もあったからだった。前の年にはほとんどつきあいのなかった者ばかりなのに、その全員が選ばれていたのだ。私は記録係になっていた。どういう役職なのかだれも知らなかったから、そう面倒な仕事ではなさそうだと私は思った。

この突然の昇進の理由は、六月に古参メンバーが全員卒業してしまったからだった。その最後のひとりが出ていく前に、思い出せる下級生の名前を書き出して、それに委員会の仕事を適当に割り当てていったのである。それで一九六一年一〇月には、〈フットライツ〉運営委員会は実質的に全員新顔ということになってしまった。新委員長のロバート・アトキンスのことはなんとなく憶えていた。スモーカーでいくつか笑えるコントをやっていた男だ。またハンフリー・バークレイは、なんとデイヴィッド・フロストの番組に出演もしていた（一年生の新入会員のうち、その番組に出演させてもらったのはハンフリーただひとりだった）。しかしそれ以外の面々とは、初対面も同然のところから知りあっていかなくてはならなかった。だが実際には、これがじつによい影響をもたらした。まるで序列ができていなかったから、まったく形式ばらない民主的な雰囲気で運営がおこなわれたのだ。こうして私は、グレアム・チャップマン（最初、好きになれないと思ったのはもう忘れていたにちがいない）、トニー・ヘンドラ（カトリック教徒の派手な男で、知的なほうなのに優等生からはすばらしくはみ出していた）、ティム・ブルック＝テイラー、デイヴィッド・ハッチ、ハンフリー、その他数名と親しくつきあうようになったが、それがそろいもそろってペンブローク・コレッジに所属しているかのようだった。ダウニングから道を少し行ったところにあるコレッジだ。そのペンブローク軍団が、こっちで夕食をとらないかと誘ってくれるようになり、二カ月後に気づいてみたら、ペンブロークの食堂の職員は私をこのコレッジのメンバーだと思い込んでいた。そんなわけでそれから二年間、私はたいていそこでただで夕食にありついていたわけだ。それどころか、ダウニングのほうにはめったに行かなかったせいで、最終学年のときにいっぺん食事を取りに行ったら、このコレッジのメンバーではないはずと会計係に疑われたほどだった。

　私はペンブロークが大いに気に入った。ひじょうに美しいコレッジで、あまり大きすぎないのもよかったし、芝生もじつにみごとだった。それに、来る者を拒まないあたたかい雰囲気があった。また、初めてグレアム・ガーデンとビル・オディ――のちに一〇〇を超すラジオ番組をいっしょに作ることになる――と会ったのも、ペンブローク・スモーカー（ここでは、砕けた雰囲気の男性だけの集まりのこと）でのことだった。またそのとき、エリック・アイドルにも紹介された。彼はずば抜けて面白い男で、おまけに私のことをびっくりするほど立ててくれた。まあ、私のほうが四つ年上だから……

　またパターンどおりの日常が戻ってきたが、一年生のときに期待していたより、それははるかに楽しい日常だった。ひとつには、下宿にも〈フットライツ〉にも仲のいい友人がいたおかげ、またひとつには勉強のやりかたがわかってきて、以前より計画的に進められるようになり、おかげで契約法、不法行為、憲法、どの科目も取り組みやすくなって、以前より興味がわいて学ぶのが楽しくなってきたおかげだった。無知で経験不足ではあったものの、いくらか自信もついてきた。近くに女性がいると、気づまりでどうしていいかわからないのは相変わらずだったが。

スモーカーでやるコントをもっと書いてみたいと思うようになり、気がついたらグレアム・チャップマンと共同で書くようになっていた。最初の出会いはとくべつ幸先がよくはなかったが、このころから自分と同じユーモアセンスを持つ人物に強く惹かれるようになっていったのだ。コメディを書きはじめるときの最大の不安は、ずばりこれは面白いのかということだ。いっしょに書く相棒がいれば、貴重なフィードバックが得られるし、グレアムと私の共同作業はうまく行った。お互いに相手のアイデアを面白いと思い、笑いだすと止まらなかった。グレアムはヒーヒー、私はぜいぜい言って笑いころげたものだ。しかしそれを別にすれば、私たちにはあまり共通点はなかった。グレアムは警察官の子だったし、グラマースクールで首席の生徒だった。しかし、母親との関係がぎくしゃくしていたところは同じで、それがのちに多くのアイデアのもとになった。このころにふたりで書いた作品には大したものはなかったが、説教のパロディだけは例外かもしれない。グレアムも私と同じく、学校で教え込まれた宗教というナンセンスには含むところがあったから、これを書くときは大いに愉快だった。重々しく説教を始めた司祭が、ロトの妻が塩の柱に変わったという聖書の文章を読みあげるうちに、これはなんとすごい事件だろうと急に気がついて、神の調味料の好みについていろいろ推測しはじめるというコントだったが、グレアムがこれを演じたときは大いに受けたものだった。とくに受けたのが最後のオチで、当惑したように長いこと口ごもっていた司祭が、最後にひとことと——「賛美歌四二番！（神の怒りが世界を焼き尽くすという歌）」。グレアムはのちに、『銀河ヒッチハイク・ガイド』の著者ダグラス・アダムスと仕事をしているが、「生命、宇宙、その他もろもろ」の答えはこの説教がヒントになったのではないだろうか（ユーモアＳＦ『銀河ヒッチハイク・ガイド』において、宇宙最大のコンピュータが「生命、宇宙、その他もろもろ」の解答を求められて出した答えが「四二」だった、というエピソードを指す）。

私はひとりでもいくつかコントを書いているが、そのひとつに、天文学の数字を面白く解説しようとするテレビ番組を茶化したコントがある。レジェラという恒星についての話で、「これはひじょうに明るい星で、なんと三六〇兆個のふつうの四〇ワットの電球より明るいのです。また非常に大きい星でもあります。このオレンジ［と持ちあげて見せる］がセントポール大聖堂のドームと同じ大きさだとすると、レジェラはワイト島の三二〇京倍の大きさになります。三二〇京というのがどれぐらい大きな数字かというと……」。スモーカーは一学期に二回ずつ開かれていた。いつも文句のつけようがないほど楽しかったが、ずば抜けてすぐれた作品はひとつもなかったし、私は当時からそれに気がついていたように思う。

だからこそ、次に起こったことが驚くほど重要だったのである。

四月二六日土曜日、下宿に戻ってきたアラン・ハチスンは、アーツ・シアターでの昼興行《マチネ》の当日券二枚をひらひらさせてみせた。「ほんとうに面白い」と聞いてきたという。三時間後に私が観ていたのは、これまで観たうちで最も面白く、最もすぐれた、そして完璧に愉快なパフォーマンスだった。タイトルは『ビヨンド・ザ・フリンジ（*Beyond the Flinge*〔過激派より過激〕）』、出演はピーター・クック、ジョナサン・ミラー（英国の医師・俳優・演出家、一九三四〜）、ダドリー・ムーア（英国の喜劇俳優、音楽家、一九三五〜二〇〇二）、アラン・ベネット（英国の俳優・劇作家、一九三四〜）という四人の天才。あんなに笑ったのはあとにも先にもあのときだけだ。コントがひとつ終わるたびに、それが惜しくて胸が痛む。だが、まもなくライトがともるとその胸がまた高鳴る。四人がべつの組み合わせで舞台に登場し、新しいコントが始まるのだ。

ネタじたいも度肝を抜くほど斬新だった。なにより、かつてだれもやったことがないほど徹底的に、社会の代表的な権威をおちょくっていた。ハロルド・マクミラン首相（一八九四〜一九八六、一九五七年から六三年まで首相）のもうろくぶりをピーター・クックがまねしてみせた（「ドイツを訪問して会談に臨みました。ドイツ首相の、Herr《ヘア》……ヘア……あっちこっちで《ヘア・アンド・ゼア》」）ジョークなどはそれでなくても傑作だが、と同時にとんでもなく無遠慮で侮辱的だったせいで、あまりのショックに爆発的な笑いの渦を生み出さずにはおかなかった。また、民間防衛団の役人に扮して、核攻撃のさいに英国民を守るために政府がとる対策を説明するというコントでは、ダドリーが客席から立ちあがり、四分前に警告されてなにができるのかと質問するのだが、それに対してピーター・クックはこうやり返す。「お疑いの向きには指摘させていただくが、偉大なわが国の国民には、四分間で一マイル走ることができる人もいるんです」。腹の皮がよじれるほどおかしいだけでなく、同時に政府の防衛政策ががらがらと音を立てて崩れるようだった。またアラン・ベネットによる説教のパロディは、かつて聞いたこともない悲鳴のような笑い声を生み出した。その笑いにはヒステリーが混じっていたが、それは解放のヒステリーだった。これまで聞かされつづけた抜作どものたわごとを、もう二度とまじめな顔をして聞くことなどできないと気づいたからだ。彼の演じる聖職者は言う。「人生は、オイルサーディンの缶をあけるようなものです。私たちはみな缶の鍵を探しています（昔のオイルサーディンの缶には鍵状の金具がついていて、それに缶蓋を巻き付けて開くようになっていた）。今夜ここにお集まりのみなさんも、貴重な人生の時間をむだに費やしてこられたのではないでしょうか——人生という台所の棚の裏でその鍵を探し求めて。そうです、私はまちがいなくそうしてきました」

またまったくの不条理もあった。ダドリー演じる片脚の男が、ターザン役のオーディションを受けに来るとか、ピーター・クックの驚愕のひとり芝居もあった。狂った論理（ジョナサンによれば「精神分裂的」な）に裏づけられていて、その考え抜かれた衒学的な論理の力にもかかわらず、観客は完全に混乱させられてしまう。私にとって最もおかしかったのは、四人がそろってパブリックスクールの生徒を演じたコントで、退屈で頭の弱い自信過剰の生徒たちが、レストランで財布を見つけられないという場面だった。ほとんどせりふがなくて、そういう連中の出すあいまいな声だけのコントだったが、それを観ているあいだ、私は気がついたらネクタイを口に突っ込んで嚙みしめていた。全身を襲う喜びのエネルギーを、ふつうの笑いでは発散できなかったのだ。

あの完璧な傑作コメディの二時間から、最後にもうひとつ思い出を紹介したい。それは計算しつくされた当惑の瞬間だった。ジョナサンとピーターが観客に向かって言う。自分たちふたりは良家の出で、パブリックスクールで教育を受けたが、アランとダドリーは労働者階級の出だ。ではあるが、このふたりといっしょに仕事をし、対等な人間として扱うのは喜ばしく刺激的な経験である。するとアランが口を開いて、ダドリーと自分はたしかに労働者階級だ。しかし、お気づきでない観客もいるかもしれないが、ジョナサン・ミラーはユダヤ人であり、自分としてはユダヤ人よりは労働者階級のほうがましだと思っていると言う。ダドリーはそれに対して、労働者階級でしかもユダヤ人だったらもう救いがないよなと感想を述べる。そこでジョナサンが口をはさみ、自分は完全なユダヤ人ではなく、「ちょっとユダヤ人なだけだ。だって、ぼくは徹底的にやる（go the whole hog）わけじゃないからね（hogは豚の意。ユダヤ教徒は豚を食べてはならないとされている）」。観客があんな反応を示すのを私はほかでは見たことがない。半分は、こんな偏見がこれほどあけすけに、当たり前のように話題にされているのに大笑いしていたが、半分は胸が締めつけられるような恐怖に凍りついていた。それを見て、ほかの半分はさらに笑いがこみあげてくるのだ（少し遠慮がちではあったが）。

なんという舞台！　その後かれらはロンドンに進出して、マイクル・フレイン（英国の劇作家・小説家。一九三三〜）の言う「風刺の六〇年代の正式な開幕」をやってのけ、前代未聞の大成功を収めることになる。

いっぽう〈フットライツ〉に戻った私たちは、年に一度のレビュー『ダブル・テイク（*Double Take*）』の演出の第一段階を迎えていた。どういう手順で選ばれたのかわからないが、監督はトレヴァー・ナンという親しみやすいぼさぼさ頭の男だった。大学の演劇部で、いくつか舞台を演出して成功させたことがあるという話だった。不安な数時間ののち、彼は一九六二年のレビューの配役を発表した。ハンフリー・バークレイ、ロバート・アトキンス、グレアム・チャップマン、ティム・ブルック＝テイラー、トニー・ヘンドラ、アラン・ジョージ、私、それから〈フットライツ〉の外部からふたり――ミリアム・マーゴライズとナイジェル・ブラウン。このふたりはどちらも、ケンブリッジの演劇部から選ばれた。

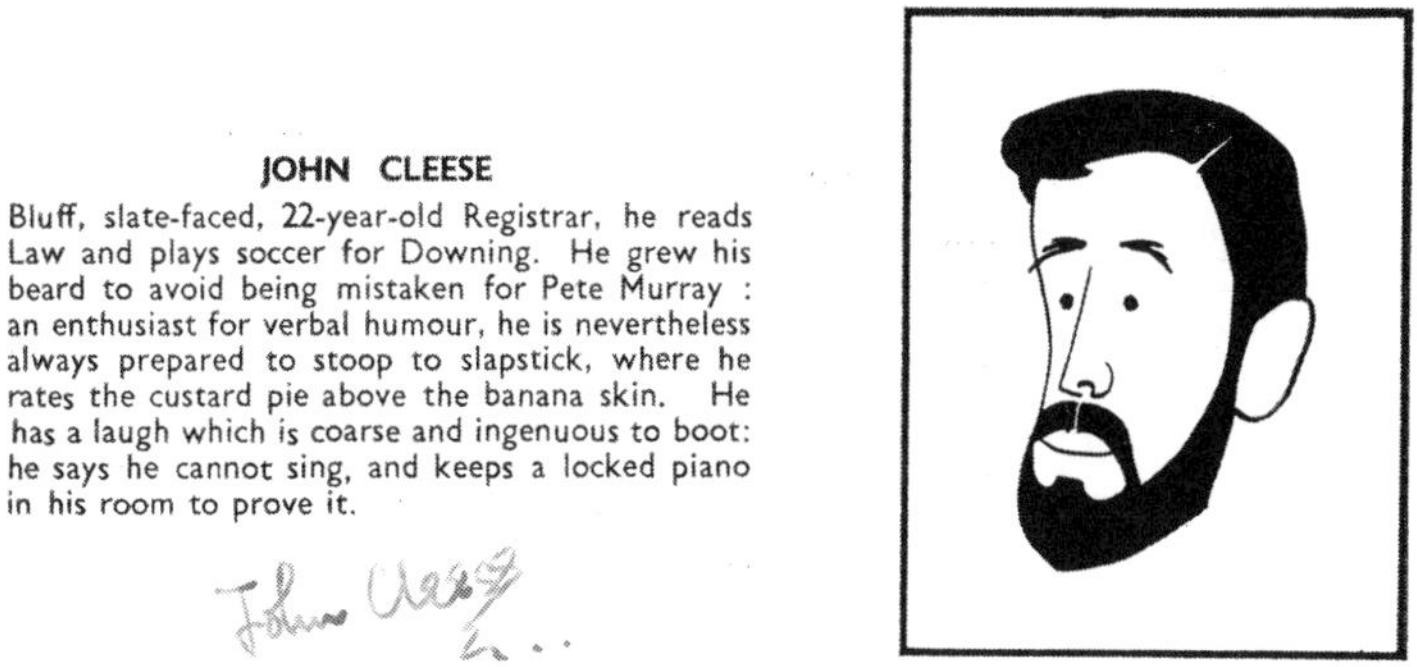

JOHN CLEESE
Bluff, slate-faced, 22-year-old Registrar, he reads Law and plays soccer for Downing. He grew his beard to avoid being mistaken for Pete Murray : an enthusiast for verbal humour, he is nevertheless always prepared to stoop to slapstick, where he rates the custard pie above the banana skin. He has a laugh which is coarse and ingenuous to boot: he says he cannot sing, and keeps a locked piano in his room to prove it.

1962年のレビューから。紹介文を書いたのは私ではない。

※図版の中の文章の訳
ジョン・クリーズ／ぶっきらぼうでごつい顔、22歳の記録係。専門は法学で、サッカーのダウニング代表。ピート・マーレイ（当時のテレビタレントと思われる）と間違われないようにひげを生やしている。言葉で笑わせることに情熱を燃やしているが、ドタバタ劇に身を落とすのもやぶさかではない。その場合はバナナの皮よりカスタード・パイのほうが好み。笑い声は耳障りだし、おまけに遠慮なく笑う。歌は歌えないそうで、それが証拠に部屋のピアノには鍵をかけっぱなしだ。

誤解のないように先にお断わりしておきたいのだが、一九六〇年代の〈フットライツ〉のレビューは、きわめて愉快で楽しく面白い催しだった。

それなのに、その話をしようとしてもわくわくしてこないのはなぜだろう。理由はともかく、これはあまり長々と語らないほうがよいというサインにちがいない。私以上に、この話題に関心があるという人もまずいないだろうし。

まず言っておくべきは、まるで『ビヨンド・ザ・フリンジ』などなかったかのような舞台だったということだ。すでにその年のスモーカーでやったネタが多かったからかもしれないし、あれと比べられるのは避けたほうがいいと、無意識のうちに悟っていたからかもしれない。そのため、これまで〈フットライツ〉がずっとやってきたような、まず予想どおりの舞台だった。もちろん当時の私は面白いと思っていたが、それは間違っていた。

そうは言うものの、トレヴァーに初めて会ったときから、これは仕事のできる男だというのはわかった。彼の助手はハンフリーが務めることになった。以前に〈フットライツ〉のレビューに出たことがあるのは、ハンフリーただひとりだったからだ。ふたりはまず、この一年におこなわれた六回のスモーカーから最も出来のよいコントを集め、トレヴァーがその配役を決めた。それからハンフリーと共同で、開幕と閉幕の歌を作曲し、またミリアムのための作品もいくつか書いた（ほかの私たちはまったくお手上げだったのだ。なにしろ、女性の出てくるコントなど文字どおり一度も書いたことがなかったので）。

それから稽古が始まった。これはほんとうに愉快だった。好きなように演技や実験をやらせてくれ、それでいて締めるべきところは締めてくれる監督がいると安心感があった。これなら、正しい方向へ適切なペースで進んでいって、しまいにはちゃんとした舞台が完成するだろうと自信がもてた。しかしなによりよかったのは、チームの一員になれたこと、共通の目的をもち、助け合いの精神でやっていけたことだ。内輪のジョーク、気心の知れたどうしの悪意のないからかい、相互の助け合いによって自信が生まれ、精神的に支えられていると感じられた。そのおかげで、かつて経験したことがないほどやる気をかき立てられた。クリフトン時代、スポーツチームでプレイしているときもその片鱗は味わっていたものの、これとはくらべものにならなかった。

実際の舞台に関して言えば、出演者は私を含めて一〇人で、全員がだいたい均等に出演した。私は天文学の数字についてのひとり芝居と、ティムとグレアムと三人で登山のコントをひとつ（私たちが実際に経験した、背筋も凍る登山をもとにしている）、ティムとグレアムと三人のコントをもう一本（私が審判役を務めるカラテの試合で、特定の箇所をちょっと圧迫すると派手な痙攣が起こるというコント）、オールキャスト作品（退職する従業員にパンを贈ろうとする重役会のコント）、オールキャスト作品がほかに二本、そのほかにミュージカル二本に出演したが、これについては言わぬが花である。

この舞台では私は、演技者として強烈な印象を残したとは言えなかった。これはまちがいない（全部で四つ劇評が出たが、私については一カ所軽く触れられているだけだった）。ほかのメンバーには、はるかに印象的な演技をして才能を見せつけた者も少なくなかった。チャップマンのパントマイム、ヘンドラのみごとなオペラのパロディ。ブルック＝テイラーは、正確に身体を操る笑える演技で才能を発揮していた。またバークレイの演じた温和な権威者、マーゴライズの大仰な独白もじつに立派だった。

しかし、この舞台に私自身は大した貢献ができなかったとはいえ、それでもその一員だったことを自慢に思っていた。ほんとうに愉快な経験で、楽しい思い出しかない。ひじょうにすぐれた舞台だったと思っていたし、批評家も同意見で、観客は好意的で盛大に笑ってくれた。なにもかもけっこうずくめだった。

それなのになぜ、いまふり返ると興味が持てないような気がするのだろう。斬新さがなかったからだろうか。一貫したスタイルや様式がなかったからだろうか。最高の演技者たちは一九六三年の舞台にも出演していたし、そちらの舞台について尋常でなく長々と書くつもりでいるからだろうか。

そうではない。理由は単純で、あの舞台には真に笑えるところがどこにもなかったからだ。突き詰めて言えばそれこそが、真の意味でつねに私の動機になっていたのだと思う。作品の内容をあるていど思いどおりに作れるときには、私はいつもできるだけ笑える作品作りを目指してきた。気が利いているとか、ウィットに富んでいるとか、愉快だとか、楽しいとか、ひょうきんだとか、けっこう笑えるとかではなく——こういうことはみんな、当時のレビューにも言えないことはない。しかし、真に笑えるというのは、気が利いているとかウィットとか、そういうことよりずっとむずかしいのだ。このときの舞台は、まだそこまで達していなかった。

しかしこのとき、私は四つ貴重な教訓を得た。ひとつは、喜劇役者にとってじつにありがたい教訓で、これは毎晩毎晩同じ舞台を演じなければ身につかない。つまり、継続的に少しずつ実験をして、なにが受けてなにが受けないのか発見し、そして受けないときには、こっちを少しカットしたりあっちを言い換えたりして、その改良版をまた実際に演じてみる。問題を解決できる方法が見つかるまで、これを続けられるのだ。毎晩毎晩、観客の心理について新たな発見がある。プロでもない演技者が、これを経験できるほど何度も同じ舞台を演じられるのはきわめて幸運なことだ。

第二に、『ダブル・テイク』のおかげで、私の才能と言えるものはひとつしかないことを思い知らされた。それはタイミングだ。いまでは身体的な所作で笑わせるコメディアンと言われているが、最初のころにはうまく動けなかった。いつも恐る恐るでぎくしゃくしていたのだ。しかし調子がよいときには、せりふのタイミングのとりかたはかなりうまかった。ひとつには、観客席によく耳を澄ましていて、その反応しだいで臨機応変に対処することができたからだ。ジョークを言ったあとには、そのままセりふを続けるか、観客の笑いを待つか、ほんの一瞬のうちに決めなくてはならない。待たずに続けた場合、そこで笑いが起こったらそれを踏み消すことになってしまうし、笑いが消えてからまたせりふを繰り返さなくてはならない。スマートなやりかたではないし、ペースも乱れる。しかし、待ったのに笑いが起こらなかったら、なにかすべったなと観客に気づかれるかもしれない。

第三に、私は緊張に並外れて弱いことがわかった。ほかの役者よりずっと弱いのだ。演技が好きだという人もいるし、うらやましいとは思うが、私はしょっちゅうびくびくしていた。失敗しないか、リズムに乗り損ねないか、笑いがとれないのではないかと。自信が足りないせいもあり、また自分に高い基準を課していたせいでもあった。コメディアンはよく観客が敵に見えると言い、打ち負かさなくてはならないと言う。駆け出しの数年間、私が感じていたのもそれだった。そして私の唯一の強み――つまりタイミングは、自信に大きく左右される。緊張していると、コメディはうまく演じられない。コメディのタイミングとスポーツのタイミングはとてもよく似ていると思う。クリケットでオフドライブ〔右〔左〕利きの打者が、投手の左〔右〕側〔投手から見て〕のほうへ打つこと〕を打つとき、あるいはテニスでフォアハンドを打つとき、タイミングがあえばボールは軽々と飛んでいく。しかしそれは、自信をもってプレイしていて、打つときにどこも縮こまっていなければの話だ。コメディでも同じことだ。不安や緊張があれば歯車がうまくかみ合わず、性急にジョークに飛びつき、強引に押しすぎ、リズムに乗れなくなる。しかし自信があるときは、観客が乗っているという満足感が得られ、針にかかった魚と遊ぶように観客と遊ぶことができる。釣り糸を軽く引き、しかし引きすぎず――少し緩めて泳がせ、と思ったらすぐ手もとまで引き寄せつつ、観客の笑いと愉悦を一身に浴びる。これ以上の仕事はない。

第四に、一五回ほど演じたころにだんだんわかってきたのだが、不安に対する最大の薬は慣れだ。そのコントのことがわかっていればいるほど（せりふだけではなく、動きや小道具やセットや劇場の雰囲気も）、楽々と乗れるようになり、気が散って失敗することが少なくなっていくのだ。

またこういう教訓に加えて、私は『ダブル・テイク』のおかげで初めて名声の味を知ることができた。

ある夜、舞台が終わったあとでアーツ・シアターの前を歩いていたら、ある一家が私に目を留めて「見て！　さっきの舞台に出てた人だよ！」と言い、こっちを指さして手をふってくれた。いまでも思い出すことができるが、とたんに胸に熱いものが込み上げてきて、天にも昇る気分を味わった。まるで新しい家族に迎えられたかのような、私がなにか特別なものをもたらして、それに心から感謝されているような、そんな気分だった。ほんの一瞬だったが、すばらしい経験だった——その一家は私の名前すら知らなかったというのに。次に同じような経験をするのはかなり先のことになるし、知名度がブランドになる今日《こんにち》の風潮にあっては想像しにくいと思うが、そのささやかな瞬間、気づいてもらえたというただそれだけで無条件にうれしかったのだ。自意識やライバル意識などの夾雑物《きょうざつぶつ》に汚染されない、それは純粋な喜びだった。

こうして、二年めのケンブリッジ生活は幸福に幕を閉じた。試験は楽々乗り切ったし、八月にはエジンバラ演劇祭《フェスティバル》に出るという楽しみもあった。〈フットライツ〉、ケンブリッジ・パントマイム部、アマチュア演劇クラブから選ばれて、合同で〈ケンブリッジ・シアター・カンパニー〉を名のる私たち五〇名が、「まじめな劇」を二本、深夜の演芸《レビュー》、それにナイトクラブのフロアショーをやることになっていたのだ。

それまで数週間することもなかったのだが、アランが小遣い稼ぎをしないかと誘ってくれた。《フイッチ？》誌（消費者協会の発行する月刊誌）オフィスの建設現場で穴掘りをすれば、一時間に三シリング六ペンスもらえるというのだ。こんなに楽しい仕事はめったにあるものではない。何時間も穴を掘るだけ、気候は快適だし、ずっと英国対オーストラリアのテスト・マッチ（クリケットの国際大会）のラジオ放送を聴いたり、アランと雑談したりするうちに、六時間で一ポンド（一ポンド＝二〇シリング＝二四〇ペンスなので、正確には一ポンド一シリング）ずつ財産が増えていくのだ。夜には読書以外にとくにすることもなかった。

八月なかば、たまったポンド札の重みによろめきながら、ヒッチハイクしてロンドンへ行き、〈ケンブリッジ・シアター・カンパニー〉の仲間とバスに飛び乗り、一二時間かけてエジンバラへ移動しつつ、グレアムといっしょに《タイムズ》のクロスワードに取り組んだ。いまふり返ると不思議な気がするが、私たちふたりは『ダブル・テイク』では一度もいっしょにコントをやっておらず、共同で書いた作品も二本しかなかった（もっとも、ティム・ブルック＝テイラーと三人で書いた作品がほかに二本ある）。にもかかわらず、私たちはコンビだとみんなに思われていた。グレアムはその夏にもう卒業していて、エジンバラのあとはセント・バーソロミュー病院へ行って医師になることが決まっていたし、一年後には私は事務弁護士になるはずだった。まあ、それはそれとして……まだエジンバラで大笑いする時間は残っているし、さよなら《オールヴォワール》を言うのはそのあとだ。

初笑いは、向こうに着いて（まだクロスワード・パズルの二二のカギが解けていなかった）、広壮な邸宅を見たときにやって来た。これは、エジンバラ大学が私たちの滞在用に貸してくれた宿だったのだが、あいにく貸してくれたのはそれだけ——つまり広壮な邸宅だけだった。なかはまったくのがらんどうだったのだ。家具と名のつくものはひとつもなく、ただ椅子やテーブルや棚がかつてあった場所にあとが残っているだけだった。ひとりにつき枕一個とエアマットひとつとシーツ一枚を渡されて、私たち五〇人に対してトイレは三つしかないと伝えられた。あんな長い行列は初めて見た。それから配給カードを配られた。一度の食事に一枚だ。まるでロンドン大空襲のようだった。強い連帯感はそのまま、ただしあんな爆音はしない。グレアムが音頭をとり、気分を引き立てるために愛国的な歌をみんなで歌った。

次に、ヴァンと言って言えないこともなさそうなものに乗って、演技することになっている場所を見に行った。私たちに貸し出されたのはプレスビテリアン・ホールという場所で、そこでは大工たち——驚いたことに、全員ケンブリッジから来ていた——がせっせと舞台を建設している最中だった。それからさらに驚いたことに、トレヴァー・ナンがイプセンの『ブラン』の演出にかかっていて、エキストラで村人が必要だからと私たちをリハーサル室に呼んで演技指導を始めた。山を登っているという設定で、床を這いずりながら「魚」と叫ぶのである。『ブラン』はイプセンの重苦しい喜劇のひとつであり、こんなひどい目にあわされて私たちはたちまちむかっ腹を立てた。トレヴァーのことは好きだったが、こんなことをする契約ではなかったから、おかしなところで笑ったり、膝が痛むふりをしたりして足を引っ張ってしまったような気がする。

幸い救いの神が現れた。ナイトクラブの計画者が、私たちのフロアショーを明晩から始めなくてはならないと考えたのだ。一時間に一度、正時《しょうじ》から二〇分のショーである。

最初の夜、グレアムとアラン・ジョージと私がまだ舞台裏にたむろして、演目の順番について意見をまとめていると、ナイトクラブの学生興行主のひとりが顔を出して、「客はひとりも来てないから、のんびりしてていいぜ。ショーの一回めは七時からだよ」と言った。「わかった」私たちは答え、グレアムはパイプに火をつけ、アランと私はせりふの練習を始めた。そこへさっきの学生が走って戻ってきて、「出番だぞ！　客が来た」。私たちはあわてて、オープニングの歌を歌いながら階段をのぼった。ややあって、スポットライトに目が慣れてくると観客が見つかった。客はふたり、二十代の感じのいい男女で、このクラブをのぞくという過ちをおかしたため、たちまちひっつかまって、それぞれワインのグラスを渡されて、店でいちばんよい席、つまり最前列のどまんなかに案内されたというわけだった。たった五、六メートル先に、自分たちより数にまさる出演者が出てきたのに気づいて、若い女性のほうはショックを受け、次には恐怖に襲われ、両手に顔を埋めて泣きはじめた。ボーイフレンドは彼女の肩に腕をまわし、「すぐに泣きやむから」とこちらに身ぶりで示し、私たちを励ますように笑おうとしはじめた。胸がかきむしられるような状況だった。彼のガールフレンドが泣いている前で、私たちはおどけた演技をしているのだ。しかし、それはまたおそろしく滑稽な状況でもあった。私たちはショーを早めに切りあげることにし、若い女性は泣きながら通りへ逃げていき、それを追うボーイフレンドは、こちらをふり向いて拍手をしながら遠ざかっていったのだった。

二日後、〈フットライツ〉の出演者はレイトショーの稽古を始めた――できるときには。というのも、「まじめな」俳優たちに稽古をしていただかなくてはならないので、私たちはその都合に合わせ、えらい芸術家たちが使わないときに舞台やリハーサル室を使うしかないということが明らかになったからだ。気にさわったなど言うもおろかである。

しかし、本番が始まるとすぐに復讐は果たされた。まじめな劇の俳優たちの目にする観客は二、三〇人ほどで、しかもその劇が終わるたびに、観客たちは出口にたどり着くのに苦労するはめになった。次の〈フットライツ〉のショーのために座席を確保しようと、興奮した観客がなだれ込んできていたからだ。私たちの舞台は毎晩大入り満員だった。ロレンス・ダレル（英国の小説家・詩人、一九一二～九〇）やヘンリー・ミラー（米国の小説家、一八九一～一九八〇）も来た。二度も！　しかし、劇を見に来た客には、こういうことはみんないささか下品に見えただろうと思う。

私たちの舞台は、ケンブリッジで上演したときより明らかによくなっていた。いまではたった六〇分に短縮されていたからだ。これで学んだのは、ふつうの舞台を半分に縮めることができたら、それは多少よくなるのではない――ずっとよくなるということだった。それどころか、コメディの基本的な、というより厳然たる規則はこうだ――「短ければ短いほど笑える」。このころからわかってきたのだが、せりふを丸ごと、あるいは文章をひとつ、語句をひとつ、いや単語をひとつふたつでもカットできれば、それは予想もしなかったような絶大な効果を発揮するのだ。

また、夜の興行のほうが昼興行《マチネ》より楽なのもすぐにわかった。時刻が遅くなるほど観客はリラックスしていくから、舞台が始まるころには、観客はすっかりくつろいで反応がよくなっていて、ショーをやれば面白いように受けた。反応のいい観客の前で演技をすれば気分が高揚するし、笑いが起これば起こるほどこちらの演技も冴えていく。雑念は消え、抑制から解き放たれて、いままでやったことのないちょっとした実験をやってみることもできる――しかもそれが受ける！　唯一の問題は、翌晩は例外なく今晩より落ちるということだ。

また、私たちの演技が大評判をとったのは、ひとつにはコンテクストのおかげだったのはまちがいないところだ。不合理なことながら、観客の反応は期待値によって大きく左右される。薄汚い小さな教会付属のホールに詰めかけて、そこで面白いものを見つけて驚いたような場合、その作品に親近感を覚え、その発掘に一役買ったという喜びを感じる。ところが、のちに同じショーをウェストエンドの劇場で観ると、以前ほどよいとは感じられなくなる。評価の基準が変化しているからなのだが、その変化は無意識に起こっているので気がつかない。だから、エジンバラ演劇祭では面白かったショーがウェストエンドに場所を移すと、「ウェストエンドの舞台に合わせた必要な変更ができていない」などという無意味な批評が出ることになる。実際には、作品を判断する基準が厳しくなっているだけなのだ。

ついにロンドンに戻るバスに乗ったとき、親しくなった多くの仲間ともうすぐお別れなのはわかっていた。だからだれもがその話題は避けて、また連絡するよとふだんどおりの約束を交わしていた。グレアムの場合、それは私たち双方ともに本気の約束だった――運命の差し金で、その約束を守るのがあれほど容易になるとは思いもよらなかったが。しかし少なくとも、《タイムズ》のクロスワードはもう少しで完成しそうだった。一二時間後、まだ解けていない鍵は三つだけになっていたのだ。チヤップマンはまだ頑張りつづけていた。

その後、神はちょっとしたジョークを用意してくれた。ロンドンの地下鉄に乗ったら、すぐに《タイムズ》が目に飛び込んできた。クロスワードは手つかずのままだ。私はなにげなく手にとり、どうしても解けなかったすみのマスに目をやったところ、ぱっと答えのひとつが閃《ひらめ》いた。それを書き込んだら、文字が加わったおかげでほかのふたつの鍵も難なく解けた。周囲に目をやると、こっちのほうを見るともなく見ている乗客が何人かいる。そこで憶えているとおりにクロスワードのマスをたった二分ですべて埋め、新聞をわきへ置いて、もっとむずかしい問題はないのかというようにあたりを見まわした。生まれて初めて、ほんとうに賢くなったような気がした。


ケンブリッジの二年めは楽しい一年だったし、まずまずの成果もあげることができた。しかし、最終学年となる三年めに大学へ戻ってきたとき、もし同じことを期待していたとすれば、私は手痛い衝撃を受けたと言っていいだろう。

期待はずれのその一は天候だった。一一月には冬が始まり、記録破りの寒波が襲ってきた。身も凍り手足もしびれる極点のような氷河のような冷凍庫の寒さのせいで、下宿から〈フットライツ〉までたった二分走るだけで、決まってオーツ大尉（とスコット大佐も。これまた英国の輝かしい失敗の記録だ〔オーツ大尉はスコットの南極探検に同行したが、帰路に健康を損ねたため足手まといになるのを嫌い、「ちょっと出てくる」と言って吹雪のなかへ出ていったきり戻ってこなかった〕）のことを思い出したものだ。まもなく地面はかちかちに凍りつき、スポーツはすべて中止するしかなかった。洗面台に氷が張り、それから四カ月間は寝室に寝るのはやめて、ガスストーブの前のソファで寝た。それも、身体に巻きつけられるものはすべて手当たりしだいに巻きつけて。ふとん、コート、ジャケットはもちろん、新聞や買い物袋やタオルや、なにからなにまで……

それに負けず劣らず身が凍りついたことには、法学部の学生にとってすら、知られているかぎり最も退屈な二教科を今年は勉強しなくてはならないことに気がついた。ひとつは物権法、もうひとつは信託・継承的財産設定である。いったいどうしたら、ちっぽけな興味関心の火でもともすことができるというのだろう――なにしろ相手は、人がモノを譲渡する方法を定めた、味気なくも厖大な細々《こまごま》した手続きの山（但し書き、但し書きの但し書き、そして但し書きの但し書きの但し書き）なのだ。この堆積物をかき分けて前進するには、ただ意志力あるのみだった。

とはいえ、少なくとも国際法と法理学には知的刺激があった。それと証拠法もある。しかし、最初はそれなりに意欲をもってとりかかったのに、やがて私はそれに背を向けて、なくなってしまえと思うようになった。というのも、頭が少し狂ってしまったからだ。

その狂気のせいで、勉学も睡眠も〈フットライツ〉での日々も奪われ、それどころか日常生活のすべてが奪われていくのだが、その狂気の原因はといえば――私は恋に落ちたのだ。

恋に落ちたと言っても、実際には私のしたことはあまり多くなかった。たんに感情の嵐に呑み込まれていっただけだ。なじみのない感情に当惑し圧倒されて、要するに散り散りばらばらになってしまったのだ。ともかく内面的には。

それまで女性といっしょに過ごしたことがほとんどなかったから、淡い胸の疼きすらいちども経験したことがなかった。この「恋に落ちる」というやつが、実際にはどんなふうに感じられるものかまるで知らなかったわけだ。だから彼女（ちなみに、法学の講義に出席するごく少数の女子学生のひとりだった）にのぼせあがったとき、胸にわきあがった感情に私はほんとうに恐れをなした。以前に経験したどんな感情とも、それは完全にかけ離れていた。会話と呼べそうなものすら交わしたことのない相手なのに、このころの私はたえず彼女との恋愛のことばかり考えていた。向こうには魅力的なボーイフレンドがいて、見るからにそちらに夢中になっているというのに。

それほど恋い焦がれていたのなら、なぜそれを伝えようとしなかったのかと不思議に思われるかもしれない。しかしここで思い出していただきたいのだが、私の属していた中流階級の文化では、恋愛感情を人前でほのめかすのはよろしくないと見なされていたのである。身体的なことを匂わせたりしたら、それは下品な過ちと考えられた。私の生まれ育った社会では、ほんの一瞬身体が触れるだけでも、また身体的接触についてささいな一言をもらすだけでも、恥ずかしいほど性的な意味にとられかねなかった。身体に触れるのは前戯につながり、きわどい言葉は妊娠の危険を冒すことであり、いっぽう「愛している」という言葉は祭壇前での誓いに直結するとだれもが感じていたのだ。ヴィクトリア朝時代、形のよいくるぶしを見るだけで男は興奮したし、キリスト教の美徳の信奉者は、家具の脚に覆いをつけたものだ。テーブルの剝き出しの下半身が見えていると、淫乱なお祭騒ぎが始まりかねないというわけである。だから、若い女性の腕をとって通りを渡る手助けをするときですら、歩道に着いて二秒以内に手を離さなかったら、それには性欲的な意味があるというのが私の見かただった。これでは、たとえほんとうに勇気を奮い起こして女性に言い寄ったとしても、相手は私がなにをしようとしているのかまず気がつかなかっただろう。

私のほうから動いたとすれば、それが目に見えないほどの前進であっても、ずっと重大な意味をはらんでいると私は思い込んでいた。そのため、恋愛の第一段階に足を踏み出そうとすると、どんなにささやかな動きでも強い抵抗感がわきあがってくる。気まずい思いをさせるのではと恐ろしくて、彼女に警戒心や嫌悪感、あるいは完全な吐き気すら抱かせそうな行動に誘うことなどできなかった。相手を傷つけたくない、困らせたくないと過剰なほど気にしていたのは、拒絶されることに対する大きな恐怖を見ないですますための無意識のカムフラージュだったのだと思う。自分には外見的な魅力はこれっぽっちもないと私は思っていた。正気の人間なら、私と近づきになりたいなどと思うはずがない。ただまあ、なんというか、しばらく時間が経つうちに、私が礼儀正しくて、面白くて、悪いやつでないとわかってくれれば、最初は嫌悪感を抱くのはしかたがないとしても、それを克服できることはあるかもしれないが。

そういうわけで、私はしばらくのあいだむなしい空想の世界をさまよっていて、勉強はどんどん遅れるし、不安で寒くてすばらしく不幸な毎日を過ごしていた。そんなある日、アランが私の部屋にぶらりと入ってきた。「なあ、どうしたんだよ」と言われて、私は二三歳にして生まれて初めて、気がつけば自分の「気持ち」について話していた。それで大発見をしたのだ。その話をすることができれば、どうしていいかわからないという混乱をやわらげることができる。アランとしゃべっているうちに、自分は頭がおかしくなったわけではないと気がついた。たんに、この世で最も月並みな状況を経験しているだけだ。恋煩《こいわずら》いなどばかげている。短期的な戦略として最高なのは、おおぜいの友人たちに会うことだ。幸い、友人たちならかどを曲がってすぐのところにいる。というわけで、私は毎日〈フットライツ〉に出かけ、徐々にではあったが、精神状態がほんの少しまともに近づいてきたのを感じはじめた。ここによい友人たちが何人もいる。かれらとともに次のスモーカーの準備に関わっているうちに、報われない（というより気づかれていない）片想いの苦しみを紛らすことができた。

ある土曜日の夜、だれかがテレビを観ようと言い出した。《ザット・ワズ・ザ・ウィーク・ザット・ワズ》という新しい風刺番組の第一回をみんなで観るべきだというのだ。この番組には肝をつぶした。これまでこんなテレビ番組は観たことがない。笑えて、騒々しくて、わざと猥雑なスタイルを気取っている。しかし、私たちが息を呑んだのは、その内容が破廉恥で無作法で、なにより伝統的な権威のすべてを完全にこけにしていたからだ。その巨大な文化の津波に洗われたあとは、もう昔には戻れなかった。『ビヨンド・ザ・フリンジ』がロンドンでやったことを、《TW3》（広くそう呼ばれるようになった）はいま全国規模でやってのけたのだ。国じゅうで、引退した大佐たち（英国では頑固な老人の典型とされる）が自分のなじんできた文明の終わりを嘆いた。そして番組の司会を務めたデイヴィッド・フロストは、一夜にしてスターになった。気がつけばどこを見てもフロストだらけになっていた。なにより驚いたのは……部室に彼がやって来たことだ。そして、〈フットライツ〉の作品のうち、出来のいい何本かを《TW3》で使いたいと許可を求めたのである。仰天したことに、彼はわが身に起こったことになんの感銘も受けていないようだった。これ以上に当たり前のことはないと言わんばかりなのだ。そこが彼のよいところだと思うが、デイヴィッドは自分の成功を少しも意外とは思わなかったのだろう。

13.	The New Boss Oddie	Oddie, Macdonald Johnny Lynn
14.	Watch Space McEwen	McEwen
15.	Championship Match Lewis	Gooderson, Ted Pater
16.	Alarming Buffery	Buffery
17.	The New Wave Dalrymple	Dalrymple, Mike Dornan
18.	Twisted trad.	Deb Croom-Johnson Fred Yeadon et al
19.	Dong Ding Riches	Riches, Blakemore John Cameron, John Day
20.	You Need Me Cassels	Jo Kendall Caroline Graham
21.	Sweet Varlets Heal, Beach	Heal, Beach
22.	Bought It Mankowitz et al.	Marion MacNaughton Caroline Graham
23.	The Little People Eyre, Shrapnel	Shrapnel, Richard Eyre
24.	Poor Mrs Palsgraf Cleese	Cleese, Stuart-Clark Brooke-Taylor, Buffery Cowell, Gooderson

一般的な〈フットライツ・スモーカー〉のプログラムの一部

それからというもの、私たちは土曜の夜は部室に集まり、わくわくしながらテレビのまわりに群がって、自分たちのコントが全国テレビ最大の人気番組で演じられるのを心待ちにするようになった。

一九六二年から六三年にかけての冬は、記録に残る厳寒の冬になった。凍てつく寒さは新年に入っても続いたが、私の恋煩いも多少はそうだった。しかし、いまではある程度は順応できるようになって、自分を不幸だとは思っても頭がおかしいとは思わなくなった。これはまちがいなく進歩だ。コントをいくつも書きはじめたが、そのアイデアはどんどん奇天烈になっていくようだった。たとえば、秘密情報部の部長（私が演じた）が新人を面接するというコントなど、滑稽な狂気の色合いが濃厚な作品を書くようになったが、これは以前の私なら書くのをためらったろうと思う。また、サマセット・モームの無口な登場人物の場面のパロディもやった。植民地の役人とその妻が、自分たちの結婚の現実を劇的に突きつけられるという場面だが、私のパロディ版でとくに気に入っているのは、ふたりとも文章を最後まで一度も言い終えないところだ。劇的な間と、「まさかそれは……?」とか「ああ、なんて……」とか「でも私は……」しかないコントなのだ。しかしもっと大胆なのは一〇分間に及ぶ長い法廷のコントで、これは偏執的で居丈高で無能な弁護士(これまた私が演じた)が、何人もの証人に反対尋問をするというものだった。私が演出することになっていたスモーカーのために書いたのだが、これを演じたときほどの大笑いは、私はあの部室ではほかに聞いたことがない。コントが終わるころには、一九六三年のレビューの掉尾《とうび》を飾る大作はこれだと確信していた。

当時の私の問題——全般的にみじめな気持ちだったのは別として——は、勉強が大幅に遅れていることだった。国際法と法理学については、ふさぎの虫のせいで集中するのがむずかしいとはいえ、この科目に対する本物の情熱のおかげでなんとか試験は突破できるだろうと思っていた。しかし、物権法と信託・継承的財産設定は現実にきわめて大きな障害に見えた。卒業試験までの一〇週間で、じゅうぶんなやる気をかき集め、遅れを取り戻して合格をもぎ取ることができるだろうか。こんな山のような障害を前にしては、生きる意志さえ萎えそうだった。

そのとき、私はふと思い出した。もうひとつ科目がある……証拠法だ!

ぎゃあああ!!

もうだめだ。完全に詰んだ。証拠法のことはすっぽり頭から抜け落ちていた。心臓が恐怖に凍りつく。証拠法に合格できない＝ケンブリッジの法学士号がとれない＝就職できない。証明終わり《QED》。

そのとき……狂った天啓の瞬間だった。刑事学は比較的やさしい科目だと聞いたことがあった。しかも、新設されたケンブリッジ大学刑事学部は学生が足りていないという。急いで教授に会いに行き、証拠法を勉強するのは時間のむだだと感じていると説明した。というのも、刑事学に不可欠な刑務所制度に関する知見を得るうえで、私が役に立てるのではないかと思ったからであり、それで矢も盾もたまらずお願いにあがったわけです。しかし、いまから科目を変更するのはもう遅すぎるでしょうか。

私が予想していた答えはこうだ――「もちろんだ。もう一学年も三分の二以上過ぎてるんだよ。気は確かかね」

ところが耳に飛び込んできた答えは、「たしかに遅いが、遅すぎるということはない。この休暇中に刑務所見学を履修しておければね。それから、もちろん夏の終わりには試験がある」。そのとき、親切このうえないことに、教授は私に教科書を差し出して言った。「この本に書いてあることを勉強すれば、試験は合格できるだろう」。開いてみたら二五四ページしかない。暗雲が晴れた！　これならまだ見込みはある！　「ありがとうございます、ぜひ刑事学をやらせてください」私は言った。

「いいとも」教授は答えた。

こうして刑事学を確保してケンブリッジの最後の学期を迎えたものの、私は生きるか死ぬかの問いを前に弱りきっていた。今年のレビューをやるべきか、それとも時間を節約して勉強に当てるべきだろうか？

いま思うとぞっとするのだが、じつはこの問いに対する答えには、私の将来のキャリアがかかっていたのだ。しかし当時は、これはじつにもっともな問題だった。私はすでに面接を受けて、最初の二年半は週給一二ポンドという条件で〈フレッシュフィールズ〉（なにを隠そうイングランド銀行の事務弁護士事務所である）に採用が決まっていたのである。言うまでもないが、それもこれも私が学士号を取得できたらの話だった。とすれば、どうしてレビューなどにまたかかずらっていられようか、試験に合格するために一分一秒も惜しまなくてはならないのに。私は迷っていた。

試験の日程を調べてみたら、しめた！　刑事学の試験はほかのすべての試験が終わったあと、まるまる四日もあとに予定されていた。しめた！　とりあえずほかの試験勉強を死ぬ気でやって、それから九六時間で刑事学の教科書（ざっと読んでみたが、とてもわかりやすかった——心理学と統計学を足して二で割ったようなもので、これならなんとかなりそうだった）を頭に詰め込んで……それに加えてレビューもやるのだ。

私のように用心深い人間にとって、それは解放の瞬間だった。

うれしいことに、一九六三年度レビューの監督にはハンフリー・バークレイが選ばれた。私は文句なく彼が好きだった。陽気で慈愛に満ちた権威者の風格を漂わせていて、これはきっとハロー校（歴史あるパブリックスクール）で首席だったことに関係があるのだろう。それに、ほかのメンバーより仕事ができて老成しているように見えた。多少えらそうにしているところはあるが、まあ監督というのはえらそうにふるまうものだから問題はない。おまけに三年間〈フットライツ〉に所属し、スモーカーのすべてに出演してきたから、そこで上演された作品のことはとてもよく知っていた。

いちばんすぐれた演技者といえば、これはまちがいなくティム・ブルック＝テイラーだった。なにしろ必要ならどんなコメディでもやってのける。演芸場の芸人でも貴婦人でも、ばかな英国人でも、うぬぼれの強い阿呆でも。また、身体を使った演技もずば抜けてうまかった。途方もない勢いと熱気のこもる、それでいて正確無比の演技ができるのだ。私は彼といっしょに演じるのが好きだったが、それはふたりとも稽古が好きで、コントを飽きずに何度も繰り返せるからだった。またいっしょに台本も書いた。前の年には、チャップマンと彼と私の三人で、一五分ぶんの台本を書いていたし、その後も何年間か共作を続けたものだ。しかし、ティムがなによりすばらしかったのは、演技を愛していたことだ。彼はほんとうに演技が好きで、初日の舞台ではこれがとくにありがたかった。なにしろ私は緊張でがちがちになっていて、自分の役をこなすのもひと苦労だったからだ。

　ビル・オディも生まれついてのスターだった。喜劇俳優というより道化師に近かったが、気が利いていて面白くて耳に残る歌を書いて歌い、それがショーに明るさと変化をもたらしていた。〈フットライツ〉の一般的な「句切りに使う《ポイント・ナンバー》短い歌」など比べものにならなかった。その学年の最初には、彼は部室では目立った存在ではなかったのだが、だしぬけに才能を開花させて、最終的には彼の作品が一八点も採用されている。たまにかっとなったり、私たちのグループ内では珍しく、ちらとライバル意識をのぞかせたりもしたが、たいていは明るく元気で、才能に恵まれた天性の歌手だった。

　その他の出演者のうち、私が最も興味を惹かれていたのはアンソニー・バフリーという心理学の大学院生で、ヒヒの記憶の研究をしている男だった。とても頭がよくて、彼との会話から専門的な心理学について多くを学ばせてもらったものだ。彼はまったく演技ができず、その代わり驚くほど独創的な奇妙なひとり芝居をやるのだが、それをいつもひとりで作りあげていた。外見的にも変わっていて、奇矯な演技にそれが役立っていた。たいへんな長身で、がっちりしていて背筋がぴんと伸びていて、長くて真っ白な顔に大きな目、いつでもびっくりしたような表情を浮かべている。彼の作品の例をひとつあげよう。古代の投げ槍《ジャヴリン》の兵士のパントマイムなのだが、その兵士がなかなかジャヴリンを投げようとしない。やっと投げたと思ったら……そのあとは、ほかになにも役に立つことができないというわけだった。アンソニーのユーモアでは、こういう当惑というテーマがさまざまに形を変えて大きな役割を演じていた。

クリス・スチュアート＝クラークはティムの親友で、ひとりよがりの聖職者や校長の役をもっぱら引き受けており、うまい語句をひねり出す才能があった。デイヴィッド・ハッチは、傲慢でも俗っぽさでも嫌味でも臆病でも、つねに真顔でなんでも演じることができたが、不思議なことにその裏に潜む愚かさが観る者に伝わってくるのだった。そしてこの年の「フットライツ・ガール」、ジョー・ケンドルは天の恵みだった。面白くて、のんびりしていて、とても経験豊か（劇の大作に何度も出演していた）だったし、私が（ほとんど）気楽に接することができた若い女性は、たぶん彼女が初めてだったと思う。サマセット・モームのパロディをいっしょに練習するのは楽しかった。文章を最後まで言い切るせりふがひとつもないから、タイミングをとるのはむずかしかったが、私たちは根気よく練習を続け、おかげでかなりの部分がほんとうに面白いと思えるようになってきた。そこへ、ビルがすごいアイデアを出してくれた。ときどき、重苦しい間が続くあいだに、熱帯の危険な動物を退治することにしてはどうかというのだ。ヘビとか、毒グモとか、一度はヒョウまで。そんなわけで、ジョーが私になにかを尋ねる……長い間……とつぜん私が「危ない」と叫び、ステッキでコブラを叩き殺す……また間……ややあって私が答える。「いいや」。ジョーもまた傑作なジョークを思いついた。途中で、彼女が急に私の顔を引っぱたく……長い間……私はそろそろと頬に手をやり、ジョーがいま殺した蚊をつまみあげて、「ありがとう」

私は練習を重ねるのが好きになってきたし、それが自分によい影響をもたらしているのに気づいていた。前の年はまだ新人で、まるで経験がなかったし、たぶんいささかびくびくしていて、ただまわりに合わせて、「間違ったことをしない」ように気をつけていただけだった。しかし今年は、一九六三年の出演者たちの生み出す、和気あいあいとした雰囲気と助け合いの精神のおかげで、私はほんとうにのびのびとやれるようになり、以前よりずっと大胆で斬新なことができるようになった。のちに私の作品の特徴と言われることになる個性は、このころに生まれてきたものだ。また練習室での反応からして、私の演技は以前より面白くなってきてもいるようだった。

卒業試験の勉強という重圧から解放されるのは稽古のときだけだったから、たぶんそれもあって実際以上に楽しく感じられたのだろう。ついに試験が始まったとき、最初の数科目はなんとかなったと感じたので、あらかじめ立てておいた計画に従い、私は刑事学の教科書をもって四日間姿を消し、人生最大の詰め込み勉強をやった。試験日の朝、法学部に歩いていき、腰をおろし、深呼吸をして答案用紙を見た。三秒後には合格まちがいなしだとわかった。出題されていたのは、私が思っていたとおりの問題ばかりだったのだ！　喜びと安堵の涙がにじむのを隠さなくてはならないほどだったが、その後はただそこに座ってにやにやしていた。が、ややあって猛烈にむかっ腹が立ってきた。答えを実際に書き込むという、面倒な作業が残っているのを思い出したのだ。

二年後に聞いたところでは、この試験で私はアッパー・セカンドの成績（優秀なほうからファースト・クラス、セカンド・クラス、サード・クラスと分けられるが、セカンド・クラスはさらにアッパーとロウアーに分かれる。アッパー・セカンドはだいたい上位三〇パーセント以内）をとったらしい。私がいかに短期間でそれだけの成績をとったかわかると、刑事学部ではこの一件について箝口令《かんこうれい》がしかれたそうだ。四日間の勉強でアッパー・セカンドがとれると気づかれたら、法学部の学生が大挙して押しかけてきて、刑事学部の建物にはだれも入れなくなっていただろう。

試験が終わったあと、私は電話ボックスに駆け込んで両親に電話をかけた。母が出た。「母さん、いま最後の試験が終わったところなんだけど、まちがいなく合格できそうなんだ。つまりね、ケンブリッジの学位がとれるんだよ！」やや間があって、母は言った。「あんた憶えてる、学期の初めに、緑がかった茶色のセーターを持って戻ったよね？……」。何年もあとに、脚本家のウィリアム・ゴールドマンと話していて私はこのときのことを思い出した。ゴールドマンは、彼がオスカーを受賞した『明日に向って撃て！』のプレミアショーに母親を連れていったのだが、映画が終わって「どうだった？」と尋ねたら、「きれいな馬が出てたわねえ」というのが母親の返事だったそうだ。

さてレビューについてだが、これには『柱礎《ちゅうそ》の群れ』という謎のタイトルがつけられた。初日の夜は大成功で、ショーの二大スターだったビルとティムは、ふたりとも舞台の最後には耳を聾する大喝采を浴びていた。その後、私たちは部室に集まって祝杯をあげた。私について言うと、自分の最高傑作へのコメントがあまり多くなかったのに驚き、また少しがっかりしていた。だからセント・バーソロミュー病院からチャップマンが来てくれて、このショーでいちばん面白かったのはきみの作品だったと言ってくれたのは忘れられない。

かくして任務は達成された。試験には通ったし、ケンブリッジでの二週間のレビューが終われば夏休み、そのあとは〈フレッシュフィールズ〉で法律家としてのスタートを切ることになる。

ところがふた晩ほどあと、スーツ姿の男がふたり、ショーのあとに部室にやって来て、私を飲みに誘った。そして、私の書いたコントがとても気に入ったと言って、ＢＢＣラジオの娯楽番組《ライト・エンタテインメント》部で働く気はないかと言うのだ。最初は演出兼作家見習いで、週給は三〇ポンドだという。まるで当たり前のことのように。ハンフリーとデイヴィッド・ハッチも同じ誘いを受けていた。

一八〇度の方向転換という話だったのに、不思議でならないのは、劇的とも重大だともまるで感じられなかったことだ。ふたりのプロデューサー、ピーター・タイザレッジおよびテッド・テイラーと、私は静かに理性的に話をした。そうして言葉を交わすうちに、火を見るよりも明らかになってきた。法律の道はすっぱり（永久に！）あきらめて、ＢＢＣに入ることこそ完全に合理的な決断だ。なにしろ、コメディを書くのはほんとうに楽しくて、しかも自分にその才能があると気がついたところだったし、シティ（ロンドンの金融街のこと）の法律事務所に入るより、肩の凝らない自由な芸術の世界のほうが、ずっと居心地がよさそうに思えた。いずれにしても、私はほんとうに弁護士になりたいと思っていたわけではなかった。おまけにＢＢＣは週に三〇ポンドくれるというのに、〈フレッシュフィールズ〉は一二ポンドである（「どうしてそれで食べていけると思ったんだろう」と自問したものだ）。

私の肚《はら》はその場で決まっていたが、考えてみるふりをして二日待ってほしいと頼んだ。両親に話したらすんなり賛成されて驚いた。ふたりの考えでは、ＢＢＣに就職するのは公務員になるようなものだったのだ。年金もあるしあれだし。その後、私は〈フレッシュフィールズ〉に手紙を書いた。このうえなく感じのいい丁重な返事が来て、ご活躍をお祈りしますとあった。「頭がおかしいと思ってるんだろうなあ」と思ったのを憶えている。

第8章　『ケンブリッジ・サーカス』ツアーに――笑いのプロへの第一歩

ＢＢＣラジオへの就職を決めてからほんの数日後、それよりさらに大きなリンゴが私の――というより、〈フットライツ〉の膝にころげ落ちてきた。ある夜、ショーが終わったあとに、憂い顔ながら愛嬌のある、かなりだらしない格好の若い男から相談を持ちかけられた。男はマイケル・ホワイトと名乗り、ロンドンの興行主だという。私たちのショーを見てとても気に入ったから、ウェストエンド（ロンドンの劇場街）で上演したいというのだ。

ウェストエンドだって!?

マイケルの目当ての劇場は、レスター広場のすぐそばのアーツ・シアターだった。小さな劇場で、たった三五〇席しかないが、評判がよければもっと大きな劇場に移すことも考えているという。アーツ・シアターはあと一カ月はあかないので、しばらく休みをとらなくてはならない――それにはまったく文句はなかった――が、その後はヨークの演劇祭で一週間上演してショーに磨きをかけ、それからロンドンで開幕ということにしよう。そうそう、『柱礎《ちゅうそ》の群れ』というタイトルはロンドン公演にはふさわしくない。『ケンブリッジ・サーカス（「サーカス」には、いわゆるサーカスのほかに「愉快なばか騒ぎ」といった意味もある）』のほうがいい。

　異を唱える者はなかった。

　ヨークの演劇祭の前に一週間のんびり過ごし、それから集まってショーの反省会をした。やってみてわかったが、これが信じられないほど有意義だった。ヨークでは毎晩もう公演モードではなく、私たちは抑制から解放されて、おかげで演技のうちでもルーティーンになりすぎていた部分が、もっと自由に、自然に演じられるようになっていった。それにみんな気分が高揚していたから、遊び心をどんどん発揮して、新しい「所作」を発明するようになっていたのだ。

　たとえば、法廷のコントにごく単純なギャグがあったのだが、それにはこんなふうにして磨きをかけていった。もともとは、私の演じる弁護士が「証拠物件A」と声をかけると、年配の廷吏に扮したティムが、揺りかごと揺りかご台を持ってきて、組み立てて出ていく。そこで私が証人役のトニー・バフリーに「これを見たことがありますか」と尋ねる。間があって、トニーが「いいえ」と答え、私が「以上です、判事殿」と言うと、ティムがまたやって来て、証拠物件をとりあげて出ていくという単純な演技だったが、これでもそれなりに笑いはとれた。しかしヨークでは、ティムの演じる廷吏はひと晩ごとにどんどん高齢に、どんどんよぼよぼになっていき、一週間のうちに六五歳から一一五歳になった（のちに本人が言うには、裁判官を演じていたデイヴィッド・ハッチを笑わせようと思っただけだったのだそうだ）。その大げさなよぼよぼぶりをとことん利用して、ティムは揺りかごを台に取り付けるのに途方もない時間をかけ、うっかりひっくり返してはまた起こし、さんざん苦労したあげくにまた取りあげて出ていくのだが、しまいにはこれで、演技ではなくほんとうにへとへとになっていた。最初は一五秒の演技だったのが、しまいには四〇秒もかかるようになった。そして観客には大いに受けた。爆笑だった。最後の夜、デイヴィッドが——まったくのいたずら心から、というのもこのころにはティムが疲れはてているのはわかっていたから——小槌を叩いて、「もう一度見せてもらえるかな」。また同じ演技が繰り返され、客席はもうヒステリー状態だった。こうしてたんなる内輪のおふざけから、ロンドンのショーにおける六〇秒間の笑いが新たに発明されたのだ。

まもなくロンドンへ移って、アーツ・シアターで技術面のリハーサルが始まった。俳優にとって、これはつねにいらいらする仕事だ。開幕の夜が近づいているうえに、技術者のために同じ演技を何度も何度も繰り返さなくてはならない。すぐに技術者たちはにこりともしなくなる。すると「これはあんまり面白くないんじゃないか」と不安になり、いとも簡単に自信は揺らぎだすのだ。しかし、マイケルは先を読んでいた。

開幕の夜に先立って、彼は二度の「試演」を手配していたのだ。ロンドンの観客について実地に感覚をつかめるように、そして劇場そのものについても、大きさだけでなく、形や「舞台の音響」まで体感しておくためだ。初回の試演は良好だった。いくつかささいなミスはあったが、簡単に修正できるのはわかっていた。重要なのは、観客の反応がとても好意的だったことだ。私たちは勢いづいた。

対照的に、ふた晩めの観客はかつて見たことがないほど変だった。しょっぱなから異常だった。ふだんはとれる笑いがとれないことがわかってきて、私たちは面食らった。やがて観客の一部が、これまではだれも笑わなかったところで笑いだした。一度などは、ジョークの前段で爆笑が起こり、オチの部分は完全な沈黙に迎えられたこともあった。私たちは当惑したが、最後の幕まで死ぬ気で演じきった。そして幕が降りたときには全員がショック状態で、なにがいけなかったのかと首をひねっていた。しかしすぐにマイケルがやって来て説明してくれた。その試演のチケットは一枚残らず、ロンドンで開かれていたある会議の主催者が、会議出席者のために買い上げていたという。そして、それは精神科医の会議だった——どの席にも精神科医が座っていたのだ。

しかし言うまでもなく、このころには私たちは三〇回以上も公演をこなして自信をつけており、初日の冒頭から観客には大いに受け、その夜のショーはこれまでで最高のショーのひとつになった。劇評は賛否両論だったが、絶賛の評もまじっていた。たとえば《タイムズ》は「ケンブリッジからこれほど面白いショーが出てきたのは久しぶりだ」と歓迎し、いくつかのコント——最後の法廷のコントも含めて——はとくに取りあげて称賛してくれた。

ひとつ、すべての劇評に共通していたのは、スターの評価がどうであれ、それを受けていたのはティムとビルで、まちがいなく私ではなかったことだ。もともとそうだろうと思ってはいたが。

ショーが板についてくると、気がついたら劇場は毎晩満員になっていた（ある新聞に指摘されたように、いま流行の風刺的な内容はなにひとつなかったのだが）。観客が楽しんでいると私たちも楽しかった。たとえば法廷のコントのさいには、うれしいことに二、三分ほど私のせりふがまったくない時間があり、観客の反応を観察する余裕があった。証言台にだれもいないと思っていたら、実際には侏儒が隠れていたとしまいにわかったときの、観客の喜びを見ているのはとても愉快だった。しかしある晩、三列めに身なりのよい一行が座っていて、そのなかのティーンエイジの子供が抑えようもなく笑いころげていたら、父親らしき人物がそちらにかがみ込んで、腕を軽く叩いて首をふってみせた（「私たちの階級の人間は、そんなふうに笑うもんじゃない」）。私はその子がとてもかわいそうになった。

また、いわゆる「コープシング」——舞台のうえで、笑うべきでないときに笑うこと——をやって喜んだりもした。完全に慣れてしまって、ときどき退屈になったりすると（たいていはマチネのときだった）、たびたびそういうことが起こるようになった。群を抜いて悪質だったのは私だ。プロとしてあるまじきことなのはわかっているが、笑ってはいけないときに笑う楽しみには格別のものがある。教室や教会や厳粛な式典や、そしてもちろん葬儀のさいに、これはだれしも経験した憶えがあると思う。笑うのはどんなときでも愉快だが、なんとも言いようのない特別ななにかが加わるように思える。笑ってはいけないときに笑うのがなぜあんなに愉快なのか、いくら考えてもわからない。ただわかっているのは、私はそれにいささか中毒気味で、そのせいで何度か演出家に説教される破目になったということだ。

いまでは週に八度も演技をしていたから、コメディの規則についてさらに多くを学ぶ真の機会に恵まれた。言うまでもなく、それは観客の心理に関する規則にほかならない。公演の回数が少ないと、何週間も稽古してきたのでないかぎり、自分のやるべきことを忘れないようにすることで頭がいっぱいになりがちだ。せりふや動作はもちろんだが、どこを強調するか、間をどれぐらいとるか、ペースや声の大きさ、しぐさや表情や反応のしかたなど、忘れてならないことはいくらでもある。そして、その忘れないということに注意が多少でも向いていると、その程度に応じて「その瞬間」に向けられる注意力は低下する。しかし、そういう外面的な演技が自動化していけばいくほど、たんに「間違わないこと」にとらわれなくなり、リラックスして、自分自身や共演者や、そのときどきの状況に目が向くようになり、そうするといっそう新鮮に、かつ自然に演技できるようになる。そして言うまでもなく、観客の笑いにより注意を向けられるようにもなる。先にも述べたが、笑いという要素のせいで、コメディはまじめな劇より演じるのがむずかしくなりやすい。『マクベス』を演じているときは、せりふが笑いとかぶる心配は要らない。* しかしコメディでは、笑いのせいでタイミングがすぐに狂ってしまう。だから観客の反応に耳をすませて、演技のペースを調整できるようにしなくてはならないのだ。

　言うまでもないが、笑いにはなにが面白いかを判定する審判という側面もある。単純な話で、笑いが起こらないのはどこかがまずいからであり、直さなくてはならないというしるしだ。

　しかし、ときにはそれほど単純な話でないこともある。トニー・バフリーのひとり芝居を観ていて、私がひじょうに興味をそそられたのはそこだった。ショーの途中で、手違いがあったというふりで気まずい間が生じる場面がある。ややあってトニーが舞台に押し出され、どうしてよいか途方にくれた顔をして突っ立っている。彼のこの演技はすばらしかった。彼には驚くほどさまざまな困った表情のレパートリーがあって、しかもびっくりするほど白い顔色によってそれが強調されていた。彼は観客に向かって「間をもたせる」ように言われたと説明し、そこで農家の庭の物まねをしますと言う。そして雌牛や雄鶏や羊の物まねをするのだが、それがどれもこれもまるで下手くそなのだ。彼は観客にあやまり、自分にできるのはこれだけなのだと説明する。このころには、観客はわけがわからず落ち着かない気分になっている。トニーはここで、ジョークを言いますと宣言するが、そのジョークがまたまったく面白くない。またあやまり、べつのをやってみますと言ってべつのジョークを言う。今度のはわりと面白く、ひとつにはほっとしたせいもあって観客から笑い声が起こる。トニーは興奮して飛び跳ね、舞台袖に向かって「受けた！　受けたぞ！」と叫ぶ。それから笑ってくれてありがとうと礼を言い、気に入ってもらったからもう一度言うと言って、また同じジョークを、さっきとまったく同じ調子で言う。客席は静まりかえっている。トニーはがっかりした顔をし、観客を眺め、しばしあって、「笑ってくださいよ」。劇場であれほどの気まずさを感じたことはない。それからトニーは観客にこう打ち明ける。「笑ってくださいよ。今夜は母が観に来てるんです」。このころにはもう、観客は座席の下に隠れたいという気分になっている。トニーはしばらく二階席を眺めて母の姿を探し、やがて悲しそうな笑顔を浮かべて、「もう大丈夫です、母はいま帰っちゃいましたから」

この演技を私はすばらしいと思ったが、それに同意する観客はごく一部だったし、トニーの演技が終わったあとには、そのごく一部以外の観客の気分をまた引き立たせるのにはしばらくかかるのが常だった。これを見れば、コメディの趣味がいかに幅広いかがよくわかる。たとえば出演者どうしでショーについて話をすると、うち二〇パーセントぐらいは比較的ぱっとしないと全員が思っているが、その二〇パーセントはどことどこかという話になるとたいてい意見が合わない。当時はこれに納得で

＊　ピーター・オトゥールがオールド・ヴィク座でやった『マクベス』なら話はべつだ（一九八〇年。このときの『マクベス』は史上最低のシェイクスピア劇と酷評された）。

きずいらいらしたが、何年もたってやっと、人のユーモア感覚はきわめて主観的なものだということがわかってきた。笑いには伝染性があるから、人はいっしょに笑いやすいが、同じ作品でもひとりひとりべつべつに観たときには、一般に考えられているよりはるかに感想はばらばらに分かれるものだ。私はときどき舞台から観察するのだが、観客がフィルムクリップを観ているのを観察しているだけでも、反応の幅がきわめて大きいのがわかる。またなにが受けるか受けないかも、こちらがあらかじめ思い込んでいたのとはまったく一致しないものだ。もうひとつ、当時の私が学んだ教訓に、ベーカー街クラシック劇場のマルクス兄弟祭を観たときに得たものがある。数々の玉のなかにいかに多くの石が交じっているか気づいて、どんなにすぐれた喜劇役者でも、しょっちゅう滑っているという結論に達したのだ。

この公演の個々のコントについてどれだけ見かたにばらつきがあったとしても、受けていたことにはまちがいない。なぜなら、マイケルが私たちを集めて、もっと大きな劇場――シャフツベリー・アベニュー〔ロンドン中心部の劇場街〕のリリック・シアターで再演が決まったと言ったからだ。それとともに人員の変更もあった。トニー・バフリーは大学のヒヒの研究に戻り、クリス・スチュアート＝クラークは教育者という職に就くことになった（彼はのちにオックスフォードのドラゴン・スクール〔四歳～一三歳対象の男女共学の寄宿・通学学校〕の校長になり、その後イートン校〔由緒あるパブリックスクール〕の校長になっている）。代わりに入ったのが、最初からトニーの代役として控えていたグレアム・チャップマンだった。彼は自分の最高の作品をいくつか持ってきてくれたが、そのひとつにあっと驚く一連のパントマイムがあった。そのなかで彼はエスプレッソ・マシンになり、にんじんになり、

『ケンブリッジ・サーカス』の出演者。（立っている）左から右へ、デイヴィッド、ジョー、グレアム、ビル、クリス、本物の警察官。（横になっている）私、（本物の警官から顔を隠している）ティム。

しまいには舞台袖の人間磁石に吸い寄せられて退場する。彼はまた、コントの演技者としても目立っていた。その超まじめな演技のおかげで、なにを演じてもユーモアが強烈に際立つのだ。クリスの代わりに入ったのがジョニー・リンである。彼は最初、ケンブリッジの開演の夜にバンドのドラマーとして加わっていた。このころころしていて陽気で、しかも完璧にはまっていた。このショーのことはすっかり頭に入っていたからなおさらだ。

〈リリック〉に移ったのは八月一四日のことだが、出演者の入れ代わりがあったにもかかわらず、この移行は意外なほどスムーズに進んだ。私の気づいた大きな相違点はふたつだけだった。ひとつは、〈リリック〉はずっと大きいから、演技も大きくしなくてはならず、またずっと大きな声を出さなくてはならないということだ。当時はマイクなどなかったのである。正規の演技の訓練を受けた者はひとりもいなかったから、大きな声の出しかたを自分で探すしかなかった。

第二の変化はお金だ。ロンドンに移ってきてから、出演者として私たちはみな週に三〇ポンド受け取り、また台本への寄与分として少額の使用料をもらっていた。それが〈リリック〉での大観衆のおかげで、出演料はいままでと変わらなかったが、使用料は週に一〇〇ポンドに跳ね上がったのだ。父がかつて稼いでいた額の三倍にあたる。こんなことが起こるとは本気で思ったことがなかったが、おかげで私の財産はたしかに変化した。ケンブリッジでは、私は年に四〇〇ポンドほどで暮らしていた（その半分は、ブリストル教育委員会からもらっていた）。だからロンドンにやって来たころには、私は六〇〇ポンドほどの借金があった。しかし一〇月にはその借金をすべて返済したうえに、かなりの黒字になって、しかもまたBBCから給与までもらえるようになっていた。二四歳にして、私は生まれて初めて自分で服を買えるようになり、しゃれたレストランで食事をしたり、ドイツ語のレッスンを受けたり（〈ベルリッツ〉では、クリフトンでの二年間に学んだ以上のドイツ語が二週間で身についた）、まともな住まいを探したりできるようになった（それまでの四カ月、グレアムがセント・バーソロミュー病院の学生寮に見つけてくれた部屋に私は住んでいたのだ。最初は目立たないようにしていたが、しばらくすると職員は私を医学生のひとりと思い込んでいた）。その後まもなく、グレアムとティムと私は、ベーカー街の端近くの非常に便利なフラットを見つけた。むかしシャーロック・ホームズが住んでいたとされる建物から一〇〇メートルと離れていなかった。

そのフラットにはもうひとり同居人がいた。香港出身の楽しい中国人で、同じくセント・バーソロミュー病院で学ぶグレアムの医学生仲間だった。彼のマナーには非の打ちどころがなかったが、にもかかわらずうろたえてしまった。私たちよりずっと英国人らしいのだ。つねに高級なりゅうとしたチョッキつきのスーツを着込み、パイプを吸い、話すのはみごとな上流階級の英語で、おまけにわずかにオックスフォード訛りがある。英国のことも私たちよりよく知っていた。彼とグレアムは人とずれた医学生時間で暮らしていたから、ティムと私はこのふたりにめったに会うこともなかった。しかし、いま思い返してみると、ひとつ気になることがあった。グレアムはつねにとても愛想がよくて、いっしょにいて楽しい仲間だったが、セント・バーソロミューのラグビーチーム仲間と飲んで夜遅く帰ってきたときなど、みょうにけんか腰になることがあった。それで気になったのだが、アルコールが入らないと、彼は自己主張ができないのではないかと……

私はあまり共同生活には慣れていなかったのだが、同居人たちを怒らせたことは一度しかなかった。買い物をする順番が初めてまわってきたときのこと、当時の私はちょっと変な食べ物が好きになっていたので、燻製のウナギの肝臓、アリのチョコレートがけ、サバとプルーンのスープ、カレー味のセイウチの精巣などを好きなだけ買って帰ってきた。牛乳とパンと卵のことはちょっと忘れていた。そうしたら、二度と買い物はさせてもらえなくなった。

このフラットの大きな利点のひとつは、歩いてたった一三分でBBCラジオの娯楽部門に通えたことだった。ニューボンドストリートにあるそのオフィスに私は九月から勤めはじめたのだが、それは美しい古い建物で、大理石の玄関広間があり、私立小学校《プレパラトリースクール》の談話室を思い出させる雰囲気があった。感じのいい親切な人がおおぜいいて、自分の好きな仕事に黙々と打ち込んでいる。不安も競争意識もなく、聴取率の話すらまるで出なかった。しかし、私はまたロンドン生活の興奮にはまってきてもいた。同世代の人間の例にもれず、ひじょうに強い、またきわめて情緒的な愛国心を私も発達させていたから、その首都に住んでいると思うとわくわくした。わが国が戦争でなし遂げてきたことを誇らしく思っていたし、英国の長い歴史と帝国の数世紀を強く意識していた。また、わが国の文化には基本的に良識と公明正大さが備わっていると思い、それを信頼してもいた。ロンドンのどこへ行っても、建物であったり、あるいはどこかに彫り込まれた名称であったり、自分がこのきわめて感嘆すべき文明の一部であることを思い出させるものを目にしないことはてない。無邪気だと思われるかもしれないが、それは私の人生に一種の意味をもたらしていたのだ。言うまでもなく、私が属していたのはすぐれて中流階級的な文化だった。要するに、よい教育を受け、礼儀作法を守り、秩序を重んずるということだ。そのさまざまな欠点——性差別、人種差別、底無しの階級意識——にもしだいに気づいてきてはいたものの、そういうことはいずれ自然に改善されていくことだと楽観してもいた。

ＢＢＣで私に与えられたのは、かなり退屈な仕事だった。夕方のバラエティ番組の台本を書くのだが、唯一むずかしいのは決まり文句を避けることだった。しかし残念ながら、ちょっと非現実的なことを書こうとすると、すぐにほかの人に手直しされてしまう。最大の楽しみは、有名なラジオのコメディ番組——そのなかには、《ネイヴィ・ラーク（*The Navy Lark*、一九五九〜七七）》、《クリザロー・キッド（*The Clitheroe Kid*、一九五七〜七二）》、《人知《ケン》の及ばぬ（*Beyond Our Ken*、一九五八〜六四）》など、何年も続いている番組もあった——のプロデューサーと知り合いになれることだった。ラジオの黄金時代は、テレビにその座を奪われて終わっていたが、昔を知るプロデューサーのあいだには集合的な妄想が存在していた。テレビは本質的には一時の流行にすぎず、その魅力はいずれ色あせて、人々はまた初恋の対象、すなわちラジオにだんだん戻ってくるはずだというのだ。とうてい信じられない夢物語だが、一見して良識のある人々でも、本気で望めばこんなことも信じられるのかと驚いたものだ。

まだ〈リリック〉での公演は続いていたが、それが終わる六週間ほど前に、私はすばらしいと言ってよさそうな経験をした。ある夜、ほとんど完璧と言ってよいショーをやりとげたのだ。とれる笑いはすべてとり、少しのミスもなく、タイミングは完璧だった。肩の力は抜け、それでいて締めるべきは締め、すべてがあざやかに決まっていた。それまでにも、ほとんどのコントがばっちり決まった夜はあったが、すべて非の打ちどころなくやりおおせたのはこれが初めてだった。私は乗りに乗っていた（公演を一八〇回やって、こういうことはただの一度だったことをおわかりいただきたい）。

その結果は高揚感、そして次の日の落胆だった。もう二度とあんなにうまくできることはないと気がついたからだ。これからは毎晩、舞台に出ても本来できるはずの演技より落ちる演技しかできないのだ。これからは落ちるいっぽうなのだ。そしてその後一週間かそこらは、ショーを演じるのが苦しかった。感情的な防音壁を無理に突き抜けて、舞台にのぼって不完全な演技をして満足できずに終わる。これはばかげた完全主義的な物言いだ。しかし、あとになって気がついたのだが、私が常づね作家兼演技者を名乗っていたのはそのためだった。なにかを書いて、それをたった一度完璧に演じきって、そうしたら次へ行きたいのだ。言うまでもなく、私もしまいにはプロとして適切な態度を身につけた。できるだけ毎晩新鮮な気持ちで演じ、つねにプライドをもって気をゆるめずに演じる。しかしこのときはまだ、それはただの苦行としか思えなかった。

一一月に公演が終わったときには、私たちはみんなほっとしていた。そんなわけで、最後の打ち上げパーティはあまり盛りあがらなかったように思う。ここまでやり切った自分たちを誇らしく思ういっぽうで、これはつかのまの逸脱にすぎないのもわかっていた。二日後、五カ月ぶりに訪れた自由な平日の夜を祝って、私は面白い本をもってベーカー街のおいしい魚料理のレストランへ行った。料理を注文し、本を読みはじめ——ところが、だんだん落ち着かなくなってきた。なにが原因なのかわからないが、刻々と不安が高まってくる。汗が吹き出し、胸が締めつけられ、ついに警戒警報よろしく、心臓が動悸を打ちはじめた。それも激しく。何度か深呼吸をした。いったいどうしたというのか。時計を見た。八時だ！　幕があがる！　なにが原因か気がついたとたん、症状は消え失せた。なにより不思議なのは、公演が終わった翌日の日曜日ではなく、公演があるはずの月曜日の夜にこれが起こったということだ。私の潜在意識には、ちゃんとちがいがわかっていたのである。

娯楽部門から初めての大仕事を任された。クリスマスの特別番組、ブライアン・リックスとテリー・スコットの《ユール・ビー・サプライズド（*Yule Be Surprised*。Yule は「クリスマス」の意。you'll be surprised〔あなたは驚くだろう〕とかけている）》だった。最初の草稿は、手垢のついたぱっとしないジョークだらけだった。私の仕事は、そのなかでもとくに出来の悪いジョークをカットすることだったが、最大の問題は、それをすると台本になにも残らなくなることだった。ＢＢＣの駆け出しライターにとって、創造性あふれるスタートとは言いがたい。

勇気づけられることもあった。ピーター・タイザレッジ——ハンフリー・バークレイとデイヴィッド・ハッチと私の三人を、娯楽部の見習いとしてスカウトした人だ――がＢＢＣを説得して、『ケンブリッジ・サーカス』のショーと配役に基づく公開収録のコメディ番組を三本作ろうと提案し、それが原型となって長寿のラジオコメディ番組《すみませんなおします (*I'm Sorry I'll Read That Again*)》が誕生したのだ。私はこの番組の収録がとても楽しかった。ラジオでは、技術は最低限しか必要でない。演者と観客のあいだにはマイクがあるきりだから、聴取者を笑わせるという陰謀において、観客はその共犯になるのである。しかも手もとには台本があって、せりふを忘れる心配もない。完璧だ。それに、昔のチームとまたいっしょに仕事ができるのはうれしかった。演出は、ピーターの指導のもとハンフリーが担当した。

年があけて、ついにちゃんとした台本書きの仕事がもらえた。週に二本か三本コントを演出することになったのだが、演じるのは私より一世代かそこら年上のふたりのコメディアン、ディック・エメリー（一九一五～八三）とデリク・ガイラー（一九一四～九九）だった。私はプロと仕事をするのはこれが初めてだった。午前一〇時に打ち合わせをして、台本を二度通しで読み、いくらか書き直しをし、休憩し、正午には録音だった。エメリーは、さまざまなコメディの登場人物を演じ分けるのがとてもうまかったが、私は常づね、彼は一流の演技者とは言えないと感じていた――大人気のテレビシリーズを二〇年近くもやっていたのに。自分の能力を超えることに挑戦しようとせず、彼が偉大なコメディアンのひとりとして記憶されていないのはそのせいではないかと思う。いっぽうガイラーは一流の喜劇俳優だったが、「スター」になることはなかった。私の番組に対するふたりの態度は、リハーサルの最初の二分間ですでに明らかだった。ディックは、送られてきた台本の入った封筒をあけるところから始めたが、デリクの台本はもう、演奏記号のような小さな書き込みでいっぱいになっていた。ディックの演技は悪くなかったが、デリクの演技はみごとだった。

コメディ書きとしての人生で初めて、私は定期的に台本を生み出さなくてはならなくなり、それとともに単純な問題が生じてきた。真っ白な原稿用紙とともに朝の仕事を始めて、一日を真っ白な原稿用紙（とあふれそうなくずかご）とともに終えるようになったということだ。八時間働いて、まったくなにも生み出せないという仕事はそうたくさんないし、その心もとなさは筆舌に尽くしがたく恐ろしい。会計士のスランプとかレンガ積み職人のスランプというのは聞いたことがないだろうが、無からなにかを生み出そうとすると、そこからなにかが生まれるという保証はまるでなかったりするのである。

そのせいで、ピーター・タイザレッジの存在がにわかに大きくなってきた。最盛期には、彼はウェストエンドの演芸の書き手として有名だったし、成果の出ないまま何時間も過ぎていくときの私のパニックを、彼になら鎮めてもらえたからだ。粘り強くやっていれば、ネタはいつか出てくると思えるようになったのは彼のおかげだ。調子の悪い日のあとにはまずまずな日が訪れ、そうこうするうちにいつのまにか平均があがってやっていけるようになる。その言葉を固く信じて経験を重ねるうちに、この不思議な原理の正しさがいよいよはっきりしてくるのだった。

彼がもうひとつ明らかにしてくれたことがあるのだが、こちらはそうすぐには腑に落ちなかった。それは、すばらしいオチが見つかるのはまずめったにない、きわめてまれな僥倖《ぎょうこう》だということだ。観客を驚かせると同時に、コントの流れを満足行く形でまとめられるオチ、そんな理想のオチを見つけようとして私が何時間もむだにしている、そう彼は教えてくれた。そもそもそんなものは初めから存在しないことが多いのに。私はときどき思うのだが、六年後にオチに関する《モンティ・パイソン》の解決法――「オチはつかなくてもいいじゃないか」にたどり着けたのは、このピーターの思い切りのいい洞察のおかげではないだろうか。

それに加えて、ピーターは私の書いたものの校正を助けてくれた。台本についた余計な「脂肪」をそぎ落としていくのだ。繰り返しであったり、重複であったり、不要な形容詞だったり――音節ひとつでも見過ごされない。この点についてはうすうす気づいてはいたが、これほど容赦なくやらねばならないとは思っていなかった。最後に、彼から教わった多くの教訓のうち、いまでも憶えているのがこれだ――笑える決めの言葉は、かならず文章の最後に持ってくること。それが効果を最大化するこつだ。そのあとに言葉が続くと効果が薄まってしまう。続きを聞き取ろうとして、観客は笑いを一瞬抑えるからである。

私はピーターの技量に感銘を受けて、なぜ書くのをやめたのかと尋ねた。「戦争のときに悪意を使い果たしたんだよ」彼は答えた。私はピーターぐらい悪意のない人には会ったことがない。当時、BBCはイオリアン・ホールに録音スタジオをいくつか持っていたが、彼がそこの廊下をそそくさと歩いていき、必要とされるところへ専門的なアドバイスを届けてまわると、彼が来るのを見てみんながうれしそうな顔をする。いつも一分の隙もない服装をしていたから、私は「伊達男《だておとこ》」と呼んでからかったものだ。知恵と魅力と思いやりの混じりあった雰囲気をまとっていて、娯楽部じゅうどこでも愛されていた。あれほど見上げた人物を私はほかに知らない。

しかし、彼の「悪意」発言が私は気になった。ユーモアとは本質的に悪意に発するものなのだろうか。たしかに批判という面はある。賢くて心の広い人をジョークのネタにすることはできない。あるテレビ局の重役に、「アッシジの聖フランチェスコ（小動物を助けたことで知られる心優しい聖人）のホームコメディを作ってみろ、そうしたら散々な目にあわせてやるから」と一度言われたことがある。ジョークの対象になるのは、愚かさや強欲や復讐心や怒りや強迫観念など、いずれも褒められないことばかりだ。しかし、褒めないことは悪意だろうか。これは実際には、ジョークを言う人の気持ちの問題だと私は思う。たとえば人をからかうとき、陰険な、意地の悪い言葉で人を傷つけることもあれば、温かい、むしろ愛情のこもった言葉で、少し気をつけたほうがいい一面をやんわりと指摘する――と言っても、それも込みでその人を受け入れている――という場合もある。しかしそれを言うなら、こういうジョークはどうだろう。「なぜフランス人はあんなにしょっちゅう内戦をやってるんだろう」「たまには戦争に勝ちたいからさ」。これで私たちが笑うのはフランス人が嫌いだからではないが、にもかかわらずここには辛辣なとげがある。文化的なステレオタイプに関わる笑いはみなそうだ。たぶんこの問題を解決するには、毎年国連で投票をして、次の一二カ月は嘲笑の対象にしてよい国をひとつ選べばいいと思う。スウェーデンの番が来たときの私の案はこうだ。「一台のボルボにスウェーデン人を一五人乗せるには？」「後部座席にクローナ貨を一枚放り込むんだね（二〇一六年八月現在、一スウェーデン・クローナは約一二円）」

入社して数カ月後、BBCが鷹揚にも六週間の休暇をくれたので、私は『ケンブリッジ・サーカス』の一員としてニュージーランド・ツアーに参加した。お膳立てを整えたのはマイケル・ホワイトだった。事務所に私たちを集めて、このショーでツアーをやりたいと言ったのだ。てっきり英国内をまわるのかと思ったら、「そうじゃない、ここだ」と地図を見せた。私たちはその場で賛成した。あまりにも突拍子もない話だったから、みんな引き込まれたのだと思う。ともかく楽しいツアーになるのはまちがいなかったし。

そういうわけで一九六四年七月、私たちはみな英国海外航空協会《BOAC》の飛行機に乗り込んだ。着いたニュージーランドは一九二二年の真冬だった。最初に泊まったホテルが、その後の雲行きをあざやかに指し示していたといえよう。ヒッチコックの『サイコ』に出てくるノーマン・ベイツのモーテルとそっくりで、切り回しているのはふたりの不機嫌で無愛想な老女。ひと晩だけの客を泊めるという話が、なにからなにまで気に入らないらしかった。空港に降り立ってからだいたい一時間後、宿泊名簿に記入しようとして四苦八苦しているあいだに、「着いてみてどう、ニュージーランドは気に入った？」と尋ねられた私たちは、「すごく好きになれそうです」と心にもないことを言った。「ニュージーランド人は楽天的だからね」。老女のひとりが歯ぎしりせんばかりに言った。

すぐにわかったのだが、この国は基本的にまったくとんちんかんな国だった。ビル・オディはアイスクリーム屋に入っていって、バナナスプリットを注文した。するとコックはバナナの皮をむき、たて半分に切って、それをそのまま出してきた。グレアムは「卵三つのオムレツ」を注文して向こうを驚愕させた。「卵三つのオムレツですか」「うん、卵三つね。つまり卵三つで作ったやつ」……出てきた大きなオムレツには、てっぺんに目玉焼きが三つのっていた。日曜日の昼食のときには、メニュ

ニュージーランドに発つ前の１枚。
左から、私、ジョニー、デイヴィッド・パーマー（音楽監督）、グレアム、ミセス・パーマー、パーマー家の坊ちゃん、屋敷の主クレイソーン卿夫妻、（座っている）ハンフリー、ジーン・ハート、ビル、ジョー、ティム、デイヴィッド、ピーター・タイザレッジ、アン・ハッチ。

ーに「植民地ふうガチョウ《コロニアル・グース》」とあったので、ガチョウが好物の私はそれを注文した。出てきた料理は子羊《ラム》のような味がした。「これ、ほんとにコロニアル・グース?」と尋ねると「はい」という返事。グレアムが少し味見をして、「これラムだよ」。私はウェイトレスを呼び戻した。「すみません、これラムみたいなんだけど」「そうです」ウェイトレスは言った。「でも、コロニアル・グースを注文したんですが」「コロニアル・グースはラムなんです」彼女は言った。

幸いショーの評判はよかったが、劇場にもやはりとんちんかんははびこっていた。ある公演中、一定の間隔をおいて大きなベルが鳴りはじめ、おかげで観客は舞台に集中するどころではなくなっていた。そこで幕間《まくあい》にハンフリーが（ニュージーランドでは舞台監督助手を務められる人間が見つからなかったので、彼がその役目を引き受けていたのだ）劇場の受付に走っていき、劇場支配人を見つけて、ベルを鳴らしているやつを見つけてくれと要求した。

「私だよ」支配人は答えた。

「なんだって？」ハンフリーは大声をあげた。

「私が鳴らしてるんだ」支配人は説明した。

「なんで？」

「火災報知機のベルだよ」

「火事が起こったのか」ハンフリーは追及した。

「いや」

「じゃあ、なんで鳴らしてるんだよ」

「試験のためだ」

「でも、いま公演中なんだよ！」

「私は自分の仕事をしてるだけだ」

おそらく最もわけがわからなかったのは、ダニーディン（ニュージーランド南島南東岸の市）に行ったときのことだと思う。向かう途中の車内から見ていたら、『ズール戦争（一九六四年英国映画。南アフリカでのズールー族と英国軍との戦闘を描く）』のポスターが映画館に張り出してあった。とてもいい映画だと聞いていたので、ここに滞在中に観られると思って喜んだ。それからホテルにチェックインしたときのこと、そこの女性経営者がみょうにまじまじと私たちを見ている。会話もなんだかぎくしゃくしている。しまいに彼女は胸にわだかまっていた疑問を口にした。「それじゃ、あなたたちがズールー族なの?」

あきれた現象はまだある。アルコールの害を抑えようというわけで、当時のニュージーランドでは午後六時以降はパブで酒を出すのが禁じられていた。そこで人々は仕事が終わるとパブに直行し、六パイントのビールを目の前にずらりと並べ、それを三〇分で飲み干していたのだ。おかげでパブが閉まるころには客はみんなべろべろになっている始末で、これを称して「六時のがぶ飲み」と言っていた。

まったく理屈に汚染されていない文化に遭遇すると、理性に頼る習慣がだんだん薄れてくるものだ。たとえば、ジョニー・リンはカフスボタンが欲しくてデパートに行き、「カフスボタンはどこにありますか」と尋ねた。「煙草売場にございます」「いや、そうじゃなくて」ジョニーは自分のシャツのカフスを見せて、「カフスボタンが欲しいんだけど」「はい、ですから煙草売場にございます」「あ、そう」とジョニーは答え、「なんてったって、ここはニュージーランドだからな」と思って煙草売場に歩いていった。「すみません、カフスボタンあります?」「ここは煙草売場ですよ!」

話をしてみると、同年代のニュージーランド人はきれいにふたつに分かれていた。この国を一度も出たことのない層と、一年かそこら外国で過ごしたことのある層だ。前者は自分の人生に満足しきっていたが、後者はニュージーランドをより広い視野で見るようになり、寝ても覚めても再度の脱出を計画していた。

そうは言うものの、私たち——ティム、ビルとそのガールフレンドのジーン・ハート、ジョー・ケンドル、グレアム、デイヴィッド、ハンフリー、ジョニー、私——はこの美しい国をまわるバスの旅を大いに楽しんだ。人口の密集する小さな都市があちこちに点在し、そのあいだには広大な田園地帯と羊の群れがあるだけ。どこへ行っても温かい歓迎を受けたし、道中ずっと笑いっぱなしだった。

思いきり羽を伸ばせたおかげで、私は重要なブレークスルーを果たした。女性といっしょでも緊張しなくなってきたのだ。そのときまでは、超えがたいハードルに直面していた——母と同じ性別の人間とふたりきりになって、なんらかの行動に出なくてはならないという場面では、まさにそういう気分になっていたのだ。どんな行動が求められているのかよくわかっていたわけではない。ただ、意識の底に潜む直感が、どこかに精神的なボタンがあるはずだと言っていた。それを見つけて押すことができたら、もっと男性的な人格が飛び出してくるのだ。黙っていても威厳があって、強く男らしく、自然と男の色気を感じさせて、堂々としていて皮肉っぽくてその他もろもろの、要するにジェームズ・ボンド的な人格が。そのボタンが見つかるまでは、この身内の奥底にはそういうスパイ的性質が隠れている——極端な礼儀正しさと自虐的なユーモアで巧みに覆い隠されてはいるが——と匂わせるのが、私にできる精いっぱいの行動だった。

しかし、ジョー・ケンドルといっしょに六週間ニュージーランド各地をめぐるうちに、私は一大変化をとげた。ジョーとロマンスがあったと仄《ほの》めかす気は毛頭ない。たんに、陽気でおしゃべりな「たまたま女性だったただの友だち」といっしょに過ごしたおかげで、もう少し「ありのままの自分」でいるという方向に押しやられたというだけだ。ひとつには、私の「行動」はあまりに要求が厳しくて、長時間はとても続けていられなかったせいなのはたしかだ。取りつくろうのに疲れて、もっと自然にふるまうしかなくなったというわけだ。

そのうえ数週間後には、びっくりするような申し出を受けた。童貞喪失のチャンスが訪れたのだ。ニュージーランドの若い女性はみんな元気でにぎやかで、おかげで私のかちんこちん（比喩的な意味での話である）もほぐれてきたにちがいない。というのも、クライストチャーチ（ニュージーランド南島最大の都市）で、ひとりの女性――ここではアンと呼ぼう――と知りあったのだ。彼女といると心からリラックスできたし、しかも向こうは私を素敵だと思ってくれた。私のネズミの物まねぐらい、面白い芸はいままで見たことがないというのだ。ふた晩、情欲とはまったく無縁の時間を共に過ごしたあと、私はこのツアーの最後の舞台となるオークランド（ニュージーランド北島、同国最大の都市）へ飛んだ。当時はまだ車の運転ができなくて、私はそれを恥ずかしく思っていた。それで、午後を有意義に過ごそうと教習所に申し込んでおいたのだが、そこへアンから電話がかかってきて、翌日オークランドに来るという。しかも、同じホテルに泊まりたいとはっきり言われたのだ。彼女の言わんとするところは、私のようなにぶちんにも誤解しようがなかった。ねんごろなひとときが待っているということだ。

翌日、ロマンチックな一夜のためにまともな人間がやることをちゃんとやろうと思って、ホテルの部屋に花を用意するのとはべつに、アンのために香水を買って雰囲気をもりあげようと考えた。そこで地元の店の香水売場に出かけていったが、なかなか好みの香りが見つからない。おかげでだいぶ時間がかかってしまい、それからあわてて自動車教習所に向かうことになった。

約束の時間より遅れて、私は運転席に乗り込んだ。教官が助手席に座って自己紹介を始めたが、そこでぎょっとして凍りつき、握手した手をさっと引っ込め、助手席側のドアにぴったり身体を張りつけた。恐怖の面持ちでフロントガラスの向こうをまっすぐ見つめているし、顔は真っ青だ。どう見てもおびえている。まったくの初心者というわけではないと私が説明しても、うなずくだけでこっちを見ようともしない。私は面食らった。キーに手を伸ばしたら、教官はとびあがってサンバイザーにひたいをぶつける始末。私のことを脱走してきた殺人狂とでも思っているのだろうか。そのとき、彼がこれ見よがしに窓を開けたのを見て、私はやっと気がついた。きっとなにかで俳優の——なお悪いことに英国の俳優の——話を読んでいたのだろう。そこへ私が、香水屋への直撃弾みたいなにおいをさせて現われた。このいわゆる「運転実習」は明らかに前座で、このあとにはもっとねんごろなナニカが待っているのだ。そしてその行為はニュージーランドの文化にとって不謹慎このうえないため、衆人環視の処刑の儀式がおこなわれるぐらいの重罪なのだろう。ラグビーの試合のハーフタイム中にはらわたを抜かれるとか。

私は急いで自分の「ガールフレンド」の話を始め、今日の夕方こちらに来ることになっていて、結婚を申し込もうと思っていると言ったのだが、なんの効き目もなかった。もう運転実習はただのまねごとでしかなく、私はがくがくと車をあちこちに突っ込ませ、一〇秒おきにエンコさせ、しまいに車を降りて、詫びを言って立ち去るしかなかった……

そんなことのあったあとだけに、その夜は波瀾に乏しいぐらいだったのがありがたかった。ふたりで軽く飲んでから上の部屋に引きあげたが、アンのおかげでうろたえずにすんだ。どうしたら喜んでもらえるかこっちはまるで無知だったのに、彼女は終始うれしそうだったし、愛情がこもっていたし、私になにも求めようとしなかった。ただ、ネズミの物まねをやってと二回頼まれただけだ。

場所はオークランドの〈ステーション・ホテル〉、時は一九六四年の真冬、私はもうすぐ二五歳の誕生日を迎えようとしていた。二〇〇六年にニュージーランドを訪れたとき、私はアンに再会した。こんなにきれいで優しい女性が最初の相手だったのかと、うれしくもあり誇らしくもあった。ありがとう、アン。

ダニーディンにいるあいだに、腰が抜けるほど驚くことがあった。正式な、あくまでも本気の招待を――ニューヨーク公演の誘いを受けたのだ。私たちは途方に暮れた。アメリカに私たちのことを知っている者がいるのだろうか。互いに顔を見あわせて肩をすくめ……誘いに乗ることにした。わけがわからなかったが、それを言うならニュージーランドでは一事が万事そんな調子だったのだ。ありがたいことに、名目上の雇用主であるＢＢＣは、私がいつ戻るかについてはきわめて鷹揚だった。オークランド公演が終わったらアメリカに飛び、三週間後にはブロードウェイで開幕という手はずが決まった。

アメリカに発つ直前、ニュージーランド放送協会に招かれて、オークランドでの最後の公演の録画を全員で見せてもらった。私はそれまで、自分の演技を撮影したビデオ（あるいは映画）を見たことがなかった。まさかと思われるかもしれないが、一九六四年当時の世界には、録画再生の手段はほとんどなかったのだ。映画が劇場で上映されているあいだに観ておかなかったら、もう二度と観る機会はなかった。一五年後に映画会社が再公開する気になるのを待つしかなかったのだ。テレビ番組を録画しておいてあとで観るということも不可能だった。テレビ番組のビデオ録画は、テレビ会社が厳重に保管しているものしかこの世に存在しなかった。再放送されることはめったになかったが、そういうまれな機会のために保存されていたのだ。

そんなわけで、初めて画面で自分を見たときはすさまじいショックを受けた。自分がこんなにぶざまで変てこだとは夢にも思わなかった。ウェストエンドの観客に、毎晩こんな奇怪なお化けを見せていたのかと思ったら寒けがした。第一に、しゃべるときに上唇がこわばっていて、ほとんど口が動いていない。まるで三流の腹話術師のようだ。それに、手や腕の動きがやたらに窮屈で、ひじが腰に留めてあるみたいだ。そしてなによりみっともないのは、急いで舞台を横切るときの姿だった。下半身はホバークラフトのようにぐらぐらしていて、いっぽう上半身は前後に揺れてキリンさながらなのだ。

こんな「モノ」が自分だとはとても信じられなかった。しかし、そのショックから立ち直って気がつけば、これはかつて与えられた最も有用なフィードバックだった。私はただちに、自分の身体の動きを研究しはじめた。しゃべるときは唇に力を入れずにわざと大きく動かし、身ぶりを大きくし、もっとふつうに歩けるように練習した。アメリカでデビューするまで三週間しかなかったが、熱心に練習を重ねたおかげで、鏡のなかの私は日に日にましになっていった。もちろんだれも気がつきはしなかったが、少なくとも私自身は、自分が少しずつふつうにふるまえるようになってきているとわかっていた。舞台のうえでは、の話だが……

第9章　ブロードウェイでミュージカル!?——アメリカに乗り込む

二日後、またBOACの旅客機に乗って、今度はニューヨークに向かった。ここで私たちにあてがわれたのはいささか安っぽいホテルだったが、これがタイムズスクエアのすぐそばだった。たった一エーカーほどの土地に、これほど大勢の人間が渦巻いて、騒々しくせわしなく混みあっているのを初めて見た。ロンドンを国際都市だと思っていたが、マンハッタンの歩道を行き交う人々の顔の多彩さは信じられないほどだった。これに比べたら、ソーホー（ロンドンの一地区。外国人が多い）などチェルトナム（イングランド西部の町。人口九万。鉱泉で有名）と大して変わらない。そしてなにもかも桁違いに大きい。パーク・アベニューに沿ってパンナム・ビルのほうを眺めると、摩天楼の巨大さにリージェントストリート（ロンドンの高級ショッピング街）が小さく見えて、べつの惑星に来たような気がしてくる。

私たちはすぐに稽古を始めた。劇場側は私たちのショーのことをほとんど知らないようだったが、ロンドンでのロングランを経験してきて（それにニュージーランドでは熱狂的〔笑〕な劇評もあったし）、私たちには余裕と自信があった。そのせいで、なにかおかしいと勘づくまで二時間ほどかかった。裏方のためにショーのさまざまな部分を気楽にリハーサルしていたのだが、一階の前方席のあたりを黒っぽい人影がいくつか動きまわっていて、なにごとか大声で話しているのだ。リハーサル中にこれはエチケット違反だ。せりふをさらっているときは静かにしてほしいと頼んだが、いっこうに静かにならない。この闖入者《ちんにゆうしや》はだれなのかと尋ねたところ、「出資者」だと言われた。つまり、このショーの出資者ということだ。そしてその出資者たちは明らかにうろたえていた。なんとなく聞こえてきたのは、この舞台が「英国的すぎる」という言葉だった。翌朝フル・リハーサルをやってほしいと言われたが、必要不可欠なテクニカル・リハーサルをまだ通しでやっていない。それが終わってからのほうが、どんなショーなのかよくわかってもらえると指摘したのだが、向こうはパニックを起こしていて耳を貸してくれなかった。私たちは面食らった。ショーの内容をまったく知らなかったのだとしたら、どうして私たちをブロードウェイに招いたりしたのだろう。

そのあとになにがあったのか、だれもちゃんと憶えていない。それからの数日間は嵐のようにあわただしくて、記憶が完全にぼやけてしまっているのだ。出資者たちの意見では、ショーの二五パーセントほど、なんと四分の一（！）は差し替えが必要だという。開幕まで数日しかないというのに。私自身はさほど影響は大きくなかった。私のコントのうち、だめを出されたのはひとつだけ（「恒星レジェラ」）だったからだ。しかし、ハンフリー、ビル、ティム、グレアムは、スポンサーの意向によって狂気の創造活動に追い込まれていた。私たちは、テリー・ペイリンだかマイケル・ジョーンズだかいうオックスフォード出身者の書いたコントを見つけ、許可を得てそれを使わせてもらうことにした。三人のぼけ役が板やカスタードパイを使ったさまざまなどたばたのジョークを実演し、講師がそのジョークの構造を説明するというものだ（このコントはのちに、〈モンティ・パイソン〉の舞台でさらに磨きをかけた形で使われる）。またグレアムは、以前〈フットライツ〉でやったレスリング試合のコントも引っぱり出してきた。いっぽうのレスラーが試合に出てこず、もうひとりがひとりで試合をするというものだ（これまた〈パイソン〉の定番コントになった）。なかでも傑作だったのが、ビルとジョニー、ティム、デイヴィッドの四人でやった「ハレルヤ・コーラス」のビートルズ版というすばらしいコントだった。これには観客から割れるような喝采が起こって、文字どおりショー《ショー》が中断するほどの傑作《ストッパー》になったものだ。ほかにも昔のコントや小品を発掘してきて、正気とは思えない短期間のうちに、すべてをまったく新しい順序でつなぎ合わせ、狂気の疾風怒濤のなかから開幕の夜の舞台を作りあげ、それが観客から熱烈に歓迎されることになった。与えられた時間を考えればまさに驚くべき偉業であり、最後の幕で拍手喝采を浴びながらも、こんな奇跡をやってのけたことに私たちはぼうぜんとしていた。唯一残念だったのは、たしかに「出資者たち」のおかげでショーが前よりよくなったと認めざるをえなかったことだ。ちくしょうめ……

　そんなわけで、私たちはそろって〈サーディーズ〉に繰り出した。伝統的に、ブロードウェイの開幕の夜はこの店で祝うことになっているのだ。シャンペンの栓を抜き、まったく英国人らしくない解放感と驚嘆と自画自賛にみんなして破目をはずしているうちに、その喧騒がしだいに下火になっていった。最初はゆっくりと、ぼそぼそになり、ひそひそになり、ついに――沈黙が訪れた。やけに陰気な顔をした男がひとり、部屋の真ん中に立って新聞を手に持っていた。私たちのショーの劇評が掲載された《ニューヨーク・タイムズ》を、早々とこっそり手に入れてきたのだ。人々がそれを取り巻いて黙りこくっている。

あまりいい評ではなかった。というより、せせら笑うような評だった。「遠征の役者らは、その態度から見て、みずからの芸や歌やせりふを大したものだと思いこんでいるようだが、そこから生じる結果にはなんの意外性も訴えるものもないように思われる」

パーティがあんなにあっさりだめになるのを初めて見た。溶けてなくなるように人がいなくなり、出演者たちはまごつき、肩を落として、「でも、劇評はほかにも出るでしょう。観客にはあんなに受けたんだから、それを反映したような評だって」と尋ねた。もちろん劇評はほかにも出た。しかし私たちは英国人だった。だからわかっていなかったのだが、《ニューヨーク・タイムズ》の酷評と書いて、ニューヨークでは「死亡宣告」と読むのだ。もう取り返しがつかないのである。

翌日の夜は、観客の受けはさらによかった——爆笑の渦だった！　しかし、それがどうしたというのか。三週間で打ち切りという決定はすでに下されたのだ。ニューヨーク最高の批評家ウォルター・カーは、公演を延長させようと絶賛の劇評を書いてくれた。しかし、それが掲載されたのは公演の幕が閉じた翌日のことだった。

二四年後、またしても《ニューヨーク・タイムズ》の批評のせいで、私の映画はあやうく息の根を止められかけた。「この映画の幾重にも重なるあいまいさを説明するのは、あるいはなにが失敗の原因なのか理解するのは容易ではない」と批評家は書き、最後にこう締めくくっている。「『ワンダとダイヤと優しい奴ら』は、出演者と制作メンバーだけが喜ぶ内輪受けに堕しているように思われる」。

幸いなことに、このときの酷評は致命傷にはならなかった。

しかし、ニューヨークでは状況はあっというまに変化する。ショーは死亡が確定するが早いかもう復活に向かっていた。ワシントンスクエアの〈スクエア・イースト〉というナイトクラブ付属の劇場から、うちでやらないかと声がかかり、ブロードウェイで閉幕して四日後にはショーは再開していたのだ。そこは明るく親しみやすく、わりあい高級なクラブで、客は食事をしながら私たちのショーの短縮バージョンを鑑賞する。例によって大急ぎの移植と稽古の日々――舞台じたいがずっと小さかったし、演出もずっと単純化された――のあと、自分でも驚いたのだが、ここのほうがブロードウェイの劇場で演じるよりずっと好ましいと感じていた。

いま考えるとばからしい話に聞こえるかもしれないが、このことはショービジネスに対する私の気持ちをとてもよく物語っていると思う。第一に、「ちゃんとした」劇場のような厳密な規則がないから、ホテルで舞台用の服に着替えて、二〇分歩いて劇場へ行き、ショーが始まる五分前に着いて、まあだいたいそのまますぐに舞台に立つことができる。メーキャップのようなわずらわしいことがなにも必要ない。なにより、客席がずっと狭いから大声を出す必要がなく、もっと自然な演技ができる。一一〇〇席もある劇場とちがって、いささかオペラ的な大げさな表情や身ぶりが必要ないのだ。何か演じてやっとこの新しいスタイルに順応した（ほとんど浸透現象のようだった）のだが、慣れてみたら以前よりこのショーを演じるのが楽しくなっていた。そんなふうに思ったことはなかったが、こんなふうに気楽に演じるほうが、私の生まれ持った美的直感にはよく合っていたのだ。また、こちらの舞台のほうが要求がゆるやかと感じられたおかげで、遂行不安（他者に評価される状況で、失敗を恐れることから起こる不安）が絶対最小値にまで低下した。あんなに楽しかったことはない。また、自分の演技がどんどん面白くなっていると感じるようにもなっていた。

言うまでもなく、オフ・ブロードウェイのほうが「オン」より好きだと思う俳優は歴史上私が最初かもしれないが、これは私に演技者としての野心が乏しいせいではないかと思う。たとえば、演技の訓練を受けようと思ったことがない（歌やダンスも）。私の世界観は俳優のそれとはちがっていたし、自分を俳優だと思ったこともなかった。たしかに〈スクエア・イースト〉で観客から笑いをとるのは楽しかった。しかし、そこに自分の未来があるとは思わなかったのだ。有名になりたいなどとは思ったこともなかった。自分の人生がこれからどうなっていくのかわからなかったし、ふり返ってみると、将来のことなどまるで気にかけていなかったような気がする。なんと言っても、ＢＢＣラジオの脚本や演出の仕事が待っていたし、かりにそれがだめになったら、いつでも教師に戻れるという気持ちもあった。

まちがいなくニューヨークは好きだったし、ここにいると自由だと思えるのがすばらしかった。説明するのはむずかしいが、匿名性の感覚が完全な解放感をもたらしてくれるのだ。どうしてロンドンではそう感じなかったのだろう。だれも私のことを知らないのは同じだが、あちらでは、だれかに見られているという漠然とした感じがつきまとっていたように思う——だから行ない澄ましていないと報告されるという……しかし、だれに報告されるというのだろう。おそらくあれはたんに、体面を気にする中の下《ロウアーミドル》階級の不安にすぎないのだろう。しかし、それもニューヨークではまちがいなく消えていた。

ある朝、ニューヨークに来て二カ月ほど経ったころ、レキシントン街と四八丁目のかどにあるホテルの部屋（週に三〇ドルで泊まっていた）で私は目を覚まし、ホテルのジムで運動し、プールで泳ぎ、のんびりフロントへ出ていって、世界に置いていかれないように《ニューヨーク・タイムズ》を買った。一面をざっと眺めていて、ふとなにかに目が留まった――日付だ。一九六四年一〇月二七日火曜日。私の誕生日ではないか。二五歳になったのだ。そこで私はホテルを出て、お気に入りのレストランで誕生祝いにおいしいランチをとった。ひとりきりでもまったく不満はなかった。私は人とつきあうのは好きだが、それなしではいられないというわけではない。夜の公演で顔を合わせるまで、毎日『ケンブリッジ・サーカス』の仲間とはほとんど会うこともなかった。

人と会うときは、相手はニューヨークで知りあった人々だった。そのなかに、私の人生にひじょうに大きな影響を与える人物がふたりいた。ひとりめは、ニック・ウォルトという経営コンサルタントで、パーティで知りあった男だった。〈ボストン・コンサルティング・グループ〉で働いていたが、出身はべつのボストン、つまりリンカーンシャー（イングランド東部の州）のボストンだった。腰が低すぎて正気を疑うほどだし、思いやりがありあまってたじろぐほどだったが、うまく水を向けて自分の話をさせることができれば、興味深くて突拍子もない人生観を開陳してくれる。たとえば、これまでの女性関係をグラフにしてあるとか言い出すのだ。彼が分析する（ちなみにしょっちゅうやっている）と、物事はすべて幾何級数的に複雑になっていく。〈ボストン・コンサルティング・グループ〉に提出する報告書を彼に書かせたら、朝食になにを食べたかという話でもロシアの小説並みになるのではないかと私は言ってやったものだ。しかしこの男には、私にとって好ましい――というより愛してやまない一面があった。サマセット郡クリケットチームの熱烈なサポーターだったのだ。さて、あのようなありとあらゆる面で救いようのない、負け犬とごくつぶしの道化集団に対して心からの情熱をかき立てるのは、サマセットで生まれ育った人間にとっても容易なことではない。しかし、それを自発的に選ぶというのは、つまり地理的な忠誠心のようなものすら皆無にもかかわらず選ぶというのは、あまりにも完全無欠に無意味な行為だ。そのゆえに、私はニックに対して畏《おそ》れにも近い気持ちを抱いた。実存主義に関して読んだことがあるが、ここにそれを生きている人間がいたのだ。無意味な世界における自由意志の行為という概念を受容し、それを新たなレベルに引きあげている。

　ニックの世界観を知っていただけに、彼がハーバード・ビジネススクールに入るつもりだと知ったときはいささか驚いた。しかしそのとき気がついたのだが、無意味な世界においては、ビジネスの道に進むことには大きな意味がある。あらゆる価値が疑わしいとなれば、パスカル（精神は物質に優越すると考えた）ですら金儲けが最高の選択だと認めるかもしれない。

　しかし私は、ニックの動機を誤解していた。彼がビジネスの教えのすべてを学んでいたのは、それに背を向けるためだったのだ。彼はあるとき、マクドナルドがいかに傑出した「事業」であるか、ハーバードで教わったことを話してくれた。普遍的な標準化によって、個性も自発性も跡形もなくきれいに消し去っているのがよいというのだ。ところがその後、彼が買ったのはロンドンの……画材屋〈L・コーネリスン&サン〉だった。以来、その店をずっと経営している。

　このニックのジョークがわからない人のために説明すると、画材というのは、人間の知るかぎり標準化に最も頑強に抵抗している商品なのだ。この顔料は「ロシアン・リアル・ホワイト」といって、ウラジオストク製であり、ホワイトアドミラルという蝶の翅《はね》をヨモギの花粉とアーミンの毛皮とともに、ベーリング海峡だけでとれる稀少な砂利を砕いて採った油で揚げて作る。そしてその隣の白い顔料は、一見するとまるで見分けがつかないが、その名も「バターワース・ロウ・ホワイト」といって、ウンブリア産の低温殺菌したタルカムパウダーを漂白し、化石化したエトルリアの雪と混ぜ、海泡石の土器に入れてメスキート・グリルにかけて焼いたのち、一二年間氷河のなかで凍らせたものだ。そして、こちらの白い顔料（すでに述べたふたつの白の中間色である）は「ノット・オフ・ホワイト」という名で、海王星の外衛星の鉱山から輸入する以外に入手の手段がないというものである。そんなわけでニックは、この四〇年七〇〇万以上のこういう顔料の在庫をシステム化してきたのだが、それはつまるところ、ハーバードで教えるブラシ・セールスマン流金儲け第一の文化（アメリカではフラー・ブラシ社が訪問販売の元祖とされる）にあっかんべをしてみせていただけなのだ。私が彼を愛する理由はわかってもらえると思う。

ほかにも理由はある。私が初めてちゃんとした恋愛ができたのはニックのおかげなのだ。誤解されないうちに、急いで事情を説明しよう。

親しくなって間もないころ、私はニックに連れられて、三番街にある〈リビングルーム〉というレストランに昼食をとりに行った。薄暗くてバーのような雰囲気だったが、とてもいいバイキング形式の店で、「三ドル四九セントで食べ放題」だった。私は一日一五ドルで生活していたから、この店はありがたい「めっけもの」だった。しかしこのときは、ニックを会話に集中させることができなかった。というのも、彼はずっと私の未来の花嫁の姿を目で追っては、称賛の声をあげつづけていたからだ。やがて彼女は私たちのテーブルに近づいてきた。お冷やが足りているか見に来たのだ。私たちと短く言葉を交わしてから離れていき、それで私は、たしかにとてもきれいで魅力的な女性だとニックの意見に同意し、それからまた同意し、さらに三度同意してから、精いっぱいできるだけのことをして、彼女が勘定を持ってきたときにプロポーズするというのを思い止まらせた。

しかし数日後、いまとなっては理由も思い出せないが、私はまた〈リビングルーム〉に行って昼食に大枚三ドル四九セントをはたき、気がついたらまたコニー・ブースとおしゃべりをしていた。それでわかったのだが、ここで働くウェイトレスはみな女優の仕事を探しているのだという。そこで劇場の話になり、私は〈スクエア・イースト〉のショーに出ているという話をした。次に行ったとき（ちなみに翌日）、私はアンリ・ベルクソンの『笑い』という本を持っていった。フランスの哲学者の本を読んでいるのを見たら、彼女が感心してくれるのではないかと思ったからだ（ご記憶と思うが、私は救いがたい奥手だったのだ）。しまいにニックといっしょにまた昼食をとりに行き、『ケンブリッジ・サーカス』のショーを観にこないかとコニーを誘った。

彼女が観に来た夜は、滑り出し上々とは行かなかった。ショーの開幕《オープニングナンバー》の曲では、出演者全員が舞台に走り出てきて、陽気な演芸場ふうの歌を歌うことになっていた。

これでショーはおしまい！
さあさお帰りの時間だよ
笑っていただけたならもっけの幸い

また会う日まで……また来年！
これでさよなら、さよなら、さようなら。

そして全員でお辞儀をし、手をふって舞台をあとにする。ただデイヴィッド・ハッチがひとりあとに残って、前に進み出て、「ご覧のように、ショーの進行にひとつふたつ変更がありまして」と説明する。ばかばかしくて陽気な始めかたとして、私はこれが以前から気に入っていた。

私がそこに立って「歌って」「踊って」いるのをひと目見て、あとで聞いたところによると、コニーはぞっとして、「まあいや、なんてこと、彼ったら下手くそ！」と思ったそうだ。言うまでもなく、私はまちがいなく下手くそだった——完膚なきまでに。音楽的な才能がまったくなかった。実際自分の無能さがよくわかっていたから、それでなくても生まれつき才能がないのに、それを過剰に意識することでいっそう下手くそになっていたのだ。

そんなわけで、手負いのサギのように私が舞台をひょこひょこ跳びまわっているあいだ、コニーは頭のなかで計画を練りはじめていた。ショーのあとでいっしょに夕食をとる約束だったのを、いかにして回避しようかというわけだ。黙って帰ってしまって、母親がジャカルタでバスにはねられた、いつ戻ってこられるかわからないとメモを残しておこうか。夕食のテーブルに着いたところで、開口障害の発作に襲われてしゃべれなくなったことにしようか。なんでもいい、とにかくなんとかして、私の演技について感想を述べずにすませなくてはならない。

ところが、彼女が内心恥ずかしさに身悶えしているうちに、私がまた舞台に戻ってきて、デイヴィッド・ハッチとコントを始めた（秘密情報部員の適性があるか、私が彼を調べるというコントだ）。私のたがの外れた演技に彼女は盛大に笑い、それでしまいにはなにもかもうまく行った。もっともその後の夕食の席では、ニックと私の会話はほとんど聞き取れなかったらしい。「英国なまりですごい早口」だったから……

こうして、きわめて礼儀正しく、コニーと私はひんぱんに会うようになった。話していてとても楽しかったし、いずれもっと深くつきあうようになるのはふたりとも承知していたと思う。

コニーがオーディションにどれぐらい時間をとられているか知って、驚いたのを憶えている。ケンブリッジを卒業してから一四カ月、私は一度もオーディションを受けたことがなかった。だからその二週間後、ある役のオーディションを受けてほしいと言われたときは大いに愉快だった。『ケンブリッジ・サーカス』の出演者はニューヨークのある芸能エージェンシーと契約していたが、ブロードウェイで公演をしているとは言っても、私たちが何者なのか、そのエージェンシーではだれも知らないだろうとみな思っていた。ところがそこから電話がかかってきて、新年にブロードウェイに来る英国の舞台、トミー・スティール（英国の歌手・俳優。一九三六年生まれで、当時は若手人気スターだった）の『ハーフ・ア・シックスペンス（*Half a Sixpence*、のちに映画化されたさいの邦題は『心を繋《つな》ぐ六ペンス』）』のオーディションに私が招《よ》ばれているというのである。私はただただ笑いころげて、とても断われないと思った。ブロードウェイ・ミュージカルのオーディションを受けるとビルやティムに話すことを思ったら、それで赤っ恥をかいてもなんということはない。一本足の男がターザン役に応募してくるというダドリー・ムーアのコントとはちがい、合格しようとは思っていないのだから。

そこで私は劇場に出かけていき、舞台裏でぶらぶらして待っていた。順番が来て呼び出されると、舞台の照明のなかに出ていって名前を名乗った。舞台監督助手も加わってきた。ここに来たときに四、五ページの台本を渡されていたのだが、舞台監督助手とその台本の読み合わせをすることになったわけだ。オーケストラボックスの影のなかから何度か笑い声があがる。私が演じていたのは、高慢ちきな上流階級のとんまな英国人で、これはアメリカ人にはかならず受けるのだ。台本を返したところで、客席から声がした。

「なにか歌ってもらえるかな」

「いいえ」

笑いが起こった。間があく。

「……なんでもいいから……」

「歌はなにも知らないんです。メロディを憶えられなくて」（これは厳密には正しくない。メロディは憶えられるが、それを歌えないだけだ。しかし、私はできるだけ早くこのオーディションを終わらせたかったのだ）

また間があった。客席でぼそぼそと声がして、

「それじゃ……英国国歌を歌ってみてくれないかな」

「いいですとも、どんな歌でしたっけ」

どっと笑いが起きたが、どうしてもと言うので、私も折れて「神よ女王陛下を守りたまえ《ゴッド・セイヴ・ザ・クイーン》」を歌った。しかし、あまりのひどさに「神よ女王陛下を助けたまえ《ゴッド・ヘルプ・ザ・クイーン》」にタイトルを変えたほうがよさそうだ

った。私はくすくす笑いながら帰り、その夜ビルとティムに会ったとき、オーディションを受けて受かったと話した。私がいくらほんとうだと言い張っても、ふたりともまるで信じてくれなかった。

翌朝エージェントから電話があって、合格したと言われた。

私の驚愕がどれほど大きかったか、とても言葉では言い尽くせない。二の句が継げず、頭のなかは真っ白だった。その役をやりたいかどうかすら考えていなかったのだ。

「やりたくないの？」エージェントは尋ねた。

「えー……」

「半年間、週に二〇〇ドルだよ。半年続けばね、たぶん続くと思うけど。このニューヨークで稽古して、それから数週間ボストンとトロントをまわって、それからブロードウェイに戻って……もしも？」

「えー……」

「ワシントンスクエアのショーはあと数週間で終わるんでしょ。そのあとはどうするつもり？」

なんの心づもりもないとは認めたくなかったし、また『ケンブリッジ・サーカス』はそろそろ下り坂で、新年まで続きそうにないとも認めたくなかった。

「ミュージカルに出たことある？」

「いえ、ないです」

「だったら、面白い経験になると思うよ」

それもそうだと思った。たしかに私の役はほんのちょい役だったし、その脚本にとくべつ光るものがないのは経験がなくてもわかった。原作はH・G・ウェルズの小説『キップス（*Kipps*）』で、服地屋の徒弟として働いている孤児の話だった。アンという幼なじみの恋人がいるのだが、思いがけない幸運で富を手にした彼は、上流階級の娘にのぼせあがる。その娘の兄ウォルシンガムは株式仲買人で（これがジョン・クリーズが演じるかもしれない役）、財産を管理してやろうと申し出るが、その金をだまし取って姿をくらまし、キップスはまた無一文に戻る。そこで彼は金がすべてではないと気がつき、じつに独創的などんでん返しで幼なじみの恋人アンのもとに戻り、彼女と結婚して末永く幸せに暮らすのである。

これはみんな、台本を読んで知ったことだった。どうしようかと考えているあいだに送られてきたのだ。また演出家にも会ったが、私が脚本家なのは聞いていると彼は言い、もしせりふを書き直したければ、とても興味があるからどう直したいか見せてもらいたいとも言った。これにはかなり興奮した（し、おだてられてうれしくもあった）。私としては、結末はもっと面白くできると思っていたからなおさらだ——教会で結婚式をあげて帰ってきたあと、キップスが斧でアンをばらばらにして、昔の徒弟仲間をみんな招《よ》んでバーベキューパーティを開くことにするのだ。

そんなわけで私はこの話を受けた。ひとつは経験を積むため、もうひとつは脚本書きに加われるかもしれないからだった。ごく些細な一部だろうとまるで気にならなかった。調べてみたら、私のせりふは全部で二〇行ほどだった。大半は第一幕の大勢が出てくる四つの場のあちこちに出てくるだけで、残りは第二幕第一場のみ。つまりそのあとは、最後の挨拶に出ていくときまで楽屋で本を読んでいればよいということだ。ウィキペディアの *Half a Sixpence* の項目に、私が「ちょい役ながら重要な役どころ」を演じたと書いてあるのには笑った。「ちょい役」に異論はないが、その役の「重要な」部分——つまり金を巻きあげて逃げるところ——はすべて、舞台からおりて楽屋で本を読んでいるときに起こることだから、私が重要な役割を果たしているとはとても言えないと思う。

こうして将来の収入を確保し、とはいえ稽古が始まるのは数週間先だ。というわけで、気がついたら『ケンブリッジ・サーカス』の改訂版を作りはじめていた。〈スクエア・イースト〉を運営していたマリ・スウェイグとチャールズ・ルービンが、ちなみに私たちはみなこのふたりがとても好きだったが、観客がやや減ってきたのに気づいて、別のネタで新しいショーをやってほしいと言ってきたのだ。グレアムはセント・バーソロミュー病院で研修を再開しなくてはならなかったし、ジョー・ケンドルとジョニー・リンはどちらもロンドンに戻りたがっていたから、これは私たちにとっては好都合だった。そこで、残ったメンバーで新しいコントを考えはじめた。私はひとりで書いてみることにしたが、なかなかとりかかることができなかった。グレアムがいて請け合ってくれないと、自分の書いているものが面白いかどうかよくわからないのだ。しかし、ねばっているうちにいくつかできあがってきたので、毎晩、これまでどおりのショーをやるために劇場に入ったときに、それをほかのメンバーに評価してもらった。また、ケンブリッジ時代の古いコントを発掘もしたし、またブロードウェイのショーでやった作品もふたつ残した。ジョーンズとペイリンの「ユーモア講座」、それに「ビートルズのハレルヤ・コーラス」である。

しばらくしてから稽古が始まると、ロンドンの開幕以来初めて、私たちは互いに少しばかりいらいらするようになった。ハンフリーは、最初の『サーカス』を形作り、またそれを維持するうえですばらしい手腕を発揮していたが、私もいまでは、新しいショーを作るのに自分の意見をもっと入れてほしいと思うようになっていた。ネタの半分は私が考えたものだったからだが、そうは言っても監督はやはり彼であり、そのため議論は行ったり来たりでまとまらなかった。台本に関する意見の対立はいままでもあったし、《すみませんせん読みなおします》や《やっと一九四八年に企画したショーが》、パイソンのテレビ番組から映画『人生狂騒曲』まで、それはつねにつきまとうものだった。しかし、今回の対立はそれとは少しちがう。いっしょに仕事をしはじめてからあるていど時間がたつと、いずれそれぞれが独自のスタイルを生み出してくるものであり、最初はうまく融合していたそのスタイルが、しだいにかみ合わなくなってほんものの「芸術性のちがい」――はるかに深刻な反目を覆い隠すのに使われる言葉だ（真珠湾攻撃を評して、エンペラー・ヒロヒトが「フランクリン・D・ローズヴェルトとの芸術性のちがい」によると言うようなものだ）――を生み出すことがあるのだ。そうは言っても、それは個人的な厳しい反目に発展することはなく、私はその後三五年以上もハンフリーといっしょに仕事をしつづけている。

この稽古中のことでほかに唯一憶えているのは、私が煙草を吸いはじめたことだ。最初はメンソールだったが、数カ月後にはもっときつい、ラークやパーラメントを吸うようになった。

新しいショーは、一九六五年の一月なかばに幕をあけた。大々的な宣伝をしたわけでもなかったのに、ニューヨークの各紙でびっくりするほど好意的な劇評をもらった。ジョー・ケンドルに代わって出演者に加わったジーン・ハートは、ジャズっぽい曲も滑稽な曲も歌えたし、ビルがいくつかいい新曲を書いて、おかげでかつてなく音楽的な面が充実していた。おどけ役は、おもにティムとデイヴィッドと私が引き受けた。このふたりと演技するのはひじょうに楽しかった。長くコントを共演してきて、コメディの呼吸を完全に呑み込んでいたからだ。ふたりとも間のとりかたや勢いがすばらしかったし、自分の演技のことより、そのときどきの全体の効果を第一に考えていた。ひとつ、演じていてとくに楽しかった当時のコントを紹介しよう。英国空軍の幹部将校が、ドイツ空襲を控えて爆撃機の搭乗員《クルー》にブリーフィングをするというコントである（もちろん戦時中という設定だったが、いま考えてみると平時に設定したほうが面白かったかもしれない）。笑いのネタは英国軍の無能さと用意の悪さだった。爆撃機のクルーは地図を見るように言われ、ガリア（ヨーロッパ西部をさす古い名称）の上空を飛んで神聖ローマ帝国（Holy Roman Empire）（一八〇六年に滅亡）のRの字のうえに爆弾を落とせと命じられる。時計を合わせるときの言葉はこうだ——「『はい』と声をかけるから、そのちょうど五秒後に時計を合わせるように……はい！……合わせたな。みんな、時計は一〇時ちょっと過ぎになっているな」

また、こんなコントもあった。私の演じるBBCの司会者は、深海の潜水夫にインタビューするためにばっちり質問を用意していたのだが、なぜかやって来たのは保険の外交員で、質問を即興で考える破目になるのだ。

司会者：では、あなたは深海の潜水夫では……？

保険外交員：ちがいます。

司会者：なるほど……そうですか、ではいくつかお尋ねしたいことが……保険の外交というお仕事について……
外交員：はい。
司会者：その……保険のセールスをなさるとき……襲われたことはありませんか、たとえば大きな……サメとかに。
外交員：いえ、とくにないです。
司会者：そうですか、それはそれは！　ええと、それから……その、これまでにどれぐらいの深さまで潜ったことがありますか。
外交員：そうですね、地下室の深さぐらいですかね。
司会者：えっ、地下室の深さ！　それはすごい！　では最後に……「潜水病」にかかったことはあります？
外交員：せん……なんですって？
司会者：「潜水病」ですよ。……つまりその、ときどき……深海の潜水夫がかかるという……ええと、そうですね、あるいは保険の外交ではかからないかも……
外交員：はあ……かかったことないです。
司会者：そうですか、ただ……つまりその、ひょっとしてと思ったもので。
外交員：どうもすみません。

また、〈フットライツ〉の古い棚をあさって古いネタも発掘したが、うれしいことにジーン・ハートがヘンリー五世として力強い演技を見せてくれた。アジャンクールの戦い（一四一五年、英軍が数にまさるフランス軍を撃破した戦い）の前に兵士たちに檄を飛ばす場面だ。

　平和時にあっては、もの静かな謙遜、謙譲ほど
　男子にふさわしい美徳はない。
　だが、いったん戦争の嵐がわれわれの耳もとに吹きすさぶときは、
　虎の行為を見習うがいい。
　筋肉を固く引き締め、血を湧き立たせ、
　やさしい心を恐ろしい怒りの顔で覆い隠し、

　ヘンリー軍を演じるビル、ティム、デイヴィッド、そして私は、君主にすっかり心酔して、どんなことを言われてもその命令に忠実に従う。

　目をらんらんとかがやかすがいい、
　城壁の狭間から敵をにらむ大砲のように。
　さらにその目の上に眉毛をおおいかぶせるがいい、
　そそり立つ崖が、荒々しい大洋の波にむしばまれ
　削り取られた土台の上に、見るも恐ろしく突き出て

のしかかるように。

この命令は一字一句たがわず実行され、リー・ストラスバーグ（アメリカの俳優・演出家、演技指導者として有名）が見たら絶望しそうな演技（とくにティム）を引き起こした。

さあ、歯を食いしばり、鼻を広げて
息をのみ、足の爪先から頭のてっぺんまで
いっぱいに勇気をみなぎらせるのだ。

（シェイクスピア『ヘンリー五世』より、小田島雄志訳を一部改変）

私たちが背伸びをしてよたよたと舞台からさがるのを見たら、だれも英国軍の勝利に賭けようとは思わなかっただろう。

もうひとつ、思い出すと懐かしくなるコントがある。デイヴィッドが動物園の飼育係を演じるのだが、動物がほとんど行方不明になっているのだ。

飼育係：それで、シマウマはどこに行ったんだ。
助手：金曜日にはここにいたんですけど。
飼育係：つまり盗まれたのか。

助手：まさか、そんな！　みんな借りてっただけだと思います。返すのを忘れてるんですよ、きっと。

この新しいショーを始めて一カ月ほど、また観客が減ってきた。契約終了が近づきつつあるのをだれもが気づいていた。

このころには、私はレキシントン・ホテルを出て、ニック・ウレットという〈フットライツ〉時代の友人のところに滞在していた。ニックは部室のスモーカーの常連出演者で、自作の歌をギターを弾きながら歌っていたものだ。ケンブリッジを卒業してからアメリカへ渡り、トニー・ヘンドラと組んでお笑いと音楽の掛け合いをやって成功していた。このころには、深夜のトークショーに定期的に出演するようになっていたほどだ。たとえばマーヴ・グリフィン・ショーや、かの有名なエド・サリヴァン・ショーにも出演している。私がニックと再会できたのはトニーのおかげだった。ブロードウェイの初日の夜に観に来てくれたのだ（ご記憶と思うが、トニーは〈フットライツ〉の一九六二年のレビューにグレアム、ティム、ハンフリー、私と共演した人物だ。あいかわらずいささか調子外れで、恐るべき博覧強記ぶりで、多種多様な物書きの仕事に手を突っ込んでいた）。

ニックのアパートメントはかなり広く、住所は西六五丁目一〇番地、セントラルパークのすぐそばで、リンカーン・センター（音楽と芸術のための総合センター）から二分のところだった。その部屋で一月末、彼といっしょに腰をおろし、ウィンストン・チャーチルの葬儀のラジオ中継を聴いたのを憶えている。

このころにはニューヨークに来て半年ほど経っており、私はこの都市の人々について感じたことを書き留めていた。そのもともとの文章はなくしてしまったが、おおまかな内容はたしかこんな感じだった。

一、アメリカには、財産さえ持っていればだれでも尋常でなく尊重されるところがあるようだ。これは先にも書いたが、英国では、あまりにも現金に関心があるように見えるのは下品とされ、出自の卑しいしるしと見なされる。しかしアメリカでは、野放図な金儲けは生きる道――というより存在理由《レゾンデートル》になっている。それだけではなく、金持ちがその金をどうやって得ているかは問題にされない。廃棄物処理でも、トレーラーパークでも、プラスチックのフォークでも、ゴムのドアストップでも、ポルノ雑誌でも、拷問道具でも、大人の玩具《おもちゃ》でも、食用金魚でも、鉱山でも、避妊具でも、寡婦や孤児の搾取でも、まったく……問題に……されない。私の友人のジャーナリストなどは、鶏小屋用金網の業界の大立者に若い妻を奪われた。どんな方法で儲けたとしても、金さえあれば最高の地位を獲得できるのだ。それも人間的な優越の気配すら漂わせて――なにしろやってのけたのだから！

二、一とは少しちがうが（無関係ではないが）、成功は目に見えなくてはならない。ニューヨーク・シティを訪れる人々は、「ヒット」している劇を見たがる。こういうヒット作を観たけど、まったく退屈で展開は読めるし垢抜けていなくて下品だった、しかしだれも知らないけど傑作で独創的で面白い公演がふたつあると話したとすると……残念ながら、かれらが観たがるのはやはり「ヒット」作のほうなのだ。

三、ニューヨーカーは、無作法ではないのだがぴりぴりしている。煙草屋に入っていって、パブリックスクール仕込みの口上で「お忙しいところ申し訳ないんだが、煙草をいただきたいと思いましてね。それでお願いなんですが、お時間を少々拝借して……」とやりだすと、こちらが侮辱でもしたかのように「なんの用だ」と怒鳴られる。しかし、店にずかずか入っていき、完全に見下した表情を浮かべて、ひとこと「ラーク！」と吐き捨てると、向こうはにこやかにおしゃべりを始めて、つい先日奥さんと別れた理由を話してくれるのである。

さて、そろそろ『ハーフ・ア・シックスペンス』のほうに頭を切り換えるべきときだった。稽古の初日、私はかなり早めに稽古場に行き、音楽監督と話がしたいと頼んだ。私に歌の才能がないことは、演出家たちはみなわかっているからとエージェントには言われたが、いちばんの責任者にその点をはっきりさせておきたかったのだ。そんなわけで、スタンリー・リボウスキーのところへ案内された。小柄でころころしていて感じのいい人物だったが、明らかに忙しい人物でもあって、その日は仕事をどっさり抱えているようだった。

「ミスター・リボウスキー、このジョン・クリーズって人がお話があるそうですよ」

「なんだね、ジョン」

「ミスター・リボウスキー——」

「スタンリーと呼んでくれ」

「スタンリー……お話ししときたいことがあるんですが……」

「……うん？」

「歌が歌えないんです」

彼は笑った。

「オーディションのときにそう断わったんですよ、ちゃんと」

励ますように、彼は私の肩に手を置いた。

「ジョン、いいから聞きなさい。私は四〇年ブロードウェイで仕事してきた男だよ。歌なんかだれにだって歌えるんだから……」

彼は私をピアノのそばへ連れていき、鍵盤を叩いて、この音を出してごらんと言った。私は精いっぱいのことをした。せつな、私が笑いをとろうとしていると彼は思ったようだったが、私の表情を見て真剣だと悟ったらしい。もういちど、このうえなく丁寧に鍵盤を押した。私はまたさっきと同じ騒音を出した。彼は目を丸くした。文字どおり耳を疑っていたのだと思う。またべつの鍵盤を叩き、私はまたべつの騒音を出した。彼はいささか愕然とした表情を浮かべ、ややあってしきりにうなずいた。

「ジョン、きみの言うとおりだ。きみは歌が歌えないね」

「すみません、スタンリー」

「いいよいいよ、歌詞を憶えて、歌うふりをすれば……」

言うまでもないが、私は合唱曲を歌うだけだし、まわりはちゃんとした歌手ばかりなのだから、気がつく者などいるわけがないのだった。

私はぶらぶらと大ホールに戻り、そこに集まっている大勢の人間を見て仰天した。ブロードウェイのミュージカルには、ちょっとした軍隊ほども人手が必要なのだ。それから私は監督に挨拶に連れていかれた。監督は小柄なテキサス人で、ブッシュベイビー（アフリカの小型のサル。目と耳が大きくて愛くるしい顔が特徴）に似ていて、名前はワード・ベイカーといった。

最初の二週間、稽古はびっくりするほどゆっくり、楽なペースで進んでいた。なにしろ私が出る場面は、たんに筋書きを説明するためにある場面だったのだ。大きく笑いをとる必要はなかったから、ノエル・カワード（英国の劇作家。駆け出しの俳優に「せりふを憶えて、大道具に倒れかからないように気をつければいい」とアドバイスしたと言われる）が言ったように、たんにせりふを憶えて、大道具に倒れかからないように気をつけるだけでよかった。おかげでほとんど緊張もしなかったが、ただ一カ所だけ、歌うまねをしながらダンスをするところがあって（第二幕の冒頭）、その稽古に行くときだけは例外だった。歌まねは問題なかった。歌詞は単純ですぐに憶えられたし、たんにぜったいに声を出さないように気をつけるだけだったからだ（スタンリー・リボウスキーは、五〇歩離れたところからハエの咳払いも聞き分けられる人だった。ショーが開幕して三カ月後、私はつい調子に乗って、出せるかぎりの低音で、ごくごく小さな声で実際に歌を歌ったことがある。その夜のショーが終わったとき、楽屋を出たらそこで彼が待っていた。「ジョン、歌歌ってる？」彼は言った。楽屋を訪ねる人が通りがかりに耳にしたら、おかしな叱責だと思ったにちがいないが、彼は大まじめに問い詰めてきた。「スタンリー、ちょっとだけですよ」と言い訳すると、彼は私の目をひたと見すえて言った。「ちょっとでもだめ！」）。

ダンスに関しては、私の稽古には稽古が必要だった。それは、このショーで唯一プロでないダンサーが踊るダンスだったから、私は大きな希望を抱いていた——きっとふたりか三人は、私と大差のない下手くそが交じっているにちがいない。考えが甘かった。私のほかは、明らかに以前にも同様の経験がある俳優ばかりだったのだ。私は一瞬パニックに襲われ、開幕の夜の光景が頭に浮かんだ。舞台でひとり完全に浮いて目立ってしまい、ダンスの最初の数ステップのあとは、観客は私のことだけじろじろ眺めて、こいつはいったいどうしたのかと首をひねりつつ、曲が終わるまで私の悪戦苦闘を観察するのだ。そこでその瞬間から、二番めに下手なダンサーとの差を縮めようと、寝ても覚めても努力することになった。しかし不運なことに、そのダンスは基本的にポルカだった。輪を描きながら予測不能な間隔をおいて横に飛び跳ねるというダンスで、そのあいだ楽しいことでもしているかのようににこにこしていなくてはならない。これはポーランドの音楽体操の一種ではないかと推測したのだが、水玉《ポルカ・ドット》となんの関係があるのかはわからなかった。冷や汗の玉だろうか。

振付助手の協力を得て何時間もステップを稽古したが、この奇妙なスラヴのダンスに多少なりとも自信を持てるようにはなれなかった。ときどき、ふと気がつくと何秒間かうまくポルカしていることがあるのだが、そこで「信じられない、できてる!」という考えが頭にひらめくや、神経学的な干渉パターンが発生する。するとたちまち、私の跳ねまわる姿は古代の兵士の物まねになってしまい、禍々《まがまが》しい鋭い刃物を車輪から突き出す戦車《チャリオット》をよけて逃げまわっているようにしか見えなくなるのだ。本職のダンサーたちは、ちなみにひとり残らず立派な運動選手だったが、みんな信じられないほど親切で忍耐強くて協力的だった。しかしたまに気がつくと、初めてカモノハシを見る人のような、不思議なものを見る目でこっちを見ているのだった。かれらについてひとつだけ気に入らなかったのは、自分でダンスをするときにいつも声に出して数を数えていることだ。あれはとても耳障りだと思う。

なぜ数を数えるのかわからなかったが、いったいなにを勘定しているのか恥ずかしくて訊いてみることができなかった。踊っているときの歩数だろうか。「今日は五万一一二歩も踊っちゃった」「ほんと、すごい！」「きみは何歩踊った？」「たった四万三六九四歩だよ。だけど夕食のあとであと七〇〇〇歩踊るつもりなんだ」。あるプリマバレリーナから聞いたのだが、ダンサーはめったに人と話をしない（ダンスについてはべつだが）そうだから、あれはダンスの話をしない練習をしていたのだろう。

稽古を始めたばかりのころ、ワード・ベイカーがときどき観に来ては、あれこれアドバイスをしていくことがあった。彼は『ザ・ファンタスティックス（*The Fantastics*）』というロングランのオフブロードウェイ・ミュージカルの監督を務めていて、これがもう五年も続いているという話だった（これは二〇〇二年まで上演されつづけていた。このころには、四二年という舞台としては世界最長記録を樹立していた）。じつに愛すべき、楽しくて音楽的な作品であり、彼が『ハーフ・ア・シックスペンス』の監督に選ばれたのは、明らかにその作風がこちらの作品にもふさわしいと考えられたからだろう。

もうひとり、いつも見る顔があった。このミュージカルのスター、主役のトミー・スティールだ。英国のエルヴィス・プレスリーとして評判をとっていたが、いっしょに仕事をしてみたらとんでもなく楽しい男だった。気取らず陽気で、コックニー的な活気に満ち、無尽蔵の精力とまったくのざっくばらんさで、いっしょに場を演じ通すのはほんとうに楽しかった。失敗するのはかまわない、そこから学びさえすれば。しかし、その気負いのない態度の陰には、できるかぎり最高の舞台を作りあげようという固い覚悟が隠れていて、だれかがだらけているとか、真剣に打ち込んでいないと感じると、きつく叱責することがあった。といってもけっして怒りを爆発させることはなく、どこがいけないかきっぱりと強く言って聞かせるのだ。怒りを見せることに対して中の下階級《ロウアーミドル》的な恥ずかしさを感じる私にとっては、トミーから叱責を受けた者がみな、それをもっともなことと感じているのが興味深かった。まったく「意地悪」にならないから、叱られて恨む者がいないのだ。トミーのそういうところが、作品を作りあげるのにとてつもなく役に立っていた。

　熱心にまじめに努力していれば、少々破目をはずしても大目に見られた。ちなみにこれは、本番のときでも同じだった。ショーの冒頭近くで、私の演じる人物が初めてトミー演じるキップスに紹介されて握手をするという場面があった。幕はおりていて、この場面はその幕の前、舞台前方で演じられることになっていた（幕の向こうでは、次の場のセットが組まれている最中なのだ）。だからあまり空間的な余裕はないのだが、握手をしているとき、私はトミーより舞台の端寄りに立たされている。本番が始まって二週間ほどしたころ、私と握手をしているとき、トミーは私の手首をつかんでそっとオーケストラボックスのほうへ押しやった。そこまでは四フィート（一メートル強）ほどしか離れていない。もちろん力いっぱい押そうとはしなかったが、このいたずらがとくべつおかしかったのは、あの有名なロンドン子っぽい笑みをしっかり顔にはりつかせたまま、こっそり実行されていたからだ。ほんとうに落ちたら楽団員たちがえらい目にあう。それを想像して子供っぽい喜びに私の顔は紅潮し、そんなわけで、この死を賭けた博打《ばくち》はショーのたびに繰り返されることになった。といっても、私たちがなにをやっていたか観客は気づいていなかった。もし気づかれたら、即刻やめさせられていただろう。

それはともかく、稽古が始まって最初の二週間はおおむね平穏に過ぎていった。ところが第三週めの月曜日になって、クーデターが起こったと伝えられた。ワード・ベイカーは去って、二度と姿を見せなかった。後任はジーン・サックスという俳優から監督に転じた人だったが、自分はまだ仕事をどっさり抱えているので、諸君はどんどん稽古を続けてもらいたい、二週間後にボストンで開幕だからと言った。私たちは稽古場に散っていったが、軽い茫然自失状態だった。このとき急にわかったのだが、私の母親も新しくなっていた。初代のミセス・ウォルシンガムを演じた（というか、稽古した）のはシャーロット・レイという、陽気でつきあいやすいミュージカル・コメディの劇団員だったが、彼女は降ろされて、代わりに入ったのがアン・シューメイカーという恐ろしく厳めしい人物だった。この人をもう少し女性的にすれば、ウィリアム・グラッドストン（一九世紀の英国の政治家。長年首相を務めた謹厳な人物）にそっくりだっただろう。シャーロットとワード・ベイカーとともに闇に消えていったのが、私の登場する場面を書き直してみてほしいと言ってくれた演出家だった。そんなわけでこの話も立ち消えになった。この粛清の劇場版を評して、だれかがこんなことを言っていた——「はじめに言葉《ワード》があった。しかし二週間だけだった」（「はじめに言葉があった」は聖書のヨハネによる福音書冒頭の文章）」。

それからは、稽古は以前より多少雰囲気が厳しくなった。ひとつには、実際になにが起こっているのかわからないという全般的な不安のため、またもうひとつには、へたにふざけていると、反省文を書いてアン・シューメイカーに提出しなくてはならないのではないかとみんなびびっていたからだ。

彼女は三〇年間ハリウッドの映画女優だったそうで、この他愛ないミュージカル・コメディに出演するのを、いささか落ちぶれたと感じていたのではないだろうか。彼女の娘（にして私の妹）を演じた女優キャリー・ナイの言葉を借りれば、「アンと親しくなってうわべの氷が割れるでしょう、そうするとその下は冷たい水でいっぱいって感じなの」。私はキャリーのことがとても好きだった。現実には正真正銘の南部《サザン》の美女《ベル》で、びっくりするほどものうい雰囲気を漂わせ、それでいてぴりっと辛口のユーモアセンスの持主だった。彼女の夫はディック・キャヴェット（アメリカのテレビタレント、司会者）で、当時自分のトーク番組を持っていたが、あれほどユーモアと知性に富んだトーク番組はほかに観たことがない。

ジーン・サックスがこのショーにどんな変更を加えようとしているのか、私にはよくわからなかった。というのも、大がかりなミュージカルの場合は、稽古は主要な要素ごとにべつべつにおこなわれるからだ。ある部屋ではダンサーが、また別の部屋では歌手が、そして音楽の聞こえない第三の部屋では俳優が稽古をしている。しかし、その三つのすべてにトミー・スティールはいた。歌とダンスの一一曲のうち、彼は一〇曲に出演するのだ。付け加えると、このミュージカルは彼の才能の表現手段としてとくに書かれたものだから、そうなるのはやむを得ないことだった（もともとのロンドン公演のときには、彼の出ない曲がほかにも何曲かあったのだが、彼の出る曲にくらべて出来がよくなかったので、ブロードウェイ版ではカットされたのだ）。そんなわけで、彼はほとんど舞台に出ずっぱりだったが、これまたやむを得ないことだった。そんな気力体力をどうやって維持していたのか、私にはまったくわからない。しかし、彼は見るからに楽しそうにやっていた。

それはともかく……そんないささか深刻であやふやな雰囲気のなか、私たちはそろってボストンに移動した。あとたった五日後にはコロニアル・シアターで開幕という日のことだ。ここに来てようやく、サックスは初めてばらばらだった各部をまとめあげにかかった。全員がついにちゃんとした劇場に集められ、最初から通しでリハーサルがおこなわれたのだ。リハーサルはもたもたしてなかなか先に進まなかった。失敗が見つかったといっては修正され、予想していなかった問題が起こったといっては相談が始まり、場面転換の練習もしなくてはならない。私は一階前方の席から歌やダンスを見物することができ、これがすべてまとまったらどうなるかと頭のなかで思い描いていた。

そして言うまでもなく、私は鵜《う》の目鷹の目でジーン・サックスを観察していた。なにしろ、私に対して生殺与奪《せいさつよだつ》の権を持っているようなものなのだ。このときまで、彼とはほとんど接点がなかった。せりふの場面を見ているとき、彼はほとんど意見を言わなかったが、自分だったら採用しなかったのにと、前任者から私を引き継がされてむかむかしているような印象を受けた。しかし、批判めいたことはなにも言われなかったので、どう思われているのかわからなくなってきた。恐ろしげな人物に見えるのはたしかだった。背は高いほうで、がっちりした体格、堂々としていて、遊び心がありすぎて困るということはなさそうだった。私はまるで気づいていなかったが、彼がブロードウェイ公演の監督を務めるのは、この『ハーフ・ア・シックスペンス』でまだ三作めだった。しかも引き受けたときには破綻しかけていて、それをなんとか立て直すのにたった一五日しか余裕がなく、そしてそういう立場に置かれた人間として当然のことながら、途方もなくぴりぴりしているにちがいなかったのである。

いっぽう、自分がぴりぴりしてきているのは気づいていた。初登場の場面が着々と近づいてくる。舞台に出ていって、監督のジーンに、そして客席のあちこちに座る数名の演出家や出演者たちに向かって、短いせりふを口にしなくてはならない。大がかりな歌とダンスの曲「ちゃんとした紳士」――トミーと徒弟全員、それに歌手もダンサーも総出演の――が終わってまもなく、私の登場する場面が来る。それは、キップスが徒弟として働く婦人帽子屋の店主、ミスター・シャルフォードとの会話の場面だった。店主は暴君なのだが、それを演じるのはマーサー・マクロイドという、並外れて感じのいい穏やかな老優だった。ショービジネスの世界に入って五〇年になるという話だったが、明らかに一〇回以上はしわとり手術を受けていて、そのせいでやたらに身長の高い赤ん坊のようだった。彼と私は舞台袖で待機していた。「ニーズ・アップ・マザー・ブラウン（二〇世紀初頭から流行したにぎやかな歌）」的なダンスが終わったらすぐに出ていくのだ。

終わった。ふたりいっしょに出ていって、私が最初のせりふを口にした。

「ああ、シャルフォード、きみと話がしたいと思っていたんだよ。この――」

「ちょっと待て！」

ジーンだった。

「声が小さいぞ、ジョン！」

「あっ、すみません。気をつけます……」

私たちは舞台から引っ込んだ。歌手やダンサーは観客席におりて、マーサーと私がまた出てくるのを見物している。私は大声をはりあげた。

「ああ、シャルフォード、きみと話がしたいと――」

「小さい！」

「小さいですか？」

「小さい。もっと大きな声で！」

「もっと？」

「そうだ、もう一度頼む……」

私は舞台から引っ込みながら首をひねっていた。いまのはかなり大声だったのに、あれよりもっと大きな声を出せというのだろうか。だんだん決まり悪くもなってきていた。シャルフォードとウォルシンガム登場、サーカスの呼び込みのような大声でひとこと。

「ああ、シャルフォード！　きみと話がしたいと思っていたんだよ！」

うひゃあ、こんな大声を出したのは生まれて初めてだ！　レストランでこんな声を出したら、みんなが避難場所を求めて逃げ出すにちがいない。町の触れ役だってちびって降参するだろう！　私は先を続けた。

「この仕事の――」

「**声が小さい！！！！**」

なんだって、まだ小さいって？　いきなり目の前に赤いもやがかかりはじめた。この男は頭がおかしいのか。どうしてこんなばかなことをさせて恥をかかせるのか。英国人に母親を絞首刑にでもされたのか。そこで穏やかに、いささかからかうような口調で私は言った。

「……まだ小さいですか、ミスター・サックス」

「小さい！」

上等じゃないか！　この数秒間で、私の腹はほとんど垂直に近づきつつあったが、それが完全に立ちあがった。もっと「大声」を出せだと？　いいとも、「大声」を聞かせてやろうじゃないか。一生耳鳴りがするほどの音波を発生させてやる。死ぬほど脅《おど》かすだけでは足りない。耳から血を噴き出させてやる！

私は落ち着いて舞台から下がり、二度ほど深呼吸をして、シャルフォード役に耳打ちした。

「あっちを向いててください」

それから舞台に戻り、（ミスター・ジーン・サックスのくそったれに、非難がましい笑い声とともに「いや、まさかそこまで大声でなくていい」と言わせることだけを目的として）絶叫した。

「ああっ！！！！　シャルっ！！！！　フォーードっ！！！！　きみとっ！！！！　話がっ！！！！したいとっ！！！！　思ってっ！！！！　いたんだよっ！！！！」

どうだこの野郎、思い知ったか！　英軍にホワイトハウスを焼き払われていい気味だ、この権力の亡者のくされヤンキーめ！

私は肩で息をしながら、勝ち誇って突っ立っていた。

ジーンが声をはりあげた。

「よし！」

なんだって！　頭をがんとやられたような気がした。あの、クレーンで吊るして前後に揺らし、ビルを破壊するのに使う巨大な球体で吹っ飛ばされたようだった。驚きのあまり次のせりふが出てこなかった。

「それじゃもう一回……」

そしてなんと恐ろしいことに、ジーンは正しかったのだ。彼がその六〇秒間に教えてくれたとおり、怪物めいたエネルギーが決定的に重要だった。マーサーと私が出てくる前のダンス曲は、なにしろ大音量で元気に満ちあふれていて騒々しいから、その直後に少々の大声でせりふを言っても、観客はほとんど気がつかなかっただろう。それに負けないレベルのエネルギーをふり絞らないと、この場面からはまったく生彩が失われてしまうのだ。何年ものちに、私は〈アムネスティ〉の『シークレット・ポリスマン』（人権団体〈アムネスティ・インターナショナル〉が資金集めのために開くショーの通称。コメディアンだけでなくミュージシャンや俳優も参加する）のショーを監督したが、スタンダップ・コメディのあとのコントでこれと同じ問題に直面し、ベン・エルトン（英国のスタンダップ・コメディアン、脚本家、監督、作家）を前半の最後に持ってこざるをえなかった。彼は持ち前の笑えるネタを、あの叫ぶような声とすさまじい「勢い」でハンドマイクに向かってがなりたてるものだから、そのすぐあとに出てきてふつうのコントをしようとすると、あのピーター・クックですらぱっとしなくなってしまう。対抗できるのはべつのスタンダップ・コメディだけだったが、そうすると今度はまたそのあとで同じ問題が起こるだけなのだ。そこに音楽をはさむという知恵が私にあれば、次のコントに行く前にそれで興奮のレベルを引き下げることができただろう。音楽になら、拍子抜けと思わせずにそれができるからだ。

そんなわけで、この直角的な学習曲線のあとには、私の舞台生活は快適な直線を描くことになった。

開演の三〇分前に劇場へ行き、数少ないせりふをしゃべり、オーケストラボックスに落ちないように用心し、ポルカのさいにあまり目立たないようにし（ブロードウェイで開幕するころには、なんとかこの偉業を達成していた）、そのあとは楽屋に引っ込んで、デイモン・ラニアンやスコット・フィッツジェラルドやジェームズ・サーバーを読んでいればよかったのである。

第10章　ボストンとトロントで場数を踏む
――ミュージカルとの別れ

ボストンに着いて最初の数日が過ぎると（このあいだにジーンは場面のあちこちに手を入れ、私はポーランドふうにぐるぐるまわる練習を必死でやっていた）、市内を見てまわる時間も、ほかの出演者と親しくなる時間もたっぷりあった。ボストンは私にとっては魅力的な都市だった。比較的由緒のある建造物が多く、一七七六年（アメリカ独立の年）につながる遺物もあっちこっちに残っている――そしてそれ以前の遺物も。ある墓地に迷い込んだときなど（きれいな墓地をたまにぶらつくのが好きなのだ）、一六六〇年のクェーカー教徒の墓を見つけた。清教徒の手で異端として絞首刑にされたのだ。私はかねがね、メイフラワー号の人々はニューイングランドに侵入して宗教的寛容を打ち立てたのだと思っていたが、いくらなんでもものには限度があると結論するにいたったにちがいない。やっぱり、どこかに線は引かなくてはならないのだ。これらの神を畏《おそ》れる人々がカトリック教徒をつかまえたら、なにが起こったか知れたものではない。あとは魔女をふたりに不可知論者をひとりつかまえれば、それだけで週末いっぱいのお楽しみにはじゅうぶんだっただろう。

ボストンの大学周辺の街並みはとても美しく、喫茶店や書店や小さな劇場もたくさんある。そんな風景を眺めていると思い出さずにいられなかったが、学問の世界に入ることができたらどんなに楽しいだろうと、私はずっと思っていた。ちょっとでも得意と言える学問分野を見つけられなかったのが残念でならない。好きな分野の研究にいそしむ自分の姿を思い描いたものだ。少しずつ、真の理解に至る研究を蓄積していき、それを優秀で熱心な若者に教える。周囲のすぐれた同僚は、少しもおごることなく興味深いテーマについて議論に応じてくれる。熱いコーヒーを何杯も飲み、木漏れ日を浴びて（ということは英国ではだめだ）歩きながら思索にふける。そういう生活ならば、毎晩同じ相手に同じせりふを同じ調子でしゃべりつつ、自分でないだれかのふりをする必要もない。まだ演劇の世界に入ったばかりなのに、やることなすことすべてが自分の知性に対する軽い侮辱であるように感じられるようになった。まったく感謝知らずな話だが、少なくともそういう思いを口には出さなかった。なにしろまわりの感じのいいつきあいやすい人たちが、嬉々として自己のレゾンデートルを表現しているのだ。

あれから五〇年経って、いまならわかる。役者の技能を多少は身につけてきたとはいえ、私はもともと役者には向いていなかったのだ。あのころですら気がついていたが、仕事からなにも学ぶものがないと感じると、私はたちまちやる気をなくす。だから観客をがっかりさせまいとすると、意志力の闘いになってしまうのだ。『ケンブリッジ・サーカス』の仲間たちのなかにも、同じように感じる者がいたのではないかと思う。だからこそ、私たちはよく舞台でいたずらをしあい、せりふを変えて相手役を絶句させようとしあっていたのだろう。そうやってパターンが崩れるとたちまち愉快になって、おかげで新鮮で陽気なエネルギーが演技に注入されて、それが観客にも喜ばれるように思えた。トミー・スティールからオーケストラボックスに紹介されそうになるたびに、私が大いに活気づいていたのはまちがいない。

しかし、舞台に退屈しつつあったのはたしかだが、自分が舞台の外でいかに多くのことを学びつつあったか、そのありがたみを当時の私はわかっていなかった。パブリックスクール出身者的なそれまでの人生で、若い女性や同性愛者とこれほど長くいっしょに過ごしたのは、なんと言ってもこれが初めての経験だった。ケンブリッジを卒業して以来、礼儀正しいことも色気のないこともはなはだしいおつきあいを少数の女性としてきて、ついにオークランドの〈ステーション・ホテル〉でメイン・イベントを迎えもし、いまではコニーとつきあってもいた。しかし、情愛のこもる身体的接触には性的な意味があるもの、という思い込みはいまだに根強かった。だから、ふと気がついてみたら、若いアメリカ人のダンサーや歌手の集団に交じっていて、周囲のだれもがなんのためらいもなく互いの身体に触れ、自由にハグやキスや、とにかくウェストン＝スーパー＝メアの人間が見たら「はしたない」と呼ぶような、身体的な親愛の表現を自然に、またしょっちゅうやっているのを目にしたのは、私にとってたいへんな驚きだった。だが、一時間半も過ぎるころには、それがみょうに居心地のいい、魅力的なことに思えてきた。さらに驚いたことに、かれらは私を仲間のひとりとして受け入れてくれたのだ――私のダンスを見たあとでもである。おかげで、自分は異分子だという感覚がしだいに小さくなっていった。

この行動学的な条件づけの修正とともに、私の社会的思想体系にはもうひとつ大きな変化が起こっていた。まだワード・ベイカー時代の稽古の初日から、これまたウェストン＝スーパー＝メアの通りでは見られないある現象が目につくようになった。出演者の男性の多くが、たがいにとくべつ親しくしているように見える――たとえば、スコットランドのラグビーチームでふつうと感じられている以上に。そしてその交流のありかたは、スコットランドのラグビーチームのそれよりも、ずっと「じゃれている」という表現に近かった。それを見るうちに、かれらのひとりかふたりは、あけすけに言って、ときどきべつのリーグでプレイしているということもないわけではないのではないかという可能性に思い至ったのである。遠回しに質問し、さんざんくすくす笑われたあげくに、たまたま女性であるところの親切な友人たちが説明してくれたのだが、ブロードウェイの通例に反してダンサーは全員ノンケ（ひとりをのぞいて）だが、歌手たちはそれとはまったく人種がちがっているのだという。クリフトン・コレッジ仕込みの固い信念、つまり同性愛は国王殺しと反逆罪に匹敵する重罪だという信念は、このときどれぐらい私のなかに残っていたとしても、かれらの親切さや愉快な気質をまのあたりにして、見る見るうちに崩れ去っていった。当時の英国で同じことをしたら、刑務所にぶち込まれることもあったのだと思うと、いまではむしろ背筋が冷たくなるほどだ。しかもその状況はさらに二年以上、一九六七年まで続いていたのである。

　こうして、若い女性や同性愛の男性と当たり前につきあっているうちに、おかげで感情的にずいぶん成長することができた。また、いままで自分が（あるいは友人たちが）思っていたより、私はずっと環境への順応性が高いことがわかってきた。いままで順応できないと思っていたのは、精神的にも肉体的にも、自分にとって快適なゾーンの外へ踏み出す勇気と決断力が欠けていたからだったのだ

（とくに肉体的に。肉体的に苦しい経験をなぜ好んで求める人がいるのか、私にはその理由が理解できない。登山家や極地探検家や金網レスラーは私にとってはまったく謎の存在だ。人はなぜ、みずから進んであういうゆるやかな自殺行為に参加しようとするのだろう。自殺がしたいのなら、さっさとすればいいではないか。子供のころ、壁に自分の頭をぶつけている男の話を父から聞いたことがある。頭をぶつけるのをやめたときに、とてもいい気分になれるからというのだ。私はまだ幼かったが、それなら初めからやらなければいいのにと不思議に思ったものだ。テリー・ギリアムは、私が身体的な不快を嫌うのをよくばかにするが、おかしいのはおおむね彼のほうだというのが私の結論である）。

この非公式な社会化の授業とはべつに、ボストンではもうひとつ勉強になる経験をした。ある日曜日の朝のこと、私はひどい歯痛で目が覚めた。がまんできないほどの痛みだったが、やっとの思いで週末にも救急治療をしてくれる歯科医を見つけた。やれやれとその椅子に座り、これでこの痛みから解放されると思った。歯科医はレントゲンを撮りたいと言い、何枚か撮影し、現像しに行った。しばらくして（そのあいだ、痛みはずっと変わらなかった）戻ってきて、照明つきの画面にその写真を並べると、こっちへ来ていっしょに見るように言い、必要な治療の数々を説明しはじめた。歯冠をいくつか、ブリッジを二カ所、根管治療を一、二カ所などなど。その説明が終わると、彼は握手のため手を差し出し、ボストンにいるあいだにこの集中治療を終えられるように、秘書に電話して治療の日程を決めてくださいと言った。

私はぼうぜんとした。キャッシュレジスターの音に呑まれて、私がそもそもここへ来た理由は彼の頭から完全に消え失せている、それを知ってあきれはててしまった。指摘すると、ぺこぺこ謝るかと思いきや、しゃあしゃあと「ああ、そうでしたね」と言った。そしてこれ見よがしに腕時計に目をやり——なにしろ日曜日だったので——それからやっと、麻酔注射をして歯を削りにかかった。アメリカの専門職の人間たちの「職業」という語の解釈は、私がこれまで考えていたのとはまったくちがうのではないかという気がしてきた。そしてこれは、私がアメリカの弁護士と知りあう前の話である。

トロントへ移動してから、さっそく私は驚いた、というより二度驚くことになった。開幕の夜、観客の受けはよかったのに、翌朝の劇評は散々だった。これはショックだった。ボストンでは観客も批評家も好意的だったのに、いきなり見るに堪えない才能のかけらもない駄作と切って捨てられたのだ。しかし、昼興行《マチネ》のために劇場に行ってみたら、だれも気にしていないようだった。ブロードウェイの初日には災厄が待っているのに、無邪気にもまるで気づいていない。私はとうとう勇気をふるって、劇評のことを演出家のひとりに言ってみた。すると彼は笑って、「ああ、カナダの批評家はいつもそうなんだ。ほら、まともに相手にされないから。だから、人の気を惹こうとしてわざとひどい悪口を書くんだよ」。これはただの強がりではないかと思ったのだが、しかし三週間後、ニューヨークで『ハーフ・ア・シックスペンス』が開幕したときには、いわゆる「ブロードウェイの虐殺者」たちから実際かなり好意的な評を受けたのである。いっぽう出演者たちは、やっぱりカナダにもいやなやつはいるとわかって安心したと言ってすませていた。

しかし、私はいささか考え込んでしまった。ちゃんとした新聞の批評家が、自分を売り込むためにそんな卑しい、良心にもとることをしてよいのだろうか。しかしそこで気がついたのだが、新聞記者からすればけなすのには大きな利点がある。なんの才能も必要ないからだ。そういう芸のない悪口雑言《あっこうぞうごん》が、英国ではウィットに富んでいると勘違いされがちなのは嘆かわしいことである。

トロントはじつに好ましい都市だった。広々としていて穏やかで、少し威厳を漂わせている——と言っても、さりげなく、親しみやすい威厳だ。あまりよいところだと思っていないのは、そこの住民だけのようだった。かれらは道を尋ねられるのを待ち構えている。なぜなら、よその人に謝罪する絶好のチャンスだからだ。しかし、なにを謝罪しているのか私には理解できなかった。アメリカと比べて退屈だと感じていたのだと思うが、私の意見はそれとは正反対だった。アメリカの「例外主義」という教義（アメリカは他の先進国とはさまざまな面で異なる例外的な国だという思想）について読んだとき、カナダ人のとてもよいところは、自国のことを例外的だとはまったく考えていないところだと思ったのを憶えている。そのひかえめで遠慮がちな態度が、健全で安全できちんとしていて、そして尊敬される国を創り出しているのではないだろうか。ただ残念なのは、一年のうち七カ月はあまりに寒くて、カナダ人以外には耐えられないということだ。

とはいえ、その気候にも埋め合わせがひとつある。ホッケーだ（ほかの国ではアイスホッケーと呼ぶだろうが）。まったく、カナダ人はホッケーに夢中なのだ！

トロントで『ハーフ・ア・シックスペンス』の公演が始まってまもないころ、舞台に出ているさいちゅうに、袖のほうからくぐもった歓声が聞こえてきた。いま演じている場面と関係があるとは思えなかったので、舞台をおりてすぐにそっちへ行ってみたら、裏方がおおぜいテレビにかじりつきになっていた。「スタンリー杯」の準決勝をやっていて、かれらの応援する〈メイプル・リーフス〉チームがその宿敵である卑怯な〈モントリオール・カナディアンズ〉と戦っていたのだ。手に汗にぎる試合で、ショーが終わるころには出演者全員が夢中になり、ダンスが終わった瞬間にテレビの前に駆けつけて〈リーフス〉に声援を送っては、また急いで舞台に戻って次のダンスにかかっていた（ただしアン・シューメイカーは例外で、まったく無関心なようだった。噂によると彼女はシカゴのアイスホッケー・チーム、〈ブラック・ホークス〉のファンだったらしい）。

準決勝では七戦おこなわれて四勝したほうが決勝に進むので、同点決勝試合がおこなわれるころには、〈リーフス〉に対する肩入れは熱狂の極に達していた。出演者はみな決定的なゴールの瞬間を見逃したくなくて、舞台に出遅れそうになったり、ふだんより早めに場面を切り上げたりするようになった。そして憎たらしい〈カナディアンズ〉（自分の名前のスペルすら間違っている〔英語のCanadiansではなく、フランス語ふうにCanadiensとつづっている〕）が第七試合の最後の最後に決勝点を叩き込んだときには、そのすぐあとに演じられた名場面は、監督の意図とはまるで正反対の、すっかり生気のないしょげかえった雰囲気で演じられることになった。ただ幸い、このころ監督のジーンはもうニューヨークに戻っていたし、翌日には私たちもまた戻ることになっていた。そこでは家族が、そしてブロードウェイの開幕が待っている。

幸い、私の初日の緊張はふだんほどひどくないように思えた。もう何度も演じていてよいショーだと自信があったからだろうし、また舞台で転びでもしないかぎり、だれも私に気がつかないだろうとわかっていたからでもあった。ところが初登場の直前、袖で出番を待っているとき、いちばん手前の、舞台から一五フィートほどうえのボックス席が目に入った。ティム・ブルック゠テイラーとビル・オディが座っている。私がうろたえたのは、たんにふたりがそこにいたからではなく、その態度のせいだった。ボックスから身を乗り出すようにして、舌なめずりせんばかりに期待に顔を輝かせている。獲物が息を引き取る瞬間を、二羽のハゲタカがわくわくしながら待っているかのようだった。それを私は将来のために胸に刻み、私が人前で恥をかいたらかれらがどれだけ喜び、どれだけかれらの人生が楽しいものになるかを思った。とたんに燃えるような決意が胸に芽生えた。鋼のような、戦士のような固い決意――なにがあっても転ぶものか。

そして自分で言うのはなんだが、私の演技はみごとだった！　大きな失敗はひとつもなかったし、ポーランドふう横っ跳び踊りもふだんほど失敗せず、歌う口まねもせりふもまるきり目立たず、劇評ではまったく指摘されることもなかった。それから一カ月間は、ブルック＝テイラーとオディが貧弱な脚のあいだに尻尾を巻き込み、しおしおと劇場をあとにする姿を思い描いて過ごしたものだ。友だちがなんだ！　あんなひどい裏切りにはその後一度も遭遇したためしがない。

〈パイソンズ〉までの話だが、もちろん……

『ハーフ・ア・シックスペンス』はまずまずの好評を博し、気がついたら私には時間がたっぷりあった。例によって、ショービジネスでキャリアを積むためにはなんの努力もせず、その時間をべつの分野に注ぎ込むことにした。奇妙な話だが、そのひとつはジャーナリズムだ。『ケンブリッジ・サーカス』がまだブロードウェイにかかっていたころ、地下鉄のホームで電車を待っていたら、そのショーを見たというニューヨークではひじょうに珍しい人間のひとりに声をかけられた。それが、エヴェレット・マーティンという《ニューズウィーク》の記者だった。雑談を交わすうちに、国際政治に興味があると言ってみたら、彼はその場で、私にとって初体験となる感謝祭のディナーに招待してくれた。私にはわかっていなかったが、アメリカ人にとってこれはとても重要な行事なのだ。とくにエヴェレットの場合、そのディナーの席で次の奥さんと出会ったのだからなおさらだ。そのあと何度かランチを共にし、彼が社会の事情に通じているのをすばらしいと思ったし、ジャーナリストという職業は役に立つ名誉ある仕事だと思うと実際に言いもした。状況を解明しようとし、それを面白く表現するという仕事なのだからと。ボストンに発つ少し前に、戻ってきたら連絡してほしいと彼に言われた。《ニューズウィーク》の海外記事の編集者ボブ・クリストファーが、試用期間ということで入ってみる気はないかと言っているという。少なくとも最初のうちは、軽いユーモア寄りの記事を書くため、ということだった。そんなわけで私はべつの仕事に手を出すことになり、歌って踊る仕事よりこちらのほうがいいと思うようになっていた。《ニューズウィーク》を丹念に研究し、《タイム》よりもその姿勢に好感をもった。また、外交関係の記事はたいてい、タクシー運転手がこう言っていたという話で始まり、次の段落は「しかし、先週末からいやというほど明らかになってきたように……」と続くこともわかった。これならそれほどむずかしくなさそうだ。そこで、何時間もかけて国際政治の記事を読み込んでいった。世界情勢について知り、それがどう動いているか理解することに夢中になった。

また、生まれて初めてちょくちょく美術館に行くようにもなった。メトロポリタン美術館、MOMA、フリック・コレクション、グッゲンハイムはもちろん、マンハッタンにはいたるところに民営の美術館がある。義務を果たすかのように、たいていの人より時間をかけて鑑賞したものだ。目が遅いとでもいうのか、私は視覚情報を短時間にぱっと把握することができないし、視覚的な記憶力も弱かったからだ。また、太った天使が細いらっぱを吹いていて、それより太ったご婦人が透け透けの下着姿でそれを聞いているといった絵には我慢できないとか、たいていの幾何学的な現代美術にはなんの感銘も受けず、面食らうばかりで面白くないと感じることもわかった。しかしときどき、どうしても目を離すことのできない絵もあった。感激にぞくぞくして震えさえ走る。ボッシュとか、ブリューゲルとか、カラヴァッジョとか、フェルメールとか、レンブラントとか、クールべとか、マネとか、印象派とか、セザンヌとか、野獣派《フォービズム》とかがそうだ。そしてなにより、美術展から帰ってくると、行く前より穏やかで落ち着いた気持ちになれるのがよかった。

偉大な画家といえば、思い出すのはテリー・ギリアムだ。彼も偉大な画家が好きだからである。私たちが初めて会ったのは、『ケンブリッジ・サーカス』の私の演技を見たテリーが連絡してきたからだった。当時、彼は《ヘルプ！》誌で仕事をしていた。ちなみにこの雑誌は、《マッド》誌を有名にした（とかいう話で）伝説的な（という話の）ハーヴィ・カーツマンが創刊した雑誌である。テリーはこの《ヘルプ！》に掲載する作品づくりに協力してほしいと言ってきたのだが、その作品は「フメット」、つまり絵でなく写真を使い、登場人物のせりふを吹き出しで表現する形式の作品だった。演技のときの私の「変な顔」が気に入ったからと言われて、私はすっかり気をよくしてしまった。サー・ローレンス・オリヴィエや、映画ならマーロン・ブランドのすばらしいところは、ほかでは見たことがない最高に変な顔をするところだとずっと思っていたからだ。変な顔ということでは、たとえばイングリッド・バーグマンやケイリー・グラントなど足もとにも及ばないし、名女優でデイムの称号も得たシビル・ソーンダイクなどは、はっきり言って死んでも変な顔なんかしないだろう。テリーは生まれついて観察眼が鋭く、とくに人の顔については目利きである。ただ、その顔の意味するところがよくわからないだけだ。

テリーの称賛にあまり浮かれないように気をつけつつ、私はその仕事を引き受けて、二日間にわたる写真撮影にのぞんだ。演じたのは若い夫の役だった。ある日、幼い娘がもらったバービー人形を見た彼は、あんまりよくできているのに驚いて、物騒なほどそれ（というか彼女）に夢中になってしまう。取り憑かれたようになって、ついにある夜……まあそんな話だ。愉快で気楽な撮影で、テリーは私の作る変な顔におおむね満足してくれた。できた作品を見せてもらったとき、話じたいはよくできていると思ったが、いささか品が悪いような気がした。お固い英国育ちの地が出たせいかもしれないが、もともとテリーの芸術観には共感できないものを感じていたから、そのせいかもしれない。なにしろ、芸術の主たる目的は人の神経を逆撫ですることにあるというのだ。あるいは、非常に小さな人形といたすというのが、私の器の小ささをほのめかしていると解釈されないかと気に病んだせいかもしれない。まあそれはともかく、テリーとはそれからときどき会うようになったが、将来またいっしょに仕事をするとはどちらもあまり思っていなかったと思う。考えてみると不思議だが、〈モンティ・パイソン〉のメンバーのうち、いっしょに仕事をしたのはテリーがふたりめだったわけだ。

ところで、コニーと私の話をさっきやめたところから再開しよう。私とはまったく対照的に、コニーは演技や歌のレッスンでいつも忙しかったし、しょっちゅうオーディションを受けて、夏季公演での役を探していた。そしてふたりで大喜びしたのだが、『ネヴァー・トゥー・レイト（*Never Too*

Late)』という喜劇でかなり大きな役をもらい、その夏、東海岸のあちこちに巡業に出ることになった。主役を演じるのは一流の喜劇役者バート・ラー、『オズの魔法使』の臆病なライオン役がいちばん有名だろう。コニーが演じるのはわりと重要な役で、出る場面はほとんどバートといっしょだった。私は汽車でペンシルヴェニアに出かけてマチネを観たが、バートとやりあってまったく貫禄負けしていない彼女を見て鼻が高かった。これまた考えてみると不思議だが、一〇年後に私は彼女といっしょにシットコムの脚本を書いて成功させるし、また三五年後に彼女はバートの息子のジョンと結婚することになるのである。

私はマチネしか観ることができなかった。このころはまだ、毎晩ブロードハースト劇場に短時間ながら出演しなくてはならなかったからだ。ときどきちょっと舞台に出るのをべつにすれば、そこで私はどっさり本を読むことができた。あまりに楽な仕事で、これで週に二〇〇ドルというのは申し訳ない気がしたほどだ。ある夜の演技はべつの夜のそれと混じり合い、何カ月も演じていたのにほとんど記憶に残っていない。

ただ、まずいことが起こったときはべつだ。劇場での笑えるエピソードといえば大失敗の話と決まっている。おおぜいの歌手やダンサーが出演しているだけに、全員がまじめな顔をしようとしている光景はそれだけで笑える。とくに、踊りながらわざと舞台の袖へ出ていって、突っ伏して笑いころげたのち、気をとりなおしてまた観客の前に出ていくのだからなおさらだ。

ある晩のこと、ビルというとくにうまいダンサーが、両脚を前後に開いて跳躍するというみごとなわざを三度決めたあと、次に演技する位置へ歩いていこうとして、いきなり足をすべらせて尻もちを

PREMIERE PERFORMANCE APRIL 25, 1965

BROADHURST THEATRE

ALLEN-HODGDON, STEVENS PRODUCTIONS and HAROLD FIELDING

present

TOMMY STEELE

In the Musical Based on H. G. Wells' Kipps

HALF A SIXPENCE

Book by
BEVERLEY CROSS

Music & Lyrics by
DAVID HENEKER

Directed by
GENE SAKS

Dances and musical numbers staged by
ONNA WHITE

with

ANN SHOEMAKER, JAMES GROUT, CARRIE NYE, POLLY JAMES
GROVER DALE, WILL MACKENZIE, NORMAN ALLEN, JOHN CLEESE
MERCER McLEOD, MICHELE HARDY, ELEONORE TREIBER, REBY HOWELLS

Scenery and costumes by
LOUDON SAINTHILL

Musical Direction by
STANLEY LEBOWSKY

Lighting Designed by
JULES FISHER

Costume Supervision by
JANE GREENWOOD

Original Ballets by
ROBERT PRINCE

Vocal Arrangements by
BUSTER DAVIS

Orchestrations by
JIM TYLER

Dance Arrangements & Orchestrations by
ROBERT PRINCE

Assistant Choreographer
TOM PANKO

Associate Producer
JANE C. NUSBAUM

VAT 69 presents a co-star

VAT 69 *Gold*

The First Light Scotch of Classic Quality

100% BLENDED SCOTCH WHISKY. VAT 69 GOLD AND VAT 69,86.8 PROOF. SOLE DISTRIBUTORS U.S.A.: MUNSON G. SHAW CO., N.Y.

〈ＶＡＴ 69〉の広告。

ついてしまった。突然だし思いがけないし、しかもみごとにわかりやすい失敗で、滑稽なことこのうえなかった。しかも、立ちあがったビルが、失敗を笑い飛ばそうとしたのがさらにいけなかった。どういうものか、それが恐ろしい判断ミスだったのだ。何食わぬ顔でダンスを続けていれば、観客は見なかったふりができただろう。ところが彼が観客にも笑ってもらおうとしたせいで、それができなくなってしまった。あんなにばつの悪そうな観客を、私はめったに見たことがない。もじもじし、顔を伏せてプログラムを読むふりをしはじめた。いっぽうビルは気の毒に、不本意にも事態をいっそう悪化させたことに気がついて、ハラキリをしたがっているような顔で突っ立っていた。いっぽう私たちはそのまわりで踊りながら、まじめな顔をしようとして無惨に失敗していた。

言うまでもなくこれは矛盾だ。本来なら、ばつの悪い思いをするのは私たちのほうなのだ。コメディで失敗したときにも同様の現象が起こる。ギャグをやろうとして失敗し、客席から無理に小さな笑い声が起こる。観客は励まそうとしているのだが、こちらは逆になにもかも放り出したくなるものだ。しかし完全にすべってしまい、客席がしーんと静まりかえると……異常なことに、急にうれしくてたまらなくなる。たぶん、もう取り返しがつかないからなにも気にならなくなるのだろう。

観客から最初に学ぶことはいろいろあるが、とくに驚かされるのは、たいていのことはなんとかなるということである。どんな失敗や事故や恐るべきでたらめも、お金を払って観に来た客は文句も言わずに受け入れる。なにかを見落としたのだろうとか、自分がばかなせいでちゃんと理解できなかったとか、その事故はいつも起こることになっているとか、そんなふうに思い込んでくれるのだ。一階前方席でだれかが発作を起こしたとしても、せっかく観に来てくれたのに申し訳ないとあやまると、

「えっ、あれもショーの一部かと思ってました」と言われるものである。

『ハーフ・ア・シックスペンス』の舞台でも、一度そういうことがあった。トミー・スティールの幼なじみの恋人（ポリー・ジェームズ演じる）が、彼をキャリー・ナイに奪われたと気がついて、ショックのあまり手に持っていたお茶のトレイを取り落とす場面があったのだが、もちろん本物を落とすわけにはいかない。三〇秒後にダンサーが飛び跳ねる場所に陶器の破片が落ちていては困るし、片づけている時間はないからだ。そこで最初は、陶器をワイヤでトレイに固定しておいたのだが、それでも一部は割れてしまうので、代わりにプラスチックの茶器を使うことになった。しかし今度は、プラスチックではまともな音がしないという問題が起こってきた。大きながちゃんという音ではなく、かすかにからから言うだけなのである。そこで裏方が、金属の皿をのせた大きな金属トレイを持って袖に控えていて、ポリーの合図で、彼女がプラスチックを落とすのと同時にそれを落とすことになった。それで、舞台上のトレイが落ちて大きな音を立てたように聞こえるというわけだ（ここまで読めば、もうオチはおわかりだろう）。しかしあるマチネのとき、裏方が合図に気づかず、トレイは落ちたのになんの音もしないという珍事が起こった。そのパニックの瞬間、舞台上では全員がぎょっとして凍りついた。いっぽう問題の裏方は、生涯最大のむずかしい決断を迫られていた。少し考えたあと、「遅くてもないよりまし」と判断してトレイを落とし、ふだんどおりの驚くような大音響がとどろいた。私たちはこっそり観客の様子をうかがった。しかし、だれもが満足そうにまっすぐ前を見ていて、そのままずっと舞台を楽しんでいた。ちょっとした驚きのさざ波が立つこともなく、ちらと怪訝《けげん》そうな表情がよぎることもなかった。音が光より遅いことはみんな知っているし、今日はふだんよりさらに遅かったとしても、まあこれはマチネなんだから、というわけだ。舞台上の私たちは信じられなかったが、観客はこの奇跡を平然と受け止めていたのである。ところがそのとき……一階前方席の奥から笑い声が起こった。よりにもよってこの日に、私の友人のトニー・ヘンドラが観に来ていたのだ。笑い声は数分も続き、ほかの観客を大いに面食らわせていた。

この舞台から降りようというころには、私は自分の役に心底飽き飽きしていたが、まもなく終わりだと思ってほっとするいっぽう、やはり寂しさに胸が痛んだ。出演者仲間のことがとても好きになっていたからだ。トミー・スティールは尊敬できる役者だった。才能も魅力もカリスマ性もあり、プロ根性も、明るく気さくなところもすべて見上げたものだった。恐るべきシューメイカーも少しは打ち解けてきていたし、みんな毎晩最高の演技をしようと努力していて、いっしょにいて楽しい人たちばかりだった。

ショービジネスの世界でとくに奇妙なのは、公演中には仲間どうしきわめて親密になるのに、その後は文字どおり二度と会うことがないということだ。私はこの舞台のことをとても懐かしく思っているが、憶えているかぎりでは一九六五年以来、『シックスペンス』仲間と会ったことは三度しかない。一度は七〇年代後半、ロンドンのとあるパーティでポリー・ジェームズに出くわした。二度めは、スカッシュの慈善試合でトミーと対戦するという過ちをおかしたとき。そして三度めは二〇〇九年、これはじつにうれしい驚きだったが、ニューヨークのレストランで、ジーン・サックスが私に気づいて声をかけてくれたのだ。このときは感激した。もう四四年過ぎていたし、そのあいだに彼はブロードウェイで無数のヒット作の監督をし、しかも傑出した劇作家ニール・サイモンと二〇年も共同で仕事をして、舞台でも映画でも作品を作っている。たとえば当時の最もすぐれたコメディ映画、『おかしな二人（一九六八）』、『思い出のブライトンビーチ（一九八三）』、『裸足で散歩（一九六七）』がそうだ。二〇一四年、これを書いているいま、サックスは九二歳でまだ現役だ。そのうち私にもなにか役をくれるかもしれない。……

『ハーフ・ア・シックスペンス』は、個人的にはすばらしい経験だったが、職業的に見ると驚くほど無意味だった。ここで学んだことが、その後に一度でも役に立ったことはないと思う。ジーンのエネルギーについての教えはなるほどと思ったが、テレビや映画の仕事には応用できなかった。全体的にミュージカルには興味が持てなかったが、これは私の求めていたのが笑いやユーモアであり、また興味をそそる筋書きや、ある程度の微妙さだったからだ。こういう要素は、ほとんどのミュージカルには縁遠いものである。私にとってはなお悪いことに、たいていのミュージカル・コメディは実際にはコメディとは呼べない。それゆえ、『ハーフ・ア・シックスペンス』を過小評価しがちだったのだと思う。実際にはすばらしい曲が多数あったし、なかにはきわめて愉快な傑作もあり、感動的な瞬間もあった。出演者はすばらしく、主役は本物のスターだった。なにしろ、ミュージカル作品賞も含め、八つのトニー賞候補になっているのを忘れてはいけない。というわけだから、私の評価がやや傲慢に聞こえたとしたら、そのあたりはご容赦願いたいと思う。

このころにはコニーとのつきあいはさらに深まり、とうとういっしょに暮らそうと決めるまでになった。そこで、東八一丁目二一三番の小さなアパートメントを借り、コニーはほとんどの荷物を持って越してきた。そこは好感のもてる、いささか古風な地域で、おしゃれではないが荒れてもおらず、チェコ人とハンガリー人の強固なコミュニティとレストランがあった。この世にはおいしい飲料がどっさりあることを知った。かねがね不思議に思っていたのだが、英国の伝統的な飲料は種類は少ないし恐ろしくまずい。インド紅茶も、スコッチもビターも、とうていおいしいとは思えなかった。しかし徐々に中国紅茶を知り、スコットランド低地地方のモルトウィスキーに出会い、そしてここでピルスナー（チェコのビール）――とくにドイツで醸造されたもの――を知ることになる。なんと種類豊富な！　軽いのも強いのもお好みしだい！　気がつけば目の前に新たな世界が開けていたのだ。

私はまた、ためらいがちながら、ジャーナリストという新たな道を歩みはじめていた。基礎知識として《ニューヨーク・タイムズ》紙を勤勉に読み、《タイム》誌や《ニューズウィーク》誌も読んで、《タイムズ》がアジアや中東の記事に割く紙面の分量が、ヨーロッパの記事に割く分量にくらべていかに多いか気がついて驚いた。また、記事を書くさいの緻密さにも感銘を受けた（「まじめさ」と言ってもよいのだが、そう書くと英国のジャーナリストは「退屈」という意味にとるにちがいない）。《ニューズウィーク》では、まず一日の初めに会議があって、ボブ・クリストファーのほか八人ほどの記者（友人のエヴェレット・マーティンも含め）と集まって、世界で起こっていることについて議論し、雑誌でなにを取りあげるかを話しあう。私にとって、それはまさに大学のゼミのようだった。世界の重要事件についての良質の情報がぎっしり詰まっていたからだ。それでいて、会議はユーモアに満ちたくつろいだ雰囲気でおこなわれ、たまに質問すれば親切に答えてもらえた。すぐに気づいいたのだが、かれらはみな英国のジャーナリストに対してはかなり厳しい見かたをしていた。記事に主張が多すぎ、対象にじゅうぶんな関心を払っていない――要するに「意見ばかりで事実が少ない」――と思われていたのだ。また一度か二度、ジャーナリストの倫理も話題になった。これは英国では撞着語だろう。しかし私が感銘を受けたのはなんといっても、「事実」を伝えることと、それを「評価」することをつねにはっきり区別するよう心がけているということだった。

ところが数日後、そのあいだに二本ほど軽い記事を書いて真っ赤に添削されていたのだが、駆け出しジャーナリストとしての私に災厄が降りかかってきた。こういうささやかな記事を生み出す適当な方法を身につけつつ、仕事を覚えていくについてはあまり心配していなかった。エヴェレットがそばにいて指導してくれると思っていたからだ。しかし彼は急に、ドミニカ共和国の危機を取材するために派遣されることになり、私はひとりでなんとかやっていくしかなくなった。その後の私の仕事はあまり評価されなかったようで、その後まもなく、インドネシアのスカルノ大統領の追悼記事を書くように言われた。スカルノは二〇年前から大統領であり、今後二〇年間は元気でその仕事を続けそうに見えた。その意味するところは明らかだったから、私を解雇するという気まずい仕事をさせずにすむよう、辞表を書いてボブ・クリストファーに渡した。

そんなわけで金曜の夜、無職で、おまけに将来の当てもないまま、私は屋外のレストランでコニーと夕食をとりながら、これからいったいどうしようかと考えていた。といっても心配していたわけではない。コニーは進んで支えてくれるだろうし、一週間か二週間ぐらいは手持ちの金でじゅうぶん食べていける。目の前に牡蠣《かき》やらウニやらサザエやらの軟体動物がとっておくれと並んでいるようなもの、私は未来の可能性を思ってわくわくしていた。実際、案じる必要などなかったのだ。日曜日の午後には私はショービジネスの世界に戻り、以来二度と後ろをふり返らなかった、ではなく未来の可能性を心待ちにすることはなかった。

日曜日、新たな知人のひとり――最近知りあった若いプロデューサーのジョン・モリスと、私たちはランチをとる約束をしていた。会ってみたら、モリスは〈エスタブリッシュメント・クラブ〉と契約しているのがわかった。ピーター・クックが一九六一年にソーホーに設立した会員制のクラブだ。一九六一年というのは、例の『ビヨンド・ザ・フリンジ』の公演があって、いわゆる「風刺ブーム」の始まった年である。クックは会員制のクラブを作り、それで当時の検閲を免れて、宮内長官（王立劇場の監督も担当する）が知ったら立腹するような舞台をやっていたわけだ。モリスは、その舞台の一部を北米で興行する権利を取得していたのだが、そんなおりに《ニューズウィーク》経由で私のことを耳にして、出演する気はないかと打診してきたのだ。これからシカゴとワシントンに小規模なツアーをおこなう予定だという。四人の出演者のひとりは、私がケンブリッジの一年生だったときに〈フットライツ〉の運営委員長をしていたピーター・ベルウッドで、とても好感のもてる愉快な男だった。彼と仕事ができるなら楽しいに決まっている。それで、コーヒーが出てきたときにはもう私は「イエス」の返事をし、しかもその翌日から稽古を始めることに同意していた。

ある意味で、これはまさに渡りに舟だった。金曜日に会社を辞め、月曜日にはまた生活の糧《かて》を稼げることになったのだから。しかし、ときどき思うのだが、しばらく無職で過ごすだけの度胸があって、最初に来た話にすぐに飛びつかずにいられたらどうなっていただろうか。なにを贅沢なと言われるだろう。しかし、シティバンクに勤めるケンブリッジ時代の友人ふたりとすでに話をして、興味があったらうちに来ないかと言われていたし、またテリー・ギリアムを通じて、《マッド》誌でライターをやらせてもらえないかと打診してもいた。それにまた、かねがね広告業界で働いてみたいとも思っていた。なんと言っても、当時はマディソン街（ニューヨークの広告業の中心地）が最も輝いていた時代だったのだ。しかし、いつも変わらぬ私の道連れ――幸運とウェストン市民的な用心深さ――がそれを許さなかった。実際、職業人としての人生で、私が真に自分から動いたと言えるのは四回しかなかったと思う。まず、グレアム・チャップマンに提案して、未来の〈モンティ・パイソン〉のメンバーに連絡をとったとき。コニーとともにシットコムの脚本を書くお膳立てを整えたとき。心理学の基礎原理を解説するテレビシリーズをいっしょに作ろうと、ロビン・スキナー（ジョン・クリーズがセラピーを受けていた精神科医）に持ちかけたとき。そして、『ワンダとダイヤと優しい奴ら』の企画を立ち上げて実現させたときだ。それ以外のときは、ただ向こうから差し出された面白そうな話を受けるか、すでにできあがっているパターンを踏襲してきたにすぎない。

そんなわけで、プロデューサーの自宅に集まって、〈エスタブリッシュメント〉の台本の読み合わせをした。とてもよい台本だったが、あまり斬新とは言えなかったかもしれない。英国の風刺ブームは始まってまだ四年、しかしすでに供給過剰気味で、早くもマンネリ化してきていたのだ。とはいえ、稽古の期間は一〇日しかなかったから、書き直しはしなかった。ただ、英国人にしか通じない部分をカットしたり、やや不出来なコントを、私たちがべつの機会に作ったコントと差し替えたりしただけだ。寄せ集めではあったが、基調は八〇パーセントが風刺で、女王や産児制限や、労働党の広告では性的なサブリミナル・メッセージが使われているとか、英国国教会をからかうコントだった。しかし、私たちにはいささか定番と見えるネタが、こちらの批評家や観客には大いに喜ばれた。当時のアメリカ人は、政治的な風刺に慣れていなかったのだ。あるコメディアンから聞いたところでは、風刺は「土曜の夜を台無しにする（アメリカの劇作家ジョージ・カウフマンの言葉。風刺で笑いをとるのはむずかしいという意味）」と言われていて、だから私たちの舞台がとても新鮮に映ったのだ。批評家の評価も驚くほど高く、とくにピーター・ベルウッドは絶賛された。彼のさりげないスタイルは魅力的で、ひねた愛嬌はじつは精確な演技に裏打ちされていた。マリオン・グレイ――同じく英国人なのは見ればわかるほどだった――は、ふだんはとても礼儀正しく、ひかえめで、無口と言ってもいいほどの女性だったが、舞台のうえでは別人だった。その演技は力強く、滑稽で、しかもわざとらしさがまるでない。彼女の演じるエリザベス女王は絶品だった（「フィリップ、時代錯誤《アナクロニズム》ってなに？」「また本を読んでいるんだろう」）。さらにまた、だらしなくて愛嬌があって愉快なアイルランド人、のどを鳴らすようなすばらしい声のジョー（ジョゼフ）・メイハーは、たんに面白半分で数週間だけ役者をやっているように見えたが、いつのまにかトニー賞の演劇主演男優賞に三度もノミネートされるまでになっている。

開幕は一九六五年七月、シカゴ大学のキャンパスのすぐそば、ハイドパーク内の小さな劇場だった。観客は若くて反応が早くて盛大に笑ってくれ、私たち四人はたちまち、調子っぱずれでいささかドタバタな、ショーの内容にふさわしいスタイルを確立していた。出演者全員のリズムがかみ合い、舞台がほんとうに面白いと感じられるのは気分のいいものだ。運のよいことに、シカゴ公演をおこなった秋の二週間は、蒸し暑い夏から凍てつく冬に移る途中の気候のよい時期だった。私たちはあちこち散策してまわり、シカゴは本格的な「大都市」だという結論に達した。本格的な川があり、本格的に大きな新聞社があり、劇場がどっさりあって、愛想のいい中西部人がおおぜいいて、ポーランド人がいかに間抜けかというジョークを飛ばしている（シカゴはポーランド系住民が多い）。ポーランド人がそういう面で抜きんでていると思ったことがなかったので、電球を取り替えるのにポーランド人《ポール》は何人必要かというジョーク（答えは三人。電球をつかむのにひとり、梯子を支えつつ回転させるのにふたり）を初めて聞いたときは面食らった。しかし、そのジョークを言った人も同じぐらい面食らっていた——電球を取り替えるのにどうして竿《ポール》がが必要なのかと私が問い返したからだ。

私はビリヤード場を見つけ、そこでビリヤード賭博師に勝ってしまった。彼は二〇ドル賭けてリターンマッチを挑んできたが、私は断わった。また勝てると思うほどばかではなかったからだが、向こうが勝たせようとしていなかったら、最初の試合にも勝てなかっただろうと見抜けるほど賢くもなかった。まだとんでもなく世間知らずだったのだ。どれぐらい世間知らずだったかというと、〈プレイボーイ・クラブ〉に行っていい気になって酒を注文するほどだった。そこである人に、ピーター・クックのすばらしいエピソードを聞かされた。彼はそのクラブに夕食をとりに来たことがあったのだが、申し訳ないがテーブルの用意がまだできていないと言われたため、バーで酒を飲みながら静かに待っていた。そこへ地元の偉いさんが現われて、同じく待ってくれと言われて癇癪を起こした。「私がだれだか知らんのか。ああ、知らんのか」。するとピーターは立ちあがり、こう言ってその場をおさめたという。「だれか知ってる人はいませんか、この人はだれなんですか。助けてあげてくださいよ、気の毒に、自分がだれなのか忘れちゃって……」。男は完全にぺしゃんこにされてしまい、こうなってはもう立ち去るしか道はなかった。めったにないことだが、腹を立てたピーターは向かうところ敵なしだったのだ。

この新たな公演のおかげで、私はシカゴの移民局事務所に出かけて就労ビザを延長してもらったのだが、ここで私もまた地元のお偉いさんに遭遇することになった。しかしピーターとはちがい、その場をあざやかにおさめることはできなかった。言うまでもないが、これは純粋に決まりきった手続き上の問題のはずだった。私は用紙にきちんと必要事項を書き込み、移民局の局員に差し出した。五十代なかばの男だった。その後におこなわれたやりとりは以下のとおりである。

「英国人かね」

「そうです」

「それじゃ、これはなに」

「え、私の国籍ですが」

「英国人だと言ったじゃないか」

「……は？」

「あんたはウクライナ人なのかね」

「……ウクライナ人？」

「ここに『UK』と書いてるじゃないか」

「ああ、いえ、それは連合王国《ユナイテッド・キングダム》のことです」

「なんだって」

「ユナイテッド・キングダムです。イングランド、スコットランド、ウェールズ――」

「UKはウクライナの略だ」

「えー……そんなことはないと思いますが。安全保障理事会でも、英国の国連大使の前の名札には『ユナイテッド・キングダム』、つまりUKと……」

「UKはウクライナだ」

「いいですか、私はケンブリッジで国際法の勉強をしたんですよ。それで――」

「あんたはウクライナ人なのか」

「……ちがいます、でも――」

「それじゃ書き直して。虚偽記載は法律で禁じられてるんだよ」

断わっておくが、このやりとりの相手は、ちゃんと訓練を受けて経験も積んだ、合衆国移民局の局員なのである。長年外国人を相手に仕事をしてきたのだから、統計的に言って、そのなかにはUK国民もまちがいなく交じっていたはずなのである。にもかかわらず、UKが「ウクライナ」の略称だと思っていただけでなく、自分がここに存在するという現実を疑わないのと同じぐらい確実に、それが事実だと信じて疑っていなかった。ばかが制服を着て、これ以上の高い地位に上りつめることは不可能だ。これは、自分の選んだ専門分野についてすらまったく無知蒙昧《むちもうまい》でいられる男なのだ。たんなる無知ではなく（無知なら矯正がきく）、右に出る者もないほどとんまなために、自分でほんの少しも気づいていないのだ……自分がほんとうはノーベル賞級の、泣く子も黙る大ばか者だということに。そんなわけで、彼の権限に歯向かってはいけないと気がつき（彼が持っているのはそれだけなのだから）、私は言われたとおりにした。虚偽記載を禁じる法律を破り、線を引いてＵＫの文字を消して「英国国民」と書き直したのだ。こうして私のビザは更新されたのである。

ハイドパークの公演が大好評だったのは、ある意味で私にとっては残念なことだった。そのせいで公演が一週間延長になり、コニーが恋しくてたまらなくなったからだ。ニューヨークに戻って、ふたりの未来について計画を立てたかった。そんなわけで、最後の舞台が終わって、やっと古いヴァンに乗り込んだときはほっとした。ピーターの運転で八〇〇マイル、ヴァンはほとんど休憩もなしで走りつづけた。

ところが、ふたりで暮らす狭いアパートメントに帰り着き、落ち着いて秋を楽しむまもあらばこそ、そこへ一本の電話がかかってきた。私の職業人としての人生で、それは最も重要な電話だった。

第11章　初めてのテレビ出演

電話をくれたのはデイヴィッド・フロストだった。一九六一年の〈フットライツ〉のレビューで発表した私のささやかなネタを振り出しに、いくつかのコントを《ザット・ワズ・ザ・ウィーク・ザット・ワズ》で使ってくれてから、フロストは連絡を絶やさずにいてくれた。ウェストエンドでの『ケンブリッジ・サーカス』はもちろん、ブロードウェイでの短い公演も観にきてくれたし、またアメリカ版《ザット・ワズ・ザ・ウィーク・ザット・ワズ》をニューヨークでやっているときは、たんに「連絡を絶やさない」ためだけにときどき電話をくれた。言うまでもなく、私のほうから連絡をとることはなかった。彼はとてつもなく有名になって、英米両方のテレビで発狂するほど忙しくしていたからだ。そんなわけで、いつものとおり明るく心のこもった挨拶から始まり、いつものとおり三〇秒ほど冗談を言いあったあとで、彼は言った。年明けからBBCで一三回連続の三〇分のコント番組をやることになってるんだけど、きみもいっしょにやらない？　願ってもないすごい話なのに、それを言う彼の口調はあくまでもあっさりしていて、私たちのつきあいがごく自然にもう一段深まるだけと言わぬばかりだった。これがどれほど重大なことかちゃんと呑み込めないうちに、私はぜひやりたいと答え、すると彼は急に大きな声を出して、「あっ、飛行機が出るって言ってる！　もう行かないと！　ロンドンに着いたら電話してくれよ、じゃあなー！」電話は切れた。こんなふうにして、私の人生は次の段階に進むことに決まってしまったのである。

私はもともと、いつかはロンドンに帰るつもりでいたが、これほど事態が急に動きだすとは予想もしていなかった。コニーにフロストの電話のことを話し、ふたりして将来の計画を話しあった。しばらく前から結婚の相談はしていたのだが、結婚するなら早いほうが好都合だと気がついたのだ。女優としてキャリアを積むのはコニーにとってとても重要なことだったし、いっしょに英国についてきてくれるなら、すぐに労働許可証がとれるようにしておきたかった。

そんなふうに興奮気味にプランを練っている最中に、私はワシントンに向けて出発することになった。〈エスタブリッシュメント〉の二度めの「ツアー」のためだ。今回の舞台は劇場ではなく、ナイトクラブだった。設備はちょっと貧弱だった――部屋のいっぽうの端が少し高くなっていて、それが舞台なのである。また、ひと晩に二度（ただし土曜日は三度）の上演という話だったので、ショーが四〇分に切り詰められたこともあり、私たちはリラックスして気楽なナイトクラブの雰囲気に溶け込めた。しらふの観客はとても反応がよかったが、私は舞台のうえで新たな難問に直面することになった。すなわち、共演者が宵の口には一杯機嫌で、時間を追うごとにそれが二杯機嫌三杯機嫌とレベルアップしていくという問題だ。とくに土曜日の夜の三度めの舞台では、いつもの三杯機嫌にさらに杯が重なって、おまけにその数は見る見るうちに増えていく。そういう相手と共演する場面はどう転ぶやら予想もつかない。

たとえば、こんな「ミニ」コントがあった。

照明がつく。舞台中央に私が立っている。ジョー・メイハーが警官のヘルメットをかぶって登場。私に近づいてきて宣言する。

「アイリッシュシチュー！」

「アイリッシュシチュー？　アイリッシュシチューがどうか？」

「法の名においてアイリッシュシチュー！」

そしてジョーは私を引きずって舞台袖に去る。

ひじょうに短くてばかばかしいのでなんとかやっていけたが、土曜日の夜（の三度め）にはそれがこうなってしまう。

照明がつく。舞台中央に私が立っている。ジョーが登場。警官のヘルメットは変な角度にかしいでいる。私に近づいてきて宣言する。

「逮捕《アイアレスチユー》する！」

どうしてよいやら、まったく対処に苦しむ。「わかりました」とか「ついにばれたか」では笑いとして発展する余地がない。たとえば「罪状《チャージ》は？」と問い返せば、「料金《チャージ》なんぞない。出血サービスだ！」とでも答えられるかもしれないが、彼の目を見たら、とてもこちらのリードについてきてくれそうになかった。そこで私はわっと泣きだし、少なくともジョーを笑わすことはできた。それから何分か過ぎ、杯の数もさらに過ぎてから、次のコントが始まった。冒頭に、ジョーはかなり長いせりふをしゃべらなくてはならない。彼は静かな決意をもってその難行に挑み、何語かは正しく発音することに成功する（厳密には順序はまちがっていたが）。しかし、独白のなかほどまで来ると、しだいにその速度は落ちていく。巨大なトラックが山の斜面に差しかかったときのようだ。しかも、なんとか発した単語も互いになんの脈絡もない。単語数の少なさを補うかのように、声だけはどんどん大きくなっていく。助け船のつもりで口出しをして遮ろうとしたが、向こうはどうしてもあきらめない。このくされ独白をやりきらなければ死んだほうがましという勢いだ。その独白が続くうちに、客は伝票を確かめようとしたり、せめてもう一杯酒を注文しようとしたりしはじめた。ここに来て、私は意地の悪い行動に出た。ちょっと待ってと彼に断わって舞台をおり、椅子をひとつ持って舞台に戻り、腰をおろして、どうも失礼、どうぞ続けてと言ったのだ。彼は私を見た。その顔が少しずつゆるんでくしゃくしゃになり、しまいに涙を流して笑いはじめた。苦しそうにしゃくりあげながら、椅子から私を追いはらって自分で腰をおろし、背もたれにだらしなく寄りかかって、陽気な笑いの痙攣にどうしようもなく全身を震わせる。どうでもいい……なにもかも、ほんとうにどうでもいいのだと、そう結論に達した人のようだった。そしてこのころには、このまったく無意味な浮かれように客席も呑み込まれていた。理由はわからないが、しかしそれがどうした。笑いには感染力があると言われる。そしてたしかに、死にそうになっている客もいた。

常人とはちがっていたのだ、ジョー・メイハーという男は。

このワシントン公演中にあった出来事で、心に残っていることがもうひとつある。ある夜、舞台のあとにみんなでバーに入って愉快に飲んでいたら、いっしょに飲んでいたある客が手相を見てやろうと言う。しばらく私の手をにらんでいたが、やがて言った。「こりゃずいぶん変わった手相だね。論理的で頭脳的な面と、創造的な面が釣りあってる。いっぽうがもういっぽうより強く出るのがふつうなんだが」。私は興味をそそられ、それから何年もたつうちに、あの男の言葉は正しかったと思うようになった。というのも、創造性の面で私よりすぐれた人々は、分析や構築があまり得意でないように思えたからだ。話の筋立てとか、ある場面での人々の感情を緻密に分析するといった面ではとくにそうだった。いっぽう、分析能力の高い人はしゃれやパロディは得意だが、発想という面では豊かとは言えず、非論理的な飛躍《ジャンプ》（どころか小さなスキップですら）ができず、最も肥沃《ひよく》な笑いの地へ到達することができないように思える。機知に富む人は滑稽な演技が得意でなく、逆に得意な人は筋道を立てて物事を考えるのが得意でないのは、おそらくそのためではないだろうか。私はどちらの面でも一流ではないが、両方の面を行ったり来たりすることができる。だから、じゅうぶんに推敲ができれば、そう悪くないものを生み出せることもあるのだと思う（『ワンダとダイヤと優しい奴ら』は一三回書き直した）。

こうして、和気あいあいとした〈エスタブリッシュメント〉という幕間《まくあい》は終わりを告げ、私たちはそれぞれべつべつの道を行くことになった。何年もたってから、ジョーはいまロンドンにいると言って連絡してきてくれた。私は歓迎パーティを開き、これからは連絡を取りあおうと固く約束したが、次に飛び込んできたのは、彼が脳腫瘍で亡くなったという知らせだった。ロンドンに来たとき、彼がゲイなのにまるで気がつかなかったと言って、ジョーは私をさんざんからかった。そうは言っても、アイルランド人なのにはちゃんと気がついたではないか、と私は反論した。もっともそれは、彼があっけらかんと公言していたからだが。

アメリカでの公演の日々は終わり、コニーと私はそろってニューヨークにいて、ふたりの未来について計画を練る時間ができた。というわけで、西六六丁目の〈ジンジャー・マン〉というお気に入りの店にふたりで出かけた。ここは、これまで食べた最高のオムレツを出す店なのだ。ところが彼女は、まだ結婚するふんぎりがつかないと言う。そして数日後には、いっしょにロンドンへ行くのもほんとうは気が進まないと付け加えた。なにからなにまでひじょうに理性的だった。もちろん、私たちはどちらもいずれは結婚するものと思っていたし、それまでは定期的に行ったり来たりすることになるだろう。しかし、「現実世界」の恋愛で落胆を経験したのはこれが初めてだったので、私はとてもがっかりしてしまった。その失意を隠そうと雄々しく努力し（努力が足りなかったため、少なからず馬脚を表わしてしまったが）、自分で書いて監督して演じたB級映画のスターになり、苦悩する自分に酔って、そしてそれをこのうえなく特別なものとかそんなふうに思い込んでいた。当時の私は、まだまだものを知らなかったのだ。ロンドンに戻った私は、「クリスマスおめでとう」のはがきをコニーに出した。署名をしてから、ふと思いついて「ひとりきりでロンドンの雨に濡れています」と書き添え、トラファルガー広場郵便局で投函して、ラストシーンをみごとに締めくくった。

その後は、ウェストン＝スーパー＝メアの両親の家でクリスマスを過ごし、近況を伝えあった。伝えるべき近況はどっさりあった。ニューヨークに行ってからというもの、これは認めなくてはならないが、私は両親に手紙も書かず電話もかけなかったのだ。驚かれるだろうが、これは積極的に連絡をすまいと決心したからではない。たんに連絡をせずにいればいるほど、せずにいるのが容易になるということなのだ。この「最終的な親離れ」については心理学者なら何章でも解説が書けるだろうが、奇妙なのは、それまでずっとまめに連絡していたのに、アメリカに行ったとたんなしのつぶてになり、戻ってきたらまたすぐまめに連絡するようになったことだ。まるで一方的独立宣言（通常は、宗主国の承認を得ずに植民地が独立を宣言すること）などしたことがなかったかのようだった。これはきっと、アメリカで吸っていた自由の空気のせいにちがいない。

すぐに気づいたのだが、私の海外での生活に母はほとんど関心を示さなかった。ブロードウェイでの興奮の日々について二、三分話を聞いただけで、今度はいつウェストンに戻ってくるのかと質問を始めたのだ。これはいつもどおりの母の態度だったが、一年半も離れていたあとだっただけに滑稽に思えた。それでこんなコントが目に浮かんだ――一本脚の若者が戦争から戻ってくると、それを迎える母親は手帳とペンを手に、次はいつ来るのか、何日滞在できるのか、そしてその次はどうかとそればかり知りたがるのだ。

父は私の刺激的な体験談に耳を傾けてくれたが、会話は以前のようにはかみ合わなかった。父はどうも自分ばかり話をしたがるようだったし、私のほうがよく知っていることについてしょっちゅう助言をしようとする。私はいらだち、また不思議に思ったが、そのうち気がついた。私が子供だったころ、父は好んで「頼れるお父さん」を演じていた。賢くてなんでも知っている助言者の役割だ。そしていま、父は無意識のうちに、その当時の父子関係を復活させようとしている。ついにそこに思い当たったとき、私は悲しくなった。私が成長したことを父は受け入れられず、対等な関係に移行することができないのだ。これでは、より深い心の通い合いは妨げられてしまう。言うまでもないが、あくまでも英国人らしく、私たちはそれについて話しあおうとは思いもよらなかった。

また、コニーのことを話したとき、両親がほとんど興味を示さなかったのにも少し驚いた。私の愛情をべつの女性と取りあうことになるのを、母は快く思わなかったのではないかと思うが、いっぽう父はコニーとのつきあいが中断したと聞いてまるでほっとしているようだった。父は昔から、私が公爵令嬢と結婚することを心の底では望んでいたのだ。これはけっして、たんなる俗物根性ではない。前にも書いたが、第一次世界大戦直後に父はロンドンでもインドでも上流階級の人々と接して、かれらこそこの世で最も立派な尊敬すべき人種だと信じていた。だから、私が貴族の女性と結婚していたら、天にも昇る喜びだっただろうと思う。もっと有利な結婚をするべきだと父は固く思い込んでいたから、やはりコニーと結婚することに決めたと二年後に伝えたときには、ほんとうに失望の声をあげたほどだった。申し分のない反応とは言えない、と思ったのを憶えている。しかし、父がどんなときも私を愛し、心から幸せを願っていてくれたのはわかっている。ただ、大人になった私がなにを望んでいるのか、わかっていなかっただけなのだ。それは私も同じだったが、ただ私にはひとつふたつ手がかりがあったのに、父にはなかったのだと思う。

ウェストンでは、一日はとてもゆっくりと過ぎていった。朝食と新聞が朝のハイライトだった。正午ごろ、適当な口実が見つかれば私は家を抜け出して散歩をした。それから母がおいしいランチを出してくれ、それが終わると父は昼寝をし、四時ごろになると腰を落ち着けて夜を待つ。待つかいがあったのだ。当時の英国のテレビはつねに面白かったから、毎晩なにかしらほんとうに観たいと思う番組があった。父と私がテレビを観はじめると、まもなく母もやって来て、編み物をしたり猫をなでたり、ティーポットカバーの染み抜きをしたりしながら、テレビ画面を油断なく見張っていて、ときおり感想を言う。ある夜、ミステリーの連続番組の最終回を観ていて、悪漢が拳銃を手に歩いてくるという手に汗にぎる瞬間、母は言った。「まあ見て、あの人の鼻、エリックおじさんの鼻にそっくり」。母はこういう調子っぱずれなコメントをする名人だった。英国首相が急にテレビに現われて、ロシアに宣戦布告をしたと国民に伝えたとしても、母は首相のセーターの色について感想を言っただろうと思う。

　ある朝、テレビの時間までの数時間になんとか変化をつけたくて、今日の午後は映画でも観に行かないかと提案してみた。興味深いことに、これはパニックにも似た不安を引き起こしてしまった。父はすぐに窓ぎわへ行き、クォントック丘陵（サマセット州西部の低い山地）のほうを見て雲が出ていると言い、さらに新聞の天気予報を確かめ、自動車のガソリンが残り少なくなっていたはずだと言い、前夜のうちにレインコートが盗まれていないか調べ、持っていくべきもののリストを作りはじめた。いっぽう母は部屋のまんなかに突っ立って、目を見開いてこう繰り返していた。「それで、お茶の前に行くの、あとに行くの？　お茶の前に行くの、あとに行くの？」私はふたりをまた椅子にかけさせたが、どちらも目には恐怖の色を浮かべていて、なにも耳に入らないようすだった。落ち着かせようと思って、むかしみんなで映画館に行って楽しく過ごしたときの話をしてみたが、そんな話題が尽きてしまっても（ちなみに二〇秒ほどあとだった）、ふたりはあいかわらず幽霊を見た人のような顔をしていた。両親はその日、非の打ちどころのない、じゅうぶんに実行可能な予定を立てていたのだ――大したことはなにもせず、七時になったらテレビを観て、一〇時になったらベッドに入る。それなのに、その予定が滅茶苦茶になってしまった。

そこで私は、もう朝食もすんでしまったし、予定を一から変更するには少し遅すぎたねと譲歩し、映画を観に行くのは、私がこの次帰って来たときにしようかと言った。これで平安が戻ってきた。母もすっかり落ち着いて、ランチタイムのころには、それで次はいつ帰ってくるつもりなのかと尋ねていたほどだ。まだ「いつかそのうち」ということにしておきたい時期だったのだ。

このきわめて劇的な瞬間には、かなり示唆に富む一面が見てとれる。それは肝心な質問がまるで出てこなかったということだ。つまり、あえてその危険を冒すとしたら、いったいなんの映画を観に行くのか、ということである。私の両親の世代の優先順位は、少なくともアメリカである程度の期間を過ごしてきた人間にとっては、まるで理解の範疇を超えていた。たとえば「外で」食事をとるとしたら、レストランを選ぶ主たる基準は、清潔さの度合いであり、皿や料理の温かさであり、料理の量（多すぎてはいけない）であって、おいしいかどうかは選択になんの影響も及ぼさない。したがって、両親のひいきのレストランは〈コッパー・ケトル〉だった。ナプキンもテーブルクロスも「しみひとつなく」、食器は「きれいで温かく」、料理は「じゅうじゅう言うほど熱く」て、「脂っこく」もなく「こってり」でもなく、また「スパイシー」でもない（とくにニンニクくさいのはいけない）からである。料理に対する最大の賛辞は（熱いことをべつにすれば）「あっさりしている」だった。ここにはいささか外国恐怖症がひそんでいる。英国では、料理の暗黙の目的は危険の排除なのである。野菜は徹底的に茹でなくてはならない。なかになにかが隠れていて、飛びかかってこないとも限らないからだ。肉や魚は明らかに死んでいればいるほど安全だが、それでもとどめの一撃が必要だ。タルタルステーキ（牛挽き肉を塩コショウなどで味付けしてそのまま出す料理）を食べているところを見られたら、自殺防止ダイヤルに電話をされることになっただろう。

なんの話だったかな。そうそう、映画の話だ。にわかには信じられないと思うが、私の両親の世代は、適当な時刻に映画館に入っていくのがふつうだった。どんな映画がかかっているかまるで気にしない。それどころか、映画が始まったばかりなのか、中ほどまで進んでいるのか、最後の追跡シーンの最中なのかすら気にしない。お菓子や煙草をお供に機嫌よく座席に腰をすえ、どんな話なのか、だれが悪役で、なぜみんなハンブルクに来ているのか解読しようとしはじめる。そして映画が終わると、辛抱強く予告篇とニュース映画を観、アイスクリームを食べ、やがてまた映画が始まると、ようやくだれがだれで、なぜハンブルクに行ったのかわかってくる。そしていったいなにが起こっていたのかやっとわかって、今度こそ大団円を楽しめるというときになって、「ああ、ここから観たんだった！」と言う——そして映画館を出ていくのである。こんな観客を相手に、いったいどんな脚本を書けばいいというのか。名高い喜劇作家ベン・トラヴァーズから聞いたのだが、一九三〇年代には「田舎」の上流人士は例外なく、劇場の一階奥の席にだいたい二〇分遅れでやって来ていたという（労働者階級のつまらない規則には縛られないことを見せつけるために）。それで彼はいつも、そのころに物語の簡単なあらすじを付け加えて、そんなハイソなかたがたが話についていけるようにしていたそうだ。しかし、ベンは少なくとも、そういう客がだいたいいつごろ入ってくるかはわかっていたわけだ。それに対して、「ああ、ここから観たんだった！」集団《ブリゲード》は、そもそもなぜ好んで間違った順序で映画を観ていたのか、その理由を考えたことがあっただろうか。少なくとも私の両親は考えていなかった。「かれらの本分はなぜと問うことではなく……」（テニスンの詩「軽騎兵旅団の突撃《ライト・ブリゲード》」の一節。クリミア戦争中、敵の大砲陣地目がけて無謀な突撃をかけ、多数の死傷者を出した旅団を謳った詩）」

私はしまいにウェストンを脱出し、嬉々としてノッティングヒル（ロンドンの一地区）に急行した。ティム・ブルック＝テイラーがレドベリーストリートに住んでおり、そこに一時居候させてもらいながら、ちゃんとした住まいを探すつもりだった。というのも、ティムやデイヴィッド・ハッチ、ビル・オディ、ジョー・ケンドルが〈スクエア・イースト〉の公演を終えて英国に戻ったとき、BBCの娯楽部に戻って仕事を再開していたハンフリー・バークレイが四人を呼んで、私たちがニュージーランドへ出発する前に作っていたラジオ番組――《すみません読みなおします》というタイトルだった――と同じ路線の番組を作っていたのだ。私の抜けた穴を埋めていたのはグレイム・ガーデンだった。〈フットライツ〉の変わらぬファンのひとりで、私たちはみなケンブリッジ時代からよく知っていたし、とくにうまい「歌い手《ボイス・マン》」で、物まねもうまかった。また機知に富む多作な作家でもあった。ハンフリーはその後、おおむねグレイムとビルと共同で台本を書き、一三回の本格的な連続番組を演出・監督していた。それが人気を博した（上層部の言葉を借りれば「有望」だった）ので、さらに一三回続けることになり……それで、私にも出ないかと声がかかったのだ。またしても、棚ぼたに話が決まったわけである。

あんまりうれしかったので、デイヴィッド・フロストに電話をかけて、彼の番組についてはあと二週間ぐらいはなにも始まらないことを確認してから、ティムを口説いていっしょにカナリア諸島（アフリカ北西海岸近くにある群島。スペイン領）へちょっと遊びに行き、日光を浴びてくることにした。そしてテネリフェ島で、数日間にわたるすばらしい経験をした。キングズリー・エイミスの『ラッキー・ジム』を読んだのだ。読みながらしょっちゅう声をたてて笑い、笑いすぎて苦しいほどになった小説というと、私の一生で二冊しかない。最初の一冊は『ボートの三人男』で、これは父もランカスター大尉もこよなく愛していた。そしていま、『ラッキー・ジム』の主人公、できそこないの学者ジム・ディクスンが、私にとって愛すべき共感できる人物になった。周囲の人々や事件に対する反応が少し似ていると思うのだが、とても私にはできないほど、その反応が意識的で明瞭で大胆なのだ。「楽しきイングランド（エリザベス期の古き良きイングランドをさす）」について講義していたのが、アルコールのせいでへろへろになる場面、駅までの「ゆっくりした」バスの旅、泊めてもらった家の毛布に煙草の火で穴をあけてしまう場面などは、めったにお目にかかれない——というよりほとんど絶滅寸前の、巧妙に抑制された筆致がおみごとというしかない。

ロンドンに戻ったとき、ケンブリッジ時代からの旧友アラン・ハチスンから連絡をもらった。アランはロイターの海外通信員という職についていたため、長らく外国を旅してまわって、日本や南米などはるか遠くの国々にも足をのばしていたのだが、それがちょうど帰国したところだった。それで、ロンドンのアールズコート・ロード近くのローガン・ミューズにとてもきれいな小さいフラットを見つけたから、二年ぐらいそこをシェアしないかと言ってきてくれたのだ。私はこの話に飛びついた。そのフラットは広さもちょうどよく、狭い寝室がふたつにリビングルームと小さいキッチンがあった。また、その路地《ミューズ》はすばらしく閑静だった。そのわりに二分歩けばクロムウェル・ロードまで出ることができ、そこへ出ればいつでもタクシーが走っていて、おまけに地下鉄のアールズコート駅からたった五分だったのだ。

アランの旅は、私のそれよりはるかにエキゾチックだった。東京でしばらく過ごしたのち、西洋人がまだ行ったことのない地域を旅してみたいとアランは考えた。そういうところでは英語は役に立たないだろうと気がついて、旅慣れた仲間に「申し訳ありませんが、どこか泊まれる場所はありませんか」という意味の日本語の文句を教えてもらった。ところが出発するとすぐに天候が崩れはじめた。バケツをひっくり返したような大雨になり、雷は鳴るし稲妻は光るし、もうさんざんな目にあった。幸い、小さな家が何軒か目に入ったので、一軒に近づいていってノックをし、扉が開いたところで、教わった日本語の文句を繰り返した。その家の主人はとても驚いた顔をしたが、気をとりなおして笑顔になり、三度お辞儀をして扉を閉じた。面食らって、アランは隣の家でも同じことをやってみたが、結果は同じだった。このころには全身ずぶ濡れになっていたものの、代替案の用意はなかったから、そのまま次の家次の家と同じことを続けていくうちに、しまいにやっと薪小屋を見つけてそこで一夜を過ごした。翌日は、ほっとしたことに日本式のユースホステルに行き当たった。そこの主人は多少英語ができたので、正確に覚えてきた日本語の文句を英語に訳してくれないかと頼んでみた。主人は承知し、アランの言葉を聞いてその意味を説明してくれた。それは、「この場をお借りして、お休みのご挨拶をさせていただきます」という意味だったそうだ。

それにしても、どんなに驚いたことだろう。夜中に起こされてみたら、玄関に雲つく大男が立っているのだ。日本人以外の人間を見るのは生まれて初めてで、いま水中から出てきたばかりの怪物にも見えただろう。それが土砂降りのさなかにわざわざ遠征してきて、なにをするかと思えばお休みの挨拶をするだけ。実際あやしすぎる話に思えただろう。ふとんのなかで寝返りを打ちながら、あれは地球外生物で、この近隣をせっせと偵察してまわっているのではないか――そんな結論に達するのは大いにありうることだ。「この場をお借りしてお休みのご挨拶をさせてください」などという友好的な言葉を隠れ蓑に、こちらの防衛力を評価していたのではないか。これは穏健な日本人という伝説を強力に裏づける話だ。徒党を組んで、鎌や熊手でアランを狩ろうという話にならないほうが不思議なぐらいなのだから。

こうして私はデイヴィッド・フロストの企画――《フロスト・レポート〈*The Frost Report*〉》となるはずの――に加わる態勢を整えると同時に、主要なメンバー全員と知り合いになっていった。気さくで明るいデイヴィッドのおかげで、また私が向こうを知らないのと同じく向こうも私のことを知らなかったためもあり、主導権争いめいたこともなく、私たちはすんなり溶け込んでいった。当時は夢にも思わなかったが、それから二〇年のあいだに、この親密で愉快で目立たないグループのうち少なくとも一五人と、私は共同で大きな仕事を手がけることになるのである。思うに、このグループで和を保つのが簡単だったのは、だれが手綱を握っているのかあまりにも明らかだったからでもあった。それはディレクターのデイヴィッドであり、またプロデューサーのジミー・ギルバートだった。ジミーは人好きのするスコットランド人で、彼の判断は信用できると私たちは直観的に理解していたし、彼の穏やかな自信には伝染性があった。また頭の回転が速くて見通しもたしかだったから、彼に任せておけばまちがいないと安心していられたのだ。

ニューヨークでデイヴィッドの電話を受けたとき、まだ私が会ったことのないふたりの人物、ロニー・バーカーとロニー・コーベットといっしょに番組をやると彼は言っていた。そしていま、そのふたりと知り合いになったわけだが、ロニー・バーカーは一流の性格俳優だった。将軍から田舎者までなんでも演じることができ、テレビにしょっちゅう出演していて、彼の名前を知らない人も顔を見ればわかるほどだった。彼が主要な演技者になるのは明らかだったが、しかしあれほど俳優らしくない俳優には会ったことがない。人のよさとジョーク好きのにじみ出る、陽気な親戚のおじさんのようだった。またロニー・コーベットも、身長こそ五フィートしかなかったが、ほんものの存在感のある俳優だった。子供向けの番組によく出ていたが、もともとは寄席芸人の出身だ。役を演じるのでなく、素のままで観客の前に出ていける役者だった。また話がとてもうまくて、彼のまわりでは笑いの絶えることがなかった。そうは言っても、彼には高性能のたわごと検出器が備わっていて、愉快な言葉の陰に、意地悪なほど鋭い観察眼がひそんでいたものだった。両ロニーより一〇歳ほど若いほかの演技者は、シーラ・スティーフェル、ニコラス・スミス、ニッキー・ヘンスンなど、全員が二十代なかばから後半だった。

　一九六六年一月末、私にとって英国のテレビ初出演の日、ニッキーと私はロンドン西部の公園に車で連れていかれ、そこで公園管理員の扮装をして撮影に臨んだ。わけがわからず突っ立っている私たちの前で、ロニー・コーベットが芝生のうえを踊りまわっている――これは、看板に「芝生のうえを歩かないでください」と書いてあるというジョークだった。冴えたアイデアとは言えないし、そのうえ私は自分がなにをしているのか知らず、おかげであさってのほうを見ていたのもまずかったが、幸

《フロスト・レポート》の出演者と脚本家。前列左から、
マーティ・フェルドマン、シーラ・スティーフェル、デイヴィッド・フロスト、
ジミー・ギルバート、ジュリー・フェリクス、ロニー・バーカー。
後列は、〈モンティ・パイソン〉のメンバー
５人ほかさまざまな脚本家と裏方たち。

いロニーの演技で救われた。ニッキーと私はすぐに仲よくなり、以来ずっと親しい友人づきあいを続けている。彼の聞かせてくれる俳優たちのエピソードはほかでは聞けない傑作ぞろいだし、また彼の笑い声はすばらしく豪快なので、私はしょっちゅうそのスイッチを入れようと画策している。また、ニッキーとその父親――俳優にして演出家の偉大なレスリー・ヘンスン（一八九一～一九五七）――とを通じて、オールドウィッチ劇場の一連の喜劇につながれる気がするのもうれしい。この伝説的な喜劇は、トム・ウォールズとラルフ・リンが出演し、ベン・トラヴァースが（おもに）脚本を書いたもので、一九二〇年代から三〇年代の英国で

最も笑える舞台だった（その最初期にレスリー・ヘンスンが大きく貢献した）。私の父もいくつか観ていて、あんなに人が笑うのはほかではは聞いたことがないとよく言っていたものだ。

ロニーとニッキーと私が演じたこのコントは、ジミー・ギルバートが用意していたパイロット版のために撮影されたものだった。ジミーとデイヴィッドは、このパイロット版で《フロスト・レポート》が実際にどんな形になるか確かめようとしたのだ。枠組みは単純そのものだった。デイヴィッドが番組紹介をしたあと、「短い《クィッキー》コント」とコントがいくつかあり、コントが終わるごとにデイヴィッドのカットに戻り、彼のCDM――Continuing Developing Monologue（前回を受けて発展していく独白）が入る。脚本家たちは密かに秩序解体を企む皮肉屋ぞろいだから、例によってこれをCadbury's Dairy Milk（カドベリーのデアリーミルク〔食品メーカー〈カドベリー〉のミルクチョコレートの商品名〕）と言い換えたり、OJATIL――Old Jokes and Totally Irrelevant Links（いつものジョークとまったく無関係なつなぎ）――と呼んだりしていた。

実際には、パイロット版制作前の稽古期間中は、私たちがデイヴィッドを見かけることはびっくりするほどまれだった。これはひとつには、彼の出番は私たちの演じる場面とは完全に独立していたからだが、またひとつには、最初にコントを選んだあとは、デイヴィッドは安心してすべてジミーに任せて、どこへともなく消え失せていたからだ。これを称して、私たちはよく「世界をまわしに出かけている」と言っていたものだ。パイロット版については私はとくに心配していなかった。BBC内部の人間しか見ないのはわかっていたし、リハーサル室はいつも気さくでリラックスした雰囲気だったからだ。

しかし、撮影の日がきて、ちゃんとしたテレビ局のスタジオに初めて入ってみると、これまでとはまるで勝手がちがってきた。たとえば、カメラリハーサルのためにコントを演じるとき、まったく笑い声が起きないので不安になった。私は気がついていないなかったが、撮影班はこの新しい番組の撮影法を開発するのに忙しくて、ジョークを聞いているひまなどなかったのである。また、まっすぐカメラに向かってせりふをしゃべるときには、ひどく落ち着かない気分になった。ほかの俳優に向かってしゃべっているのを映されているときは、ふつうの演技とそう変わらない。しかし、初めてまっすぐカメラに向かってしゃべったときには、やけに人工的でみょうな感じがするし、まったく不自然な気がして、たちまち激しく自意識過剰になってあがってしまい、タイミングは取り損なうし、かなり浮足立ってしまったと感じていた。しかし、だれも気にしていないようなので黙っていたら、全体に演技にはみんな満足していて、この枠組みで成功まちがいなしとなったのでほっとした。

《フロスト・レポート》のパイロット版の収録から、第一回の生放送まで一カ月あいていたのだが、ちょうどそのあいだに、ラジオ番組《すみません読みなおします》の出演者仲間との結びつきを新たにすることができた。新シリーズは二月なかばに始まって、それから八年にわたり、ティムとビル、デイヴィッド、ジョー、グレイム、私の六人でさらに一〇〇回の番組を作った。脚本はますますビルとグレイムが担当するようになっていった。もっとも最初のうちは、私も多少は書いたりしていたのだが。

白状するが、しかし《すみません読みなおします》に対する私の気持ちは複雑で、愛憎なかばするものがあった。問題は出演者仲間ではなく、番組のスタイルそのものだった。当時のラジオ番組のなかにも、大人気を博するものがなかったわけではない。日曜日のランチのあと、家族全員が集まって、たとえば《ラウンド・ザ・ホーン（***Round the Horne***、一九六五～六八年のＢＢＣのラジオコメディ）》などを聞いて、ばかみたいに笑いころげていたものだ。しかし、大半のラジオ番組はかなり月並みで、ほぼ完全にしゃれや決まり文句や型通りの登場人物——最悪な番組になると、型通りの人物の決まり文句——に頼っていた。こういう気の滅入る番組では、作家がアイデアに詰まると（そしてたいてい詰まっているのだ）、ドアが開く音がして、うんざりするほど聞き飽きた「陽気な声」がする。「コートは脱がないよ、すぐに帰るから」とか「やあみんな、ただいま！」とか「なくしたスカーフがまだ見つからないんだ」とか「キッパー食べる人いる？」とか、（女性の声なら）「お若いドクター・ハードキャッスル？　すてきな先生だわ！」とか「ほっぺたが真っ赤になっちゃって」とか「くそったれ《ファッキング》ネズミにまたドレスをかじられちゃった」（いや、「くそったれ」は当時は使わなかったかもしれない。たぶん「いまいましい」とか「憎らしい」とか「性悪」ぐらいだっただろう）とか。そして理解に苦しむことに、こういうたんなる事実の指摘としか思えないせりふが、大笑いと待ってましたの声で迎えられ、続いていつ果てるとも知れない喝采が起こる。そこには声援の気配もまじっている。なにに声援を送っているのだろう。なぜ喝采しているのだろう。だれかが気の利いたことをしたとでもいうのか。十代のころの私は途方に暮れたが、これはいまでも変わらない。聴衆がこんなくずをつかまされていることに、そして劇作家がこんな安易な、というより唾棄すべき手管《てくだ》に走ることに、腹が立ってならなかったものだ。なにがよいコメディでなにがそうでないのかについて、私はかなり傲慢で、思い上がっていて、潔癖すぎたのはたしかだが、しかし今日《こんにち》でも、劇作家は報酬ぶんの仕事をするべきだと思っている。つい最近、有名なアメリカのスタンダップ・コメディアンを観にサンノゼのアリーナへ行ったのだが、すべてのジョークに対して観客は歓声をあげていた。ほとんど笑わず、ただ歓声をあげつつ、勝ち誇ったように拳を突きあげるのだ。それでふと、この若いコメディアンはなんと頭がいいのだろうと思った。なにしろ、ユーモア感覚のない人々のためのコメディを発明しているのだ。

　話を英国のラジオに戻すと……

《すみません～》をめぐる私の葛藤は、要するに、出演者や制作チームに対してはひととおりでない親愛の情を感じているのに、そのかれらがとても楽しそうにやっている仕事に対して、隠しきれないほどの嫌悪感を抱いているということだった。なんと言っても、デイヴィッド・ハッチとティム・ブルック＝テイラーは私の親友だし、また演出のハンフリー・バークレイとピーター・タイザレッジもそうだ。ビル・オディはときどきちょっと鈍いと思うこともあったが、それでも心から好きだった。グレイム・ガーデンのことは当時はあまりよく知らなかったが、あれほど感じがよくて、面白くて有能な同僚はちょっと思いつけないほどだったし、またジョー・ケンドルとは以前から馬が合った。しかし、台本の手直しを提案しても、私の感性に共感してくれる者はだれもいなかった（たとえばしゃれは使わないほうがいいとか）。私はしょっちゅう孤立を感じていたし、そういうあれやこれやを実際よりずっと深刻にとらえていたから、口やかましいとかえらそうだという印象をいつも与えていたにちがいないと思う。ほかのみんなが満足しているネタを批判してばかりいるというのは、自分のほうが芸術的な基準が高いと主張しているも同然だ。加えて、私は自分が恩知らずだと感じてもいた。ビルとグレイムが脚本はすべて書いていて、私はそれにぶつぶつ文句を言いながら、一回の番組につき二八ポンドのギャラを遠慮なくかっさらっていたのだから（再放送については五〇パーセント）。あらかじめお詫びしておくが、これから私は無礼なことを書く。

聴取者が悪いのだ。

私たち『ケンブリッジ・サーカス』出身者が初めてラジオ番組を作ったとき、それの基になったのは舞台の台本であり、そしてその舞台はとても水準の高いものだったから、好評を博したのは不思議ではなかった。しかし、私がアメリカから戻るころには、聴衆はサッカーの応援団に変わっていた。その派手な喝采、耳を聾する笑い声、決まり文句には歓声、しゃれにはうなり声、好意的なブーイング、そして全体的に大げさすぎる反応によって、かれらは番組の一部になった——というより、かなりのていど番組を乗っ取って、それがラジオ界ではちょっとした現象になっていた。そしてお茶の間の聴取者もそれを歓迎していた。したがって、《すみません～》を一歩でも二歩でも初期の姿に戻そうとする私の試みは、神をも畏《おそ》れぬ傲慢であり、まったくの的外れだったのだ。

いっぽうでこういう状況になっているころに、私はデイヴィッド・フロストから協力を求められた。脚本家としてまた役者として、『フロスト・オーヴァー・ブリテン（*Frost Over Britain*）』というコメディ・アルバムのレコーディングを手伝ってほしいというのだ。この企画は猛スピードで進んだ。デイヴィッドは、私の昔のコントをいくつか組み込みたいと考えていた。《フロスト・レポート》のパイロット版を作ったほかのメンバーはひとりも参加しなかったため、それをデイヴィッドと私のふたりで演じたのだ。それ以外のネタはすべてデイヴィッドの作品だった——と言っても、実際に書いたのではなく、集めてきたという意味だが。その後、《フロスト・レポート》の脚本家のあいだではいいジョークのネタになるのだが、テレビ番組の最後のクレジットでは、毎週「脚本」のすぐあとには「デイヴィッド・フロスト」と大書《たいしょ》されていて、その下にずっと小さな文字で二〇人ほどの脚本家の名が続くのが常だった（比較的無名の、たとえばデニス・ノーデン、マーティ・フェルドマン、トニー・ジェイ、バリー・クライヤー、ディック・ヴォスバーグ、ジョン・ロー、フランク・ミューア、デイヴィッド・ノブズ、ピーター・ティニズウッド、ウィリス・ホール、バリー・トゥック、キース・ウォーターハウスなど）。

一般の視聴者は、デイヴィッドが生み出したもののすきまを埋めるためだけに、なぜいわゆる「脚本家」があんなにおおぜい必要なのかと不思議に思っていたにちがいない。しかし番組の関係者であれば、実質的な意味においてデイヴィッドが「書いた」と言える部分が、単語ひとつでもあるのかとときに首をひねっていただろう。ディック・ヴォスバーグの言葉は全員の意見を代弁していたと思う。いわく、デイヴィッドのおかげで、つねに脚本は見違えるほどよくなっていた——句読点が。

この手の問題に関しては、デイヴィッドはあっけらかんとして厚顔無恥だった。とすれば疑問がわいてくる。それなのに、なぜほとんど恨まれなかったのだろうか。脚本家という人種は、自分の貢献度に関してはかなり神経質なのがふつうなのに。

ひとつには、全員が心の底から彼を愛していたからだと思うし、彼の集めたこの楽しいグループ、疑似家族の一員に加えられて感謝していたからだと思う。またこれはまちがいなく言えるが、彼の演出家としての手腕を私たちはみな尊敬していた。それに才能を見いだす眼力は天才的で、しかもその才能を信頼することにも長《た》けていた。たまに企画をよりよくするためにアドバイスすることはあったが、不必要に口出しすることはまずなかった。しかし、重要な理由はほかにもあると思う。デイヴィッドは、私の知る数少ない「幸福妄想《プロノイア》」患者のひとりだったのだ。

この言葉は、いまは亡き偉大なロブ・バックマン（英国出身の医師・コメディアン・作家、一九四八〜二〇一一）からの借用だ。「被害妄想《パラノイア》」患者は、自分はみんなに嫌われていて、みんなが自分をやっつけたがっているという妄想を抱くものだ。それに対して「プロノイア」患者は、これといった理由もないままに、みんなが彼に好意を抱き、助けたがっていると信じるという（ここで「彼女」でなく「彼」を使ったのは、私の知っているプロノイア患者はみんな男性だからだ）。かつては、「ゼネラルモータースにとってよいことはアメリカにとってもよいこと」と言われたものだ。おそらくあるレベルでは、デイヴィッドも同じようなことを信じていたのだろう。つまり、デイヴィッド・フロストにとってよいことは英国全体にとってもよいことで、そうする力のある人はみな彼を助けたがっていると信じていたのだ。そしてこの信念、だれもが彼によかれと思っているという思い込みは、彼としじゅう接している人々についてはおおむね正しかった。彼のことを嫌っている人々（実際、彼は多くの批判を受けていた――それについては疑問の余地はない）は、たいてい個人的につきあいのない人だったし、また彼には、批判は見えない聞こえないという羨ましい才能があったから、反論などする必要も感じなかった。まったく驚くべきことだが、五三年間も親しくつきあってきたのに、彼がだれかのことを悪く言うのを私は一度も聞いたことがない。彼は大いに妬まれたものだが、妬むなら彼のプロノイアをも妬むべきだったのだと思う。

実際には、人々が妬んだのは言うまでもなく彼の成功だった。英国はきわめて嫉妬深い国だ。メディアの報道には、高飛車で嫌味たっぷりな中傷があふれているし、だれかが凹《へこ》まされるのを見て人々が喜ぶさまを見てもわかる。しかしデイヴィッドは幸運にも、それになんの影響も受けなかった。さらに、当時から言われていたとおり、彼は並外れて外向的な性質で、一般の英国人よりずっと、外部の価値基準を重視していた。自分の番組が「すぐれている」かどうかより、「受けている」かどうかのほうが重要だったのだ。私がともに仕事をした人々は、たいてい出来の良し悪しを気にかけていたが、彼はそんな内的な評価にはまったく悩まされていなかった。あるとき、銀行休日に私がチェルシーのレストランでやっていた演芸を、彼が観に来てくれたことがあった。しかし、その日の舞台は受けなかった。客はだいぶ酔っていて、店内はざわざわしていたし、私が登場すると、酔っぱらったジャーナリストが「チーズ！　チーズ！　チーズ！」とはやし立ててなかなか黙ってくれなかった。多少笑いはとれたものの、野次のせいでタイミングが狂い、ネタのいくつかは気抜けしたし、少なくともひとつふたつは完全にすべってしまった。はねたあと、いい舞台にできなかったのを恥ずかしく思って、私を雇った人物を見つけてあやまり、彼の意見を求めた。どこがよくて、よくなかった部分はなにがいけなかったのか尋ねたのだ。そこへデイヴィッドがユーモアたっぷりに口をはさんで、なにもかもとてもよかったと言った。そのあと私をわきへ引っ張っていき、このうえなく親切で心のこもった口調で、どんな場合でも、どんな失敗も絶対に認めてはいけないと言った。つねになにもかも大成功だった、客はとても喜んでいたと言い張らなくてはいけないというのだ。心底よかれと思ってアドバイスしてくれたのは言うまでもない。しかし……それが有効だとわかってはいても、私にはどうしてもそんな戦術はとれなかった。そしてデイヴィッドは、どうしてもその戦術をとらずにはいられなかったのだ。彼のこういう本質的な外向性に、しばしば英国人はいらだったものだ。あるときだれかが言ったように、彼がアメリカ訛りでしゃべっていたら、同じように成功してもあんなに叩かれなかったのではないだろうか。

最後にもうひとつ。デイヴィッドはとても頭がよかったが、気むずかしいインテリではなかった。インタビュアーとして、あるいはビジネスマンとして、自分の活動する領域に関係することはなんでも非常によく知っていた。ひとかどの人物とはだれとでも知り合いだったし、かれらの話をじゅうぶんに理解していた。状況説明を聞けばすぐに呑み込み、本質と全体像を把握し、その知識を使ってただちに判断を下すことができた。驚くほど仕事ができたのは、対人スキル――これも大したものだった――に加えて、この頭のよさのおかげでもあった。しかし、彼の能力や才能は、オックスブリッジ人種（オックスフォードやケンブリッジの学者に代表される学究肌の人物のこと）が教えられるものではなく、また評価するたぐいのものでもなかった。こういう人種は、イェーツやウォルター・バジョット（英国の一九世紀の経済学者）や「E・M・フォースターがフランドルの家具のデザインに与えた影響」について鋭い論文を書く自分たちの能力こそが、より高い社会的地位や財産や、はっきり言えば名声にふさわしい――大西洋の向こうへ運試しに出かけただれかさんより――と考えていた。その文化的な視点からは、デイヴィッドの強みを正しく把握することはできなかったのだ。この傲慢な集団の崇める巨人、マルコム・マガーリッジ（英国のジャーナリスト。一九〇三～九〇）（『ライフ・オブ・ブライアン』が神聖冒瀆だという見解をめぐって、私は彼と舌戦をまじえたことがある）は、あるとき「テレビは人類を愚かにするために発明されたのではなく、人類の愚かしさの所産である」と言ったことがある。また、最も有名なフロスト批判の言辞、すなわち「成り上がっただけでなんの足跡も残していない」を発したのは、マガーリッジの妻のキティだった。かりにそうだったとしても、彼女よりはずっと多くの足跡をいまも残しつづけている（二〇秒ほど時間があるなら、キティ・マガーリッジで検索してみるといい）。

しかしそれはそれとして、デイヴィッドの数多くの支持者にも、彼を神経症的な完全主義者だと非難することはできなかっただろう。アルバム『フロスト・オーヴァー・ブリテン』はかなりやっつけ仕事だった。このアルバムでは、デイヴィッドが多くの独白を演じ（一部は《ザット・ワズ・ザ・ウィーク・ザット・ワズ》で使ったものだった）、私の以前書いたコント三作（動物がすべて逃げてしまった動物園の飼育係、深海の潜水夫でなかった相手へのインタビュー、学校対抗一般教養コンテストのパロディ）のほか、グレアムと私が《フロスト・レポート》のパイロット版のために書いたコント一作を、彼と私のふたりで演じていた。しかし、デイヴィッドは一流の喜劇役者と言われたことはなかったし、このときは私も調子がよくなかった。客の反応もあまりよかったとは言えず、全体に、教区委員（教会の会計事務など俗世的な仕事を担当する信徒）ふたりが教会堂で録音したのかと思うような仕上がりだった。あまりにしろうとくさくて私は恥ずかしかったが、心底ほっとしたことに、このアルバムはほとんど注目もされずにすぐに消えていった――キティ・マガーリッジと同様、なんの痕跡も残さずに。

しかしそのいっぽうで、もっと愛情と熱意をもって作らなかったのを後悔する気持ちもあった。あのはるかな時代、真にすぐれたコメディ・アルバム（蓄音機用の！）は、ほとんど芸術作品に近いような地位——と寿命——をもつこともあったのだ。レコードはなんといっても、本と並んで、いつでも楽しめる唯一のお笑いの材料だった。少年時代には、フランダース＆スワン（英国のコミック・シンガー二人組）、ヴィクター・ボーガ（デンマーク出身のコメディアン・ミュージシャン、一九〇九～二〇〇〇）、ノエル・カワード（ラスヴェガスの！）などの舞台を録音したレコードは私の宝物だった。それからジョージ・マーティン（ビートルズで有名な（英国のレコード・プロデューサー、ミュージシャン。ビートルズの曲作りに多く参加していたため、五人めのビートルと呼ばれた。一九二六～二〇一六）がスタジオでコメディ・アルバムを作りはじめたが、これがすばらしかった。ほとんどの主演がピーター・セラーズで、彼の声の演技も並外れていたが、それを活かすために特別に書かれた脚本も一流だった。さらにそこに加わったのが、ピーター・ユスティノフ（英国の俳優・劇作家・映画監督、一九二一～二〇〇四）と『ビヨンド・ザ・フリンジ』や《ザット・ワズ・ザ・ウィーク・ザット・ワズ》の出演者によるアルバムだ。このころには、私はアメリカのきわめて独創的な作品も聴くようになっていた。ニコルズ＆メイ（アメリカのコメディアン二人組。おもに一九五九～一九六二年に活動。ニコルズはのちに映画『卒業』の監督なども務める）、シェリー・バーマン（アメリカのコメディアン、俳優など。一九二五～）、ボブ・ニューハート（アメリカのスタンダップ・コメディアン、俳優。一九二九～）などのナイトクラブでの演技がレコードの形で残っているのだ。ロンドンに戻ったとき、ピーター・クックとダドリー・ムーアが《ノット・オンリー・……バット・オルソー（***Not Only … But Also***、「……だけでなく……」の意、英国のBBCテレビで一九六〇年代に放映された連続コメディ番組。全部で三シリーズ制作・放映された）》というすばらしく面白いシリーズをすでに二回やっていたのを知って、そのレコードをくりかえし聴いただけでなく、これを教材にしようと決めて、記憶を頼りにそのコントを書き起こし、その後にレコードと対照して注意深くチェックし、また最初からそらで書き起こすということをやった。私としては、コント作りについてこのふたりから多くを学んだと言えればうれしく思う。

私は昔からあまりコミック・ソングには興味がなかったが、トム・レーラーはべつだった。当時はハーバード大学で数学を教えていたが、彼の作る歌にはときに、これまで聞いたこともないような辛辣なユーモアが含まれていた——たとえば、核戦争や性病や公園の鳩の毒殺についての歌がそうだ。彼の作品を聞くと元気が出る。解放感があって、とても笑えて奇妙に善良で、だから本人に会えると聞いたときは興奮した。デイヴィッド・フロストが、これから放送する《フロスト・レポート》で毎回彼の歌を使うというすごいアイデアを思いついたのだ。トムはそれでロンドンへやって来て、パイロット版で歌を歌い、それからさらに一二曲を録音した(これはすべて、その後の《フロスト・レポート》で流された。まるでスタジオにいて生で演奏しているかのように、デイヴィッドが紹介して)。彼といっしょに軽く飲んで、いっぺんで大好きになった。自分が「有名」になったのを、彼は大いにくすぐったがっていた。文字どおり夢にも思わなかったが、私もその後同じ思いをすることになる。しかも、その時はわずか数週間後に迫っていたのだ……

私の新たな人生の第一段階、つまりクローフォードストリートの教会堂(ちなみにベーカー街《ストリート》の突き当たりのすぐそばだった)での稽古は難なく乗り切った。基本的に前の月にパイロット版で使ったネタの再演に、私の演じる校長先生の独白があるだけで、この独白はもう後ろ向きにもしゃべれるほど完全に暗記していたから、とくに緊張もせずに過ごせたのだ。ところが番組の当日、シェファーズ・ブッシュのテレビ局に行って、カメラリハーサルが始まると、次第に緊張が募ってきた。放送は八時半からだったが、六時にはもうがちがちに緊張しておびえていた。もっとも、仲間の前ではどうにか不安を隠していたのだが、その仲間たちが楽しそうにしているのでますます恐ろしくなった。やがてリハーサルは終わり、食堂で夕食をとることになったが、私は食事どころではなく、楽屋に駆け込んで腰をおろし、壁の時計の長針をにらんでいた。針は刻々と進み、八時三〇分までの最後の時間を着々と消していく。そのとき感じたのは完全な恐怖だった。いったいどうして、こんな絶体絶命の状況に自分で自分を追い込んでしまったのだろう。その気になれば、サマセット州のどこかのこぎれいな喫茶店で働いて、平和なウェストン＝スーパー＝メアの小さなフラットに暮らし、かわいい猫を飼って、ジグソーパズルをやったりトーストしたクランペットを食べたりして暮らせたのに……と

そのときドアが開き、明るい制作アシスタントが笑顔で言った。「メーキャップの時間ですよ！」

やっとの思いで立ちあがり、ふらふら廊下を歩いてメーキャップ室に入ったら、ほかのみんなは陽気にはしゃいでジョークを言いあっていた。私はといえば、いまここで盛大に心臓発作が起きないかと思っていた。そうすればなにもかもおしまいにできるのに。残念ながらそんな幸運には恵まれず、私は腰をおろし、下地と白粉《おしろい》を塗られていた。そうするうちに、ふと思いついた。いまならまだ逃げられる。オープニングの曲が始まらないうちに、タクシーをキングズクロス駅へ走らせ、列車でホリーヘッドへ行って夜行のフェリーでマン島に逃げるのだ。たしか英国は、マン島とは犯罪者引き渡し条約を結んでいなかったような気がする。しかし、この計画は露見していたらしく、気がついたらフ

ロアマネージャーがすぐそばに立っていた。彼は私をセットに連れていき、床についている立ち位置のしるしを見せた。目隠しをしようかと言ってくれたほうがましだったたと思う。やがて曲が始まり、オープニングクレジットが流され、見ればスタジオの観客はモニターを見ている。デイヴィッドがお茶の間の視聴者に挨拶し、いよいよ番組が始まって、私は気を失った。つまり比喩的にである。というのも、この時点で私の頭は思考を停止し、一〇〇パーセント自動運転に切り換わったからだ。これは以前にも、開幕の夜にはあったことだ。練習してきたことをやるときは、兵士が機関銃の巣に突撃をかけるときのように、頭のスイッチが切れてしまい、なにかが自分の代わりにすべて引き受けてくれるのだ。ただし——**ただし**、なにも考えてはいけない。考えてはいけないとすら考えてはいけない。そんなわけで、最初のせりふの合図が来たときには、そのなにかが代わりにしゃべってくれた。その後、私は次の立ち位置のしるしのところへ連れていかれ、またしゃべる番が来て、今度もそれが代わりにやってくれた。ここで私はべつのカメラの前に立たされ、校長先生の独白があと一〇秒で始まると言われて、「カメラをまっすぐ見て」と指示された。それで、この奇妙な金属の塊《かたまり》のキュクロプス（ギリシア神話に登場するひとつ目の巨人）的なひとつ目を見つめていたら、最初のせりふがぱっと頭に浮かび、フロアマネージャーが手をふって合図を寄越し、そのなんだかわからないなにかが代わりにせりふをしゃべりだした。

校長：おはようございます。新学期が始まって、諸君が学校に戻ってきてくれてうれしく思います。私たち全員にとってとても楽しく、実り多い学期になることを願っています。だれだ、いまのは。

これはうまく行って、客席から笑い声が聞こえた。その笑い声になぜか私ははっとして、考えはじめるという過ちを犯した。「プリマスのヴェラおばさんが、いまこの瞬間私を観ているんだ！」それがありえないほど驚くべき事実に思えて、私はほかのことはなにも考えられなくなったが、もっとも独白はまったく途切れることなく続いていた。ヴェラおばさんが観てるんだ、いま！　ヴェラおばさんが！　プリマスで！　まさかこんなことがあるとは！　おばさんに向かって手を振りたくなるのを我慢した。私の代わりになにかがしゃべっているせりふの意味に、それがふさわしくないのはわかっていたからだ。

今学期は新しい先生を四人お迎えしたかったのですが、残念ながらおふたりしか見つかりませんでした。ジョーンズ先生はグラマースクールの先生ですが——**そこ、なにがおかしい！**——四年生と五年生のクラスで、ほかの先生が教えたくない教科をすべて教えることになっています。評価しようもない貴重な戦力になってくださるでしょう。そしていずれは、評価できる戦力になってくださるはずです。……

おばさんは笑ってるかな。おばさんはプレップスクールのことはあまり知らないから、きっとエリックおじさんが説明しているだろう。いま、おれがしゃべっているときに！

次に、ムボコ先生をご紹介しましょう。わが校のカリキュラムにスワヒリ語が加わるのは今学期が初めてですが、次の学期にはフランス語も再開したいと思っています。ちなみに諸君も関心があると思うが、つい先週まで、ムボコ先生はチャドの首相をなさっており……

これはおばさんには意味がわからないだろうな。おじさんにもわからないかもしれない。おばさんたちが観るとわかってたら、べつのひとり芝居を選んだのに。

そんなわけで、月曜日の朝には六学年にスワヒリ語を教えてくださるから、木曜日の午後には六学年が先生に英語を教えるように。

しまった！　母さんも観てるかな。髪はちゃんとなってるだろうか。靴下は映るんだっけ。たぶん母さんは編み物をしてるだろうが、ひょっとして顔をあげたりするだろうか。きっと父さんが、おれが出てると指さすにちがいない。テレビに出てることを、なんと言って説明すればいいんだろう。手品だって言うだろうな。

以上、これで全校集会を終わります。

これが終わったら母さんに電話しよう。おや、もう終わってるじゃないか！　バーナード・トムスンが、気が利いて穏やかで心が温かくて無限に面白くてとてもよくできたフロアマネージャーが、親切に連れ出してくれる。まもなくジュリー・フェリクスが歌を歌う番だから、そのじゃまにならないように。袖に連れていって、そこで気を落ち着かせようとしてくれているのだ。

われに返るまでかなり時間がかかった。それで、次に私がせりふをしゃべる番が来て、デイヴィッドが紹介の言葉を述べ、カメラが私に切り換わったとき、そこに私はおらず、画面は無人のままだった。私は自分が出損ねたことすら気づいていなかった。あいかわらず袖にいて、わが身の無事をことほいでいたのである。

ともかく、いつのまにか番組は終わっていたらしい。気がついたらせき立てられて廊下を歩いていて、《フロスト・レポート》の関係者の前を通り過ぎていったのだが、私の校長先生のコントはまずまずの出来だったとみんなが思っているようだった。当時は信じられない思いだったが、せりふをほんとうによく練習していれば、言葉はもちろん正確なタイミングやしぐさまで、身内の機械的な部分がすべて憶えているものだ。稽古で身につけた記憶は、全身性の記憶なのである。

やいやいせき立てられていたのは、待っている車に私を乗せるためだった。その車でBBCのテレビセンターに連れていかれて、《レイトナイト・ラインナップ》という芸術関係の討論番組――六〇年代に何年も続いた長寿番組だった――でインタビューを受けることになっていたのだ。インタビュアーは司会のマイケル・ディーンで、彼はその夜の《フロスト・レポート》にからめて私を紹介してから、私自身についていくつか質問してきた。あれは人生最悪のパフォーマンスだった。なにしろ、インタビューを受けたのは生まれて初めてだったし、おまけにBBCテレビの生中継だったし、それも頭のいい人がよく観る番組で……しかも、今回は自動操縦に頼ることもできなかった。

　そのときのことはよく憶えていない。憶えているのは、椅子に座ってできるだけ身体を小さくしていたことと、自己弁護的な嘘とも本当ともつかないことをつっかえつっかえしゃべり、質問をはぐらかそうとしていたことだ。まるで熟練のKGBにつかまって尋問されている人のようだった。なぜあんなに必要以上に緊張と不安にさいなまれ、気の利いたことのひとつも言えなかったのか。たぶんひとつには、この初めてのインタビューという経験を、とんでもなく重大なことと考えていたせいだろう。へたなことをしゃべったらそれがすべて「記録」に残ると思い、一〇〇パーセント事実とは言えないことを口にしては一大事と震えあがっていたのだ。なお悪いことに、私はずっと、自分の意見にはまったく価値がないと考えていた。知識も人生経験もなく、したがってなにかについて意見を言う資格などないと思っていたのだ。それが演劇であれ、グラスのワインであれ、サッカーチームのプレイについてですら、テレビでなにか意見を言おうとは思えなかった。同じく致命的だったのは、いまならわかるが、私の精神生活には混乱していて未解決で、したがって恐ろしく恥ずかしい思いをしそうな部分があまりに多かったので、やみくもにすべてを隠そうとしてしまったということだ。人に知られたくないことをうっかり漏らしてしまうのではないかと、そんな恐怖が潜んでいるせいで、無差別な自己検閲に走ったわけである。《レイトナイト・ラインナップ》の関係者は、こいつはどこかおかしいのではないかといぶかしく思ったにちがいない。どうやらタクシーに乗せてもらって、帰路につくことはできた。

　そんなわけで、ローガン・ミューズのフラットに帰り着き、照明をつけ、じっと腰をおろして、この数時間にあったことを思い返してみた。母の産道から苦労して出てきて以来、まちがいなく、これほどストレスに満ちた経験をしたことはない。ひとつ確実にわかっていたのは、私の人生の一部が見知らぬ世界へ分かれていこうとしているらしい、ということだった。そしてその一部は、私の手には負えなくなってきているのを感じていた。もっとも、有名になるということが、いかに多くの面で人生に影響を及ぼすものか、その全体がはっきり見えてくるのは何年もあとのことになるのだが。

第12章　イビサ島での「甘い生活」――映画脚本書きの日々

こうして、日常生活に規則的な――不安ではあっても――パターンが確立されてきた。そしてそのなかで出会う親切でコメディ経験のある多くの人々が、私の直近の演技について「悪くなかった」と褒めて元気づけてくれるのだった。番組の翌日の金曜日、グレアムが時間を作って〈セント・バーソロミュー〉から抜けてきて、次の次の番組のためのコントを共同で書く。ほとんどの作品が採用されたものだから、私たちは大いに気をよくしていた。土曜日の午前中には、ベイカー街の教会堂で大人数の読み合わせがある。演技者は全員、脚本家も多くが顔をそろえて、ジミー・ギルバートとデイヴィッドが来週の番組にどのネタを選んだかわかるのはこのときだった。読み合わせの最後には、「独り立ちさせる」と称して、ジミーと出演者が演者のしかるべき位置や動きを決め、手に台本を持ってコントをやってみる、ということをする。日曜日は《フロスト》とは無縁の日だったが、私は午前もなかばには家を出て、《すみません〜》を収録するためスタジオに行き、デイヴィッド、ティム、グレイム、ビル、ジョー、ハンフリー、ピーター・タイザレッジと一日過ごす。ここにはつねにかなりくつろいだ、和気あいあいの雰囲気があって、番組が終わったあとは、パブに場所を移すのがつねだったが、私はたいてい早く切り上げて帰っていた。月曜日には《フロスト》の稽古があるので、せりふを憶えなくてはならなかったからだ。とはいえ、月曜日の稽古を私はとても楽しみにしていた。ふたりのロニーの稽古を観察する貴重なチャンスだったのだ。ロニー・Bは、ボタンをひと押しするだけで、性格も訛りも瞬時に切り換えることができるようだったが、あまりにやすやすとやってのけるため、どこをまねしてよいやらわからなかった。しかし、ロニー・Cのほうは鵜《う》の目鷹の目で観察させてもらった。彼の間のとりかたは絶妙だった。あえて危険を冒して、私にはとてもできないと思うぐらい間を引き延ばすことがあった。気持ち間を長くとることによって、緊張を高められるだけ高め、そこで初めてせりふを切り出す。そしてその結果として、いっそう大きな笑いを引き出すことができるのだ（有名な「階級」のコントでの演技を見ればわかる。ロニー・Bが「こっち［クリーズ］を見あげるのは上流だからで、こっち［コーベット］を見おろすのは下流だからだ」と言うと、ロニー・Cがそれに答えて「身のたけはわきまえてるよ」）。

火曜日にはたいてい車が迎えに来て、BBCのイーリング・スタジオに行き、シェファーズ・ブッシュで生中継するにはいささか無理のある「ショート・コント《クイッキー》」を撮影するか、あるいはロケ地に行って、もう少し長い戸外でのコントを撮影する。何度かやるうちに気がついたのだが、こういう戸外のコントはたいてい、若いふたりのオックスフォード出身者の脚本だった。以前にもちょっと会ったことはあるが、いまでは土曜日朝の台本の読み合わせの常連になっている——それが、マイケル・ペイリンとテリー・ジョーンズだった。水曜日の午前中は二日めの稽古の日で、それで稽古はすべてだった。三〇分番組ではあるが、かなりの部分――デイヴィッドの前回《C》を受けて発展《D》していく独白《M》、ジュリー・フェリクスとトム・レーラーの歌、撮影済のコント、オープニングとエンディングのタイトル――については、放送日に出演者がやることはなにもないからだ。やるのはただいわゆる「クイッキー」で、これにはそれほど稽古は必要なかった。そのほかにはコントが二本、ときには三本あるだけだ。多いとは言えない――ふたりのロニーのような人々が出ているときには。

　多いとは言えなかったが、だからと言って恐怖がやわらぐことはほとんどなかった。そしてシリーズ第二週は、最初の週より実際にはさらに恐ろしいことになってしまった。グレアムと私はまたひとり芝居のコントを書いており、とうぜんそれは私が演じることになっていた。よくできた作品で（と私は思っていた）、ヨーロッパを突っ走る大型観光バスのコントだった。いわゆる「八日間でヨーロッパ二二カ国の首都をまわる」というたぐいのツアーで、運転手のそばに私が立っていて、大声で指示を出して乗客を怖じ気づかせるのである。

添乗員：さあ、それでは……二〇分後にはイタリアをあとにしてスイスに入ります。スイスはべつの国ですので、スパゲティは早めに食べ終えて、空き缶は窓から投げ捨ててください。携帯料理用ストーブは座席の下に戻してください。はい、お土産のポリ袋はもうあけてもかまいませんよ、「イタリアまであけないでください」と書いてあるやつです。小さな緑のプラスチックでできた、ピサの斜塔の模型が入っています……立たなくても気にしないで、そういうふうに作ってあるんですから。はい、あと三〇秒で国境を越えます。ここではパスポートは必要ありません。

特別に手配してありますので、バスにスタンプを押すだけです。バスはスイスに……はい、いま入りました！　スイスで有名なのは山とチーズと時計とチョコレートです。ほかにはなんにもありません。「スイス」と書いてあるポリ袋をあけてください。小さいチョコレートが入っています……はい急いで食べてください、すぐに抜けてしまいますからね、小さい国なので。

読み合わせのときは爆笑だった。みんなが気に入ってくれた。あとは……せりふを憶えればいいだけだ。ただ重大な問題があった。猛スピードでしゃべらなくてはならないということだ。せりふを早口でまくしたてるのは、ふつうの速度でしゃべるのにくらべると一〇倍もむずかしい。次のせりふを考える時間がまるでない――ぽんぽん飛び出してこなくてはいけないのである（そしてこの場合、一四〇〇万の視聴者の前で、おまけに生中継なのだ）。そこで私は、ふだんよりさらに熱心にせりふを暗記し、実際に演じるつもりの速度よりずっと早口で練習した。放送の前夜にベッドに入るころには、完全にマスターしたと感じていたし、眠る前に二度せりふをさらってもみた。二時間後に目が覚め、私は寝返りを打ち、またせりふをさらって、急に自信がなくなってきた。「次は、パンフレットに謳ってあるとおり、水晶のように透き通ったスイスの湖で深夜の水浴をしていただきます。いますぐ水着に着替えてください」だったか、それとも「次は、水晶のように透き通ったスイスの湖で深夜の水浴をしていただきます。はい、パンフレットに謳ってあるとおりです。いますぐ水着に着替えてください」だっただろうか。どうしても気になる。しばらくしてからベッドを出て、台本を確認してみたら、実際には「次は、水晶のように透き通ったスイスの湖で深夜の水浴をしていただきます。はい、パンフレットに謳ってあるとおりです。バスは三〇秒後に湖のなかを突っ切りますので、すぐに水着に着替えてください」だった。ベッドに戻り、またせりふをさらってみた。念のため、最後にもう一度やってみたら、これまで一度も間違ったことのないところで間違った。愕然とし、不安になってきた。自分を安心させるためにもう一度やってみた。またべつのところで間違い、せりふをとちり、次にはまったく出てこなくなった。せりふを忘れる主な原因は、ほんとうに忘れるかもしれないと考えだすことなのだが、このころはまだそれを学んでいなかった。学んでいないどころか、これではまず間違いなく「干上がって（せりふを忘れること）」しまうとたちまち思い込んだ。ヴェラおばさんやエリックおじさん、父や母、ミスター・バートレット、ミスター・トルソン、ミセス・トルソン、『ケンブリッジ・サーカス』や《すみません〜》のメンバー全員、ビリー・ウィリアムズ、英国じゅうのテレビ評論家、ひょっとしたら女王陛下、そしてその他一三九九万九九六一人が観ている目の前で絶句してしまうのだ。安心安全な自分のベッドのなかでできないものを、明日、見慣れないカメラに向かって、一四〇〇万の視聴者の前で、どうして間違いなく言うことができようか。

その夜はほとんど眠れなかった。目が覚めるとすぐにせりふをさらいなおし、そのたびにどこか間違った。しまいにむりやりベッドから這い出して服を着替えた。終日スタジオを夢遊病者のように歩きまわり、悲壮な笑みを浮かべ、いまも生きているふりをするうちに、恐れていた瞬間がやって来て、私はカメラの前に立っていた。巨大で不気味で、カメラという名の恐竜か化物のようだ……赤いランプがつくのを待ち……長大な独白をみごとにやり抜いた。もとへ！　気絶せずに立っていたら、自動操縦装置が私の代わりに「添乗員」コントをみごとにやってのけたのだ。大受けだった！

番組が終わり、みんなにおめでとうと言われ、はたとわれに返って肝をつぶしそうになった。どうやらちゃんとやり抜いて、みんなを失望させずにすんだらしい。私自身には勝利の余韻すらなく、窮地を脱したという大きな安堵感があるだけだった。そしてまた、これで前に進んでいけるとも思った。それは少し、土壇場で死刑執行が延期されるのにも似ていた。もっとも私の場合、明らかにまずまずの合格点を獲得した——というか、あけすけに言ってしまえば、失敗しなかったというだけなのだが。

回を重ねるにつれて恐怖心は多少やわらいできたが、一回ごとにだいたい一パーセントずつという割合だった。これは、私の演じるひとり芝居をもう二度と書かなかったおかげでもあった。よく憶えていないのだが、意図的にそうしたわけではなかったと思う。あのひとり芝居をやってのけたのは、私のなかのおおむね無意識の部分だったが、それと同じように、もうあんな危険は冒すまいという決定にもその部分が大きな役割を演じていたのだろう。

考えると不思議なのだが、脚本書きのパートナーをともに自認していたにもかかわらず、《フロスト・レポート》のときまで、グレアムとふたりで作品を書いたことは実際にはほとんどなかった。一九六二年の〈フットライツ〉レビューのために、（ティムとの）共同執筆でコントを四作書いたのをべつにすれば、一九六五年末にロンドンに戻ってくるまで、私はグレアムといっしょになにかを書いた憶えがない。しかしそれ以降、私たちはぐいぐい互いに引き寄せられ、定期的に共同で脚本を書きはじめ、それは断続的ながら二七年間も続いた。その最後は〈モンティ・パイソン〉の最後の映画、一九八二年の『人生狂騒曲』である。《フロスト・レポート》のころ、グレアムはセント・バーソロミュー病院での研修四年めに入っていた（残すところあと三カ月だった）が、毎週抜け出せる日にはかならずローガン・ミューズまで来てくれて、いっしょに三分間か四分間のコントを書いた。ふたりで生み出した作品はたいていかなり出来がよかったが、斬新さには乏しかったし、格別に笑えるというわけでもなかった。

グレアムと私はちょくちょく、もっと大胆で笑えるアイデアも出したのだが、すぐに気がついたとおり、そういうアイデアは番組ではまったく採用されなかった。「突飛な」アイデアが読み合わせの席で提案されると、ほかの脚本家もたいてい笑い、それは演出のジミー・ギルバートも同じだったが、ひとしきり笑うと、残念そうな笑みを浮かべて「うん、すごく面白いけど、それはブラッドフォード（イングランド北部の工業都市）では受けないだろうな」と言うのだった。異を唱える者はいなかった。私たちはとてもよい待遇を受けていたが、意思決定という面では、やはり打順はいちばん最後だということもわかっていた。とはいうものの、読み合わせの席にはすばらしい連帯感があって、そこに脚本家たちと集まるのが私はとても楽しかったし、そのうち数人はのちにとてもいい友人になってくれた。

とくに、トニー・ジェイには惹きつけられた。愛嬌があって、インテリなのに傲慢さのかけらもない男で、ケンブリッジで古典学と文献学を学び（どちらも最優秀をとっている）、その後BBCに調査員という低い身分で入局したが、あっというまに出世して《トゥナイト》のプロデューサーになった。これは夕方のニュースマガジン番組（短いコーナーからなる時事ニュース番組）で、高い人気を誇っただけでなく影響力もあったが、深刻な話題から楽しい話題までとりどりに扱うのが新鮮ですばらしかった。トニーはしまいにはトーク番組部門の責任者にまでのぼりつめたが、その後BBCをやめてフリーになっている。デイヴィッドはすぐに彼の才能に気がついた。発想の独自性、表現やユーモアの明晰さともに抜きんでていたからだ。そこで彼はトニーに依頼して、今週の番組のテーマを特定の視点から描写した文章を、純粋に脚本家の参考とするために書かせるようになった。グレアムと私はそれを楽しく読んだものの、参考にはせず無視していた。ほかの脚本家も、私たちの見るかぎりでは同じだったと思う。しかし、トニーと話すのは面白く、こんなに頭のいいすごい人が私の言うことに関心を持ってくれると思うと、自分が偉くなったような気がした。彼が私に興味を持ったのは、たぶん人を笑わせる能力のためだったと思う。五年ほどのち、私は彼に誘われて〈ビデオ・アーツ〉社の設立メンバーに加わり、いっしょに教育ビデオを二〇本ほど作ったが、彼は一九八〇年には《おっしゃるとおりです、大臣（*Yes Minister*）》と続篇の《おっしゃるとおりです、首相（*Yes, Prime Minister*、大臣〔のちに首相になる〕と、彼を補佐する事務次官を主役とする連続コメディ番組。一九八〇～八八年にかけてBBCで放映された）》の制作にとりかかっている。ユーモアたっぷりで気の利いたストーリーの傑作コメディで、トニーとジョナサン・リンとの共同執筆だ。マーガレット・サッチャーがこのシリーズのファンだったという話は有名だが、これが名誉になるかどうかは疑わしいというか、むしろ逆効果ではないだろうか。一九九〇年の保守党の党大会のさい、自由民主党を茶化すために、彼女が「死んだオウム」のコントをまねようとした（当時の左派政党である自由民主党のマスコットがオウムだった）のを見るとそう思わざるをえない（サッチャーの外交担当補佐官サー・チャールズ・パウエルから聞いたところでは、この演説の練習に鉄の女はかなり苦労していたそうだ）。

《フロスト・レポート》の読み合わせの席で、もうひとり私の目を惹いたのがマーティ・フェルドマンだった。急いで付け加えておくが、これはあくまでもプラトニックな意味での関心だ。じつを言えば、初対面のときは彼の外見的特徴にかなり驚いた。着るものは黒ずくめで、真っ黒に日焼けした引き締まった身体をしていて、まるでアルマーニを着たガーゴイル（ゴシック建築に用いられる怪物の顔をかたどった水落とし口）のようだった。これで台本の校閲者なのか。だがやがて知ったのだが、《アーミーゲーム（*The Army Game*、ＢＢＣテレビの軍隊コメディ。一九五七～六二）》、《ブーツィーとスナッジ（*Bootsie and Snudge*、《アーミーゲーム》の続篇。一九六〇～六三および七四）》（ＩＴＶ（ＢＢＣのライバルとも言うべき、英国最大にして最古の民間放送局）の数少ないすぐれたコメディのひとつ）、それから国民的な三〇分のラジオ番組《人知《ケン》の及ばぬ》の脚本執筆に彼は参加していたのである。また、好感のもてる人物なのはすぐにわかった。いささか神経質で自信なげで、人を喜ばせようとしすぎるところはあるかもしれないが、発想がとても豊かで、驚くほど頭の回転が速くて、ジタンを吹かし、盛んにまばたきをしながら人を笑わせてくれるのだった。私たちはたちまち仲よくなり、それでわかったのだが、マーティの変わっているのは外見だけではなかった。ロンドンのイーストエンドで、ウクライナ系ユダヤ人の両親のもとに生まれ、一五歳で学校をやめて、すぐにショービジネスの世界に飛び込み、マーゲート埠頭でインド人行者の演芸の助手を務めるようになった。理由は最後まで完全には呑み込めなかったのだが、マーティの役割はどうやら、行者の腹に（なまくらの）矢を射かけることだったらしい。彼は私よりずっと年上に見えた（実際には五歳しか離れていなかったのだが）。何年も前から脚本家として実績を積んでいたし、ロンドンじゅうよく知っていて、ジャズクラブや高級レストランに通い、休暇は外国で過ごすなどなど、全体としてまさに大人の見本に見えたからだ。そのうえ結婚もしていた。奥さんはローレッタという魅力的でダークヘアの保護欲旺盛な女性で、耳に快いハスキーボイスの持主で、煙草の煙を吐きながら笑い、人のよさと安定感と楽しさがにじみ出ているような人柄だった。私はふたりといっしょに過ごすことが増え、ロンドン訛り《コックニー》の地口《じぐち》や俗語を教わり、人生やコメディについて語りあい、しょっちゅう笑いあっていた。その年の後半には、休暇にイビサ島（地中海西部にあるスペイン領の島）の貸別荘に遊びに来てくれと夫婦を招きもした。グレアムとふたりで、二カ月ほど借りようと決めていたのだ。

このころ、グレアムと私にこんな贅沢ができるようになったのは、すべてデイヴィッド・フロストの後援のおかげだった。私たち自身はまだ子供で、先のことを計画する分別がついていなかった。たんになにか話があればそれに反応していただけだ。つまり、将来の計画は実質的にデイヴィッドにおまかせだったわけである。そしてデイヴィッドには映画を作るというアイデアがあった。頭はいいが節操のない世論調査屋が、その専門技能を利用して首相に成り上がるという筋書きで、その脚本を書かないかと私たちに話を持ってきてくれたのだ。これがのちに『マイケル・リマーの大躍進（*Rise and Rise of Michael Rimmer*、一九七〇年英国映画）』と題して公開されるのだが、それまでやってきたことにくらべたら、これはあまりにも大がかりな計画だった。しかし、私たちは飛びついた。その大きな理由は、デイヴィッドが莫大な報酬を約束したからだ。なにしろ大枚二〇〇〇ポンドである。

これがどれぐらい大金だったかというと、ここで思い出していただきたいのだが、《フロスト・レポート》で私は役者として週に七〇ポンド、それに加えて脚本料としてたしか三〇ポンドもらっていたと思う。二〇〇〇ポンドという報酬は、当時の私たちが初めて嗅いだ甘い生活《ラ・ドルチェ・ヴィータ》の香りだったのだ。そういうわけで、グレアムと私はかなりの大きさの別荘を南の島に借りようと決めたのである。グレアムは医師の試験、私は演技の不安から回復するために休暇を楽しもうという計画で、その後私はいったんロンドンに戻り、英国で開催された一九六六年のサッカーのワールドカップを観戦し、それからやっと腰を落ち着けて、私はタイプライターにかじりつき、グレアムは日光浴用の折り畳み椅子にかじりついて、映画脚本の第一稿を五週間で書き上げるつもりだった（いまの私なら、コーヒーを淹《い》れて、鉛筆を削り、机の前で居心地のいい座りかたを見つけるだけでそれぐらいはかかる）。

ここまでは上々だった。しかしそのすぐあとに、さらにいい話がやって来た。デイヴィッドが私をわきへ引っ張っていき、じつはＩＴＶのケーブルテレビで深夜の番組をやることになっているのだが、それで助手を務めてくれないかと提案してきたのだ。私は喜んだ。これまでずっと親しく気安いつきあいを続けてきた人と仕事ができるし、またその人のおかげで仕事が確保でき、この秋の収入はずっと保証されるのだ。有頂天になるほどの輝かしい立場ではないが、その新しい番組では真剣な討論も計画されており、それに加われるかもしれないと匂わされてもいた（《ニューズウィーク》時代の野心の最後の閃《ひらめ》きというわけだ）。

そんなわけで、グレアムと私はイビサ島に別荘を借り（ここで説明しておきたいのだが、イビサ島にはその後乱痴気騒ぎの場所というイメージが定着したものの、当時はそうではなかった。一九六六年には、より小さくて安くてすいているマヨルカ島という認識だったのだ）、ティム、ハンフリー、マーティとローレッタなど、さまざまな友人たちが泊まりにやって来た。ここで私は、取り憑かれたように《デイリー・テレグラフ》を読みはじめ、名前や日付を暗記し、知らなかった政治経済用語を調べた。近々まじめなインタビューをすることになっても、物知らずと思われないようにと思ったわけだ。しかし、そんなことはまったく一度も実現しなかった。数日後、コニーがニューヨークからやって来た。すでに一度ロンドンに訪ねてきてくれたことはあったが、今回はふたりでまともに休日を楽しめるというわけで、いっしょにこの島の探検に出かけた。

それで気づいたのが闘牛の広告だった。私たちはどちらも、まだ一度も闘牛を観たことがない。闘牛士《トレアドール》文化に初めて接するには、イビサ島は幸先のいい場所ではないのではないかと思ったが、ともあれ観に行くことにした。やめておけばよかった。まるでなっていなくて、観ているほうが恥ずかしくなる。とくに二頭めの雄牛はガンジーの非暴力主義の信奉者だったらしく、いくら怒らせようとしてもどこ吹く風で、闘牛場を小走りにまわって冷静に出口を探すばかりだった。コニーは判官《ほうがん》びいきの気がある――これは私もそうだ――が、あまり大声で雄牛に声援を送るので私は心配になってきた。闘牛士の家族が聞いたら文句を言われるのではないかと思ったのだ。とはいえ、その雄牛が引き分けを認められて、今日はもう戦わずに生き延びられるとわかったときには、私もいっしょに快哉を叫んだものだ。それでそろそろ出ようとしているところへ、いきなり新たな闘牛士が登場した。美しい黒毛の雄馬にまたがっている。それに続いて入ってきたのは、さっきとはタイプのちがう牛だった。巨大で怒りっぽくて執念深い、まるで雄牛の見本のようだ。そしてその執念とは、たとえ午後いっぱいかかろうとも、目の前数フィートの馬を闘牛場の外へ放り出すことだった。

コニーはすぐに馬に声援を送りはじめ、いっぽう私は夢中で見つめていた。闘牛士は少し馬の足をゆるめ、雄牛が追いつきそうになるのを待って、鞍にまたがったまま上体を後ろに傾け、雄牛の肩に長い槍を二本突き立てるや、間一髪で馬を早駆けさせて逃げる。この戦法を何度もくりかえし、闘牛士はつねにあわやというところで逃げを打つ。私はこういう結論に達した――生活費を稼ぐ手段としては、テレビのコメディ番組に出演するよりこっちのほうがよほどストレスがかかる。しまいに牛の足が鈍りだすと、闘牛士は馬をおりて、手にしたケープをたくみに振って牛をかわしはじめた。その手ぎわがきわめて多彩かつあざやかだったから、気がついたら私たちはふたりとも歓声をあげていた。

やがてぴたりと動きが止まった。牛は寄り目になり、すっかり途方に暮れた様子で、一二フィート（約三メートル半）向こうのケープを持った男を眺めている。これからなにが起こるのかどうも思い出せないというふぜいだった。闘牛士はケープを下げた。そしてゆっくりと、これ見よがしに巨大な牛に近づいていき、正面で立ち止まると、手を伸ばして牛の鼻にそっと触れた。と思ったら、その驚愕の瞬間、牛に背を向けてゆっくりと歩きだした。行く手には、すべてを呑み込む静寂が待ち構えている。

とそのとき、コニーが声をかぎりに叫んだ。「後ろ、後ろ！」

うれしいことに、これは笑いをとることに成功した。ただ、笑ったのはただひとり、つまり私だけだった。ほかの観客はいっせいにはっと息を呑んだ。闘牛士がゆっくりとふり向いてこちらを見る。この変な女は、彼が急性短期記憶障害にかかったと本気で思っているのか。言うまでもなく、コニーがよかれと思って叫んだことに疑問の余地はない。しかし、突然の大声に雄牛は茫然自失から覚めたようだった。すぐ目の前にいる細腰の闘牛士に突っかかっていった。かくして、得点はスペイン一ポイント半、雄牛《ブルズ》一ポイント半のタイに持ち込まれた（この最後の部分は嘘です）。

コニーはのちに、実際には「危ない！」と叫んだのだと主張している。両方の言いぶんを含めるべきだと思うのでいちおう書いておくが、ただ私自身は「後ろ、後ろ！」だったのはまちがいないと思っている。いずれにしても、率直に言ってよけいなひとことだった。

このままでは公平を欠くから、私の失敗談も書いておこう。私はボールゲームの才能はあったし（ただしあまり荒っぽくない場合）、鼻や足のうえに傘やビリヤードのキューをのせることもできたが、腕力と敏捷性と身体的な思いきりのよさのすべてが必要という場面では、どうしてもぶきっちょで腰砕けになってしまう。それはもとから自覚していた。というわけで、挑戦すべき目標をみずからに課すことにしたのだ。大人になってから海岸で長く過ごしたことがなかったので、水上スキーがこれほど気に障るものだとは知らなかった。私に欠けている技能のすべてが詰め込まれていて、そのせいで劣等感や怒り（嫉妬とも言う）がかきたてられるだけでなく、筋金入りのナルシストどものために、あっけないほど簡単に自己顕示欲を満たす手段を提供しているように思えた。見るがいい、長い金髪をなびかせ、日焼けした肌と引き締まった身体をひけらかしつつ、ボートに牽かれて水上を走っていく。もしこれが車に牽かれて道路を走っていたのなら頭がおかしいと思われるだろうに、それが海の上になると、大した技術でもないくせに、うまい具合に海岸に集まっている人々、といってもベッドの相手にふさわしい人物にかぎるが、ともかくそういう人々に、それをひけらかすことができるのである。

そういうわけで、私は水上スキーのレッスンを受けることにした。水上スキーがしたかったからではなく、それがいかに簡単で、したがってやるだけむだだということを自分に証明したかったからだ。唯一の問題は、人前で赤っ恥をかく可能性があることだったが、朝一番のレッスンを予約しておけば、あまり人が集まってこないうちに終えることができるだろうと思った。ところが、予約を入れた日は海が荒れていたため、波が静まるまで三時間待たなくてはならなかった。おかげで、やっとレッスンが始められたときにはもう人がおおぜい出てきていたのだ。

この海岸で、自分がいま唯一の見世物になっていることを私は痛感し、そこでいいことを思いついた。最初からけがをしていたと思ってもらえれば、気の毒がってあまりじろじろ見られないですむかもしれない。私が急に足をひきずって歩きだしたので、インストラクターたちはちょっと面食らっていた（私のパフォーマンスはそのせいだったかと、あとでそう考えてくれたかもしれないが）。私はスキーを履き、腰を落とし、牽引用のリングを握った。そして教えられたとおり、モーターボートが走りだすと立ちあがったが、身体の反らせかたがじゅうぶんでなかったため、たった二フィート進んだところで、もう頭から水中に飛び込んでしまった。この最初の挑戦のさいに驚くほど大量に摂取した海水を排出したのち、再度の挑戦に臨んだが、今度は身体を反らせることを意識しすぎて、ボートが走りだしたとたんスキーに置いてきぼりにされて、私は後ろにひっくり返って盛大に水しぶきをあげた。三度めの挑戦にとりかかるころには、海岸じゅうの目という目（マーティの片方の目はべつとして〔マーティ・フェルドマンはかなり強度の斜視だった〕）が私に注がれていた。今回、三度めにして最後の挑戦（ありがたいことに、三回の挑戦でレッスンは終わりだったのだ）に向けて私は覚悟を決めようとした。心を鎮め、リングをしっかり握って身体を反らす——ただし反らしすぎてはいけない——

と自分に言い聞かせた。ボートが走りだしたら立ちあがり、背筋を伸ばし、腕を少し曲げて（伸ばしきってはいけない）、余計な力を入れず（なによりリラックスが大切だ）、全体重をできるだけ太腿で支え、頭をあげておくことだ。さてボートが走りだしてみると、私の身体はどんどん浮き上がっていった。一メートルほども浮き上がったところで、私はついにリングから手を離し、両腕を振りまわしながら横向きに倒れ、その夏最大の水しぶきをあげた。私はふらふらになって海岸に向かった。これでやっと試練は終わったと思っていたのだが、気がついたら海岸じゅうの人が拍手喝采しながら笑っていた。料金はもつからもっとレッスンをさせてやってほしい、とインストラクターに申し出てきた人も何人かいたほどだ。

戻ってきた私にコニーはとてもやさしかったが、マーティとグレアムとティムは姿をくらましていた。まるでいっしょのところを人に見られたくないかのようだった。たぶん嫉妬していたのだろう、私が派手に笑いをとったから。

私はやたらと人に気を遣うたちで、うるさくつきまとわれてもなかなか追い払えないのだが、マーティは以前からそれを面白がっていて、ここに来てから迷惑な習慣を開発してしまった。毎朝みんなで海岸に出たあと、彼はひとりでぶらりと離れていき、適当にそのへんの人たちに話しかけ、群を抜いて退屈だと思う人物——いつも男だった——を見つけだす。そしてその人物の好きな話題——得意の話題ならなおよい——を突き止めると、「偶然だなあ！　ぼくは親友のジョンといっしょに来てるんだけど、あいつもアナグマ／庭の小屋／切手／洞窟探検／鉄道模型／プラスチックフォークに夢中なんですよ。いや、これはぜひ紹介させてもらわなくちゃ」と言って、そのスーパー退屈氏を連れてきて私に紹介するのだ。「きみたちはふたりとも、拓本／蛾／空飛ぶ円盤／トレンメア・ローヴァーズ（サッカーチーム）／フォークソング／獣姦に夢中なんだから、きっとすごく話が合うと思うよ！」そして自分はさっさと安全圏に撤退して、くすくす笑って見物しているのだ。あるときなど、スクラブル中毒の男から逃れるために、ついてこられないほど沖へ泳いでいってやっと振り切ったこともある。マーティは大喜びしていた。

　やめてくれと頼んだが、マーティは耳を貸さなかった。人の時間をむだにするのが最高の悪ふざけだ、というのが彼の信念だったのだ。何年もたってからふと気がついたのだが、彼のコントには、まさにそういうことをする迷惑な人物（たいていミスター厄介者《ペスト》という名の）が出てくるものがとても多い。

　もうひとつ、このときのことで取りあげておきたいことがある。コニーに言わせれば、いままで知らなかった私の一面が顔をのぞかせる出来事だったからだ。今生《こんじょう》では二度と水上スキーに関われなくても少しも残念には思わないが、それとはべつに、どうしても身につけておくべき身体的技能がひとつある、と私は考えるに至った。自転車に乗ることだ。私は両親に自転車をねだったことはなかった。乗りたいなどとは夢にも思わなかったからだ。しかし、イビサ島に着くが早いか、だれもが当然のように自転車を借り、私が乗れないというのが信じられないようだった。乗れなくてもとくに困ることはなかったと思うのだが、自転車に乗れないことでいままでになくさんざんに冷やかされてしまった。そこである晩こっそり外へ出て、自転車を無断で拝借し、別荘から一〇〇メートルほど先のでこぼこ道に持っていき、薄暗いなかで乗り、さっそくひっくり返りはじめた。冷たい怒りの力で二時間ねばり、実際にそこそこの距離を進んでからひっくり返れるまでに上達した。消毒薬と絆創膏を探しに別荘へ戻ろうとして、私のがむしゃらな努力をコニーが見ていたことに気がついた。私にこんな不撓不屈《ふとうふくつ》の根性があったとは夢にも思わなかったと彼女は言い、以前より私のことがよくわかった気がすると言った。いちおう断わっておくと、こんな根性がふだんからいくらでも湧いてくるわけではなく、たまにふっと顔を出すぐらいだ。たいていは、仕事を最後までやり抜けるように助太刀にやってくるのである。それ以外のときは、どこに隠れているのか影も形もない。たまに、クロスワードパズルや数独と格闘するときに出てくるぐらいだ。できるものなら、仕事以外の面にもこれを傾注したいものだが、どうも私は真剣に努力しだすと気軽に楽しめなくなるようで、だからいつまで経ってもしろうとの域を脱することができないのである。

グレアムと私は、イビサに来てからとことん気楽にやっていて、映画の脚本はほとんど進んでいなかった。しかも、さらなる遅れを約束するかのように、ワールドカップが迫っていた。私は全試合のチケットを持っていたのだ。そこで、イビサにグレアムを残してティムやコニーといっしょにロンドンへ戻り、ニューヨークに帰るコニーを空港まで送っていった。悲しい瞬間だった。ふたりとも、次はいつ会えるかわからないと思っていた。コニーが帰ってしまうと、私はなんとか気を取りなおし、イングランドのサッカーの試合を見守るという苦行に乗り出した。ウルグアイとの初戦は〇‐〇の引き分けだったが、うんざりするほど退屈で、気が滅入るほど先が見える試合だった。これでは完全に、救いがたく見込みも希望もないと思い、私はとんでもなくばかなことをしでかした。ワールドカップ決勝戦のチケットをビル・オディにやってしまったのだ。

そのとおり、よくわかっています。しかし私の計算によれば、このイングランド・チームが到達できるのは（奇跡の助けを借りても）準決勝までだったのである。そこで私はグレアムに電話をかけ、予定より早く戻って執筆にとりかかると伝えた。おかげで、こんなに長いこと怠けていたという罪悪感がいささかやわらいだ。それから、（みずから罰を受けるために）ウェンブリー・スタジアムに戻って次の試練に耐えることにした。対メキシコ戦である。試合開始直後、メキシコは独特の戦術に出た。キックオフのさいに、センター・フォワードがインサイド・フォワードにボールを渡し、インサイド・フォワードはすぐにそのボールを六〇ヤード先のゴール目がけて蹴った――が、それはイングランドのゴールキーパー、ゴードン・バンクスの真っ正面だった。メキシコ・チームはその後、自陣側の端四分の一のエリアにひとり残らず後退し、ふてぶてしく口ひげをひねっていた。試合が始まってわずか一〇秒後には、〇‐〇の引き分けが目前に迫っていたのだ！　それから三七分間、それはあくまでも迫りつづけていたが、そのとき……ボビー・チャールトンがやってくれた！　センターサークルにボールを集め、左に振ったかと思うと右に猛ダッシュし、あざやかな三〇ヤード・ショットを繰り出して、メキシコのゴールの左上すみに叩き込んだのだ。そのキックによって、強烈な歓喜が、そしてなにより……**安堵感**が噴き出してきた。スタジアムじゅうが立ちあがり、はねまわり、腕を振り、抱きあい、歓喜の叫びをあげていた。私も浮かれて飛びあがり、と思ったら膝がだれかにぶつかった。見おろしてみて驚いた。隣の席に、このスタジアムじゅうでたったふたり、まだ腰をおろしたままの人がいる。身なりのよい中年の夫婦で、うれしそうににこにこしている。私はそのご主人のほうにぶつかったのだった。

「すみません！」私は言った。「ついわれを忘れてしまったみたいで」

彼は愛想のよい笑みを私に向けた。

「いいんですよ。私も立ちあがりたいところなんですがね、家内がうんと言ってくれそうにないので」

夫婦は愛情のこもった目で互いを見つめていた。

一〇日後、私はまたその同じ席に腰をおろしていた。奇跡の人ボビー・チャールトンが前後半ともにゴールを決めて、イングランドはワールドカップの決勝戦でドイツとあたることになった。その夜、私は飛行機でイビサ島に戻った。ばかな私。

こうしてグレアムと私はとうとう、初の映画の脚本に着手することになった。これは一〇〇パーセント自信をもって言い切れるが、私たちはこの仕事のことがまるでわかっていなかった。言うまでもないが、この仕事のことがまるでわかっていないことを私たちはまるでわかっておらず、おかげで熱意はいささかもそがれることがなかった。またほとんど調査もしていなかったから、世論調査屋や英国政治のからくりについてもろくに知らなかった。しかし、ともあれ先に進めることにして、場面一から取りかかった。ちゃんとした三分間のコント（というか場面）を二〇個ほど書けば、それで一〇〇分の映画ができると自信満々だった。そんな若者ふたりの楽観論は、庭に物置小屋を建てただけでもう大聖堂を建てようとするのと大して変わらなかった。それはちょっと厳しすぎると思われるかもしれないが、私はこれまで多くの映画脚本を目にしてきて、それに対して正直（かつ現実的）でありたいと思っているのだ。ひとつだけ例外はあるが（マイケル・フレインの『時計じかけの校長先生

〔*Clockwise*、一九八六年英国映画〕』）、私はこれまで一度も、一流のコメディ映画の役をオファーされたことがない。もっとも、ちょい役ながらよく書けている人物を演じたことはあるが、それも多くはなかった。なぜこんなに多くのだめな脚本家が生計を立てていられるのかと、以前はよく不思議に思ったものだ。しかしやがて私は気がついた。かれらに仕事を依頼するプロデューサーも、その脚本がいかにひどいかまったくわかっていなかったのだ。盲人が盲人の手を引くとはよく言ったものである。

それはともかく、グレアムと私はどんどん仕事を進めていった。私は屋内でタイプライターに向かい、グレアムは外のバルコニーに寝そべって日光浴をしつつ、彼にしかできないやりかたでそれを手伝う。役割分担としてはアンバランスだが、それが気になったことはない。私は口出しされるのには我慢ならないたちだから、なにをタイプしているかグレアムに見られないほうが好ましかったのだ。たまに議論になったとき（とはいえ激論になることはめったになかった）、勝ちを譲ることもあったものの、実際には自分の好きなようにタイプしていた。自分がどっちに賛成していたのか、あとになったらどうせグレアムは憶えていないのはわかっていたからだ。

それよりずっと重要なことに、私は隣村の小さな喫茶店にテレビがあるのを見つけていた。土曜日にはそこでワールドカップの決勝戦が見られるという。午前のなかばごろに行ってみたら、まだ店内はがらんとしていた。そこでビールを二本飲み、「フランコのウサギ《コネホ・オー・フランコ》」というあっと驚く料理を注文し、コーヒーを飲みながら見ていると、しだいに店内はいっぱいになってきた……

……ドイツ人で。てっきり客は地元の住民ばかりだと思っていた。こんな目立たない小さな店ではあるが、多少は観光客も交じっているのは予想していたものの、まさかドルトムントの人口の半数が集まってくるとは。しかしそれどころではなかった。ドイツ人が次から次に入ってきて私のまわりに座りはじめ、それでだんだんわかってきたのだが……ここに英国人は私ひとりきりだった。ドイツ人はとても友好的だったが、多勢に無勢で、しかも出口はすべてふさがれている。これでどんな戦略がとれるというのだ。ドイツ人のふりをするにはもう手遅れだ。最初の数人が入ってきたとき、「こんにちは！《グーテン・ターク》　私はドイツが好きです《イッヒ・リーベ・ドイッチュラント》」とあいさつしたのだが、数秒後にはもう英語でしゃべっていた。向こうはみんな英語がぺらぺらだったのだ。ただうまくすれば、英語はしゃべっているが英国人ではないと思ってもらえるかもしれない。たとえばローデシア人とかカナダ人とかで、ここに来たのはただの好奇心で、いわゆる「ビューティフル・ゲーム（サッカーのこと）」のルールをちょっと知りたかったからなのだ。しかし、善意の無関心を装うには、私には明らかに自制心が不足していた。異論はあるだろうが、キリストの磔刑《たっけい》以来の最大のイベントをいま観ているのである。そこで、超スポーツマンシップを備えた恐ろしく礼儀正しい上流階級の阿呆の役割を演じることにして、ヘルムート・ハラーが開始一二分に先制点をあげたときには、心にもなく「すごい、ドイツよくやった！」などと叫んでいた。そしてまた、ジェフ・ハーストがゴールを決めてイングランドが同点に追いついたときは、なんとか自分を抑えて「これで面白くなった！　でもいまのはラッキーだったね！」と言うにとどめた。顔に貼りついた笑みとさりげない態度で隠してはいたが、しかしテーブルの下では手も脚もねじれ、引きつっていた。そしてマーティン・ピータースが終了一二分前にゴールを決めてリードを奪ったときには、私の拍手はいささか盛大すぎた。それを相殺しようと、「がんばれドイツ！　もう一点！」と声をかけたが、どうも空々しく響いたような気がする。しかし、最大の試練の時が訪れたのは、規定時間の終了間際のことだった。ウーヴェ・ゼーラーが反則をしてジャッキー・チャールトンを妨害したのに、くされ薄のろ間抜けのスイスの審判が、ついにナチの本性を表わして、あつかましくもイングランドにペナルティを課したうえ、シュネリンガーの露骨なハンドを無視して、おかげでヴェーバーというプロイセンの豚野郎が同点のゴールを決めてしまったのだ。私はそこに座って熱烈に拍手喝采していたが、周囲では太って思いあがったソーセージ食らいのドイツ野郎《クラウト》の大群が浮かれ騒いで、ビールをはねちらしながら自分たちの人種的優越を祝っていた。

とはいえ、イングランドは延長時間にドイツをやっつけたではないか。疑惑のゴールがどうした、くそでも食らえ（延長時間にイングランドがあげた得点について、ボールがゴールラインを完全にクリアしていなかったのではないかという疑いがもたれたことをさす）！　試合終了の笛が鳴ったとき、私はそろそろと立ちあがり、気の毒そうに肩をすくめ、苦笑いを浮かべてうなずき、どうにか喫茶店をぶじあとにすることができた。ドイツ人《ボッシュ》の客たちは「あれはラインを越えてなかった！」と騒いでいたが、まったくそのとおりだ、ドイツは第二次世界大戦にも負けていないと個人的には思う、などと皮肉ったりもしなかった。

こんな中断はあったものの、グレアムと私は脚本書きを続けていた。あとでわかったのだが、ちょうどこのころ、グレアムは生涯の恋人に出会っていたのである。デイヴィッド・シャーロックという若い男だったが、それを打ち明けてくれたのは一年も経ってからだった。脚本を書いている期間中、彼が日光浴ばかりしていたのはなぜだったのか、これでやっとその理由がわかった。いっぽう私のほうも、このころ終生の友に出会っている。感じのいい長身のブロンド女性（なんと！）で、名前はピッパ。私は彼女のことがとても好きになった。

最後にイビサの思い出をもうひとつ。別荘から楽に歩いて行けるところに、とても居心地がよくてうまい屋外レストランがあって、私たちはそこを行きつけにしていた。料理が出てくるのは遅かったが、ふだんはそう気にならなかった。戸外の夜気はかぐわしく、サングリアを飲みながら何時間でも機嫌よく座っていられたからだ。しかしある晩、アラン・ハチスンが遅くに空腹を抱えてやって来て、リッソール（パイ皮に肉や魚を詰めて揚げた料理）（いつ頼んでも美味だった）を注文し、テーブルに着いて、ぐうぐう鳴る胃をなだめつつ期待に全身を震わせていた。そしてまあ、たしかに非常に長いこと震えていた。リッソールはいつ来るのかと数分おきに丁重に尋ね、そのたびに「もうすぐです《ドス・ミヌートス》」という返事。一時間ほどするころには、怒りを押し殺しているせいで震えはさらにひどくなっていた。アランは温厚なたちだから、こんなに怒っているのをそれまで見たことがなく、しまいに私は心配になってきた。あんなに震えていたら身体のどこかがゆるんでくるのではないか、あるいはなお悪いことに、ウェイターを殺して食べてしまうのではないだろうか。やがて彼は立ちあがり、「よし！」と呼ばわると、決然たる足どりでレストランの屋内部分にずんずん入っていった。私たちはテーブルに着いたまま、怒鳴り声や殴り合いの物音がしてくるものと待ち構えていた……のだが、なにも聞こえてこない。一〇分後、アランは戻ってきた。注文したリッソールの皿を持って戻ってきて、猛然と口のなかに押し込みはじめた。話しかけても大丈夫になるのを待って、なにがあったのかと尋ねてみた。彼の説明によると、レストランをずかずか歩いていったときも、大忙しの厨房に入ったときも、だれにも気づかれなかったという。なにをしに来たのかと問いただされると思っていたし、そうなったら大声で苦情を言い立ててやろうと思っていたのだが、何人もいるシェフはみんな彼を無視していた。そのとき、大きな皿に生《なま》のリッソールがのっているのに気がついた。そこでフライパンを火にかけ、油をひき、リッソールをどっさり入れて焼きはじめた。ときどきこちらを見るシェフもいたが、だれも気にしていないようだったので、リッソールに火が通ったところで、皿に移してテーブルに持って戻ってきたというのだった。私はアランのこういうところがとても好きだ。料理がなかなか出てこないときに、これほど効果的な対応のできた人物は、世界史を通じてただ彼ひとりではないだろうか。

第13章　いよいよ番組を持つ

　数日後、私は飛行機でロンドンに戻り、『マイケル・リマーの大躍進』の第一稿をデイヴィッド・フロストに渡した。しかしこのとき、彼の頭はもっと重要な企画でいっぱいになっていた。一カ月もしないうちに、週に三度の新番組《フロスト・プログラム（*The Frost Programme*、一九六六～六八、七二～七三、七七、九三）》が始まることになっていたのだ。これは、さまざまな要素を組み合わせて新しいフォーマットを生み出そうという試みで、英国のテレビではまだだれもやったことのない番組だった。まじめな政治問題のインタビューがあるかと思えば、肩の凝らない話題があり、ときにはコントのコーナーや、ゲストをまじえた愉快なお遊びのコーナーが入ることもあった（自由党党首だったジェレミー・ソープといっしょにハンドベルを振ったのを憶えている）。それにちょっと変わった歌手とか、実験コーナーもあった（一週間で中国語をどれぐらい憶えられるか試したことがある。答え――たくさんは無理）。たまに録画のコーナーもあったが、憶えているかぎりではショービジネスのゴシップはなかったと思う。とはいえ、それ以外はほんとうになんでもありだった。あるとき、歌手のシャーリー・バッシーがゲストだったとき、テリー・ギリアムが招《よ》ばれてスタジオで彼女の似顔絵を描いたことがある。その後のコマーシャル中に、デイヴィッドは泡をくって袖に駆け込んできて、テリーが必要以上に意地悪な描きかたをしていないか確認していたものだ。幸い、心配するほどひどくなかった（テリーはたぶん、この番組の仕事が欲しかったのだろう）。

あるていど軌道に乗ってくると、《フロスト・プログラム》は非常に興味深いハイブリッド番組に進化し、ロンドンじゅうで話題になった。しかし国じゅうの話題にならなかったのは、特定の地域でしか放映されなかったからだ。ウェストン＝スーパー＝メアでは観られなかったため、私の両親は不安になった（ラジオの《すみません読みなおします》で、毎週私の声は聞いているはずなのに）。それで父は私に手紙を寄越して、マークス＆スペンサー百貨店の人事部に求人があるが、応募してみてはどうかと勧めてきた。お金には困っていないからと伝えて安心させたのだが、数年後にラジオでこの話をしたところ、〈マークス＆スペンサー〉と書かれた手紙が来て、あけてみたらだれかが応募用紙を送ってきてくれたのだった。このときのことはいまでもいい思い出だ。

この番組で、私はささやかな役割をいろいろとこなしていた。短い対話形式のコント（たいてい少しばかり風刺的な内容だった）を書いて、番組冒頭にデイヴィッドと演じたり、ひとりで短いコントを演じたり、ゲストといっしょに楽しいゲームに加わったり。また、必要ならもっと変わった企画を立てることもあった。たとえば、クリフトン・コレッジの校歌をみんなに歌わせたりもした。

……平日でも休日でも

うれしい日でも悲しい日でも、
どの日もすばらしい、喜ばしい一日だ
最高の学校の生徒だから!

もうひとつ、その夜のゲストの世話役という仕事もあった。ゲストを楽しませたり、お酒の用意をしたり(ただし一杯だけ)して、セットに出ていく時間になってフロアマネージャーが呼びに来るまで相手をするわけだ。私がその秋最大のへまをしでかすのは、この比較的楽な仕事をしているときのことだった。

それはとくべつに間の悪い出来事だった。というのも、この番組にとってのちょっとしたブレークスルーの足を引っ張ることになってしまったからだ。《フロスト・プログラム》が始まったとき、最大の問題になったのは、デイヴィッドが招《よ》んでも「まじめな」ゲストは来てくれないということだった。彼は《ザット・ワズ・ザ・ウィーク・ザット・ワズ》や《たんなるテレビ番組ではない、これが生のありようだ(*Not So Much a Programme, More a Way of Life* 一九六四〜六五)》(英国のエンターテイナーがかつて達成した最高に大胆不遜な番組だった)といった最先端の風刺番組を司会していたし、そのあとの《フロスト・レポート》シリーズにも、少なくともいささか不謹慎な部分もなくはなかったから、デイヴィッドが声をかけると、重要人物(政治家や将軍、大使、高級官僚、教授、司教、大物実業家などなど)は尻に二枚も三枚も帆をかけ、それをセロテープよりはるかに強力なものでつなげて逃げ出すしまつだったのだ。そんなわけで、最初の何回かは「まじめな」インタビューはまったくできなかった。そしてそれができないということは、ちゃんとした対話をするつもりである（ブーブークッションに座らせたり、茶化して笑い物にするのでなく）ことをＶＩＰに対して証明することもできないということだ。

だがついに……ひとり引っかかってきた。大物《ビッグフィッシュ》とは言えないが、少なくともタラぐらいの大きさはある。アーネスト・マープルズという、マクミラン政権のもと閣僚――かつては運輸大臣だった人物だ。大騒ぎになり、入念な準備がおこなわれた。ミスター・マープルズは、東京で二カ月間学んできた日本の商慣行についてデイヴィッドに話をすることになっていたのだが、彼がスタジオに着いたときには、五〇名以上のダークスーツの集団が、その場にふさわしく厳粛かつうやうやしく出迎えるという、ほとんどへつらうような手はずまで整えられていた。彼が楽屋に入ってきたとき、私はそのソファに座って、割り当てられたゲストの相手をしていたのだが、室内の全員が弾かれたように立ちあがり、軽く会釈をし、敬意を表してしばらく立ったまま待っていて、それ以上もと大臣に気を遣わせないようにまた腰をおろし、じろじろ見ないように気をつけていた。そしてその瞬間、私は気がついた。ゲストの姿がない。私が目を離したすきに彼は席を離れ、いまはミスター・アーネスト・マープルズ（もと大臣の！）にずんずん近づいていこうとしていた。手を差し出し、満面に笑みを浮かべて。

「初めまして、ミスター・マープルズ！」

「おやこれは、初めまして……」

私はぼうぜんとした。次にどうなるか目に見えるようだった。

「マーティン・ブレイズウッドと申します。私もこの番組に出演するんです」

「ああ、そうですか……それで……なにをなさるんですか、マーティン」

「スプーンで音楽を演奏するんです」

あのときのマープルズの顔の彫像があればと思う。あれをじっと見ていれば、どんなふさぎの虫も吹っ飛んでしまうだろう。それは、最悪の事態に備えて覚悟を決めたつもりが、まだぜんぜん足りなかったという表情だった。もと大臣の身で、スプーン演奏家といっしょに全国ネットのテレビに出演してしまうのだ。次期大蔵大臣の夢も水の泡だ。

幸い、ともかく彼はそのまま出演してくれて、インタビューはうまく行き、うわさは広まって、二、三週間のうちに、社会の礎《いしずえ》とも言うべき重要人物が、デイヴィッド・フロストと話すために列をなすほどになった。それにしても、彼はじつに驚くほどすぐれたインタビュアーだった。切れ味鋭く明敏で、それでいて同情を失わず、人はついつい話すつもりのなかったことまで話してしまう。しかも、そのせいでかれらの言葉は逆に信憑性が高まるのである。彼はまた、法科学的な手法で説得力のない主張を突き崩すことも巧みだった。そのインタビューは自然で、よくある月並みな時事問題の解説などより、視聴者に対してはるかに説得力があった。いまではおおむね忘れられているが、フロストがおこなったインタビュー――たとえばコンゴの傭兵マイク・ホアー少佐、詐欺師のエミール・サヴンドラとの――は、（死の床にある劇作家デニス・ポッターとメルヴィン・ブラッグのすばらしいやりとりとともに）私がかつて見た最高のインタビューに数えることができる。

私に関して言えば、この番組に対する貢献度は小さく、ときにはないに等しいほどだったが、それでもこれに関わったことは並外れて貴重な経験だった。週に三回、生中継で演技をする――それも、台本はたった六時間前に書いたものだったりする――わけだから、おのずと考えかたを変えざるをえなかった。《フロスト・レポート》のときは、「完璧な」演技をしようと目指すことができたし、それがわかっているせいでいっそうプレッシャーが大きくなっていた。しかしいまでは、やることなすことすべていささか稽古不足だし、完璧など望むべくもない、という現実を受け入れざるをえなかった。たんに流れについていくしかないし、失敗にあまりこだわってもしかたがない。それで学んだのが、失敗を恐れるのをやめると緊張が少しゆるみ、そのおかげで……逆に失敗が減るということだった。

ところでその夏の終わり、私に自分の番組を持たせたいとデイヴィッドに告げられた。認められてうれしかったが、と同時にひどく恐ろしくもあった。しかし、いまの私はえり抜きのチームに囲まれているのだから、ひとりで大きな責任をしょいこむ必要はない、だからなんとかやっていけるだろうという結論に達した。私は以前から、「みんなでやればこわくない」を強く信じていたのだ。

そして、それはティム・ブルック゠テイラーも同じだった。デイヴィッドは以前、彼にあるシリーズをやらないかと持ちかけたことがあったのだが、やはりほかの仲間といっしょにやりたいと答えたという――そして、私とチームを組みたいと提案していたのである（あいにく、そのとき私は別のプロジェクトで忙しかった）。かくして私たちふたりは当然の成り行きとして、いっしょに仕事をしたいとデイヴィッドに提案した。ふたりいっしょであっても、この新たな企画に私たちがいささかおびえているのをデイヴィッドは見てとった。そこで、小心者の弟子ふたりを落ち着かせるために、深夜の番組だから視聴者はそう多くないし、いずれにしても成功は期待されていないから気楽にやっていいと説明してくれた。しかも、私の目の前に完璧なニンジンをぶら下げてみせた。くだらなくて、大胆で、常識はずれで、無鉄砲で、突拍子もなくて、変てこで狂ったネタ、つまりグレアムと私が《フロスト・レポート》の脚本会議で提案しては、いつも「すごく面白いけど、ブラッドフォードでは受けないだろう」と言われていたような、そういうネタをやってみろとはっぱをかけたのだ。かくして、私たちは「はい、やらせてください」と答えたわけである。

この新しい企画にグレアムを加えるのはすぐに了承されたが、私たちはもうひとつ、少なくとも表面的にはかなり奇妙な提案をした。

「デイヴィッド、これにはちょっと驚くでしょうけど」

「どういうこと？」

「マーティ・フェルドマンを……」

「マーティを？　でも、彼は役者じゃないじゃないか！」

それはデイヴィッドの言うとおりだった。マーゲート埠頭で矢を射かけていた日々以来、マーティは演技をしていなかった。なによりもまず脚本家だったのだ。しかし私たちはめげず、デイヴィッド（マーティがすぐれた脚本を書くのはよく知っていた）に対して、マーティが並外れて面白いことを説明しにかかった。ふざけているときはもちろんだが、自然に役——ロンドン訛りの呼び売り商人、ハリウッドの映画プロデューサー、口のうまい紳士用装身具商、あるいは悪賢いジプシーの占い師など――になりきっているときもそうなのだ。デイヴィッドはおおむね納得しかけていたが、そこで最後にほんとうの懸念を口に出した。

「しかしねえ……あれはどうかな、あいつのあの顔は」

言いたいことを言ってしまうと、デイヴィッドは好きなようにやれと許可してくれた。そこでティムとマーティとグレアムと私は、腰をすえてパイロット版を作りあげにかかった。みんなに好かれ、信頼されているテレビ局幹部――〈リディフュージョン〉のシリル・ベネット――を納得させて、《やっと一九四八年に企画したショーが》*という短いシリーズを制作させてもらうのだ。私たち四人は和気あいあいと仕事をしていた。例によって、グレアムと私はたいていいっしょに脚本を書いていたから、ティムはマーティと組むことになったが、ふたつの執筆チームはひとつの部屋でいっしょに過ごすことが多かった。言うまでもなく、変てこなコントで番組を作るつもりなのはみな承知していた。しかし、まだ結論の出ていない問題もあった――コントとコントをどうつなげばよいのだろう。《ザット・ワズ・ザ・ウィーク・ザット・ワズ》では音楽を区切りに使っていたし、フロストの番組では従来どおり司会者がつないでいたが、どちらのやりかたにも私たちは飽き飽きしていた。そしてもちろん、《モンティ・パイソン》的なやりかたを思いつくのはもう少しあとのことになる。どうすればいいのか。ほかにやりかたはないものか。やがて突破口が開けた。若い女性でつないだらどうだろう。

どんな女性がいいだろうか。面白くて……おしゃれっぽくて……きれいで……陽気で……愛嬌があって……それはいいが、そんな女性がいるだろうか。

ここでお断わりしておきたいのだが、英国のテレビ界に私が入って最初の数年間は、男性コメディアンはつねに笑える（ついでにきれいならなおよい）女性を探していた。とても面白い女性はあまり多くない、というのが共通認識だった。なぜか、才能あるコメディエンヌでさえ、自分をとことん笑い者にしようとはしない――かならず一歩引いているように思えた。一九八〇年代にドーン・フレンチとジェニファー・ソーンダーズが登場するまで、私は女性コメディアンが本気で「行くところまで行く」のをテレビで見たことがなかった。最高の女性が、最高の男性を初めて面白さでしのいだのだ。すばらしかった。ほんとうにわくわくしたものだ。

そういうわけで、この番組を計画しているときには、適当な女性の名はほとんど（まったくではないにせよ）すぐには浮かんでこなかった。ところがあるとき、だしぬけにだれかがこう言ったのだ。「そうだ、エイミー・マクドナルドを見てみたらどうかな」。舞台でとてもいい演技をしているという話で、いまはメイフェアのナイトクラブに出ているという。そこで、フロスト組から必要な資金を出してもらって、ティムといっしょに彼女の演技を観に行った。席に着き、ショーが始まり、コーラスラインが舞台でにぎやかに踊りだし、そしてそこ、そのラインの端にいる人物こそ、私たちが考えていた役柄にぴったりだとすぐにわかった――あとはただ、その女性がエイミーであることを祈るばかりだった。フロアショーが終わり、クラブのオーナーのデイヴィ・ケイによる、じつに面白くて不遜な三〇分の舞台も終わると、デイヴィは私たちのテーブルにやって来た。そして彼にともなわれて

＊　このタイトルは、テレビ番組のプランナーがなかなかゴーサインを出さないことを茶化したジョークである。

いたのはラインの端にいた女性、私たちが目を留めた、素敵《ラヴリー》なエイミー・マクドナルド（その後、彼女はつねにそう呼ばれるようになる）だった。

エイミーにコントのつなぎをやらせるのはやめよう、とすぐに決まった。ばかばかしいショートコント《クィッキー》を演じさせて、最後に「はい、じゃあ次はね……」と言わせるのだ。思うに私たちは、いわゆる「つなぎ」そのものを一段高めようとしていたのだ。彼女の声や話しかたは完璧だった。少し甲高くてえらそうで（《空飛ぶモンティ・パイソン》のアン・エルク〔ジョン・クリーズ演じる女性学者〕ふう）、しかしすばらしく愛嬌があって、聞いていると楽しくなってくる。

私の好きなエイミーの幕間《まくあい》のひとつを紹介しよう。冒頭、彼女は新聞を広げている。

あらこんにちは、私はラヴリーなエイミー・マクドナルドよ！　あなたは毎日星占いを読む？　私は読んでるわ！　蠍座なの、バート・ランカスターとおんなじなのよ。今日はなんて書いてあるかしら……（**新聞に目をやり、慎重に読む**）「蠍座。あなたの名前はエイミー・マクドナルドで、あなたはいまテレビで星占いを読んでいますね。……」（**ややあって、ぱっと表情が明るくなる**）すごぉおい！　すっごく当たってると思わない？（**間**）でも、バート・ランカスターには当たってないわねえ……はい、それじゃ次はね……

エイミーを確保すると、私たちはパイロット版の台本を書き、一二月上旬に稽古を始めた。このときの稽古はとくに楽しかった。というのも、ティムとグレアムと私はしょっちゅういっしょに演技をしていたから、あっというまに同じスタイル、同じ稽古方法に落ち着いたからだ。私は常づねグレアムは演技がうまいと思っていたが、それでも、いっしょに演技をするときは、ティムと演技したときのようにぴったり息が合うと感じたことがない。ティムと演じるときは、私たちは鵜《う》の目鷹の目でお互いを観察し、せりふに耳をすませていて、おかげで絶妙のタイミングを実現できることがあるのだが、グレアムとの共演ではそういうことはまずなかった。私はいつも、グレアムはほんの少し引いて、完全には交わろうとしないと感じていたように思う。しかし、それがグレアムなのだ。

マーティは未知数だった。彼が大化けする可能性はだれしも認めていたが、演技の技術という面ではあまり多くを学ぶ機会がこれまでなかっただけに、出来不出来の幅が大きかった。最初の稽古で、せりふにしろ動きにしろすばらしいものを見せたかと思うと、その次には五回続けてまるでだめだったり、かと思えばそれまで常にしくじっていたコントをあざやかにやってのけたりする。彼には徹底的に稽古を重ねることが必要だった。演技が完全に「板についてて」、安定して再現できるようになるまで、私たちは喜んでその相手を務めた（「稽古」を意味するフランス語がくりかえし《レペティシオン》であることを、私は肝に銘じている）。マーティはそれによく応えた。ついにカメラの前に立てることになって興奮していたから、同じシークエンスをぶっ続けに七回も八回もやらされても、音《ね》を上げずにやり抜いた。とはいえ危ない橋を渡ることはないというわけで、パイロット版では彼の出番はかなり少なく抑えてあった。

そんなこんなのおかげで、ついに収録の日が来て初めてスタジオの観客の前に出たときには、私たちはみなきわめて完成度の高い仕事ができ、かなりの笑いをとることができた。ふつうテレビで目にする内容にくらべて、いささか、あるいはかなり奇抜なネタばかりだったことを思えば、観客の反応は期待以上だった。

数日後、キングズウェイの〈リディフュージョン〉の社屋へ行き、暗くした部屋に座って私たちは録画を観た。観終わって一〇秒後にはドアが開き、シリル・ベネットが顔を突っ込んできて、「おみごとだった！　六回シリーズね、頼むよ」と言った。私たちは有頂天になり、と同時に興奮してもいた。直観的に、これから作るものは従来の番組とはひと味ちがうものになるのはわかっていたからだ。そんなわけで、せっせと台本書きにとりかかった。収録が始まるのは二月だったが、もうクリスマス休暇が目前に迫っていたのだ。

休暇をいっしょに過ごそうと私はコニーに提案し、バルバドス（西インド諸島東部の島、もと英領）で落ち合って、首都ブリッジタウン郊外のブルーウォータービーチ・ホテルに泊まることにした。この半年ほどはまったく会っていなかったし、当時の国際電話はやたらに金がかかり、しかもみょうに扱いづらいように思えて、私たちはおもに航空書簡（飛行機のエンジンにあまり負担にならないように、びっくりするほど軽い紙に印刷されていた）で連絡をとりあっていた。お互いに愛しあっていることは間違いなかったが、この先どうなるかふたりとも少し迷いを感じていたと思う。三〇〇〇マイルも離れて暮らしていて、お互い別々の国で仕事をしているとあっては、将来はとうてい安泰とは言いがたい。とはいえ、私たちは海辺の休暇を楽しみ（私は水上スキーには手を出さなかった）、そしてある夜、『ドクトル・ジバゴ（一九六五年米伊合作映画）』を観てふたりともに衝撃を受けた。ジェラルディン・チャップリンとジュリー・クリスティ（ジェラルディン・チャップリンは、革命と戦争の混乱のさなかに生き別れになるジバゴ〔オマー・シャリフ〕の妻、ジュリー・クリスティはその後にめぐりあって愛しあう女性を演じた）を観て、コニーとの関係がいかに重要なものか、私はある直観を得たような気がした。映画からこのようなメッセージを受け取るなど、かつてなかったことだ。

　ふたりで過ごす最後の夜、神が私たちに贈り物をしてくれた。星空の下で座っていたら、隣の席にやって来たのがハリー・シーカムだったのだ。会うのは初めてだったが、《グーン・ショー》時代の彼を私は崇拝していて、ショービジネスの世界でよく言うようにすばらしいいい人だと以前から思っていた。しかし生身の彼は、すばらしさという面では、私の予想を楽々と上回る高得点を叩き出していた。「情に篤《あつ》い」という言葉は、この人のためにある（不十分かもしれないが）のではないかと思う。コニーと私はハリー夫妻とおしゃべりをし、大いに笑っているうちに、気がついたら真剣に語りあっていた。滑稽なラズベリー・ソングを唇を鳴らして演奏したり、大声で歌ったりするので有名な男と、時間理論について話し込んでいたのだ。彼はこの分野について驚くほどくわしかった。人のよさを絵に描いたような人物だが、そのいっぽうできわめて鋭い頭脳の持主だ、私はそういう結論に達した（あるとき、彼はこんな話をしてくれた。パラディアム劇場に出演したとき、滑稽なネタをさんざん披露して大いに受けていたが、ショーの最後にはオペラのアリアを歌うことになっていて、そのさいには客席がそわそわしだすのを感じていた。それでもアリアを歌い終わると、観客は興奮して割れんばかりの喝采を送ってくれたものだ。だがある日、彼は気がついてしまった。観客は自分で自分を褒めているのだということに……）。しまいにコニーと私はホテルに戻ったが、数時間前よりこの世界はずっといい場所になったようだとふたりとも感じていた。まったく、なんと大した人物だろう！

次の日、私は飛行機でロンドンへ戻りながら、将来を予想するのはとてもむずかしそうだと考えていた（若気の至りで、そんなことは不可能だと気づいていなかったのだ）。しかし言うまでもないが、ロンドンに着いたとたんに、そんな思索はたちまち押し流されてしまった。《やっと一九四八年に企画したショーが》の脚本を至急書かなくてはならない。五回ぶんの脚本を五週間で書き、そのうえにパイロット版を書き直して、全部で六回ぶんにしなくてはならないのだ。それも私たち四人だけで――もっとも、《フロスト・レポート》チームの三人、ディック・ヴォスパー、エリック・アイドル、バリー・クライヤーが多少は手伝ってくれた（この三人はみな、両方のシリーズに頻繁に出演もしている）。

しかし……これらをくわしく記録するのには問題がひとつある。フロスト組は、一三巻のテープをすべて消去しているからだ。そう、もう存在しないのである。

というのも、あの古生代とも言うべき時代、テレビ番組は巨大なビデオテープのリールに録画されていたのだが、テープは高価なうえに保管場所をとる。だから再放送の見込みがあまりない場合は、テレビ局はテープを好んで再利用していた（そのため、番組が編集されるのを嫌うという副作用まで生じた。編集するには剃刀でテープをカットしなくてはならないが、それをするとテープを再利用しにくくなるからだ。またどういうわけか、番組が編集されていると視聴者に知られるのをテレビ局はいやがっていて――なぜかは私にもわからない――そのため、テープ編集者はクレジットに名前が出されなかったほどだ）*。一九七〇年代には保管の問題は深刻をきわめ、ＢＢＣは貴重なシリーズをいくつも破棄している。つまり、アラン・ベネットの《オン・ザ・マージン（*On the Margin*、一九六六年の風刺コメディ番組）》、ピーター・クックとダドリー・ムーアの《ノット・オンリー……バット・オルソー》や《ハンコックの三〇分（***Hancock's Half Hour***、一九五四～六一年のコメディ番組。シットコムの元祖と呼ばれる）》の一部はもう存在しないのである。私に言わせれば、アレクサンドリアの図書館（紀元前三〇〇年ごろ、プトレマイオス一世が建設した大図書館）の焼失にも等しい文化的損失だ。

デイヴィッド・フロストお抱えの殺し屋ことミスター・ジョージ・ブライトウェルは、この文化的大虐殺に遅れをとったと思われてはならじと、マーティ・フェルドマン、グレアム・チャップマン、ティム・ブルック＝テイラー、ジョン・クリーズ主演の《やっと一九四八年に企画したショーが》の一三回ぶんの消去を命じた。これで四立方フィート半ぶん棚があくというわけだ。ジョージは過激《ハード》な商売人という評判をとっていた。過激も過激、英国テレビ界幹部のなかのヴィニー・ジョーンズ（英国のもとプロサッカー選手。過激な戦いぶりで「ハードマン」の異名をとった）だった（ただ、スーツはもっと身体に合っていたが）。あまりに過激だったため、ソニー・ザールというだれからも好かれていたエージェントが、ジョージとの話し合いが終わった直後、ほんとうにジョージのオフィスの窓から飛び

＊《やっと一九四八年に企画したショーが》では、ジョニー・フィールディングというすぐれた編集者を使っていた。《ザ・グーン・ショー》でも編集をしていた人物だ。番組の最後に彼の名前を出すのを上層部はどうしても許可しなかったが、それでも私たちは彼の名を出した。ただし、「水中戦車競走の演出」担当としてである。これはとくに問題にされずにそのまま通った。この番組を編集するのに一回につきジョニーは八分ほど使っていた。オーディオ・トラックとビデオ・トラックを分けてから別々にカットし、その後にまた接《つ》ぎあわせるのだが、興味深いことに、これは古代ローマ人が戦車競走の走路《トラック》でやっていたのとまったく同じ方法だったのだ。

おりて、数階下に落ちて死んでしまったほどだ。うわさによると、ジョージはまさにその目的で、いつも窓を開けたままにしていたのだという……

そんなわけで……《やっと一九四八年に〜》のテープは突如として消え失せた。もうどこにもない。いまは亡きシリーズだ。

ところが……あるスウェーデン人が、ストックホルムのテレビ局の地下室でリールを五巻発見した。大喜びだったが、いささかがっかりしたことに、それは五回ぶんのテープではなく、《やっと一九四八年に〜》のコントをスウェーデン人の趣味に合わせて選び、三〇分五回ぶんに編集したものだということがわかった。それから二〇一〇年、マーティ・フェルドマンの未亡人ローレッタが亡くなったときに、屋根裏部屋で二回ぶんのテープが見つかった。また、〈モンティ・パイソン〉のO_2アリーナでのライブのさいに、ウィルフレッド・フロスト（デイヴィッド・フロストの息子にして私の名づけ子）が、フロスト・コレクションからさらに二回ぶんを見つけてきた。加えて、私の個人秘書のハワード・ジョンスンがインターネットをしらみ潰しにして、これの三〇秒ぶん、あれの一分ぶんと断片を拾い集めてきた。それで私たちは、ディック・フィディという英国映画協会の有能きわまるコンサルタントの助けを借りて、いまあの番組の復元にとりかかったところだ。おかげで先日は、《やっと一九四八年に〜》のおよそ八回半ぶんを観ることができた。

それで、そのシリーズを観たらほんとうに面白かったし、一般に〈モンティ・パイソン〉の方向に半歩近づいた作品と見なされているから、私たちがどんなコメディをやっていたか紹介するため、出来のいいコントの抜粋をここに引用しておきたい。

「手抜きだ！」という非難の声が聞こえてきそうだ。しかし、それには立派に抗弁できると思う。理由はいくつかある。

一、実際とても面白い（少なくとも私にとっては面白いし、なにしろこれは私の本なのだ）。

二、この二シリーズはたった一度、何十年も前に放送されただけだし、それも英国の一部の地域でしか放送されなかったのだから、「やれやれ、もうたくさんだよ」と思われることはまずないだろう（ほかの箇所より引用が長いのはそのせいだ）。

三、この本が自伝ということになっているのはわかっているが、しかし実際には、読者のほとんどは人間としての私になどなんの価値も認めていないし、他人とは異なるさまざまな苦しみを経験して、それでいまの私があるという話などとくに読みたいとは思っていない。私にとっては胸の痛む人生の物語でも、ページをめくる読者が期待しているのは、二度か三度大笑いすることなのだ。でしょ？

そんなわけで、私が権威者を演じているコントをまず紹介しよう。最初のコントでは、私が精神科医、ティムが初診の患者だが、彼は自分の抱えている問題をなかなか打ち明けることができずにいる。

ティム・ブルック＝テイラー：その、つまり、仕事をしてるときとか、パーティの席とか、社交の場とかで女性と知りあうんですが、それがその、その話をしたくないんです、つまりその、あまり人に言えないことっていうか……

ジョン・クリーズ：そらそら、さっさと言っちゃいなさい！

ＴＢＴ：ときどき思うんですが……ときどきほんとうに……（**ぼそぼそ言っているが聞こえな**

い）

JC：聞こえませんよ！　せっかく来たのに、なにが問題なのかはっきり言いもしない。ぼそぼそ言ってるばっかりで！　ひとことも聞こえませんよ、緊張しまくってて、それじゃここにやって来るほかのキチガイとまるでおんなじだ。あのねえ、面白いとでも思ってるの、一日八時間、頭のいかれた連中の話を聞いてるんだよ私は。もう退屈で退屈で！（**さらに声を高める**）それでどうなの、頼むから教えてくださいよ、いったいどうしたんです!?

長い間。

TBT：ぼくはウサギだと思うんです！

JC：このノータリンのいかれポンチが！　ウサギのわけないでしょうが！　しっかりしなさいよ！

TBT：いや、ウサギなんです！（**ウサギのまねをする**）

JC：あのねえ、ウサギだったら大きな長い耳があるはずでしょう！

TBT：ここに入ってくるときに落としたんです！

JC：あのねえ、もう一度でもウサギと言ったら、その顔に拳骨をくらわすよ！　それで、あなたはなんですって？

TBT：ぼくは……ぼくはその……い、犬です。（**はっはっと荒く息をする**）

JC：けっこう、だいぶましになった！　ほら、骨をやろう。来週はここから始めますからね。

例によってクリーズはいばりちらしているが、ティムのおびえかたはすばらしくうまい。恐怖をつのらせていき、ついに「ぼくはウサギだと思うんです」と口走ってしまう演技のみごとさは、この目で実際に見なければ信じられないほどだ。*

ここで、私が権威者を演じるコントをもう一本。今回の舞台は動物園で、私がティムをこらしめる場面である。

ジョン・クリーズ：（**電話に向かって**）昼食時間には知事と会って新しいトラを買う相談をしなくちゃならないし、三時にはキリンの飼育係に会うことになってるから、きみとは三時半に話そう。

声：（**電話から**）ああ、それと園長、爬虫類の飼育係が来てますが。

JC：入らせなさい。（**受話器をおろす。数人の飼育係が大きなヘビを抱えて入ってくる。ヘビには飼育係ぐらいの大きさの膨らみがある**）そこに置いて。（**飼育係はヘビを台のうえに置いて出ていく**）

JC：おはよう、ロッタビー。

ティム・ブルック゠テイラー：おはようございます、園長。どうもすみません。

JC：ロッタビー、きみが呑まれたのは今週これで四度めだぞ。

＊　見て信じてもらいたい——見つかった映像のDVDに収録されているから。

TBT：私の味が気に入ったんだと思います。
JC：ロッタビー、私はもういい加減うんざりしてるんだがね。
TBT：わざとやってるわけじゃないんです！
JC：いいや、きみの魂胆はわかっている。そのなかでのらくらしてるのが好きなんだろう。
TBT：とんでもない、誤解ですよ！
JC：午後に休みがとりたくなると、ボア・コンストリクターのそばに飛び込んで、口のなかにもぐり込むじゃないか。
TBT：誤解です！　たぶん、私を呑み込むのは愛情のしるしなんだと思います。
JC：とにかく、ボア・コンストリクターを休憩室代わりにするのは許さん。
TBT：すみません！
JC：すみませんですむか！　高くつくんだぞ。手術してきみを外に出すたびに五〇ポンドかかるんだ。
TBT：園長、ファスナーをつけるわけにはいきませんか。
JC：だめだ。きみにはお仕置きが必要だ。今回は手術はしないことにする。自然に出てくるのを待つことにしよう。
TBT：（**半狂乱で叫ぶ**）でも、それじゃ何年もかかっちゃいます！　それまでなにを食べればいいんですか!?
JC：食べ残しのネズミでも食べるんだな。

ブラッドフォードでは通じないだろうと釘を刺す者はもういなかったから、少しずつ新たな地平を開拓していくこともできたが、それでも私たちがつねに好んだのは、おなじみのコンテクスト——当たり障りのない、普通で安心できるコンテクストでもかまわない——にばかげた状況を持ち込むという手法だった。対照の妙で、狂気がいっそう際立つように思えたからだ。おなじみの枠組みのほうは、パロディによって調達してくることもしばしばだった。

グレアムと私は以前から、狂った論理が幅を利かせていて、それをだれかが至急理解しようとするというコントを書くのが好きだったので、ＢＢＣラジオの人気番組《トップ・オブ・ザ・フォーム（*Top of the Form*、一九四八〜八六）》のパロディを思いついた。学校対抗で一般教養を競うクイズ番組である。

ジョン・クリーズ：こんばんは、《トップ・オブ・ザ・フォーム》の時間です。いよいよ準決勝まで進んできました。今夜は、ポドバリーのキング・アーサーズ・グラマースクールの男子チームと、セント・マリア・カンガルーブート第二と二分の一郡立高校の女子チームの対戦です。前置きはこれぐらいにして、さっそく第二ラウンドに進みましょう。デイヴィッド、豚からとった肉をなんと言いますか。

マーティ・フェルドマン：ポーク？

ＪＣ：はい、正解です。二点獲得になります。ではマーシア、亜鉛と銅から作る合金をなんと言いますか。

グレアム・チャップマン：真鍮？

JC：残念、ちがいます。答えはポークです。マルコム、オーストラリアの首都はどこですか。

ティム・ブルック＝テイラー：シドニー？

JC：ちがいます。どうやらよくわかってないみたいですね。オーストラリアの首都はポークです。アーサー、『二都物語』を書いたのはだれですか。

MF：ポーク？

JC：はい正解、二点さしあげます。さてここで、スティグへの質問に移りましょう。スティグ、キャプテン・クックがオーストラリアを発見したのはいつですか。

GC：ポーク？

JC：はい正解、二点になります。次はこのラウンドで最後の質問になります。ラスト、詩の最初の二行を引用してください。トマス・グレイの「田舎の墓地で書かれた……

TBT：ポーク！

JC：正解です。では、第二ラウンドの最終的な得点は――ジョーン・シャープ、どうぞ。

JC：（**かつらをかぶって**）はい、第二ラウンドの最終得点は、ポドバリーのキング・アーサーズ・グラマースクールの男子チーム三点、ミルデンホール・グレインボイリング・サーモントゥース校の女子チーム四点です。

カードが映る。四‐四の同点となっている。

JC：ありがとうジョーン、では第一ラウンドに移ります。違いを答える問題です。デイヴィッド、モンスーンとマングースの違いはなんですか。
MF：ええと、その、モンスーンは長いプラスチックの棒で、窓の外に斜めに立てて鳥が来ないようにするもので、それでマングースは箱で、イースターのときに本をしまっておくものです。
JC：うーん、それでは半分の点数しかあげられませんね。では、同じ質問をマーシアに答えてもらいましょう。
TBT：ポーク？
JC：だめだめ、いま当てずっぽで言ったでしょう。モンスーンは風で、マングースは風ではない、が正解です。

テレビのインタビュー形式というおなじみのコンテクストを使って、ふたり芝居も書いた。インタビュアーが特定の言葉に妙な反応を示すというコントである。

インタビュアー：こんばんは。今夜のテーマは養蜂です。このテーマについてくわしく教えていただくために、四〇年以上も養蜂をなさっているミスター・レジナルド・プローンバウムにスタジオにお越しいただきました。よろしくお願いします、ミスター・プローンバウム。
プローンバウム：よろしくお願いします。
インタビュアー：ミスター・プローンバウム、そもそも、どうしてハチの世界に興味をお持ちになったんですか。
プローンバウム：そうですね、子供のころから私はもう……
インタビュアー：シッ！
プローンバウム：すみません、なにかまずいことでも言いましたか。
インタビュアー：いえ、とんでもない、そうじゃないんです。どうぞお気になさらず。私が「シッ」と言うのはたんなる神経の癖のようなもので、やめられないんです。ほんとうに言葉を控えていただきたいときは「ショッシュ」と言いますので。どうぞ続きをお願いします。
プローンバウム：ああ、そうでしたか。それでその、子供のころからもう、私はあちこち歩きまわって……
インタビュアー：シッ！
プローンバウム：……家の近くの野原で、ミツバチが花から花へ飛びまわるのを見て……
インタビュアー：シッ！
プローンバウム：……それでその、ミツバチがどの花に集まるかメモをとっていたんです。
インタビュアー：ショッシュ！
プローンバウム：なんかまずかったですか。
インタビュアー：すみません、「ショッシュ」と言いましたっけ。いまのは「シッ」と言うつもりだったんです。どうぞ続けてください、とても面白いお話ですね。
プローンバウム：それで、だんだん好きになっていったんです。この小さな、その……

インタビュアー：シッ！
プローンバウム：……生物がですね。つまり、自然はほんとうに小さな傑作を生み出したと思うんです。このミツバチという小さな生命《ライフ》の……
インタビュアー：クォーク！　すみません、これも反射作用なんです。どうしてもクォークと言ってしまうんですよ、だれかが「生命」、クォーク！　という言葉を口にすると。ほら、自分で言ったときですらこうなんです。最初にお断わりしておけばよかったですね。どうぞ、お話を続けてください。
プローンバウム：そうですか、わかりました。ご存じのとおり、ミツバチにはいくつか……
インタビュアー：シッ！
プローンバウム：種類がありまして……
インタビュアー：シッ！
プローンバウム：女王バチと働きバチがおりまして、女王バチの生命……
インタビュアー：クォーク！
プローンバウム：……女王バチはたった一年しか生きられません。
インタビュアー：シッ！
プローンバウム：いっぽう働きバチは、もっと長い……
インタビュアー：ショッシュ！
プローンバウム：この話はやめたほうがいいですか。

インタビュアー：ええ、もう少しでおっしゃるところだったでしょう、「生命」、クォーク！

以下略。私としては、これはいままで書いたコントのうちで、一〇本の指に入る出来だと思っている。これまでの私の生涯《ライフ》、クォーク！　えっ、そう思わない？……ショッシュ！*

私の言う「論理」の意味がおわかりいただけたと思う。もうひとつ例をあげよう。マーティが徐々に私を怒らせていくというコントだ。昔ふうの汽車の客室《コンパートメント》に私がひとりで座っているところへ、彼が入ってくる。

マーティ・フェルドマン：すみません、ここあいてますか。

と言って、JCの隣の席を指さす。客室は広く、ほかの席にはだれも座っていない。

ジョン・クリーズ：ええ、どうぞ。

MFは頭上の棚にかばんを載せ、JCにぴったりくっついて座り、もぞもぞと身じろぎする。間。

MF：すみません、よかったら席を代わってもらえませんか。

JC：は？

MF：私がそっちに座りたいなと思って。

JC：ああ、いいですよ。

JCは立ちあがり、向かいの席に移動する。MFは頭上の棚のかばんを移動させ、JCの真向かいに腰をおろす。

MF：煙草を吸ってもかまいませんか。
JC：ええ、どうぞ。
MF：……煙草があればいいのになあ。
JC：はあ!?
間。
MF：煙草があればいいんですけどねえ。
JC：煙草が欲しいんですか。
JCは煙草を差し出す。
MF：いや、いや、その――いえ、そんな、とんでもない。
JC：さあ、一本どうぞ。
MF：いえ、いえ、とんでもない。
JC：遠慮なさらず。
MF：いえ、ほんとにけっこうです。
JC：そうですか。
JCは煙草をポケットに戻す。**間**。

＊　このコントについては、iTunesでよい演技を観ることができる。ローワン・アトキンスンとともに、〈アムネスティ〉のコンサートで再演したのだ。

ＭＦ：煙草を断わらなければよかったなあ。ほんとに断わらなければよかったなあ、せっかく親切な紳士が勧めてくれたのに、なにしろ……

ＪＣはまた煙草を差し出す。

ＭＦ：ああ、どうもすみません！（**一本とる**）ありがとうございます！

ＪＣはライターを取り出し、火をつけてやろうとするが、ＭＦは煙草を自分のポケットに入れてしまう。

ＪＣ：吸わないんですか。

ＭＦ：ああ、ええ。ほら、いま吸っちゃうとあとで吸えないでしょ。

ＪＣ：なんのあとで？

ＭＦ：この煙草を吸ったあとですよ。二本あれば万事解決なんですけど。

ＪＣ：もう一本どうぞ。

ＭＦ：どうもすみません！

ＪＣ：箱ごとどうぞ！

ＭＦはしばらく黙って座っているが、やがて小さな声で話しだす。

ＭＦ：昔むかし、あるところに妖精の王子さまがいました。名前はアーサー・オルドリッジでした。王子さまが汽車に乗ると、魔法使いが煙草をくれました。それは魔法の煙草で……

ＪＣ：なにをしゃべってるんですか。

ＭＦ：自分にお話をして聞かせてるんです。時間つぶしに……

ＪＣ：だったら、声に出さないでやってもらえませんか。
ＭＦは自分にお話をしはじめるが、唇が動いているのしかわからない。やがて……
ＭＦ：……末永く幸せに暮らしましたとさ。めでたしめでたし。
客室じゅうをじっくり眺めはじめる。ややあって……
ＭＦ：アイ・スパイ、私の小さな目で（推理ゲームの開始の合図。その場で目に見えるものの頭文字を言って、それがなにか当てさせる）、Ｂで始まるもの。それかＪ。ＢかＪ。
ＪＣ：ものの名前が、ＢかＪのどっちかで始まるなんてわけはないでしょう。
ＭＦ：理由はいろいろありますが、それはちょっとお教えするわけにいきません。ＢかＪです。簡単ですよ……
ＪＣ：答えはなんです。
ＭＦ：エクトプラズムです。
ＪＣ：エクトプラズム？
ＭＦ：ミスター・Ｂ・Ｊ・エクトプラズムです。うちの会社で働いてるんですよ。
ＪＣ：しかし、見えないじゃないですか！
ＭＦ：見えますよ、うちの会社に来れば。

《やっと一九四八年に～》のコントには、まだかなり古くさいものもあったが、それでも私たちは少しずつ大胆になって、もっと型破りでばかばかしい方向を目指しつつあった。しかし、それには人が思うよりずっと時間がかかった。第一シリーズでは、少なくとも七本のコントは『ケンブリッジ・サーカス』でやったものだったし、〈フットライツ〉時代のコントすら二本交じっていた。一本はティムとグレアムと私が一九六二年のレビューでやった格闘技のコント、もう一本はグレアムのワンマンレスリングのコントだ。まだいろいろ迷っていたころだったから、安全なネタをあっちこっちに使って自信を補強していたのである。

また、身体を使ったコメディもかなり採用した。これは、フロストのどの番組でもあまりやっていないことだった。ここでは、笑いを誘うのは動作《アクション》だ。たとえばマーティは、睡眠発作《ナルコレプシー》の患者仲間を支援するための基金設立を訴えるが、その最中にしょっちゅう眠り込み、図書館に逃げ込んだ泥棒を警官たちはなるべく音を立てないように追いかけ、大臣はテレビの政党CM放送で取り乱し（これはのちに書き直して《モンティ・パイソン》でもやった）、歯科医は奥歯にどうしても手が届かなくて、患者の口（もちろんべつのセットに作ったもの）のなかにもぐり込み、そしてこれはマーティのきわめて超現実的なアイデアだが、オペラ歌手がアリアを歌っているときに、逃げる犯罪者がその大きなスカートのなかに隠れるというのもあった（「そこにいるのはわかってるんだぞ、マーフィ！」取り囲む武装警官が言う。「ここまでおいでだ、薄汚ねえネズミどもが！」）。

第一シリーズの六話を作っているとき、私たちは仲よくやっていた。笑い声が絶えず、やがてお目見えするクリーズとジョーンズ間《かん》にあったような、激した刺々《とげとげ》しい言い合いなどは起こらず、みんなディレクターのイアン・フォーダイスを慕っていたし、スタッフは親切で協力的だった。また、私が演技者として、以前より失敗に寛大になっていたのもよかった。たとえば、四つの文章からなる以下のクイッキー（エリック・アイドル作）を演じるとき、カメラに向かってしゃべりながらとちってしまったのを憶えている。

あなたは、頭がよくて、勤勉で、上昇志向で、知的で、気が利いていて、しかも性格がよくてさわやかな外見の持主ですか。あなたは人づきあいがうまくて、みんなから自然にリーダーと見なされるほうですか。あなたは、いまの地位では実力を発揮できないと感じ、実力主義の会社ならすぐに頂点に立てると思いますか。あなたは自惚れの強いいやなやつですね。

二度めのテイクはうまく行ったが、その後楽屋で友人に責められた。「どうしてまちがうの、たった四センテンスなのに」彼女は言った。説明しようとしたが、彼女は攻撃の手をゆるめず、私のちょっとした失敗にひどく立腹していた。すでに、週末のわが家でのディナーパーティに彼女を招待していたので、「それじゃ賭けをしよう。金曜日のディナーの席で、まちがわずにこれを言えたら二〇ポンドあげる」と私は言い、台本を渡した。

金曜日にやって来たとき、本人はすぐにやりたがったが、私はそれを抑えて彼女を友人たちに紹介し、ディナーの用意ができたと伝えた。食事が終わるころに賭けのことを説明すると、友人たちはみないささか興奮した。席を立って少し練習してきたらと勧めたが、彼女が断わったので、私はさらに酒を追加してディナーを引き延ばし（言うまでもないが、彼女はほとんど飲んでいなかった）、それからさあ演技を披露してもらおうとリビングルームに移ったものの、そこで私は電話をかける用があったのを思い出し、急いで部屋の外へ出ていった。その「電話」にはいささか時間がかかり、それからやっと戻って、用意はいいかと尋ね、肯定の返事をもらったところで、もう一度簡単に事情を説明し、そこでおもむろに「キュー！」と声をかけた。そしてもちろん、五音節ほどしゃべったところでもうとちった。そのあと彼女が帰るときに、私はできるかぎり嫌味な笑みを浮かべて言ってやった。

「もうわかったよね、どうしてぼくがしくじったか。しかも、ここには観客は五人しかいないんだよ」

つまり、コントを演じるのはやはり、いささかストレスを引き起こすことがあるということだ。そして、それは検閲の問題にも言える——少なくとも、ジェインという親切な中年後期の女性にとってはそうだった。そういうことを心配するのが彼女の仕事だったのだ。台本の責任者は、名目上はティムと私だった（たしかなんとかいう肩書があったと思う）ので、そういう問題があると私たちがジェインと話をしに行くことになる。彼女はとてもいい人だったが、な、ん、で、も、やたらに心配するくせがあった。

ジェイン：このコントの舞台は、リッチモンドの市庁舎になってますね。

ティム・ブルック＝テイラー：それがどうか？

ジェイン：でもあの、英国にはリッチモンドという町がふたつあるから。

ジョン・クリーズ：それで？

ジェイン：どっちかが文句を言ってくるんじゃないかと思って。

JC：でも、とくに町に対して失礼なコントじゃないですよ。

ジェイン：ええ、でも……やっぱり心配で。
TBT：わかりました、それじゃ「きんたま《グーリー》」にしよう。
ジェイン：ああ、よかった！
彼女はべつとして、私たちの不安はほぼ一〇〇パーセント台本関連だった。そして不安が生じるのは、以下のパターンで稽古をしていたからだ。
第一日：読み合わせ。まったく問題ないように思える。それで、読み合わせのあとには次の週の脚本書きにとりかかる。
第二日：稽古。よく考えると、二本のコントがちょっと弱い気がする。夜はそれを書き直す。うち一本はかなりましになる。
第三日：稽古。一本がやはりうまく行かないので、夜はそれを書き直す。しかしこのころには、そのコントにまったく自信が持てなくなり、べつのコントと差し替えようかと考えはじめる。しまいにひとつ思いつき、それを書く。
第四日：稽古。新しいコントもしっくり来ない。早めに稽古を切り上げ、新しいコントを考える時間を作る。疲れて少し不安になってくる。新しいアイデアは、どれも新味がないような気がして気に入らない。新しいコントを二本書く。
第五日：稽古。新しいコントはまるでなっていない。パニックが迫ってくる。疲れて気が滅入ってくる。面白いアイデアがまったく出てこない。
第六日：稽古。次の週の脚本からコントを借りてくる。しかし、それもあまり面白いとは思えないし、おまけにちゃんと稽古をする時間がもうない。
第七日：前の晩は眠れなかった。生の観客の前で収録。わりあいうまく行き、自殺の約束は保留になって、代わりに祝杯をあげる。
第八日：昨夜はよいと思った新しい台本が、それほどいいと思えなくなる。しかもすでにコントが不足している。夜はコントを書こうとするが、疲れとストレスがひどい。
これが延々くりかえされる。パニック、不安、ユーモアセンスの消失、不眠、抑うつ、耳から出血、偏頭痛、めまい、食欲減退、かすみ目、夜尿症、その他もろもろ。しかし……メンバー間の対立はまるでなかった。ただただ、番組が失敗するのではないかと恐ろしかった。
この六回シリーズを書いて演じた経験から、私は創造性について重要な原則を学んだ。不安になればなるほど、創造性は失われる。遊び心がなくなって、精神の広がりがなくなる。恐怖は思考を縮こまらせ、冒険するのをためらわせ、そのせいで独創的な発想ができなくなる。しかし、コメディは斬新でなくてはならない。古いジョークは面白くないからだ。こうして私は、「コメディ書きのためのクリーズのふたつの規則」に到達したのだ。
規則その一：早めにパニックを起こしておく。恐怖はエネルギーの源《みなもと》だ。そのエネルギーを使う時間をたっぷり確保しよう（この規則は試験にも当てはまる）。
規則その二：思考は気分に従う。不安は不安な思考を、悲しみは悲しい思考を、怒りは怒りの思考を生み出す。だから、面白いことを思いつきたければ、リラックスした陽気な気分を目指そう。
私たちはみな、番組への反応はそう悪くないだろうと思っていた。スタジオの観客に受けていたからだ。しかし、反応は予想以上によく、とくにテレビ評論家への受けはとてもよかった。当時はかれらの言葉はいまよりもっと注目されていた（当時はそれに値する評論家もいたのだ）が、とりわけ《テレグラフ》紙のフィリップ・パーサーはそうだった。彼の意見は大いに気にされていたのだ。だから、この番組が全国放送でないのはけしからんとＩＴＶを批判して（「私がたとえば中部地方に住んでいたら、いまごろは暴動を起こしていただろう」）、「アラン・ベネットがいなかったら、ここ数年で最も笑える番組と絶賛するところだ」と彼が書いてくれたときには、私たちは何光年も舞いあがって、天体をいくつも飛び越えてしまった。なかにはものすごく遠くの天体もあった。批評家は概して私に注目しがちで、マーティは見過ごされていた。とはいえ、秋には彼が注目を集めるようになっていたが。

話を先に進める前に……もうひとつ、私の好きなコントを紹介してしまおう！（このコントのぶんも込みで本書はこの値段なので、読まずに飛ばす人も詐欺だなどと憤慨する必要はありません）

ジョン・クリーズ：お入りください！　ああ、おはようございます。入ってください、ようこそ。どうぞおかけください。それでご用件は？

グレアム・チャップマン：あの、こちらの記憶力向上プログラムに興味がありまして。

ＪＣ：ああそうですか、ええ、記憶力をよくしたいと思われるかたはおおぜいいらっしゃいます。すばらしいのは、記憶力を高めるのは、それほどハードではないのです、ええとその、あの、釘ほども。

GC：なんですって？

JC：釘ほどもハードではないと言ったんです。言語連想ですね。つまりですね、これが私の手法の基礎なんです……物事を連想によって記憶するわけです。つまり関連づけるわけですよ、その……そのつまり……そういう人たちと。

GC：そういう人たちとは？

JC：そういう記憶力をよくしたい人たちです。さて、それでなにがご希望ですか。

GC：つまりその、こちらの講座に興味があって。

JC：けっこう！　ほら、思い出したでしょう。このように、私の講座への興味を、私の質問と関連づけることをあなたはもう学んでるんです。つまりなぜ……観念連合がですね、それが記憶力をよくするためのすべての基礎なんです。しかし、それはそんなにハードではありません。それほど……あの……

GC：私が思うより？

JC：いいえ、釘ほどハードではないんです。お忘れですか。いやいや、気にする必要はありません、すぐに身につきますよ。たとえば、こういうありふれたものを使うんです。

GC：受け皿ですね。

JC：けっこう、そのとおり！　さて、これからあなたはなにを思い出しますか。

GC：ええと、そうですね……

JC：なにを思い出したいですか？

GC：思い出したい？

JC：ヌードの女性でしょう！

GC：ヌードの女性？

JC：そのとおり！　もうわかってきましたね！　そのヌードの女性はなにをしていますか。

GC：お茶を飲んでるんですか。

JC：けっこう！　なにからお茶を飲んでます？

GC：カップですか。

JC：どんぴしゃり！　カップと……受け皿！　ほら、受け皿ですよ！　わかってきたでしょう。

GC：いやあ、そうですねえ……

JC：連合観念のひとつは私たちの手法の基礎でして、というよりもすべて《ホール》というか、すべて《ホール》、壁の穴《ホール》、その壁の穴からなにが見えるかというと――ヌードの女性なんです！　いつでも！

GC：いつでもですか。

JC：もちろんです！　強烈なイメージなので、ぜったいに忘れませんから。憶えたいことはなんでもそれと関連づければいいんです。なんでも――数でも、年代でも、名前でも、とにかくなんでも――もう一度やってみましょう。

GC：トラファルガーの海戦とか。

JC：なるほど、トラファルガー、トラファルガー広場、広場、壁の穴、壁の穴をのぞくとなにが見えますか？
GC：ヌードの女性？
JC：おみごと、おみごと！　そのヌードの女性はだれですか。
GC：さあ。
JC：皇后ジョゼフィーン（ジョセフィーヌの英語読み）、一八一五年です。ほらね、ジョゼフィ、ー、ン、、一八一　五《フィフティーン》。
GC：一八一五年はウォータールーの戦いですよ。トラファルガーは一八〇五年です。
JC：待って待って、まだ話は終わってませんよ。ジョゼフィーンはブーツを履いています。ウェリントン・ブーツです。だから足指は見えないので、見えない一〇本を一八一五から引いて、だから答えは一八〇五年。ほら、簡単でしょう！
GC：わかりました。それじゃ、ウォータールーの年は。
JC：一八一五年！
GC：そうですけど、これはどうやって憶えるんですか。
JC：なるほど、ちょっと待ってくださいよ、えーと……ウォータールー、ウォータールー駅、ブライトン行きの汽車、ブライトン埠頭《ピア》、壁の穴からのぞく《ピア》、するとヌードのジョゼフィーン皇后が見えるから、一八一五年です。
GC：だけど、ウェリントン・ブーツを履いてるんでしょう。
JC：いえいえ、ウォータールーの戦い、ウェリントン公爵、公爵がやって来てブーツを取り返すので、すると足の指も見えるので、一〇を引く必要はない。だからウォータールーは一八一五年。どうです。

GC：ロンドン大火は？

JC：え？

GC：ロンドン大火のあった年ですよ。

JC：ああ、なるほど。ちょっと待って、考えてみますから……ロンドン大火の年と……火事《ファイア》、火《ファイアリー》の、日記《ダイアリー》、サミュエル・ピープス（英国の海軍大臣。一六三〇年から六九年までの日記が貴重な資料として有名）、そうそう、ピープスはロンドン大火のことも日記に書いてます。サミュエル・ピープス、壁の穴からのぞく《ピープス》、のぞくとなにが見えます？

GC：ヌードの女性？

JC：そう、ただし今度は三人です。火明かりに照らされて、目の覚めるような、よだれの出そうなヌードの女性が三人見えるんです。セックス、セックス、セックスで、一六六《セックスティーン・セックスティ》六《・セックス》年と。

シリーズは成功したが、責任の重圧に私はへとへとになり、《やっと一九四八年に〜》が終わったときにはばったり倒れて、そのまま一週間寝ていた。元気を回復したところで、グレアムとともに《フロスト・レポート》の新シリーズの執筆に腰をすえてとりかかった。

中国にはこういう祝福の言葉がある――あなたが面白くない日々を過ごされますように。デイヴィッドとこの第二シリーズの仕事をしていたとき、この伝でいけば私は祝福されていた。その三カ月間は、平穏で、波風も立たず、なにもかも予定どおりに進み、危機とかその他の「面白い」ことはこれっぽっちも起こらなかったのだ。番組は好調で、デイヴィッドは元気だったし、ジミーは愛想がよくて手際がよかったし、私はさほど緊張もせず、脚本家はみんないい仲間で、ふたりのロニーは……笑えた。ほんとうに、なにをやっても笑えた。ロニー・Cの間のとりかたは相変わらず勉強になったが、ロニー・Bの傑出した能力に私もやっと気がつきはじめた。大した称賛には聞こえないかもしれないが、これは私のせいではなく、彼がやるとなんでもとても簡単そうに見えるのだ。

　このころグレアムと書いた作品で、とくに気に入っているコントがある。フロストの通常の基準よりかなり型破りだったからだ。このときはロニー・Bが主役で、ロニー・Cが「ツッコミ」役だった。

エイドリアン・ワプカプレットが、豪華な広告代理店のオフィスに座っている。クライアントのミスター・シンプスンが入ってくると、ワプカプレットは立ちあがって出迎える。

ワプカプレット：ああミスター・シンプスン、お待ちしてました。〈フォリクル・アンパサンド・グースクリーチャー・エスキモー・セドリッツ・ワプカプレット・ルースリヴァー・ヴェンデッタ・ワラビー&スポング〉、ロンドン一の広告代理店へようこそ。どうぞおかけください。私はワプカプレット、エイドリアン・ワプカプレットです。

シンプスン：よろしく。

ふたりとも腰をおろす。
ワプカプレット：さて、ミスター・シンプスン――広告のご依頼は粉せっけんでしたね？
シンプスン：い、ひもです。
ワプカプレット：ひもでも粉せっけんでも、なんの違いもありゃしません！　なんでも売ってみせます。
シンプスン：そりゃよかった。じつは、ひもが大量にありまして――正確にいうと一一万二〇〇〇マイルなんですが、相続したんですよ。それで、宣伝したいなと思って。
ワプカプレット：もちろんです、全国的なキャンペーンを打ちましょう！　使い道はいくらでもありますからね、ひもには。まったく問題ありません。
シンプスン：いや、それがそうでもないんです。手違いがありまして……その一一万二〇〇〇マイルが三インチずつに切ってあるんで。
ワプカプレットに三インチ長さのひもの見本を渡す。
シンプスン：だから、それほど使い道がないっていうか……
ワプカプレット：なるほど、三インチですか……それこそセールスポイントですよ！　シンプスンの切れてるミニひも！
シンプスン：……はあ？
ワプカプレット：「まったく新しい」ひもですよ……あらかじめ切ってあって、扱いやすい、「シンプスンの切れてるエンペラー・ミニひも」。まさに長さぴったり！

シンプスン：なににぴったり？
ワプカプレット：えーと……無数のご家庭の用途にですよ！
シンプスン：たとえば？
ワプカプレット：すごく小さな小包をしばったり、ハトの脚にメモをくくりつけたり、家庭の害虫や害獣を退治したり……
シンプスン：害虫や害獣を退治？
ワプカプレット：ネズミより大きい害獣ならひもで絞め殺せますし、小さければ死ぬまでぴしぴしやればいいし……シンプスンの奇跡のミニひも、ご購入はいますぐ！
シンプスン：奇跡って、ただのひも、ただのひもですよ。
ワプカプレット：ただのひもですって？　とんでもない！　防水ですよ！
シンプスン：ちがいます。
ワプカプレット：けっこう——それじゃ、耐水性です。
シンプスン：ちがいます。
ワプカプレット：……けっこう！　吸水性です！　なんと……超吸水性のひもなんです。シンプスンの「切れてる超吸水ミニひも」があれば、洪水が来ても大丈夫！
シンプスン：さっきは防水だって言ったくせに……
ワプカプレット：退屈な毎日の苦役の洪水とはこれでおさらば！　シンプスンの「宇宙時代の切れてる洪水防止ミニひも」をおためしください！

シンプスン：あなた、気はたしかですか。

それほど突き抜けていないのは認めるが、少なくともその方向に進みつつあると思う。

最後の《フロスト・レポート》でさらに経験を積んだのち、グレアムと私は数日かけて『リマー』の脚本を書き、それからティムやマーティとともにリムジンに飛び乗ってマンチェスターへ北上した。当時人気だったトーク番組、サイモン・ディーの《ディー・タイム》に出演するためだ。《フロスト・レポート》の初期のころ、初めてテレビのインタビューを受けたときはつらい思いをしたが、今回は心の底から楽しかった。その大きな理由は、私たち四人がかなり破目をはずしたからではないかと思う。

生放送の番組のセットに出ていくまで、私たちはサイモンに会ったことがなかった。彼はたぶん、私たちのだれがだれなのか区別がついていなかったと思う。また、いっしょにやって来た五人めのメンバーがだれなのか、まったく見当がつかなかったのはまちがいない。なにしろ、それはロンドンからリムジンを運転してきた運転手で、私たちが勝手に連れてきただけだったからだ。運転手は腰をおろすと、靴と靴下を脱いで、持ってきたサンドイッチを食べはじめた。無理もないことながらディーは面食らっていたが、賢明にも紹介する危険はおかさず、謎は解けないままインタビューは進んだ。最初のコマーシャルの時間が来て、それを視聴者に伝えるためにサイモンがあちらを向いた瞬間、私たちはソファの後ろに隠れた。あまりあざやかに隠れたせいで、またこちらに向きなおったサイモンは、私たちが帰ってしまったと思って気の毒に泡を食っていた。

こんなにやんちゃな気分だったのは、全員がこれから休暇に出るところだったせいだ。グレアムがミコノス島でひと月過ごすと言うので、私たちはいささか驚いた。一九六七年当時ですら、この島は同性愛が盛んなことで有名で、彼が行きそうな場所には思えなかったからだ。ティムと私は翌日ブリュッセルに飛ぶつもりだった。そこでアラン・ハチスンと落ち合って、三人して車でイタリアへ南下し、エルバ島で海辺の休暇としゃれこむことにしていたのだ。

私は運転免許を持っていなかったのだから、それを考えるとみょうな話だが、私たちが乗っていったのは私の車だった。テレビの仕事で成功したおかげで、けっこう美しく高価な古いベントレーを買おうという気になったのだ。私が恋に落ちたのは、その車がブリティッシュ・レーシング・グリーン（二〇世紀はじめの自動車レースで、英国の色とされた濃緑色）に塗られていたせいもあったが、大きかったからでもある。安産型のどっしりした後部、大きなクルミ材のダッシュボード、フロントシートの裏側には大きなクルミ材のトレーが組み込んであって、後部に座った人はオックスフォードシャーを走り回りながらピクニックができるほどだった。私は運転の練習を始めたところで、そのあいだに使う仮の運転免許をもらっていたから、「L」のプレート（仮免許練習標識板）をとりつけ、免許を持った人が隣に乗っていれば、運転してもよいことになっていた。また、「L」のプレートを見た人を面食らわせてやろうと、私は運転手の帽子も買っておいた。

ブリュッセルの空港でティムと私はアランに拾われて、それから車で南へ出発した（私はハンドルを握らせてもらえなかった）。三人ともすっかり気分が高揚していて、外国旅行中の若き英国紳士になりきっていた。パナマ帽をかぶり、私はクリケット・シャツとクラヴァットを着けていた。最初に運転を引き受けたのはアランだったので、ティムと私は窓の外のベルギー人に向かって、さかんに「王族」のお手ふりをし、優雅に微笑みながらうなずきかけ、祝福を送っていた。一時間後、私たちは来た道を逆に引き返していた。今回は三人ともベントレーの後部に座り、あいかわらず手をふったりして王族のまねをしていたが、車は優雅に後ろに傾き、前輪は数フィート地面から浮いていた。レッカー車から吊り下げられて牽引されていたのだ。環状交差路《ラウンドアバウト》で、アランが車をジャガーノート（アメリカの読者のために書いておくと、大型トラックのことだ）の下に突っ込ませてしまったからである。そのとき私は地図を見ていて、後部座席のティムは「優　先　権《プリオリテ・ア・ドロワ》！　プリオリテ・ア・ドロワ！」とむだに叫んでいた。

修理工場にベントレーとティムを残して、アランと私はブリュッセルまで引き返し、はるかに地味な車を借りた。翌朝ティムを迎えに行ったら、昨夜泊まった部屋に「鳥《バード》」がいたと言う。興味を惹かれてくわしく聞いてみると、真夜中におかしな、ちょっと気になる物音で目が覚め、明かりをつけてみたら、七面鳥がマントルピースのうえで嘔吐していたのだという。苦情を言おうと思ったが、基本会話用語集はこういう事態には対応していなかった。

こうしてずいぶん貧相になった車で、私たち三人はピサ空港に向かい、そこでべつの若い女性《バード》を拾った。彼女はクリスティーンと言って、ティムが彼女と会ったのは二月なかば、《やっと一九四八年に～》の第一シリーズの収録中のことだった。うれしいことに、ふたりは翌一九六八年に結婚している。

イタリアから戻ってみたら、ハリー・シーカムからメッセージが来ていた。ロンドンのパラディアム劇場でのショーのあいまに会えないかというのだった。この劇場で彼は、私の《フロスト・レポート》仲間のニッキー・ヘンスンの助けを借りて、大がかりな夏の舞台の主役を演じていた。それにしても、過酷な舞台だった。信じられないが、毎週土曜日には三回も舞台をかけていたのだ。ニッキーは、夏休みの客で大入り満員の〈パラディアム〉の大劇場で演じる経験を楽しんでいた。唯一つらかったのは、土曜の昼興行《マチネ》でカーテンが上がる瞬間、観客の腋の下の汗くさいにおいが襲いかかってくることだった。ラクダもひっくり返りそうな強烈さだったそうだ。ニッキーはまた、いかにもシーカムらしいエピソードを話してくれた。ショーの開幕から数週間後、ダンサーが報酬としていくらもらっているか知ったハリーは、ただちに会計士に強く訴えて、ダンサー全員の報酬をひとり五ポンドずつ値上げさせて、そのぶんを自分の給料から引かせるようにしたという。ダンサーはおおぜいいるのに。しかも、かれらはそのことを最後まで知らないままだったそうだ。

真に愛すべき人物と出会うのはめったにないことだが、ハリーはそういう人物のひとりだった。おそらくだからこそ、初めて彼の楽屋で会ったとき、私はあんなに腹が立ったのだと思う〔会いに行ったのはマチネのあとで、いまでも憶えているが、楽屋入口にサインハンター〔有名人のサインを集めるのが趣味の人〕がひとり待っていて、私に向かって'Are you anybody?'〔ここでは「あなたは有名人ですか」という意味だが、字義どおりなら「あなたは『だれか』ですか」、つまり「あなたは人間か」とか「存在しているか」というような意味になる〕と尋ねてきた。存在論的に答えたい誘惑に駆られたものの、そこは思いとどまって罪のない嘘をつき、私は自分で自分の存在を否定した〕。楽屋に私を迎え入れると、ハリーはすぐに美しい大型豪華本をプレゼントしてくれた。J・B・プリーストリーの『人間と時間』。バルバドスでの私との会話を憶えていてくれたのだ！　そのうえ、重要なテレビの特別番組で彼の演じるコントを書いてくれないかと頼まれて、私は心の底からうれしくてわくわくした。そのコントのアイデアを話していると、ハリーのエージェントのジミー・グラフトンがやって来て、台本を差し出してきた。それはジミーがハリーのために書いたもので、べつのショーの最後をしめる大がかりな見せ場の台本だった。ハリーはそれを読みはじめ、私はいまふたりで話していたコントのアイデアをメモしていた。ところが気づいてみると、台本を読むハリーの顔がひどく曇ってくるではないか。明らかに面白くないと思っているのに、人の好い彼は気が引けるあまり、ジミーに批判的なことを言いだしかねているのだ。このころには、ジミーはほかのだれかと熱心に話し込んでいた。しまいにハリーは、二度ばかり咳払いをして言った。「ジミー、これはまだ……ちょっと手直しが必要だと思うんだが」

ジミーはふり向いたが、まるで邪魔をされて苛立っているようだった。

「えっ？」

「つまり……その、ジミー……思うんだが、これは……も̇う̇ひ̇と̇つ̇じゃないかな、まだ」

「大丈夫だよ、ハリー！　あんたがやれば面白いから……」

そう言うと、彼はまたべつのだれかとの会話に戻った。明らかにそっちのほうが大事らしい。ハリーはただそこに座って、すっかり気落ちしているようだった。無理もない。静まりかえった無数の観客の前で、面白くないネタを苦労してやり抜かなくてはならないのだ。対してエージェントのほうは、ハリーの懸念をほとんど軽蔑に近い態度で退けていながら、それ以上なんの苦労もせずに印税をごっそり持っていくのだ。

　私はほんの下っぱだったし、生来気の弱いほうだからなにも言わなかった。自分の非力さをかみしめていた。しかし、この愛すべき人物が、怠惰でやる気のないエージェントに容赦なく搾取されているのを見て、はらわたが煮えくり返っていた。このとき私は自分に誓ったのだ。絶対に、**絶対に、**「いい人」をやりすぎてはいけない。言いたいことも言えず、なんでも我慢したりして、威張り屋や怠け者にこき使われたり、不本意なことをやらされたりしてたまるものか。それ以降、つい相手に迎合しがちな性質をたいていは抑え込んで、必要ならば真っ向から対決してきたと言ってよいのではないかと思う。ただ幸い、そんな対決が必要になることはめったにないし、たまさかあっても愉快な経験ではない。にもかかわらず、あるセラピストがあるとき言ったように、「相手に声が届かないなら、もっと大きな声で言うこともときに必要」なのだ。《デイリー・メイル》紙の記者がこれを読むかもしれないから断わっておくが、これはおおむね比喩的な意味である。

　ありがたいことに、ハリーは私が書いたコントを気に入ってくれたし、観客もそれは同じだった。というより、私たちの共同制作はなにもかもまったく問題なく順調に進んだ。ただ一度だけ、ごくささやかな問題が起こったのを憶えている。ハリーがオートキューを見ながら独白しているとき、新しいコンタクトレンズのいっぽうがずれはじめ、急いではずす破目になったのだ。私はそういうものをこのとき初めて見たのだが、それはまるで牛乳ビンの一部のように見えた。目にコンタクトを入れるのでなく、コンタクトに目を入れなくてはならないほどだった。

この時期、私は初めて映画出演を依頼された。『しのび逢い（一九六八年英国映画）』という作品だ。それはまじめな役で、ひとつふたつちょっと笑えるせりふがあるだけだったが、それでも有頂天になってしまった。私が演じるのはテレビ局の広報担当者で、有名なオーストリアの指揮者にインタビューするため、局のスタジオに来られる若い女性ジャーナリストを探している。そしてその指揮者とジャーナリストのあいだに情事が始まるというわけだ。

撮影がおこなわれたのは、数カ月前に《フロスト》の番組をすべて収録したのと同じ、ウェンブリーのテレビスタジオだった。これ以上に慣れ親しんだ環境はない。最初の場面は食堂で撮影されたのだからなおさらだった。生まれて初めて長篇映画の制作現場に身を置いてみて、いろいろと驚くことが多かった。まずはクルーの規模だ――その食堂に三五人はいたと思うが、その全員がそれぞれさまざまな仕事をしているのだ。また、撮影と撮影のあいだ、カメラをセットするのにかかる時間の長さにも驚いたし、クルーがみな感じのいい昔ふうの礼儀を守っているのも驚きだった（みんなが私を「サー」と呼ぶのだ）。次に進んでいいとだれかが判断するまでに、何度も何度もテイクをやりなおすのにも驚いた。また深く感銘を受けたのは、落ち着いた穏健な雰囲気、そしてクルーのあざやかなまでの効率性だった（ある俳優が、英国とフランスの撮影クルーのちがいを語ってくれたことがある。それによると、英国のクルーはすぐれた職人で、めったに映画館に行かず、「映画《フィルム》」について論じることもない。対してフランスのクルーは四六時中「映画《シネマ》」について論じるが、自分の仕事にはそれほど熱心ではない）。のちに気がつくのだが、その効率性はひとつには、監督のケヴィン・ビリントンのおかげだった。エネルギーの塊《かたまり》のような人物だったが、それでいて穏やかで、だれとでもすぐに仲よくなれて、考えることも話す言葉も並外れて明晰だった。彼のおかげで、クルーはつねにいま自分がなにをしているのか把握していたし、次になにをすればよいかもわかっていた。のちに私はさまざまな監督のもとで仕事をすることになるが、かなり手法の異なる人も少なくなかった。ケヴィンなら穏やかに仕事を進められるのに、押し殺したパニックの気配でぴりぴりしていたりするのである。

そんなわけで、映画制作という面では、私はまことに幸先のいいスタートを切った。そのうえ、主演のオスカー・ウェルナーとも親しくなった。もっとも最初の数日間、彼は私をうさんくさげな目で見ていたが（私よりずっと背が低かったのだ）。しかし食べ物の話がきっかけで親しくなり、その後はずっとうまく行っていた。

さまざまなプロジェクトであわただしい毎日を過ごしていたせいで、私はまったく知らずにいたのだが、チャップマンの戦線には大きな変化が起こっていた。ギリシアから戻ってくると、彼はハムステッドでパーティを開き、ピッパと私も招待された。行ってみたら大変な人だったので、全員挨拶をかわしたあと、私はほかの友人たちと抜け出して、手に汗にぎるサッカーの試合をテレビで観戦していた。それが終わってみたら、ピッパがそこに立っていた。

「グレアムは出かけちゃった」

「ああそう、でも月曜には会うから」

「あなたと話をしたがってたわ」

「へえ、なんだろう」

「タクシーのなかで話してあげる」

(タクシーのなかで)

「もう出かけなくちゃならないから、あなたに伝えてくれって頼まれたの。彼、カミングアウトしたのよ」

「出ていったり《カミングアウト》してないよ。ハムステッドに住んでるんだから」

「そうじゃなくて、つまり……つまり、自分はゲイだっていうの」

「えっ?」

「同性愛者なのよ」

「だれが同性愛者だって?」

「グレアムよ!」

「どこのグレアム?」

「グレアム・チャップマンよ!」

「それはわかってるよ!　だれがゲイだってグレアムは言ってるの」

「自分がよ!」

「……ごめん、よくわからないんだけど……」

「グレアム・チャップマンがね……」

「うん」

「自分は同性愛者だって気がついたんですって。それをあなたに言っときたいって言うの、ボーイフレンドがいるんですって」

「なにこれ、なんの冗談?」

「ほんとなのよ!」

「だけどグレアムのやつ、なんでぼくを担《かつ》ごうとするんだろう」

「そうじゃないんだってば!」

「賭けでもしてるわけ?」

ケンジントンまでタクシーで戻るのには長い時間がかかった。おかげで助かった。ピッパが私を納得させるのに、最後の一分まで必要だったからだ。グレアムはミコノス島で、スティグという感じのいいスウェーデン人と知りあったのだが、そのスティグに勧められて、ロンドンに戻ったら友人たち全員に打ち明けようと決心したのだ。一年以上前にイビサ島で出会ってから、彼はずっとデイヴィッドというボーイフレンドと暮らしていたのである。

タクシーを降りたとき、ピッパは言った。

「グレアムがね、あなたからマーティに伝えてほしいんですって」

そこで私はマーティに電話をかけ、まったく同じやりとりが始まった。ただし、今回はピッパのせりふを言うのは私で、私のせりふを言うのはマーティだった。唯一の違いは、マーティがかなりいらいらしていたことだ。

「ジョン、もう一一時だぞ。なんで電話してきたんだよ」

「いま言ったじゃないか!」

「頼むからもういい加減にしてくれよ。ちっとも面白くないぞ……」

グレアムは常づね、彼のカミングアウトに私がショックを受けていたと言っていた。それだと倫理的な反感を覚えたという含みがないではないが、それはちがう。私は「ショックを受けた」のではなく、とても、とても、とても、とても、とても、とても、とても、とても驚いただけだ。

グレアムと知りあってもう五年以上たっていたが、彼はいつも短靴《ブローグ》を履き、コーデュロイのズボンに、革の肘当てつきのスポーツジャケットを着ていた。ビールを飲み、パイプを吸い、ラグビーに興じる医学生だった。六〇年代には、だれかを同性愛者ではないかと考える場合に、こういう習慣は決定的な証拠とは見なされていなかった。もちろん、問題の人物が女性なら話はべつだが。

こうしてグレアムはカミングアウト・パーティを開き、グレアムの友人はそろってデイヴィッドに会い、みんなで楽しいひとときを過ごした。いまふりかえってみると、なにより驚きだったのは（最初のニュースはべつとして）、実際にはほとんどなにも変化がなかったことだ。ともあれ、私たちの共同執筆の関係にまったく影響がなかったのはたしかだ。それどころか、経験を積み、自信がついてくるにつれて、私たちの作品はまちがいなくよくなってきていたと思う。

九月下旬には《やっと一九四八年に〜》の第二シリーズが始まる予定だったので、ティムとマーティとグレアムと私は腰をすえて執筆にとりかかった。番組の枠組みやスタイルを変更する必要は感じなかったが、自分たちがなにを達成しようとしているのか以前よりははっきり見えていたし、それに加えて自信もついてきていた。また、昔のネタに頼ろうにももう種切れだったこともあって、私たちの台本は以前より突飛で、大胆で、型破りなものに――そしてそのゆえに、いままでよりずっと《モンティ・パイソン》に近いものに――なっていった。

シリーズが進むにつれて、マーティが役者としてぐんぐん力をつけてきたのはだれの目にも明らかだった。技術はみるみる向上して、何度も稽古をくりかえす必要もずいぶん少なくなってきた。ただ声に関してはまだまだで、会話の比重の高いコントでは、変わった声の演技のせいでときどきリズムが狂うことがあった。しかし、コントの主役を張るのでなく、たんに質問に答えるだけでよい場合には、彼は盛大に笑いをとっていたものだ。

ジョン・クリーズは、スーツ姿でオフィスのデスクに着席している。マーティ・フェルドマン演じるスプリグズが入ってくる。

マーティ・フェルドマン：お呼びですか。

JC：ああ、スプリグズ、きみか。

MF：もういいですか。

JC：いいわけがあるか、座りなさい。

MF：やったのは私じゃありません。

JC：スプリグズ、先週私は調査をしなくてはならなかったんだがね。きみに対して重大な苦情がいくつも来ていたんだ。

ＭＦ：はあ……
ＪＣ：四万件だよ。
ＭＦ：すみません。
ＪＣ：スプリグズ、これはかなり多いよ。
ＭＦ：はい、そうですね。
ＪＣ：月曜日の事件のことだがね。
ＭＦ：はあ……
ＪＣ：スプリグズ、先週の月曜日、きみは一〇時一五分発ブリストル行きを運転する予定だった。ところがその予定に従わず、牛を乗せた貨物列車に乗り込んだね。
ＭＦ：はい。
ＪＣ：なぜそんなことをしたんだね。
ＭＦ：動物が好きなんです。
ＪＣ：動物が好き？
ＭＦ：はい、とくに牛は大好きなんです。
ＪＣ：それで七〇〇頭の牛を盗んだというのかね。ロンドン発ブライトン行きの貨物列車をまるごと盗んで、それをマンチェスターへ運転していったね。
ＭＦ：はい。
ＪＣ：なぜマンチェスターなんだ。

MF：ブライトンには行ったことがあったんで。
JC：しかしね、きみは信号をすべて無視したんだよ！
MF：すみません、運転室の外に出てたんです……
JC：機関車のうえに座って、凧をあげていたんだろう。写真を見たよ。なにを笑ってるんだね。
MF：緊張をほぐそうと思ったんです。
JC：スプリグズ、いい加減にしないと怒るぞ。それで、マンチェスター大聖堂のことだが……
MF：停止するのを忘れてたんです。
JC：それはわかっている。交通警察から聞いたよ。大司教からも聞いた。詩篇第四九を朗読中に、きみの機関車が身廊に到着した様子をくわしく話してくださったよ。教会じゅう震えあがったそうじゃないか。
MF：ちゃんと謝ったんですけど。
JC：大司教が重ねておっしゃるには、説教壇の残骸にのぼって会衆を落ち着かせようとしていたら、きみは東の翼廊に機関車を進入させようとしたそうだね。
MF：大司教のじゃまになると思って……
JC：しかも、そのあと牛を全部逃がしたね。なぜあんなことをしたんだ。
MF：パニックを起こしたんです。煙のせいでなんにも見えなくて。
JC：それは会衆の人たちも同じだよ。だから、いきなり牛が飛び出してきてみんなショックを受けたんだ！　オルガンは鳴るわ、機関車はがちゃがちゃ言うわ、熱い煙が噴き出すわ、不可知論者でも腰を抜かすだろうが、神の怒りを信じる人たちにとってはそれどころじゃないよ。大司教ですら、ついに終末が訪れたかと思われたそうだ。
MF：弁償します。献金はしてきたんですが……
JC：それは大司教から聞いた。しかしね、スプリグズ、きみに罰を与えないわけにはいかんよ。
MF：はあ……
JC：「もう二度とマンチェスター大聖堂に機関車を突っ込ませたりしません」と五〇回書いてきなさい。もう行っていいよ。
MF：はい。
JC：ああ、スプリグズ……
MF：はい？
JC：先週書いたぶんはどこにある？

最後に、マーティと私がいっしょに演じた最高のコントの一部を紹介したい。この作品では、ミスター害獣《ペスト》としてマーティが対話の主役だったが、このときはせりふも口調も完璧だった。

広々とした書店。客が入ってきてカウンターに近づいていく。カウンターの奥には書店員が立っている。
書店員：いらっしゃいませ、おはようございます。

ペスト：おはよう。ちょっと訊きたいんだけど、『スプーンをお供にサマルカンド砂漠の三〇日』は置いてありますか。A・E・J・エリオットの。
書店員：いえ……その、当店には置いてございません。
ペスト：そうですか、それじゃ『モンスーンを起こす一〇一の方法』はありますか？
書店員：……著者は……？
ペスト：インドの紳士なんだけど、いまちょっと名前をど忘れしちゃって。
書店員：申し訳ございません、その本については存じません。
ペスト：ああ、いいんです、気にしないでください。それじゃ、『デイヴィッド・コパーフィールド』はありますか？
書店員：はい、ディケンズの……
ペスト：ちがいます。
書店員：……なんとおっしゃいました？
ペスト：ディケンズじゃなく、エドマンド・ウェルズ作のほう。
書店員：……お調べになればわかると思いますが、『デイヴィッド・カッパーフィールド』の著者はチャールズ・ディケンズです。
ペスト：いや、チャールズ・ディケンズが書いたのは *David Copperfield* で、「p」がふたつなの。ぼくが探してるのは、エドマンド・ウェルズの *David Coperfield* なんだよね。
書店員：（**やや辛辣な口調で**）そういうことでしたら、当店には在庫はございません。

ペスト：おかしいなあ、ここにはこんなに本があるのに。
書店員：たしかに数多くの本をそろえておりますが、エドマンド・ウェルズ作の「p」がひとつの『デイヴィッド・コパーフィールド』は置いてございません。「p」がふたつのチャールズ・ディケンズ作『デイヴィッド・カッパーフィールド』だけです。
ペスト：残念だなあ――ディケンズよりずっとくわしいのに。
書店員：ずっとくわしい？
ペスト：そうなんですよ……ここにある『デイヴィッド・カッパーフィールド』をみんな調べてみたらどうかなあ……
書店員：当店の『デイヴィッド・カッパーフィールド』はすべて、「p」がふたつのものばかりだと思います。
ペスト：そうかもしれないけど、でもエドマンド・ウェルズも初版では「p」がふたつあったんですよ。著作権の問題があったもんだから、あとで減らしたんだよ。
書店員：いいえ、これは断言できますが、当店の「p」がふたつの『デイヴィッド・カッパーフィールド』はすべてチャールズ・ディケンズ作です。
ペスト：それじゃ、『グレート・エクスペクテーションズ』はあるかな。
書店員：*Great Expectations*（邦題『大いなる遺産』）ですね。それでしたらございます……
取りに行き、戻ってくる。
ペスト：……ぼくが探してるのは、*G-r-a-t-e Expectations* なんだよね、やっぱりエドマンド・ウエルズ作の。

書店員：なるほど。それでしたら、当店にはございません。正直言って、エドマンド・ウェルズ作の本は一冊も置いてございません。あまり人気がありませんから。

ペスト：『下着なし《ニッカーレス》・ニクルビー』は？　綴りはK‐n‐i‐c‐k‐e‐r……（ディケンズ作『ニコラス・ニクルビー』のもじり）

書店員：ありません！

ペスト：それじゃ『クリスマス・キャロル』は？　CじゃなくてQで始まる……

書店員：いいえ、まったくございません。

ペスト：そうですか、お手数かけました。

書店員：お役に立てませんで。

ペスト：ひょっとして『ラーナビー・バッジ』は置いてない？

書店員：（**かなり大声で**）いいえ、さっきも申しましたとおり、ただいまエドマンド・ウェルズは切らしております。

ペスト：いや、これはエドマンド・ウェルズじゃなくて――チャールズ・ディケンズなんだけど。

書店員：チャールズ・ディケンズ？

ペスト：そう。

書店員：それなら、『バーナビー・ラッジ』のおまちがいでしょう。

ペスト：いや、チャールズ・ディケンズの『ラーナビー・バッジ』。ただ、Dickensじゃなくて、

Dikkensで「k」がふたつなの。有名なオランダの作家でね。
書店員：あいにくですが、有名なオランダの作家で「k」がふたつのチャールズ・ディケンズ作『ラーナビー・バッジ』はございません。また時間の節約のために先に言っておきますが、ダールズ・ティケンズの『カーナビー・ファッジ』も、「M」が四つで発音しない「Q」の入るマイルズ・ピケンズの『スティックウィック・ステーパーズ（ディケンズの『ピクウィック・ペーパーズ』のもじり）』もありません。薬局にいらしたほうがいいんじゃありませんか。
ペスト：行きましたよ。そしたら書店へ行けって言われたもんで。

ミスター・ペストはあまりにマーティにぴったりはまっていたため、何度か再登場させたほどだった。しかしあとのほうでは、彼はもっと物理的な破壊をもたらすようになり、精神的にダメージを与えるだけでなく、セットも滅茶苦茶に荒らされるようになった。そういうコントでのマーティの演技は出色の出来で、だれもが正しく認識していたとおり、彼は本物のスターとなる道を歩みはじめていた。

いっぽう、このころこんな出来事があった――グレアムの新しいライフスタイルとはまったく無関係だが、あとからふり返ってみると、グレアムと私の共同執筆のありように光を当てるという意味で、重要なエピソードだと思う。映画『しのび逢い』の撮影が終わったとき、その撮影中に親しくなったオスカー・ウェルナーが、記念に指揮棒を私にくれた。彼がオーケストラの指揮者を演じるときに使ったものだ。私はそれをとても大切にしていた。ある日、それが机にのっているのにグレアムが目を留めたので、もらったいきさつを話したところ、手にとってみていいかと言う。「もちろん」と答えたら、グレアムはその棒を曲げて弓なりにしならせはじめた。しかも、曲げるたびに少しずつ力を強くしていく。「気をつけてくれよ」と言いそうになったものの、そんな必要はないと思いなおしたのだが、グレアムはやがて思いきり力を込めて折り曲げて、ついにぽきんと折ってしまった。奇異だったのは、グレアムが驚いたようにも困ったようにも見えなかったことだ。ただ「ありゃ」と言って、折れた棒をまた机に戻すと、まるで感情のこもらない声で「ごめん」と付け加えた。私は肝をつぶしたが、のちに〈モンティ・パイソン〉で一般的になる流儀にしたがって、なにも言わなかった。

いまこうしてふり返って考えてみると、グレアムがあれをまったくつまらないもののように扱い、よそのカーペットにビスケットを落としたときのような態度だったのは、表面的には一度も口に出されたことのない、私たちの競争意識の表われだったのかもしれない。というのも、この指揮棒のことを思い出すと、反射的に思い出すべつの一件があるのだ。〈パイソン〉時代のごく初期のことだった。ある日、リハーサルにやって来たグレアムは、いきなり（めったにないことだったが）前の晩に見た夢の話を始めた。その夢のなかで、グレアムは大蔵大臣になっていた。デスクの奥にでんと陣取り、命令を発し、重要な書類に署名をし、官僚たちに指図して、城主になったようにご機嫌に過ごしていたが、やがて気づいてしまった……首相は私、ジョン・クリーズだったのだ。それを語る彼の口調は心底くやしそうだった。私が首相だと聞いて、彼の夢は台無しになった。イギリスで二番めの権力者だという栄光は、跡形もなく消えてしまったのだ……

一九六七年一一月には、私にはどうしても休暇が必要だった。一九六六年三月からそのときまでに、私がやってきたことを箇条書きにしてみよう。

《フロスト・レポート》――二七回
《やっと一九四八年に企画したショーが》――一三回
《フロスト・プログラム》――四〇回以上
《すみません読みなおします》――四一回
制作中の映画の脚本――二本
テレビのパイロット版の台本――一回
テレビ出演――一二回
映画出演――一回

しかしここに来て、ようやく多少は自分のために時間を使えるようになったようで、気がついてみたらある未解決の問題のことばかり考えていた。

一九六七年の春、《フロスト・レポート》の第二シリーズをやっているとき、私はコニーから「親愛なるジョン《ディア・ジョン》」の手紙（別れを切り出す女性からの手紙）を受け取った。地理的にこれほど離れていると、自然につきあいが深まっていくことは不可能だと思うから、「ただのいいお友だち」になりたいというのだ。それは優しく愛情深い手紙だった。と同時に胸に刺さる手紙でもあった。彼女の選択は理解できる。また、どちらかが別れたがっている場合には、苦しみを長引かせようとしても無益だと私は常づね思ってもいた。しかし、それでもとても悲しかった。公園のベンチに座っていたのをいまでもはっきりと思い出す。《フロスト・レポート》は、美しい古い劇場を転用したスタジオから毎週放送していたのだが、そこからわずか五〇ヤードのところにシェパーズ・ブッシュ・グリーンという公園があったのだ。カメラリハーサルが中断されたとき、私は考えをまとめようとぶらぶら外へ出ていき、気がつくと真剣にショービジネスの世界から足を洗うことを考えていた。ニューヨークに引っ越して、生活費を稼ぐためにライターか、なんなら銀行員になってもいい。なにしろ、ケンブリッジ時代の友人がふたり、マンハッタンで銀行に勤めて幸せにやっているではないか……そうすれば、コニーとの関係も自然に発展していくことだろう。

私はまた、自分の性格を変えることが必要ではないかとも考えた。あるいは、たんに名前を変えるだけでもいいかもしれない。「ジョン」という名前は、イングランドではジョン王の治世以来（というか、ジョン王の治世にもかかわらず〔ジョン王は戦争に負けて領土を失った王として「失地王」と呼ばれている〕）とても人気のある名前だが、どちらかと言うと退屈でつまらない名前だと以前から思っていた。きちんとしていて正直そうではあるが、まったく精彩には欠けている。よく知られているとおり、ジョンは昔はよくジャックとも呼ばれていた。こっちのほうがずっといい名前だ。ちょっと鼻っ柱が強くて、陽気で、そしてあけすけに言ってしまえば——ずっとセクシーだ。別れの手紙を「ディア・ジャック」レターと呼ぶ者がいるだろうか。ジャックなら、そんな手紙が来たらひっちゃぶくだけだろう。また、私はもともと「チーズ」のほうが「クリーズ」より好ましいとも思っていた。はっきり言って、「クリーズ」は本来の名ではないのだ。それで思ったのだが、もし私がジャック・チーズだったら、モントレー（カリフォルニア州西部の都市。モントレージャックというチーズの発祥の地）に移住して銀行に勤め、夜には執筆をして、コンスタンス（コニーの正式名）・チーズと子供を育てられるのではないだろうか。ジャックに迫られたら、コニーもいやとは言えないだろう。

そんなわけで、コニーとのつきあいはとぎれとぎれだったので（そしていまはとぎれ中だった）、私はピッパとかつてなく親密になっていた。念のため書いておくと、イビサで知りあった女性である。彼女は親切で、明るく、楽しく、つきあってまったく肩の凝らない女性だった。しかし最終的に、私はごく陳腐な結論に達した。彼女のことはとても好きだったが、愛しているとは言えない。そう言えればよかったとは思うのだが、それは事実ではないし、そこが肝心だという気がした。それに、別れの手紙をもらったとは言っても、コニーに対する私の気持ちを消すことはできなかった。そしておそらく、私はいまも、平均して見るとというか、全体としてというか、控えめに見積もってもというか、ともかくやはり彼女を愛していた。ただ、彼女のほうがもう私を愛していないのはまずまちがいないとも思っていた。しかし、ひとつ確実にわかっていたのは、静かな、しかし非常に重要な意味で、私が欠落を感じていたということだ。

そんなわけでコニーに電話をかけ、仕事で用ができたのでニューヨークに行くという作り話をし、そちらにいるあいだに会えたらうれしいと言ってみた。くたばれとは言われなかったので、飛行機に飛び乗り、ホテルに着いてから電話をした。すると、翌日の夜に私のためにささやかなパーティを用意していると言われた。来るのは、私がニューヨークに住んでいたころから知っている彼女の友人たちだけだという。それを聞いて心が沈んだ。友人たちがその場にいれば、愁嘆場が演じられることはないだろうというわけか。これを見れば、私の訪問を彼女がどう思っているかは明らかだ。私は礼を言って電話を切った。やれやれ……

翌日私はパーティへ行き、数カ月ぶりにコニーの姿を目にした。彼女はとても愛想がよく、私たちは雑談をし、それでしぶしぶながら認めざるをえなかった――私たちのあいだには、もうなにも、まったくなにひとつ残っていない。それでも私は陽気に明るくふるまい、二時間後に時差ぼけでと言い訳して、こっそり抜け出してホテルに引き返そうとした。アーティチョークよろしく、すべてをむしられて芯《ハート》まで食い尽くされた気分だった。ただ帰る途中で、ふとこう思った。「仕事で来たなんて、こんなくだらない口実をつけてなんになるのか。明日にはもう飛んで帰りたい気分なのに」。そこでまわれ右をして、とぼとぼとコニーのアパートメントに引き返し、ベルを鳴らし、つまらない嘘をついたことを白状して謝り、なぜか一〇分後には結婚の約束をしていた。

あの一〇分間になにがあったのかさっぱりわからない。しかしそれは実際に起こって、私たちはふたりしてお祝いのディナーに出かけた。そして戻ってきてから、その夜のうちに現実的な問題について相談した。金銭の話が出たのはこのときが初めてだった。コニーはかなり余裕があると言い、いっぽう私はそうは言えないことを白状しなくてはならなかった。アメリカならテレビに出ていればけっこうな稼ぎになったが、ＢＢＣで働くのは清貧の誓いを立てるようなものであり、《フロスト・レポート》で私が受け取った報酬は、全シリーズを通してしめて約一四〇〇ポンドで、おまけにそこから八三パーセントの所得税をとられていた。このことは婚約前に話したはずだと思うのだが、コニーは冗談だと思っていたにちがいない（ほんの二年後、〈フットライツ〉の友人でアメリカのテレビで数々の仕事をしている男に、《モンティ・パイソン》で私が一回いくらもらっているか話したら、大笑いしてソファから滑り落ちてしまったほどだ）。

幸い、彼女を安心させるのにはそう時間はかからず、ロンドンに戻れば私にはどっさり仕事があって、まずまずの水準の生活ができるだろうと納得してくれた。しかし結婚式はニューヨークであげることにし、また式はごく小規模で簡素なものにしようと決めた。私たちはどちらもちゃんと式をあげたいと思っていたので、ユニテリアン派の教会を選んだ。この教会は、どんな宗教を信じていても受け入れてくれるし、ここなら徹頭徹尾、神の名を一度たりとも口にせずに礼拝を終えられるはずだった。英国国教会はまちがいなく、私に多大な影響を及ぼしていたわけである。

コニーには手配すべきことがいろいろあったから、私は先にロンドンに戻ってフラットを探し、そしてもうひとつ、つらい仕事に直面しなくてはならなかった。そんな仕打ちを受けるいわれのない相手を捨てようとすると、恐怖と罪悪感の入り交じった感情に襲われるものだ。あれほど耐えがたい感情はそうあるものではない。しばらく前からさまざまに行き違いがあったのなら、もっと気が楽だろう。また、前もって別れ話を計画していたのでなく、じつにすさまじい喧嘩が起こって、非難の応酬やら積年の恨みつらみ（ついでに新たに生まれたものも）が噴き出し、激しい怒鳴りあいや無慈悲な侮辱合戦の自然な帰結としてそうなったのなら、もっとずっと気が楽にちがいない。なぜなら、その場合は相手を捨てることで即座に重荷をおろしたように感じ、たやすく熱烈に自己正当化ができてうれしくてたまらなくなるからだ——少なくとも七二時間後、分離不安が頭をもたげるまでは。しかし、たとえ形ばかりでもだれかを捨てるのは、その相手がやさしく、陽気で、思慮にも愛情にもあふれた女性で、たんにこちらの無意識のよくわからない部分を刺激するものがなかったというだけの場合は……まったく、血も涙もない人間《ソシオパス》だったらよかったのにと思わずにはいられない。いや、銀行家だったらなおよかった。

なお悪いことに、ピッパの対応はじつにりっぱだった。ただ、しばらくロンドンを離れたいと言い、ヨハネスブルクに去っていった。二年後、私たちはまたばったり出くわし、それ以来ずっとよい友人どうしだ。いかにもピッパらしいことに、私のほとんどの妻たちとも彼女はとても仲よくしてくれている（ジョン・クリーズは四回結婚している）。

第14章　苦々しき《人をいらいらさせる方法》

一九六八年二月二〇日、コニーと私はマンハッタンのユニテリアン派の教会で結婚した。心温まる親しみやすい小規模な結婚式で、一五人ほどの友人が参列してくれた。ただひとつ心残りだったのは、式の最後の最後に、「神」という単語をたった一回だけ、省きそびれてしまったということだ。牧師が私たちにキスの許可を与えたときの、あのコニーの顔はいまでもありありと目に浮かぶ。すべてがあるべき場所にあると強く感じたものだ。

ロンドンへは船で帰ることにした。クイーン・エリザベス号上の静かな日々のおかげでつくづく実感したのだが、この二年ほどはまるで嵐のような日々だった。よく言うように、私は人生を生きているのでなく人生に生きられているようだった。忙しさのあまり、自分ではどうすることもできないと感じていた。かつて自分のことをとくにがむしゃらな人間と思ったことはなかったが、いまではほとんど毎日仕事をし、わずかに残った余暇の時間も、大量の雑事ですぐにつぶれてしまう。腹は立つもののの、それを自分ではどうすることもできなかった。ニューヨークに行ったばかりのころ、つまり

〈スクエア・イースト〉に出て次に『ハーフ・ア・シックスペンス』に出演していたころには、自由時間にはたいてい読書をしたり、美術館へ行ったり、運動をしたり、映画を観たり、街を探検したり、友人と食事をしたりしたものだ。いつでも自分のためにまとまった時間をたっぷりとることができた。ところがロンドンに戻ってきたいまでは、散髪に行くだけでも一週間前に計画を立てなくてはならない。エドマンド・バーク（一八世紀の英国の政治家）は「自由の代償は絶え間ない警戒」と言った（この名言は、ふつうエドマンド・バークではなく、一九世紀アメリカの社会改革家ウェンデル・フィリップスの言葉とされている）が、私の場合はさしずめ「自由時間の代償は絶え間ない警戒」だった。いつも目を光らせていないと、すぐにだれかが私のダイアリーに予定を書き込んでしまうという気がしたものだ。

それで気がついた（いまほどはっきりとではなかったが）のだが、私の抱える最大の問題は、ひとつには私自身だった。だれからも好かれたい、拒否されたくないと思うあまり、つねにあらゆる人にいい顔をしようとしていたのだ。人生を手に負えないものにしたければ、これは目覚ましいほど効率のよい方法だ。コニーはすぐに気づいて、ロンドンに来て数カ月後には有益なアドバイスをしてくれた——「ウェイター全員に、感動の再会を果たした友だちみたいな挨拶をしなくていいし、人の家のディナーに招かれたときに、主人《ホスト》の役割を引き受けなくてもいいのよ」。しかも、いい顔をしているとかなりくたびれるから、私はしょっちゅういらいらしていた——もちろん、できるかぎりいい顔をしながらだが——ため、翌日には二倍もいい顔をして、ほんとうはいい人なのだと証明しなくてはならない。そういうわけで、丁重に、しかしきっぱり「ノー」と言うことがなかなかできなかった。このことが第二の問題をもたらす。時間のかかる頼みごとをしてきたり、退屈なイベントに招待したりする人が友人や親戚だけなら、それでもなんとかやっていくことはできる。しかし、ほんのちょっとでも名前が売れると、ひきもきらぬ要求の洪水に直面することになるのだ。サインや写真、オークションに出せる私物、記念品、髪の毛、スピーチ、ショービジネスの世界に入るためのアドバイス、慈善事業への募金、人が大学を卒業できるようにするための金銭的な支援、手術のための金銭的支援、不運に見舞われた人々への金銭的支援、コメディについてのコーヒーを飲みながらの軽いおしゃべり、試験を控えた子供たちへの激励のメッセージ、学生の雑誌からのインタビュー、さらには私の選ぶ本一〇冊、映画一〇本、歌一〇曲、コメディアン一〇人、休日のリゾート一〇カ所、ワイン一〇種、サッカー選手一〇人、幸福になる一〇の方法、最も恥ずかしい一〇の経験、カクテル一〇種、湖水地方の散歩道一〇本、一〇の国旗、チーズ一〇種、自動車一〇種、手術一〇種をあげてくれと頼まれる。さらにまた、エージェントを見つけるのを手伝ってほしいとか、私の最大のファンである七歳児たちに会ってほしいとか、新郎の付添人のスピーチのためにジョークを考えてほしいとか、ウェストン＝スーパー＝メア周辺の言語療法士を推薦してほしいとか、ロニー・コーベットに紹介してほしいとか、私がある人物と知り合いだったことを請けあってほしいとか、一九五九年二月二三日に私がほんとうにベックレスの町役場のビリヤードルームにいたと請けあってほしいとか、《やっと一九四八年に～》のあるコントで「尻に一発」という語句を使った理由を説明してほしいとか、なぜ私の両親が私をイートン校に通わせたのか説明してほしいとか、なぜ私が熱心なクェーカー教徒なのか説明してほしいとか、どうしてデスマスクを蒐集するのをやめたのか説明してほしいとか、なぜしょっちゅうK2に登っているのか説明してほしいとか、なぜとうとうオセローを演じることに同意したのか説明してほしいとか頼まれるのである。

このころには週に六時間秘書に来てもらって、こういう依頼や質問の山に誠実に対処しようとしていたのだが、それが終わっても、今度は受け取った招待状への対応に追われることになる。学校の運動会や大学の弁論部、ロータリーの昼食会、引退した鉄道員のクラブ、演劇学校、警察のディナー、政治的会議などで話をしてほしいとか、またエッセイコンテストやウェストン゠スーパー゠メア美人コンテスト、仮装大会、学生演劇、綱引きコンテスト、野菜の彫刻コンテストなどの審査員をやってほしいとか、結婚式や記念日や授賞式や誕生日パーティや百年祭や夏の慈善バザー、労働党の集会、保守党の集会、自由党の集会、ウェールズ民族党の集会、自動車レース、美術館の開館式、アマチュア演劇祭のオープニングナイト、バロー゠イン゠ファーネス・メソジスト派愛鳩家ワインとチーズの家族の夜、短篇映画祭、中篇映画祭、火葬場の開場式、子供のパーティ、ブラスバンドの演奏会、ウォータースポーツ大会、郷土史の展示会、戴冠式、そしてこれは個人的に私のオールタイム・ベストなのだが、だれかの猫の名づけ式に参列するために、メルトン・モーブレー（イングランド中部、レスタシャー州の町）に来てほしいという招待もあった。

これは強調しておきたいのだが、どの依頼や招待も、じつにきちんとした、礼儀正しくて愛想のいい人々からのものばかりだった（ちなみに、失礼な招待状というものを私はいままで一度しか見たことがない。それは、ダンディ学友会から女王陛下に宛てたもので、一三票対九票で、陛下をダンディ大学に招待することに決めたという内容だった）。そんなわけで、返事のたびにいちいち苦しむことになる。「残念ですが忙しいので」ですませたことは一度もない。それではちょっと失礼な気がして、ついいまどれぐらい忙しいか説明し、しかし数カ月後にはたぶん行けるかもしれないなどと書いてしまい……かくして決断は先送りされるばかりで、あやふやな約束が積みあがっていき、ついには自殺するのがいちばん簡単だと思えるほどになるのだ。

こういう依頼は慈善団体から来ることが多かった。さて私は、どんな慈善団体もこれまで気に入らないと思ったことがない（以前は〈恵まれない良家の子女救済協会〉についてはうさんくさいと思っていたが、しまいにはなくてはならない活動だと納得させられた）。問題は、活動しているものだけで、英国には六万以上の慈善団体があるということだ。真剣に考えて、ガン患者の団体には「イエス」と答え、二分脊椎《にぶんせきつい》患者の団体には「ノー」と答えるようなことがどうしてできるだろうか。毎日、ポストをあけるたびに次から次にソフィーの選択に直面するわけだ。そしてこの苦悶――このばかげた時間の浪費――の原因は、すべて私にあるのだ。三〇年かかってやっと学んだのだが、愛想よく、さりげない言葉で「ノー」と答えれば、人は気を悪くもせずにそれを受け入れ、好意的に解釈してくれて、そのせいでこちらを恨んだり、暗殺者の集団を送り込んできたり、《デイリー・メイル》紙に投書したりはしないものなのだ。このことに気がつくまで、罪悪感を覚えずに「ノー」ということができないというだけの理由で、まったくなんの罪もない依頼に対して私はつい腹を立てていたものだ。

しかし近ごろでは、単純なルールを守れるようになった――人はなんでも好きなことを頼んでよい、そしてこちらはそれに「ノー」と言ってよいのだ。また、これはナイトクラブの用心棒から教わったのだが、人の依頼を当たり障りなく断わる同じぐらい効果的な方法がある。たとえば、「ぼくはミック・ジャガーと個人的に親しくて、今夜の彼の誕生日パーティにも招待してもらったんだけど、招待状を持ってくるのを忘れてしまった。それに、彼の奥さんからウィンブルドン決勝戦のチケットを二枚預かってて、それを直接彼に渡さなくちゃならないんで、入れてもらえないかな」と言われたら、用心棒の答えはこうだ。「それは無理だと思います」。こういう非人称的な表現なら、物理法則的に不可能であるかのように拒絶できる。「申し訳ありませんが、あいにくエントロピー――つまり、顕微鏡的な物体の障害――は減少しませんし、私にはどうしようもありません。残念です！」それで私は、急に人がそばにやって来て、いっしょに写真に写ってほしいと頼まれたときにはこの戦略の変種を活用している。なぜだかわからないのだが、この「お邪魔してすみませんが、いっしょに写真に写ってもらえませんか」にはほんとうにいらいらする。それまで見たこともないだれかの隣に私が立っていたという、その瞬間の証拠が写真として永遠に残るのが気に障るのかもしれない。白状するが、こんなふうに頼まれたとき、以前は「えっ、たった四秒前に会ったのを記念するためにですか」などと対応してしまうこともあった。しかしいまでは、「申し訳ないんですが、それはやらないことにしていますので」と答えるようにしている。このせりふを口にするときは、深い悲しみのにじむ笑みを浮かべて、私が強く奉じている宗教的な戒律にそれは抵触するので、どうしても応じることができないと匂わせるわけである。この手が通じなかったことが一度だけある。二〇一三年、南アフリカの空港で、相手は同じ飛行機の乗客だった。彼は激怒して《ケープ・アーガス》紙にそのことを投書してくれた。

昔は、あなたの写真を撮ってよいかと尋ねたものだが、いまでは例外なく、決まって……いっしょに写ってもらえないかと来る。それを友人たちに見せたいのだろう。「ほら、これ私。いっしょに…

…これだれだったっけ」というわけだ。私はこれこそ、めまぐるしいセレブリティ文化の最悪の側面だと思うのだが、サイモン・コーウェル（英国の音楽プロデューサー。オーディション番組の毒舌審査員として有名）の服のすそに触れたから人生がより有意義になるとか、スティーヴン・セガールの乳母の犬の名前を知っていることが真に賢いことだとか考えるのはどうかしている。

それに加担するほど、私はばかではないつもりだ。

それはともかく……なんの話だったかな。ああ、そうそう……

コニーとクイーン・エリザベス号に乗っていて、なんでこんなに忙しくなってしまったのかと考えているところだった。仕事に関するかぎりでは、大きな野心に駆り立てられているわけでないのはわかっていた。それどころか、私の見ている世界は驚くほど狭かった。私が望んでいたのは、自分の手がけるテレビ番組の芸術的な面について、より大きな発言権を手にすることだったが、《ジョン・クリーズ・ショー》をやりたいとは思っていなかった。少人数のチームの有力メンバーでいるほうがずっと好ましいと思っていた。ネタをどう表現するかかなり自由に決められるいっぽうで、責任をすべて背負い込まずにすむからだ。また私は、できるだけ笑える番組が作りたかった。というのも、このころにはもう気づいていたのだが、コメディ番組の場合、気の利いたものを作るのは笑えるものを作るよりずっとたやすいからである。また、『ハーフ・ア・シックスペンス』で演技した経験からわかったとおり、私は舞台に立つことに関してはまるで野心がなかった（『ハーフ・ア・シックスペンス』から『前配偶者扶養料ツアー（*The Alimony Tour*、二〇一一年、三人めの妻と離婚したジョン・クリーズが、多額の扶養費を捻出するためと称しておこなった英国内ツアー）』までの四六年間、私が舞台で演じたのは

〈アムネスティ〉と〈モンティ・パイソン〉のショーのときだけだ）。また映画については、私のレーダースコープにはその影すらなかった。映画は私の宇宙とはべつの宇宙に存在するもので、そのふたつが接することはまるでありそうになかった。そんなわけで私は、英国のテレビは世界で最もすぐれている（あるいは一部で言われていた表現を借りれば「世界で最もまだまし」）と過大に自信を抱いていて、そこにばかり近視眼的に目を向けていたのだ。

ともかく、魔法のように静謐な五日間の航海のあと、コニーと私はサウサンプトンで船を降り、そこからロンドンへ向かって、私が見つけておいたナイツブリッジのフラットに入居した。一九二〇年代の美しいアパートメントの五階で、ナイツブリッジ消防署とハロッズ百貨店のあいだ、バジルストリートにあった。そのとおり、バジルストリートです。この話をすると、ごくあたりまえのように「ああ、バジルという名前はここからとったんですね」と言われる。申し訳ないが、私はそうは思わない。《フォルティ・タワーズ》を書きはじめたころにはとっくにナイツブリッジから引っ越していたし、意識的に関連づけていなかったのはまちがいない。まさかと思うかもしれないが、まったくの偶然の一致ということもありうるのだ。たとえば、サー・チャールズ・フォルテ（有名なホテル・レストラン業者）のもとで働いていた人は、フォルティの名は〈トラスト・ハウス・フォルテ〉ホテル・レストランから来ていると思い込んでいた。一般の人間で、そんなふうに思う人がいるだろうか。少なくとも私は考えたこともなかった。またバジルのイニシャルを例にとってみよう。私の父の世代にとって「B・F」というのは、マナーをわきまえた人がぎりぎり口に出せる品のない悪口のひとつであり、「とんでもない《ブラッディ》抜作《フール》」を意味していた。これまた、やはり私の頭にはちらとよぎりもしなかった。また最後にもうひとつ例をあげると、この本を書きはじめたときに初めて気がついたのだが、私が出演して最も成功したショーは、ふたつともタイトルに「サーカス」の語が入っている。こんなことを書くと、「いやそうは言うけど、バジルストリートに無意識に影響を受けていたのはまちがいないでしょう。認めなさいよ」と言われるだろうが、それに対しては「もし無意識に影響を受けていたのなら、その定義から言って、私にそれがわかるはずがない。しかし私はとにかくそうは思わないし、いま話しているのは私の人生であってあなたのではない。これがもしあなたの人生の話だったら、そりゃあなたの言うとおりだと認めますよ。あなたのほうが私よりずっとよく知っているはずだから。そしてたぶん私がこの本を書いているのは、『本《ブック》』のイニシャルが『b』でバジルと同じであり、バジルで成功したので無意識にこの本も成功すると思っているからなんだろう。いっぽう映画の脚本《スクリーンプレイ》の頭文字は『s』で、これはシビル（バジルの妻の名）と同じであり、バジルと彼女の夫婦仲はあまりうまく行っていないから、それで私はテレビのほうに走ったっていうんでしょう」。すると「いや、そんな例の出しかたは極端すぎる」と言われるかもしれないが、「そんなことはありませんよ！　さあ、そろそろ口をはさむのはやめにして、この話をさっさと先に進めさせてもらえませんかね」

私たちの新しいフラットの立地は抜群だった。地下鉄ナイツブリッジ駅から徒歩二分だったし、よく行くところからはたいていタクシーで一五分の距離だった。結婚生活がしだいに板についてくるころ、私は友人たちにコニーを紹介し、友人たちはすぐに彼女を気に入った。しかしコニーは、ひとつかなり奇妙なことに気がついていた。しばらく自分の胸にしまっていたが、ある晩、ディナーパーティから戻ってきたとき、彼女はこう尋ねてきた。こちらが相手のことを質問すると気安く答えてくれるのに、どうして向こうからは彼女のことをなにも質問しようとしないのだろうか。私はすぐには答えられなかったが、やがてひらめいた。その理由は、英国の中流階級の人間が恥をかいたりかかせたりするのをことのほか恐れているからだ。だから、精神的苦痛を引き起こしそうな分野にうっかり足を踏み入れてはいけないと思い、質問しても安心だと確信が持てないうちはあえて質問を口に出せないのである。私の友人たちはコニーのことをなにも知らなかったから、うかつなことは訊けないと慎重に構えていたのだ。ひょっとして彼女の父親がイノシシに食われたとか、母親がエホバの証人だったとか、兄が自分のことをヨーク公だと思っているとか、あるいは彼女自身がかつてナチの製菓専門学校に通っていたとか、じつは私のおじと不倫関係になったばかりだとか、そんな話が飛び出してこないともかぎらないではないか。潜在的な落とし穴を想像することにかけては、中流階級の想像力は無限に独創性豊かなのである。そこで私は、まず青信号をつけてやらなくてはいけないとコニーに説明した。たとえば、父親のことを軽い口調でちょっと口にしてみればいい。待ってましたとばかりに質問が押し寄せてくるだろう。しかし、私にはこれがとても不思議に思えた――子供のころからずっと、このことを理解して行動してきたはずなのに、いままでまったくそれを意識したことがなかったのだから。フランス人（とパラグアイ人）が言うように、「魚は自分の泳ぐ水を知らない（出典はアメリカの作家デイヴィッド・フォスター・ウォレスとされている。なぜフランス人とパラグアイ人なのかは不明）」ということだろう。一八年後、『ワンダとダイヤと優しい奴ら』を書いていたとき、私はこの発見を利用して主役のアーチーのせりふを書いた。彼は英国の社会的拘束衣から逃れたいとあがいていて、その拘束衣のことをワンダに説明しようとする。

ワンダ、きみにわかるかな、英国人だっていうのがどういうことか。いつも行いを正しくして、まちがったことをしやしないかとびくびくして、それで息が詰まりそうになってる。「結婚してますか」と質問したら「妻に今朝逃げられた」と言われたり、「お子さんは」と訊いたら「水曜日に全員焼け死んだ」と言われたらどうしようとびびってるんだ。つまりね、ワンダ、英国人は恥をかいたりかかせたりするのが怖くてたまらないんだよ。だからみんな……死んだも同然なんだ。私の友人たちもたいていい死人同然だ。ディナーの席に着いているのは死人の山なんだ。

かくして、コニーは英国人の流儀を理解しようとしたり、ロンドンの歩きかたを学んだり、オーディションを受けたり、英国なまりの英語を練習したりして過ごした。また、その日グレアム・チャップマンと書いたものを私が読みあげるのを聞きながら、おいしい夕食を作ってくれたりもした。

ロンドンに戻るとまたグレアムと連絡をとったが、その後すぐにマーティ・フェルドマンの新しいテレビ番組のプロデューサーが私たちに接触してきた。マーティは、《やっと一九四八年に企画したショーが》第二シリーズのあいだにテレビ界でかなりの注目を集めており、BBCで自分のシリーズをやらないかと声がかかっていたのだ。いま考えてみて驚くのは、彼のたちまちの出世を知っても、嫉妬もライバル意識も感じた憶えがないことだ。これはおそらく、それまでの一年半に数多くの番組で仕事をしてきて、あの大変なストレスや責任の重圧から逃れたいと思っていたからかもしれないし、マーティは私よりずっと年上に見えたため、同年代の人間に対するほどのライバル意識がなかったたからかもしれないし、マーティが自分の番組を持ちたいと思い、その芸術面を完全に思うとおりにしたいと思う理由が完璧に理解できたし、私もまた時期が来れば自分の番組が持てるだろうと思っていたからかもしれないし、マーティのプロデューサーのデニス・メイン＝ウィルスンが、グレアムと私になぜひとも拝謁を賜りたいと言ってよこし、今世紀最高（最低と言うべきか）のおべんちゃらを並べ、おだてたりすかしたりして私たちに台本を書かせようとし、書いてくれなかったら番組はまちがいなく失敗すると泣きついてきた（これはデニスのいつもの手口だった）からかもしれない。

ときどき気がつくのだが、執筆をしばらく休んだあとに再開すると、私は以前より多産になっていることがある。このとき、グレアムと私はマーティの三〇分番組のネタを記録的な速さで書きあげ、それをデニス・メイン＝ウィルソンは随喜《ずいき》の涙を流して受け取った（当然であろう）。そのなかのあるコントなどは、マーティのやった格別に笑えるコントだと私たちは思っていた。頭のおかしいカンタベリー大主教が、鉄道の客車内で乗客をしつこく悩ませるというものだ。グレアムと私は番組の最初の収録に立ち会ったが、それは大変な成功を収めた。ひとつには、みごとな録画のシークエンスのおかげだった。出演者はティム・ブルック＝テイラーのほか、ジョン・ジャンキンという非常に感じのいいもと教師もいた。この人物が演じたのは、ジョン・クリーズふうの冷血で権威をかさに着たろくでなしの役割だった。

いっぽう、私はデイヴィッド・フロストと会って話をしていた。彼は私の後援者兼指導者兼主たる雇用主になっているようだった。そして、フリーランサーの人生につきものの経済的な不安を、彼は腕のひとふりであっさり消し去ってくれた。この一年はテレビ局のスタジオではなく、できれば執筆に費やしたいと私は希望を述べた。コニーがロンドンに慣れるまでは、長時間ひとりきりで放っておきたくなかったからだ。それにまた、これがグレアムにとっても好都合なのはわかっていた。というのも、医師の勉強をしばらく休もうと決めていたのだ。前年の税金を払うために、私といっしょに稼ごうというわけである。デイヴィッドが、収入はいくら欲しいのかと尋ねてくれたので、私はかなり厚かましくも、一万ポンドあればと言ってみた。これは私の考えでは、コニーとふたりで安楽に暮らしてお釣りがくるほどの額だった。デイヴィッドはふたつ返事で、その場で二本の依頼を出してくれた。ひとつは、グレアムと私が考案していた映画のアイデアで、探偵事務所を舞台に、ロニー・バーカー、ロニー・コーベット、マーティ、ティム、グレアム、そして私が出演することになっていた。もうひとつはデイヴィッドの提案だが、これに私は飛びついた。アメリカのテレビ向けの特別番組なので、コニーを出演させてかまわないと言ってくれたからだ。

翌年の収入が確保できたところで、グレアムと私は腰をすえて執筆にとりかかった。まず特別番組に集中することにし、すぐにこれはと思うタイトルを思いついた。「人をいらいらさせる方法（*How to Irritate People*）」というのだ。私たちはすぐにタイトルをそれに決定し、《マーティ》に出演していてティムが起用できなかったから、代わりにマイケル・ペイリンを使いたいと考えるようになった（理由は思い出せない。グレアムも私も、それ以前に彼と共演したことは一度もなかったはずなのだが）。彼は私たちの誘いに乗ったうえに、作品の筋書きも提供してくれた。それをもとに私たちは最初のコントのひとつを書くことになるのだが、もともとはマイケルに自動車を販売した修理工場の主人の話だった。買った車のことでいくら苦情を言っても、のらりくらりとみごとにかわしてしまうのである。

このミスター・ギボンズ（奇妙なことに、マイケルの妻ヘレン・ペイリンの旧姓はギボンズだった）はマイケルに、ギアボックスが「ちょっと固い」のは自動車が新しいからで、ギアボックスが「ちょっと固い」（最初の二〇〇〇マイルかそこら走るまでは）のはじつは高品質自動車の特徴だと説明した――それどころか、それで「欠陥車」を売りつけられたのでないことが確実にわかるというのである。その後ブレーキにも問題が出てきたが、ミスター・ギボンズはこれまた自動車が新しいからだと説明し、しかしもしブレーキに不具合が出てきたら修理に持ってきてくださいと言った。マイケルがいま不具合が出ているのだと指摘し、だから修理してもらいに持ってきてるじゃないかと言うと、ミスター・ギボンズはこう言い返した。「そうですか、ではもっと問題が出てきたら修理に持ってきてくださいね」。グレアムと私は、この人物の精神構造にすっかりほれ込んでしまった。それで思い出したのが、アイルランド共和国首相エイモン・デ・ヴァレラに対するロイド・ジョージ（英国の政治家、首相）の論評だ。すなわち、彼と議論するのは「フォークで水銀をすくおうとするようなものだ」。私たちはミスター・ギボンズを核にして短いコントを書いたが、これは録画で制作しなくてはならなかった。合図で車のドアが脱落する場面があったからだ。グレアムとマイケルがいっしょに演技をしたのは、その録画のときが初めてだった。

《モンティ・パイソン》のファンのあいだではよく知られているが、この作品はのちに書き直されて「死んだオウム」のコントになる。そのいきさつはこうだ。《人をいらいらさせる方法》は、英国内で放送される予定はなかった。だから《モンティ・パイソン》が始まったとき、しまい込んであった台本がたまたま見つかったものだから、グレアムと相談してこれをもとにコントを作ろうという話になった。英国ではだれも観ていなかったし、またギボンズのキャラクターが気に入っていたからだ。しかし、自動車の販売員という設定はあまりに月並みだと思った。それで、彼にふさわしいほかの舞台を探すうちに、ペットショップという案が湧いて出た。とうぜんながらだれかがペットを買ってき、そのペットに重大な問題があったという話になる——死んでいたのだ！　しかし動物はなににしようか。猫はどうか。いや、子猫の死体が出てきては笑えない。ネズミはどうか。それはだめだろう。小さすぎるし、ひ弱すぎる。もっと大きいものというと、犬はどうだろうか。悪くはないが、人は犬が好きだ。目を覚まさせようと、犬の死骸をカウンターに叩きつけたりしたら——リンチされかねない。それじゃオウムは……？　それだ！　オウムのような漫画的な動物なら、死んでもショックを受けはしないだろう——オウムの飼い主は例外かもしれないが、それ以外の人間は屁とも思うまい。

そこで登場するのが『ロジェのシソーラス（定番の類語辞典）』（私たちのコントの一部については、共著者としてクレジットを出すべきだと思う）である。これを駆使して「死んでいる」の同義語を片っ端から拾い、それでコントを書いたわけだ。ただ、書きあげてみたはいいが、どうもぴんと来なかった。なぜだろう。ペットショップの主人の反応がどうもはまらない。言い逃れと見え透いた嘘のバランスが悪いせいで、説得力に乏しいのである。彼のせりふをさらに二度書きなおして、やっと満足行くものができあがった。思い起こすと不思議だが、一九六九年に《モンティ・パイソン》を収録するためにマイケルと私がこのコントを演じたときには、スタジオの観客の反応はぱっとしなかった。あれが魔法のように「名作」に変身したのは、五年ほど経ってからだったと思う。おそらく、一九七四年のドルリー・レーン（ロンドンの劇場地区）の舞台で「死んだオウム」を演じたころから、象徴的な地位に昇格しはじめたのではないだろうか。

どこまで話したかな。そうそう、《人をいらいらさせる方法》の脚本を書いているところだった……おかしいな、どうしてこうすぐに脇道に逸れてしまうのだろう。これはたぶん、あれがあまりいい経験ではなかったからだろう。というより、正直に打ち明けてしまえば、とてもつらい経験だった。しかし、台本を書いているときはそうではなかった。創作の初期段階では、初めて脚本を完全に任されて、グレアムと私はその自由を満喫していたのだ。

とくに書いていて楽しかったのは、インド料理レストラン〈ザ・ナレイン〉を下敷きにしたコントだ。これは私たちがひいきにしていた店で、アールズコート・ロードのそばにあった。オーナーのビル・ナレインは、私たちふたりを突拍子もなく大仰に歓迎するくせがあった。グレアムはつねに「グッド・ドクター」だったし、私は「旦那《マイ・ロード》さま」で、どうしてもそう呼ぶのをやめようとしなかった。この大げさなお世辞についてくるのが自己卑下であり、また店が粗末で店員はばかでシェフは無能だという謝罪の言葉であり、前回のありもしなかった不始末を嘆き、今回はあのときより二倍も努力すると約束しつつ、派手なしぐさと喜びの声とともに私たちをテーブルに案内する。抱えあげて椅子まで運んでくれと頼んだら、即座にやってくれただろうと思う。この凱旋行進がついに終わってテーブルにたどり着くと、彼は熱狂的に手を貸そうとし、称賛の声をあげつづけるのだが、それにもかかわらず私たちはなんとか無事に椅子に腰掛ける。だがそこで彼はだしぬけに、テーブルクロスに塩粒が落ちているのを見つけ、またしても客の繊細な感受性を傷つけたことに憤怒《ふんぬ》と絶望の叫びを発し、周囲で小さくなっているウェイターに向かって仰々《ぎょうぎょう》しく、しかも容赦ない叱責を浴びせ、グッド・ドクターとマイ・ロードの慈悲深い寛容の精神に絶賛の演説をし、私たちの赦しを求めて胸を刺すような嘆願の声をあげ、血に飢えた復讐の言葉でウェイターを脅迫し、いっぽう気の毒なウェイターのほうはけしからぬちっぽけな塩粒を持って、おろおろと厨房に走っていくのである。そこでようやく、この度外れた大騒ぎに一瞬の間が生じる。新たに熱烈なお世辞を並べようと息を整えているのだが、そこで彼はメニューを私たちに渡すのを忘れていたことに気がつく。泣き妖怪《バンシー》もひるみそうな絶望の雄叫びをあげると、ビルは酒のワゴンに頭を打ちつけて自殺しようとし、それをウェイターたちが必死に止める騒ぎになるのだった（ちょっと誇張しすぎたかもしれない――が、それも最後のほうだけだ）。

グレアムも私も、ビルの大げさな対応が最初のうちは恥ずかしかったが、しばらくすると面白くなってきて、逆にそれをけしかけるようになっていった。おかげである晩など、私たちを案内するビルの平身低頭ぶりがいつにもまして派手だったため、これはよほど地位の高い貴族さまにちがいないというわけで、レストランの客の半数が立ちあがったほどだった。このコントを書いたときには、本物の色あせた影しか再現できていないと感じたものだ。

客（グレアム・チャップマン）：マドラス・チキンカレーはおいしい？
ビル（マイケル・ペイリン）：はいはい、もちろんすばらしいです。お客さまのお口にもきっとうまうまです！
客：辛い？

ビル：はい、それはもう、とても辛いです。
客：そうか、あんまり辛いのはなあ。
ビル：いえいえいえ、ぜんぜん辛くありません。ものすごく甘いです。
客：ぼくはただ、中ぐらいのがいいんだよ。
ビル：ああ、中ぐらい、まさにそれです。とてもとても、ものすごく中ぐらいです！　信じられないほど中ぐらいです！（**客の椅子のわきにひざまずく**）辛いだなんて、私はなんということを言ってしまったのでしょう！　閣下、どうぞおみ足を洗わせてください。
客：いや、けっこう。
ビル：ではなめさせてください！

その後、椅子のうえに小さなほこりが落ちているのが見つかる。ビルは心底からの絶望の悲鳴をあげ、その椅子をただちに焼き捨てるようウェイターに命じる。
近ごろでは、マイケルの演じたようなビルの描写は許されないだろうと思う。軍国主義的なドイツ人、尊大なフランス人、芝居がかったイタリア人、堅苦しくてセックス嫌いの英国人、陰気なスウェーデン人、守銭奴のスイス人を描くのはかまわないが、政治的な正しさのおかげで、一部の国民は弱い立場だからからかってはならないとされているのだ。こういう態度は逆に恩きせがましいと私は思う。アジア人の億万長者がもう少し増えてきたら、インド人もお笑いのネタにしてかまわないと思われるようになるだろう（ちなみにビルの店の料理は絶品だった。あれほどの美味にはかつてお目にかかったことがない。おまけにフロアショーは無料で観られたのだ)。
この番組のためにグレアムと私が書いたコントのうち、インターネットの試聴状況から見て、時の試練に耐えて生き残ったものはひとつしかない。それは、旅客機のパイロットふたりを扱った作品だ。長距離のフライトに飽き飽きしたふたりは、気晴らしのためにあいまいなアナウンスをして客を怖がらせようとするのだ。

……

機長(ジョン・クリーズ):(**マイクに向かって**)「乗客のみなさん、こちらは機長です。こわがる理由はなにひとつありません」。(**副操縦士に向かって**)こう言っとけば、なにかあったのかと思うだろう。(**副操縦士がマイクに手をのばす**)いやいやいや、まだだ、まだ早い。意味をしっかり呑み込ませるんだ。「こわがる理由はなにひとつありませんってどういうことかな。まさか羽根に火でもついてるのかな」といま思ってるところだろう。(**マイクに向かって**)「羽根に火はついていません」。今度は「なぜそんなことを言うんだろう」と思ってるぞ。だから次は

客室乗務員がコックピットに入ってくる。

副操縦士(グレアム・チャップマン):ああ、どんな様子だ?
乗務員(マイケル・ペイリン):(**通路のほうを見る**)食べるのをやめて、ちょっと不安そうな顔をしてます。
機長:いいぞ。

乗務員：あっ、ひとりトイレに向かってるやつがいる。
機長：もう入ったか？
乗務員：いまドアを閉めるところです……閉めました！
機長：よし。一……二……三……
副操縦士：（**マイクに向かって**）「座席に戻って、ただちにシートベルトを締めてください」

グレアムと私は、《やっと一九四八年に〜》のコント二本を再利用することにした。ひとつはゲーム番組のパロディで、私の演じるノズモ・クラップハンガーという無慈悲な司会者が老婦人を叱りつけるというもの。もうひとつは言論の自由に関する時事問題インタビューのパロディで、インタビュアーがいつまでもしゃべっているのでインタビュイーはひとことも口をはさめず、しまいに怒り狂うというものだ。

先ごろ、私はこの番組をすべてＤＶＤで観たのだが、この「言論の自由」でのグレアムと私の演技に驚いた。その前年に、マーティと私の演じたものよりはるかに精彩に乏しいのだ。また、番組全体の写実的なスタイルにも驚いた。《やっと一九四八年に〜》より《フロスト・レポート》にずっと近いように思った。また、《モンティ・パイソン》ふうなところはまったく見当たらない。芸術的側面はすべて私たちが自由に決められたことを思うと、非常に不思議に思えるかもしれないが、これは単純に、最初から「いらいらさせること」をテーマにすえた結果ではないかと思う。そのため、日常生活でいらいらしたときのことを思い出すほうに行ってしまい、空想の翼をのびのびと広げることができなかったのだろう。

この番組では、グレアムと私で書いたコントのほかに、コニーの協力を得て書いたものも二本あった。ふたりでいっしょにやった初仕事というわけだ。うち一本のもとになったのは、英国の上流階級が「私（I）」という代名詞をなるべく使わない——まるで下品なことのように——のをコニーが気づいて面白がったことだ。これは私も以前から気づいていたのだが、「I」の代わりに「人（one）」を使うと、権威者的な超然とした雰囲気を伝えることができるだけでなく、その人の個人的な見解に完全に同意しないのは、とんでもなく陳腐なやつだとそれとなく匂わせることもできる。そこで私は、若い上流階級の男女がデートをするというコントを書いた。ふたりは、その階級で許容可能と見なされる最高度に親密な言葉で語りあう。

おしゃれなナイツブリッジのレストラン。ロマンティックにろうそくのともるテーブルで、上流階級の男女、サイモンとフィオナが熱心に話し込んでいる。サイモンがやさしくフィオナの手を取る。

サイモン：人といっしょにいると、フィオナ……人は……人の人《ワンズ・ワン》だと感じるんだ。
フィオナ：なにを人《ワン》が勝ち取《ワン》ったんですって？
サイモン：そうじゃなくて、人が、人の……
フィオナ：ああ、人が人ひとりのときね。
サイモン：いや、人が、人と……いっしょの……

フィオナがほほえむ。

フィオナ：人もほんとうにそう思うわ。

サイモンはフィオナの目をじっとのぞき込む。

サイモン：……人を愛しているよ、フィオナ。

フィオナ：人もよ。

サイモンの手にキスをする。

サイモン：……人はなんの話をしていたんだっけ。

フィオナ：人は、奥さんが人をわかってくれないって……

写実的で、明らかに《モンティ・パイソン》的ではないということとはべつに、久しぶりに《人をいらいらさせる方法》を観てほかにもいろいろと驚いたことがあった。たとえば、《モンティ・パイソン》のコントの種子が新たに見つかるとは思わなかった。「死んだオウム」よりもはるかにわかりやすい形――「就職面接」の原型が出てくるのだ。これを少し書き直したものが、《モンティ・パイソン》の第一シリーズ第五話で、経営訓練コースの採用面接として登場している。さらに驚いたことには、《モンティ・パイソン》の胡椒入れ《ペッパーポット》の原型もすでに出ているのだ！　これはグレアムの発明だった。わあわあきゃあきゃあ騒ぎ、考え込んだ雌鳥のような声を立てるおばさんたちで、《パイソン》ではジャン＝ポール・サルトルとか、ウィリアム・ピット・ザ・エルダー（大ピット。一八世紀の英国の政治家）の奥さんとか、テレビのうえの逃亡ペンギンの出どころとかを論じたりしていた。グレアムが彼女らを「ペッパーポット」と呼んだのは、工場の食堂で目にする安物の胡椒入れに体形が似ていたからだ。《人をいらいらさせる方法》では、映画を観ながらおしゃべりをしている——が、ちっとも面白くない。

しかし、最大の驚き——というより衝撃だった——は、これがいかにつまらない番組だったか気がついたことだ。そしてそのせいで、これを収録したじつに恐ろしい一日のことを、身の毛がよだつほどはっきり思い出した。その瞬間まで、危険の兆候はなにひとつなかった。台本はかなりよくできていると思っていたし、マイケル・ペイリンの記憶では、稽古初日の読み合わせのときは爆笑の渦だったという。しかし、その日の朝、スタジオに入った瞬間からすべてがおかしくなっていった。技術的な問題が数かぎりなく出てきて、おかげで撮影班はひどいプレッシャーを感じており、どのコントでもまったく笑ってくれなかった。私たちは完全な沈黙のなかでリハーサルをすることになったのだ。とうてい励みになる経験ではない。新しいネタを演じるときにはとくにそうだ。なお悪いことに、ドレス・リハーサルを半分しか終えないうちに時間切れになって、観客が入ってきはじめた。前説《ウォームアップ》が舞台に出ていっても、状況はまるで好転しなかった。彼は、観客からくすりとも笑いを引き出すことができなかったのだ。その後、収録に来てくれたことに感謝するため私が出ていったのだが、国王ジョージ六世（在位一九三六～五二、現女王エリザベス二世の父）が死んだ日のウェストンに雰囲気がそっくりだと思った。みぞおちにしこりができたように感じ、冷汗が噴き出してきた。かくして番組収録は始まったが、一度ダニーディンで経験したマチネのときよりさらに客席は静まり返っていた。少なくともダニーディンでは、ティーカップのかちゃかちゃいう音ぐらいはしていた。しかし、本物の下り坂はそこからだった。五分後には、どのコントもまるで面白いとは思えなくなった。これは、演技者にとっては完全な失敗と同義である。どうしたら面白くなるかまったく感じとれなくなる。急にわかってしまうからだ――そもそも、最初から面白くなかったのだ……

　おぞましさがひときわ際立ち、おかげでありありと思い出せる瞬間がある。コニーと私は腰をおろし、「ワンズ」のコントを演じはじめた。客席がざわめくのを感じる。まるで全員が千年の眠りから覚めたかのようだ。小さな希望の光が中枢神経系を通してひらめく。とそのとき、「ちょっと待って！」とディレクターから声がかかった。なぜだろう。もちろん説明はされない。沈黙。一分経過。「もう一度最初から！」そこでコニーと私はまた最初からやりなおし、さっきとちょうど同じところでまた客席がざわめき、小さい笑い声さえ漏れて……と、またディレクターの声が割り込む。「ちょっと待って！」コニーと私はそこに座ったまま、照明がまたつくまで七分待った。三度めにやりなおしたときには、観客の退屈といらいらが伝わってきた。……私はすっかり緊張し、コントはまったく受けず、結局カットせざるをえなかった。

　コメディが面白く感じられなくなったら悪夢だ。思い出すのは一九七三年、《パイソン》を初めて舞台で演じたとき（英国の国内ツアーで）のことだ。最初の二回、サウサンプトンとブライトンの舞台は大成功だったが、〈ブリストル・ヒッポドローム〉に移ったとき、そこのマチネの観客があまりに反応が鈍かったため、私はある俳優の話を思い出した。ある朝買い物の途中で魚屋に寄り、台に並ぶ魚を選んでいるうちに、そのぽかんと開いた口と死んだ目を見て、いきなり「あっしまった！　今日はマチネがあるんだった！」と叫んだというのだ。「今日は観客が悪かっただけだ」と思って自分を慰められるときもあるが、このときのブリストルの観客の、声ひとつしない完全な無関心にはうろたえてしまった。まだ二度しかやっていなかったからかもしれないが、「もうだめだ、面白くないんだ！」と思うようになり、公演のあいだじゅう、舞台の袖に立っていたり、あるいは楽屋で拡声装置から流れる音声を聞いたりしながら、気分は沈み込むばかりだった。この舞台は失敗だという確信はますます強まり、この屈辱的なツアーがまだまだ続くのを思って恐ろしくなった。ところがその夜の観客は最初から笑っていて、私の不安は排水管を走っていくネズミのようにたちまち姿をくらました。いったいなにを考えていたんだ。面白いに決まってるじゃないか。客席の笑い声が聞こえないのか。

残念ながら、《人をいらいらさせる方法》の収録中には、面白いと思える瞬間はまるでなかった。思い出すのもいやな経験だったし、コニーのテレビデビューがあんな悲惨な結果になってすまないと思った。私はすごすご巣に戻り、二度とこんな企画には手を出すまいと誓った。二度と、けっして。

第15章 《バリー・トゥックのフライング・サーカス》!?
――パイソンズ始動

巣に隠れて傷口を縫っているあいだも、グレアムと私の前にはより取り見取りの執筆の選択肢が差し出されていた。新しい私立探偵の映画――これはやっていてじつに楽しかった。その笑劇めいた内容のおかげで、より破天荒でばかばかしい方向に寄ったユーモアをさんざん盛り込むことができたからだ。また、『マイケル・リマーの大躍進』の書き直しもあったし、女優にしてコメディエンヌのシーラ・ハンコックのためにテレビの特別番組を書くという仕事もあり、これはエリック・アイドルも加えて三人で書いた（もちろん《フロスト・レポート》でいっしょに仕事はしていたが、これが私たちの最初の――そして非常にバランスのとれた――彼との共同作業だった）。そして……青天の霹靂《へきれき》、コントを書かないかという誘いが舞い込んできた……（ここで高らかにファンファーレ）……ピーター・セラーズから。

このころのピーターは、世界有数の喜劇役者になっていた。そんな地位に昇りつめたのは、彼にとっての驚異の年、一九六三年から六四年にかけてのことだ。この二年間に彼は『ピンクの豹』でクルーゾー警部という役割を作りあげ、あらゆる時代を通じて最高のコメディのひとつ、スタンリー・キューブリックの『博士の異常な愛情』で三つの異なる人物を演じ分けた。私は《グーン・ショー》の時代からピーターの大ファンだった。このラジオ番組で、彼は大多数の登場人物の声を演じていたが、その後はすぐれて英国的な映画、たとえば『マダムと泥棒』、『泥棒株式会社（一九六〇）』、『ピーター・セラーズのマ☆ウ☆ス（一九五九）』などで傑出した性格俳優に成長していき、私はそれをずっと応援していた。同じ時期、かつて制作された最高のコメディ・アルバムをも三枚生み出している。プロデューサーはジョージ・マーティン、なかでも最高傑作は『ソングズ・フォー・スウィンギン・セラーズ（***Songs for Swingin' Sellers***）』だ。また、『ピーター・セラーズの労働組合宣言‼（一九五九）』ではフレッド・カイトという労働組合員を演じて、まじめな俳優としても立派に通用することを証明してみせた。しかし、これは認めざるをえないが、一九六九年春にグレアムと私が会いに行ったころには、彼は気むずかしいという評判が聞こえはじめていた（監督のジョー・マクグラスから聞いたところでは、一九六七年の『007／カジノロワイヤル』の撮影中、オーソン・ウェルズと同じ日にクローズアップの撮影はしたくないとピーターは言ったそうだ。オーソンのクローズアップをラッシュで見るまで待って、それを「しのぐ」方法を研究してから自分のショットを撮りたいというのである）。

しかし、グレアムと私が会ったピーターは、これ以上はないほど親しみやすかった。私たちが自作のコントをいくつか披露すると、うれしいことに大笑いしてくれた。笑うとなると、彼は本気で腹を抱え、ひっくり返ってヒーヒー言って笑う。目の前で、いきなり輝くような笑いのエネルギーが噴き出して活気づくのだ。傑作な笑いのアイデアを思いついたとき、グレアムと私も同様のエネルギーに取り憑かれたものだ（私たちが興奮するのはつねに、たったひとつのすぐれたせりふが見つかったときではなく、すぐれた笑いの可能性に最初に気づいたときだった。その可能性を現実のものに変えるのはそのあとの話である）。この歓喜を経験したとき、ピーターはしばし、ふだんの愛想がよくて地味な自己を超えて大きくなったように見えた。

　彼がくれた最初の仕事は、アメリカの「特別番組」用のコントをいくつか考案することだった。そのうち私が憶えているのは一本しかない。ピーターの演じる進取《しんしゅ》の気性に富んだスコットランドの繊維メーカー社長が、これまで見過ごされていたタータンチェックを発見したとして、それをアメリカに売りつけるというコントだった。つまり、マックローズヴェルト一族とか、マックＪＰモーガン一族とか、マックゴールドバーグ一族のタータンチェックが登場するわけである。これらのコントの受けがよかったのに気をよくした彼は、驚いたことにすぐに私たちを取り立ててくれた。テリー・サザーンの小説『マジック・クリスチャン（*Magic Christian*）』に基づく映画の草案を、新たに書いてほしいというのである。つまりグレアムと私は、これで三本の映画を書くことになったわけだ。

　ピーターはまず、すでに脚本の草案はいくつかできていることを説明し、最新版（第一四稿）を見せてくれた。そのト書きは、これまで読んだこともないほど詳細極まるもので、冒頭のシーンでは、マントルピース上の豪華な時計が驚異的に細かく描写されていた。そこから読み進めて、せりふや登場人物やプロットを調べてみて初めて、とんでもない現実が明らかになった。この脚本はまったくなっていない。グレアムと私はあきれかえった。ぜひともこう尋ねてみたかった――どうしてこんな脚本家が脚本家としてやっていけるのだろう。

しかし、その脚本が底なしにだめだったおかげで、私たちは大きな自由を手に入れた。これならいっさい気にせず好きに書きなおせる。そこで大もとのサザーンの小説に立ち返ってみたところ、間延びしていてまとまりが悪いところはあっても、みごとな設定の才能あふれる作品だった。莫大な富を持ちながら正義感の強い男、サー・ガイ・グランドが、人々に大がかりな悪ふざけを仕掛ける。その目的はただひとつ、本人にもほかの人々にも、かれらの真の動機の卑しさを見せつけることだ。こう書くといささか説教くさいと感じるかもしれないが、実際にはそんな雰囲気ではなく、教訓的というより風刺的な作品だ。グレアムと私は、新しいいたずらを考案して大いに楽しんだ。たとえば、アスコット競馬場の群衆の頭上に飛行機を飛ばし、空中文字で破廉恥な言葉を書かせる。当局がべつの飛行機でその下品な言葉を訂正しようとするが、おかげで空いっぱいにこんな言葉が並ぶことになる——「ARSENAL（兵器庫）（ARSEは「尻」の意）」、「THE PENIS MIGHTIER THAN THE SWORD（ペニス剣より強し）（THE PEN IS...なら「ペンは剣より強し」）」、「SCUNTHORPE（スカンソープ）（イングランドの都市名だが、SCUMは「げす野郎」の意）」、「PRICKLY（とげのある）（PRICKで「ちんぽ」の意）」、「MISHIT（打ちそこない）（SHITは「くそ、くそったれ」の意）」。また、ばかばかしいほど金のかかるアイデアも思いついた。巨大な豪華客船をサー・ガイがチャーターして、とくべつ有力な人々を招いてこけにしようとする。船上には大変な豪華レストランがあって、客がステーキを注文すると、肉の部位を選べるように船腹の巨大な放牧地に案内されるのだ。そこにはおびただしい牛が飼われているが、どの牛も包帯でぐるぐる巻きにされているというわけだ。

私たちは毎朝一〇時にピーターのフラットを訪ね、前日に書いたぶんを見せる。すると彼は「ここを短く」とか「こっちはもっと膨らませて」とか言うのだった。いつも驚くほどなごやかな雰囲気で、頭に血がのぼるのは、ピーターの奥さんのブリット・エクランド（一九四二年生まれの女優。セックスシンボルと言われた）がガウン姿で部屋を通り過ぎるときだけだった（これはグレアムも楽しんでいたのではないかと思う）。しばらくすると、私たちはちょくちょくピーターとつきあうようになった。『ヘアー（ロック・ミュージカル）』に連れていってもらったものの、私は気後れして、彼といっしょに舞台にあがってみんなとダンスを踊ることができなかった（いつものことである）。また彼に言われて劇場へ行き、テレンス・フリスビーの『スープに女の子が入ってる（*There's a Girl in My Soup*）』を観て、映画化すべきかどうかアドバイスするよう言われたこともあった（思いあがった知ったかぶりの青二才だった私たちは、やめたほうがいいとアドバイスした――テリー、すみませんでした――が、ありがたいことに彼はそれを無視して、ゴールディ・ホーンを起用した映画化（主演はピーター・セラーズ、一九七〇年）で大成功を収めた）。またなにもせずにのんびり座って、彼の話――演芸場時代や《グーン・ショー》時代のすばらしく笑えるエピソード――を聞いて過ごすことも多かった。彼が真に偉大な「声優」だということはもちろんよく知っていたが、やすやすと別人を「演《や》る」彼の能力は、じかに見るとまさに驚きだった。ほんの数分話すのを聞いているだけで、完璧にその人物になりきることができる。それどころか、彼の最も有名な「声」の多くは、まったくの行きずりの人物からヒントを得たものだった。

たとえばあるとき、劇場でのショーが終わったあとで、彼はひどく退屈なファンに呼び止められた。ボーイスカウトの団長の装備で全身を固めていたのだ。なんとか逃げようとしていたら、そこでその男の話し声が耳に入った。すぐに楽屋に招き入れて、酒を勧めて話を続けさせた。彼はこうして、《グーン・ショー》の名物キャラクター、ブルーボトルの完璧な声を見つけたのだ。またスタンリー・キューブリックに、『ロリータ（一九六二年、英米合作）』のクレア・キルティを演じるよう依頼されたとき、彼はこの人物にどんな話しかたをさせていいか決めかねていたが、そのとき尋常でない話しかたをするアメリカ人に出くわした。ピーターはその人物と二〇分ほどおしゃべりをして、それだけでその話しぶりを完全にマスターしてしまったという。しかし、最高に面白い話をしてくれたのはジョージ・マーティンだった。『ソングズ・フォー・スウィンギン・セラーズ』のアルバムを制作していたとき、ジョージはコントのひとつがとくべつ好きになった。老いたシェイクスピア俳優のオーディションをしながら、薄情なエージェントが電話でしゃべっているというコントで、俳優は『リチャード三世』の独白を憶えられずに四苦八苦している。頭の弱い年寄りがぶつぶつ言っているのを背景に、エージェントがガールフレンドとしゃべっているのを聞いていると、いささか残酷ながら悶絶するほどおかしかった。編集が終わったアルバムをピーターに聞かせているとき、ジョージは尋ねた。「このろくでなしのエージェントのコントだけどさ、こいつの声になんだか聞き憶えがあるんだよ。だれの声？」ピーターは答えた。「きみだよ」

そんなある日、私たちはこの驚異の能力を解明する直接的な手がかりを得た。ピーターのフラットを訪ねてみたら、出迎えてくれたのは彼の運転手、心優しいバートだった。「今朝は寝坊してるんだよ。コーヒーを淹《い》れよう。すぐ呼んでくるから」そこで、腰をおろして書いてきた「原稿」の読み合わせをしていると、まもなくピーターがガウンを引っかけてやって来て、待たせて悪かったと詫びを言ったのだが、その声がふだんとまるでちがっていた。それから数秒後には、かなり鷹揚な上流階級ふうの話しかたに変わり、と思ったら今度は明らかにロンドンの下町《コックニー》なまりに変わった。彼は向かいのソファに腰をおろしたが、それから一〇秒ほどは耳慣れない東欧ふうの訛りでしゃべっていて、その後やっといつもの話しかたに戻った。グレアムと私は気づかないふりをしていたが、あとでこのときのことを話しあって、それでふたりして気がついた――ピーター・セラーズは、毎朝自分の声を見つけなくてはならないのだ。

これは広く認められた真理だが、最もすぐれた物まね芸人には、みょうに個性の薄い人が多いものだ。おそらく強烈な個性が欠けているからこそ、自分の人格に邪魔されることなく、簡単に他人の人格を身にまとうことができるのだろう。私は物まねがへただ。自分の特徴をあまり消すことができないので、私がだれかの物まねをすると、そのだれかが私の物まねをしているように聞こえる。意外に思われるかもしれないが、一流の物まね芸人の超高感度の観察眼を、私は心から尊敬している。かれらはきわめて精密に、声の出しかたや抑揚、話すリズム、顔の表情や身ぶり手ぶりなど、ちょっとした、しかし独特なくせをすべて観察し、それを正確に再現することができる。しかしその反面、かれらが他人を細かく観察するのは、そこに「借りる」ことのできるもの、自分自身の人格構造に組み入れることのできるものを、無意識のうちに探しているのではないかと思わずにはいられない。そしてそれによって、自分の自己意識を強化することを望んでいるのではないか。たいていの人は、人生の初期に役割モデルを見つけたいという欲求を示すものだが、物まね芸人の能力はその欲求の極端な形なのかもしれない。言うまでもないが、いったん物まねの能力が身についたら、友だちどうしのパーティの席であれ、テレビで生計を立てるためであれ、芸人は観客の喜びを引き出すことで報酬を得るようになる。たとえもともとの目的が果たされていないとしても、やめる理由はなくなるわけだ。ひとつたしかに言えることがある。少なくともピーターの場合は、自分のアイデンティティが希薄なために、安定した自己を確立することがいささか妨げられていた。グレアムから聞いたのだが、ふたりで話をしているときに重要な電話がかかってきて、ピーターが席をはずしたことがあったそうだ。数分後、部屋にだれかが入ってきたのでグレアムは顔をあげ、しばらくしてやっと、そのだれかがじつはピーターだったことに気がついた。電話での会話（まちがいなく非常に厄介な用件だったのだろう）の結果、別人のように変化してしまったため、最初はピーターだとわからなかったのだ。

そうは言っても、私たちに対してはピーターはつねに親切で寛大だった。彼の下で働くのは楽しかったし、彼に暗い一面があるのに気づいてはいたが、私自身はそれをかいま見たことはない。彼とデイヴィッド・フロスト――私たちの主要な雇用主ふたり――は、プロデューサーという人種の両極端に位置していた。ピーターは私たちの仕事について論じ、新たなシーンを書きあげて見せに行くたびに、批評したりアドバイスしたりしてくれた。平日はほとんど毎日そうで、私たちはそれがうれしかった。自分よりすぐれた人と仕事をするのは、つねにわくわくする経験だからだ（二〇年後、『ワンダ』でチャーリー・クライトンと仕事をしたときも同じことを経験した）。デイヴィッドはこれとは対照的で、映画の全体的な構想について二度ほど話をしたあとは、次に彼に会うのは数週間後、最初の草案を書きあげてからだったし、基本的に私たちの才能を信頼して全面的に任せてくれた。こんなことのできる人はめったにいない。たいていの映画会社の幹部は、大きなデスクのあるオフィスを与えられているという理由で、なにか不可思議な現象によって、自動的にコメディがわかるようになったと思い込んでいる。コメディの実践者なら、わかったと思えるまで二〇年かかるのがふつうだというのに。それで、かれらはしじゅう口出しをする。ピーターとちがって有益な意見を持っているからではなく、不安でたまらないからだ。数年前ディズニーで、それまでコメディを書いたことも演じたことも監督したこともないプロデューサーから、私の脚本を改悪する方法を教えられたことがある。ああいう人種が勘違いをしていられる場所は、地球上でもかれらのオフィスのなかだけだろうと思ったものだ。

そんなわけで、グレアムと私はわが身の幸運をかみしめていた。ふたりの傑出した指導者のもとで、『マジック・クリスチャン』、『マイケル・リマーの大躍進』、『雇われ探偵《レンタスルース》（***Rentasleuth***）』と、映画の脚本を三本も書かせてもらえるのだ。翌年はほとんどわき目もふらず、この仕事だけに集中できるはずだった。私たちはみずから進んで脚本家専業となり、そしてそれが気に入っていた。

この時期、私たちはふたりともとても幸福だったと思う。グレアムはカミングアウトしていたから、デイヴィッド・シャーロックを彼の社会生活におおっぴらに迎え入れることができたし、終わりの見えない医師の修業よりも、執筆のほうがずっと楽しいと感じていた。彼はつねに本気で医師になるつもりでいたし、しまいにはちゃんと資格も取得しているが、ほんとうにやりたいのはコメディだと気づいたのは、この一年のことだったのではないかと思う。

私について言うと、ニューヨークを離れて以来、このときほど満ち足りてくつろいでいた時期はなかった。なにしろコニーと結婚しているのだ。女心についてはいまだにとんでもなくうぶなままだったが、それでも私たちはいっしょにいて楽しかったし、レストランや映画館（当時は、二五歳以上の人間にとっても面白い映画がいくらでもあった）や、そしてなにより劇場に足しげく通って愉快な時間を過ごしていた。あれは英国の劇作家の黄金時代だった。ピンターを理解しようと四苦八苦していた（コニーの助けがあってもだ）のをべつにすれば、ピーター・ニコルズ、アラン・ベネット、トム・ストッパード、アラン・エイクボーン、そしてマイケル・フレインに私ははまっていた。この全員が、それから数十年にわたって、かつて書かれた最も偉大な舞台喜劇《コメディ》を生み出すことになるのだ。それに加えて、フェドー（ジョルジュ・フェドー。フランスの劇作家）の笑劇《ファース》が国立劇場にかかっていて、私は一段高い至福の世界に連れていかれた。私がなにより好きなのは、笑劇——それも大まじめに演じられる笑劇だということに、このとき初めて気がついたのだ。

　また私は、以前よりずっと気楽に過ごしてもいた。観客の前に立つとかならず不安に襲われるのだが、いまではそれがなくなっていたからだ。脚本家の生活のリズムは私にはよく合っていた。なにかに不安を感じるとすれば、それはばかげた（しかし当時は逃れがたかった）不安、つまりこの地球上のあらゆることについて、情報を吸収しなくてはならないという不安だった。レオナルド・ダ・ヴィンチやジョン・スチュアート・ミル、あるいはミスター・バートレットのようになんでも知っている人にならねばならぬと思っていたのだ。教養の高い人々に囲まれると、つねに畏敬の念に圧倒されてしまう。そのため、グレアムとの執筆を楽しんでいるときですら、私の一部は早く仕事を終えたいと思っていた。そしてまた古代エジプトとか宝石とか、麻酔薬の歴史についての読書を再開するのだ。自分が本を読むのが遅く（科学や法律を勉強した副作用だ）、記憶力もまったく人並みでしかないのはわかっているのに。コメディをやっているときに学べるのはコメディのやりかただけだから、日曜日の午後も遅くなると、決まって気持ちが沈んでくる。本をしぶしぶ置いて、これからの一週間の仕事のことを考えなくてはならない。私はそれを「遮眼帯《ブリンカー》（馬の視野を制限するために用いる馬具）をつける」と言っていた（アメリカでは「ブラインダー」と言う）。

そうは言っても、グレアムと脚本を書くのは大いに楽しかった。午前中はいつもなかなか仕事にとりかかることができず、先送りにするために私たちはさまざまな戦略を開発していた。しかし、先ごろある人に言われたとおり、「書きだすのはむずかしいが、やめるのもむずかしい」。いったん波に乗ると、こいつをなんとかものにしたいという欲求は、シリア正教会の本に腰を据えてとりかかりたいというもうひとつの欲求と拮抗するほどになった。完全主義は職業においてはすぐれた資質だ――個人生活の質という面ではマイナスだとしても。

まったくなにも生み出せない日があっても、グレアムと私はもう大して気にしなくなっていた。経験を積んだおかげで、いずれ多産な時期が来て埋め合わせられると自信がついていたからだ。映画の時間にして約四分ぶんというのが、私たちの一日の平均仕事量だった。少ないと思われるかもしれないが、これを続ければ、理屈のうえでは六週間で映画の脚本が一本完成することになる。《パイソン》にとりかかってからは、この平均は少し落ちた。毎日の指針になる全体的な物語がなく、毎朝新たなアイデアを出さなくてはならない。昨日からのたんなる続きというわけにいかないのだ。それでも、少なくとも一週間に一五分ぶんのコントを生み出すことができたし、それにマイケルとテリー・ジョーンズの一五分ぶん、エリックの八分ぶん、さらに加えてテリー・ギリアムのアニメーションとオープニングとエンディングのタイトルがあるわけだから、やや迫力に欠けるネタをすべて編集しても、まだ放送一回ぶんの長さはじゅうぶんに確保できた（次回にまわせるぶんが多少は残ることも多かった）。

笑えるのがなによりの喜びだった。ほんとうに面白くて、たがのはずれた、狂ったアイデアがぱっと浮かんできて、ふたりで爆笑する瞬間がある。デイヴィッド・シャーロックが言うには、だしぬけに金切り声やわめき声がして、「子供が癇癪を起こしたように地団駄を踏む音がする。ただ、それはばかばかしいアイデアを得た純粋な喜びの表出」であり、怒号とも笑いともつかない声をしばらくあげてから、私たちはまた腰をすえて、それをちゃんと書き留める仕事に戻るのだ。グレアムと私は、ほかの〈パイソン〉のメンバーよりも、こういう歓喜のエネルギーの噴出に突然とらわれることが多かったように思う。そのエネルギーの量が厖大で、ふつうの笑いでは放出しきれず、身体的に燃焼させることが必要だったのだろう。だから叫んだりわめいたり足を踏み鳴らしたりしていたのだ。何年かたって、〈ビデオアーツ〉の動画の台本を書くために、販売のさまざまな側面について熟練セールスマンから説明を聞いたことがある。彼が言うには、契約を締結するのはオルガスムスに次ぐ快感だそうだ。なるほど、彼がコメディを書いたことがないのはよくわかった。

グレアムと私の社会生活にはほとんど接点がなかった。これはケンブリッジ時代からずっとそうだった。いっしょに夕食をとった記憶はほとんどない。例外は、たいていは撮影のために遠出したときに、〈パイソン〉のメンバーとして共にすることがあったぐらいだ。しかし、いっしょに台本を書いていたあのころは、毎日のように連れ立って昼食をとりに出かけたものだ。私たちの会話は典型的な男の会話だった。「個人的な」問題について話すなど思いもよらなかった。ときおり、グレアムの言うことがかなり奇妙だと思うことがあった。一時期は仏教の「利己主義」にかなり腹を立てていた。ほかの人を助けるべきときに、ただ「のらくら座って」瞑想なんかしているというのだ。また、なよなよしたゲイに対する強い嫌悪感もよく口にしていた。一度などは、かなり執拗に、生殖器に触れるのは腕に触れるのとまったく同じだと言い張ったりもした。ときどきは、医療に関して興味深い話を聞かせてくれることもあった。医原性疾患（医師によって引き起こされる病気）について話してくれたのを憶えている。しかしたいていは、政治やテレビ、コメディなどの話ばかりだった。当時のことで私がよく憶えているのは、しゃべっていないとき（しかし書いているときのことが多かった）、彼がよく空想の世界にさまよい込んでいき、もみあげをなでながら腕時計を見つめていたことだ。

このように彼はすぐ白昼夢にふけっていたから、私はときどき抵抗しきれなくなり、それにつけこんでしまうことがあった。あるとき、いっしょにナイツブリッジのアーケードを歩いていたらまたぼんやりが始まったので、私は彼を立ち止まらせ、両肩をしっかりつかんで九〇度右を向かせ、そこにあった高級宝飾店のほうへ力いっぱい押しやった。最初のうち、彼はぼうっとしていてまったく抵抗しなかったが、はたとわれに返って事態を把握すると、なんとか勢いをゆるめようとした。ところがそこでつまずいて、さらに勢いよく店の入口からなかに飛び込む格好になった。衝撃を弱めようと両腕を前にのばし、全力でカウンターに突っ込んでしまったのだ。カウンターのすぐ後ろに立っていた販売員は跳びすさってひっくり返った。かくしてグレアムは完璧に礼儀正しくふるまい、なぜ彼を目がけて突っ込んできたのか、おびえている販売員に理由を説明し、外でげらげら笑っている男を指さした。通りすがりの人々が立ち止まって、この人はなにをこんなに笑っているのか確かめようとするほどだった。

　またべつのとき、私はひいきのレストランのひとつ、〈ジャーマン・フード・センター〉にテーブルを予約したが、そのとき《やっと一九四八年に～》ふうにミスター・ハイエナ＝エクスプロージョンという名前を使った。電話でその名をくりかえし、スペルを説明するのでけっこう時間がかかった。〈ジャーマン・フード・センター〉はそういう問題をおろそかにしない店だったのだ。しかしまいに予約はとれた。一時に店に着いたとき、グレアムがそばにいることを確認しつつ私はボーイ長に寄っていき、「ミスター・ハイエナ＝エクスプロージョンですが！」と大声で呼ばわった。ボーイ長の顔がぱっと明るくなった。明らかに午前中ずっとこの問題が心に引っかかっていたのだろう。それがいま、満足いく形で解決を見たのである。なにもかも問題なし《アレス・イン・オルドヌング》だ！　満面に笑みを浮かべて彼は言った。「お待ちしておりました！　どうぞこちらへ……」私はそのあとについて歩きだした。ふり返ってみたら、グレアムはぽかんと口をあけて突っ立っている。彼の注意を引くには、ときにはこれぐらいのことが必要だったのだ。

　グレアムは、慎みとか趣味のよさとかを見せつけられると、それが自分の根強い信念にじかに抵触すると感じる場合は、軽くいらいらするのが常だった。あるとき、コニーと私がその日の夕食に客を招いているという話が出て、その人たちにはちょっと堅苦しくて取り澄ましたところがあると言ったところ、彼は紙をていねいに切って小さい紙片をいくつも作り、一枚一枚に猥褻な言葉を書き込んで、客が入りそうなすべての部屋にそれを隠してまわった。コニーがその一枚を見つけたのは、あと一〇分で客が来るというときだった。混じりっけなしのパニックの瞬間、たちまち半狂乱の紙探しが始まった。私たちはフラットじゅう走りまわって、ドアのベルが鳴る前にすべてを探し出したのだが、一枚だけ見つけそこねた。客用トイレの洗面台に一枚置いてあったのだ。それにはただ一語「肛門」と書いてあった。以来私はずっと気になっているのだが、そこにそんな紙があった理由をあの人たちはなんと想像したことだろうか。

私たちがいっしょに悪ふざけを――そして少しずつ脚本家として名が知られるようになったことも――楽しんだのは、シドニー・サルコウというハリウッドの監督から電話をもらった日のことだった。ロンドンを訪問するので、私たちに会いたいというのだ。約束の日、この監督のことを調べてみて、数々の映画を作っているのがわかったが、すべてが明らかに「B級映画」のようだった。そこで、この重要な機会を記念して、彼と会う部屋の装飾を整えることにした。私は以前から大量のぬいぐるみをコレクションしていた（子供のためのような顔をして買うのである）。そこでこのコレクションをあさって、部屋じゅうにぬいぐるみを配置した。ミスター・サルコウの座る椅子のほうを、すべての動物が物陰から見ているという形にしたのだ。ランプの陰にはリス、カーテンレールのうえにはヒョウ、椅子の下にはアライグマ、テレビの後ろにはダチョウ、窓枠にはイボイノシシ、ファイリングキャビネットからは二匹のアナグマがのぞき、卓上ランプのうえにはクサリヘビ、ティッシュボックスからは小さなキツネザルが顔を出し、カーテンのうえにはキリンが隠れていて、窓の外にはワニがいて（セロテープで窓台に留めてあった）、三フィート先からミスター・サルコウの椅子をのぞき込んでおり、紙くずかごからは二頭のシマウマが見ているし、電灯のかさにはサルがいる。すべてをできるだけうまく隠して、われらがハリウッドの映画監督が一度に一匹ずつしか見つけられないようにしておいた。動物界から聴衆が集まっているとじわじわとわかってくるほうが、一挙に巨大な動物学的啓示に打たれるよりずっと落ち着かない気分になるだろうと思ったのだ。

しかし、ミスター・シドニー・サルコウは、落ち着きをなくすようなタマではなかった。台風のように部屋に入ってきて、ふりまわさんばかりに私たちと握手をし、勢い込んで歓声をあげ、あらゆる英国的なものについて私たちを褒めたたえ、つまり全般的に最大級の外向性の持主であることをいかんなく証明してみせた。数秒としないうちに椅子に腰掛け、派手な身ぶり手ぶりつきで、私たちに書いてもらえると思うとすごく興奮するという映画の冒頭のシーンをさっそく説明しはじめた。

シドニー・サルコウ：平原のまんなかにね、この巨大な城があるんだよ。正面にはものすごくでかい門があって。

ジョン&グレアム（ばらばらに）：場所はどこですか、シドニー。

SS：ええと……まあ、いいじゃないか！　それででっかい軍隊がその城を包囲してるんだよ。

J&G：なるほど、どこの……？

SS：軍隊は、この城をもう何カ月も包囲していてね。

J&G：そうですか。それでどこの……？

SS：さあそこでだ、城の門がこうばーんと開くわけだ（SSは手を打ち合わせる）。それで、そこから去勢豚《ホッグ》が三頭走り出してくるんだよ！　いい絵だなあ！　うひょー！

J&G：ホッグですか。

SS：ああ！　どう思う？
J&G：つまり大きな豚《ホッグ》ってことですか。
SS：そう、でっかいやつだ！　見たこともないような巨大なやつ！　それが三頭も！
J&G：シドニー……なぜ……？
SS：それで、先頭のホッグにはアーネスト・ボーグナイン（アメリカの映画俳優。一九一七～二〇一二）がくくりつけられてるんだ！
J&G：アーネスト・ボーグナインが？
SS：アーニーとは長いつきあいなんだよ。この映画にもやる気満々だ。でっかい男でな。
J&G：でも、どうして……？
SS：それで、二番めのホッグにくくりつけられてるのは……だれだと思う？
J&G：サー・ローレンス・オリヴィエとか？
SS：はずれ！　チャールトン・ヘストンだよ！　さあ、三番めのにくくりつけられてるのはだれだと思う？
J&G：ショーン・コネリー？
SS：はずれ！　ソフィア・ローレンさ！　彼女もでっかいしな！
J&G：でも、どうして……？
SS：それで、ホッグは軍隊に向かってまっすぐ――
J&G：シドニー、ちょっと待ってくださいよ！

SS：うん？
J&G：どうしてピッグにくくりつけられてるんですか。
SS：ホッグだよ！　包囲されてるからさ。
J&G：……それで……？
SS：敵に見せびらかしてるわけさ、どれだけ食糧が残ってるか。
J&G：は？
SS：どっさり残ってて、ホッグ三頭ぐらい惜しくもなんともないってことだよ！
J&G：なるほど。でも、どうしてアーネスト・ボーグナインやチャールトン・ヘストンやソフィア・ローレンがくくりつけられてるんですか。
このころには、私たちは頭がくらくらしてきていた。しかし誓って言うが、これはかなり正確な描写なのだ。私たちが初めてハリウッドの映画監督に会ったときは、ほんとうにこんなふうだったのである。
さて、動物のぬいぐるみについてだが……てっきり気づかれなかったのだと思っていたが、別れるときに握手をしながら……
SS：ともかく、考えてみてくれ。頼むよ！
J&G：ええ、考えてみますよ、シドニー。
SS：ぜひ頼むよ！　ところで……いいぬいぐるみだな！
おそらく、からかわれていたのは私たちのほうだったのだろう。私としては、ソフィア・ローレンがなぜ豚にくくりつけられることになっていたのか、その理由を思い出せればいいのにと思う。

やりかたはいろいろだったが、グレアムと私はほぼフルタイムで共同執筆を続けた。一九六八年五月の《人をいらいらさせる方法》の収録から、一九六九年八月三〇日の最初の《モンティ・パイソン》の録画まで、それが中断された日は数えるほどしかなかった。中断の理由は、「カメオ出演」と言えば聞こえはいいが、要はちょい役で私がカメラの前に立つことがあったからである。最初の「カメオ出演」はお気に入りのテレビ番組《おしゃれ㊙探偵》で、このときは三代めのエマ・ピールをリンダ・ソーソンが演じていた（この時期はたしかにリンダ・ソーソンが出演しているが、役名はエマ・ピールではなくタラ・キングであり、女性アシスタントとしても三代めではなく四代め）。私がやったのは、サーカスのピエロのそれぞれ独特なメーキャップを著作権登録するため、本物の鶏の卵に描いている人物（これは冗談ではなく、かつてはほんとうにそうやっていたのだ）だった。したがって、私はとうぜん卵を並べた複数の棚に囲まれていて、言うまでもなくクライマックスではそれをぜんぶ引っくり返すことになっていた。このころには、私は身体を使ったコメディに過剰な自信を持っていたため、一度のテイクで卵をみんな床に叩き落とせると思うとディレクターに申し出た。その日に撮影する最後のシーンだったし、みんな早く帰りたがっていたから、一度ですめば助かるだろうと思ったのだ。しかし、やってみたらできなかった。撮影班総出で、卵を棚に戻したりひびの入ったところを隠したりで二時間かかった。

その次には、たいへんなプレッシャーのもと、しかし二度めはなんとかやりとげることができた。かの偉才デニス・ノーデン（無人島でいっしょに暮らす相手として私の選ぶ六人のひとりだ）にいつのまにかだまされて、彼が書いた二本の映画に出演することになった。一本めは『ミセス・ブロッサムの幸福（*The Bliss of Mrs Blossom*、一九六八年、日本では劇場未公開。テレビ放映時の邦題『おかしな夫婦・大逆転!?』）』で、私が演じたのは郵便局員だった。フレディ・ジョーンズと、すぐれた喜劇役者にして漫画家のウィリー・ラッシュトンを補佐する役目だ。とりたてて言うこともない経験だったが、監督が私の背後の掲示板に面白いステッカーを注意深く並べていたのが印象的だった。たぶん、観客が私たちの演技に飽きたときの用心だろう。

しかし、ノーデンからのもうひとつのプレゼントのほうは、それよりはるかに記憶に残る経験になった。初めてハリウッドの大スターと共演できたからだ。ジョージ・サンダースは極め付きに洗練された英国人俳優で、ジェームズ・メイスンと並んで、上品だがいやみな英国人という役柄の市場を独占していた。私が演じたのは極東のお茶のプランテーションの管理人だったが、「現地人の暴動」のさいに、サンダース演じる雇い主とともにディナーをとるというシーンがあった。ここで笑いを誘うのは、ふたりのまったく対照的な反応だ。プランテーションの屋敷が攻撃を受けているのに、サンダースはわれ関せずとばかりに平然とスープを飲んでいる。周囲では弾丸が風を切って飛び交い、燭台や食器が吹っ飛び、私は恐怖に凍りついて、落ち着いた主人のまねをしようか、それとも物陰に飛び込もうか（そして即座に馘首《くび》になるか）決めかねておろおろしているというわけだ。当時はCGIなどなかったから、演技は本物だった。食器やナイフやフォークは、圧縮空気の噴射で吹っ飛ばされてほんとうに宙を飛んでいたし、私は赤ワインの入ったグラス（蠟製）をしっかり持って、それがスタントマンの二二口径のライフル（画面に映らないように椅子の陰になっている）で吹っ飛ばされるのを待っていた（とはいえ、グラスの底のほうを持たせてもらっていたが）。感動したのは、途中でジョージ・サンダースが私のクローズアップ撮影をやめさせてくれたことだ。私の危険が大きすぎるというのである。また、その少しあとでサンダースは水をひっかぶることになっていたのだが、できるだけ真に迫った反応ができるように、ほんものの冷水をかけるようにと自分から主張したのにも感銘を受けた。その日はずっと、私たちはみなこっそり彼を観察して、物憂げな優雅さで支配階級を演じるのに見とれていた。何年かのち、「退屈だから」という理由で彼が自殺したことを知った。執着が薄いのはあっぱれな資質だとは思うものの、それでもこれはあまりに行きすぎているように思った。

次のカメオ出演は、ピーター・セラーズの依頼だった。いつもの脚本の打ち合わせが終わったとき、彼は〈テムズ・テレビジョン〉が特別番組を制作するという話を持ち出した。昔の《グーン・ショー》の有名な一話『男物のシャツの話』をラジオ式に演じ、それを録画してテレビ番組を作るという。それからさりげなく、収録は翌週だが、そのときアナウンサーを演じる気はないかと私に尋ねたのだ（もとはウォレス・グリーンスレイド〔BBCのアナウンサー〕が演じた役である）。私は頭がくらくらしたが、それなら都合がつくと思うとできるだけ物憂げに答えた（ミスター・サンダースを熱心に観察していたのである）。それから、事前に出演料を相談させてほしい、払えるかどうかわからないかと言ってピーターを笑わせた（陳腐なジョークだが、まさにこの場面ではぴったりだった）。

ウォレス・グリーンスレイド役を演じてすばらしいのは、なんのプレッシャーもないことだった。たまにちょっと客から笑顔でももらえれば上等なのだ。さらにすばらしいのは、この番組はラジオ番組として撮影されるから、台本は全員の目の前にあって、したがってせりふを忘れる恐れがないということだった。そんなわけで、一四歳のころからの大ファンだった三人組のそばに立って、赤いランプが点滅したらときどき一段落を読んで、私はぞくぞくすると同時に少しぼうっとしていた。へまはしなかったし、なにもかもじつに順調に進んで、気がついたら収録は終わり、私はわが家のソファに座っていて、あれはほんとうにあったことなのかと疑っていた。翌日確かめてみたら夢ではなかった。

　そのいっぽうで、グレアムと私は三本の映画の脚本をどんどん書き進めていた。『マジック・クリスチャン』の私たちの第二稿（これまでの合計でいうと第一六稿）は評判がよく、映画の制作費を確保することができた。ところが私たちにとっては残念なことに、最終稿は原作者のテリー・サザーンが担当することになり、最初に私たちが見せられたでき損ないを、彼がご丁寧にも復活させてしまったのだ。私たちはふたりとも、そうしてできあがった脚本にはまったく満足できなかった（私と同じぐらい物書きのことをわかっている人なら、とうぜん予想できただろうが）。サザーンの共著者として、ミスター・ジャック・ダニエルの名をクレジットすべきだったのではないか、とグレアムは疑っていた。しかしたとえそうだったにせよ、ピーター・セラーズから出演依頼を受けたときは、私としてはとうてい断わりきれなかった。ちょい役とはいえ、けっこういい場面でセラーズの相手を演じるのだ。サー・ガイ・グランドが「レンブラント派」の肖像画を購入してから、ナイフでその鼻を切り取って、私の演じる人物（鼻持ちならない若い美術商）に向かって、自分は鼻だけ蒐集しているのだと説明するのである。私はもちろんぎょっとした顔をせざるをえず、「くそったれ《シット》！」と叫ぶ。一九六八年にはこれはきわめて下品な言葉だった――おかげで、数カ月後に映画の宣伝のためにこのシーンがテレビで放映されたとき、私は英国のテレビで初めて「シット」と言った人間になったほどである（ちなみに、私の自慢の種はこのほかにふたつある。ひとつは、私にちなむ名をつけられたキツネザルの種があること〔*Avahi cleesei*、クリーズ・ヨウモウキツネザルの意〕、そしてもうひとつは――カメラの前で――ティム・カリー〔英国の俳優・歌手。『ロッキー・ホラー・ショー』で主役を演じた（舞台・映画とも）〕にフレンチキスをされたことだ〔アメリカのテレビ番組《ウィル&グレース（*Will & Grace*）》での話〕）。『マジック・クリスチャン』がのろのろと進んでいるあいだに、デイヴィッド・フロストは映画『マイケル・リマー～』の制作資金を確保していた。世論調査結果を操作して、しまいには首相に成りあがる抜け目のない世論調査屋には、ピーター・クックがぴったりだと全員の意見が一致したし、監督はケヴィン・ビリントンになると聞いて私はうれしかった。『しのび逢い』でいっしょに仕事をしたとき、彼の明晰さと明るく情熱的なエネルギーに大いに感銘を受けていたからだ。彼もピーターも、英国の政界についてはグレアムや私よりずっとくわしかったから、六月末に撮影が始まるまで、四人でいっしょに脚本を作っていくのは完璧な計画に思えた。また、グレアムも私も、映画を組み立てていく実際の工程についてはなにも知らなかったので、ケヴィンのような人がいて、どんなふうに進めていくのか、なにをいつ決めたらいいのか説明してもらえるのは心強かった。ケヴィンの側から言うと、彼はグレアムに対してはいくらか当惑していたと思う。いっしょに仕事を始めて一週間たたないころ、行きつけのポーランド料理のレストランに四人で歩いていくとき、ケヴィンは声をひそめて私にこう尋ねてきた。「グレアムは、脚本を書くときいつもあんなに無口なの？」滑稽なことに、私はそう訊かれてびっくりした。グレアムの行動にすっかりなじんでいたため、それが変わっているとはもう感じなくなっていたのだ。

私たちはいつも、ハムステッドのチャーチ・ロウにあるピーターの自宅に集まったが、そこでの共同作業はじつに楽しかった。その数週間前、ピーターとダドリーがやっていた舞台に私はちょっと出演していた（ロビン・フッドと執事の二役で）のだが、いずれの場面にもピーターもダドリーも出ていなかったため、私はピーターとよく知りあう機会がなかった。それがこうして頻繁に会うようになって、最初のうちこそ彼の前に出るとひよっこのように感じて緊張したが、そんな緊張はすぐにほぐれてしまった。彼はとても愛想がよく、陽気で、いっしょに書いていて気づまりなことはまったくなかった。しかも、いつでもやすやすと人を笑わせることができるのだ。腰をおろし、四人でプロットのある面について話しあっていると、彼はたちまち五分間の独演会を始める。それが、ウェストエンドでやらないのがもったいないほど面白いのだ。フランク・ミューアがかつて言ったように、彼は「いつまでもやっていられた」。ハリー・トンプスンの書いたすぐれたピーター・クック伝によれば、ある夜、恐ろしく冴えたジョークを連発したピーターが、あとで友人に向かって、書き留めておかなかったことを静かに嘆いていたという。すべて永久に失われてしまったのだ。

しかしその後、ピーターのめざましい才能にもマイナス面があることがだんだんわかってきた。あまりに簡単にアイデアが湧いて出るせいで、私たちとちがって彼には忍耐を学ぶ必要がなかったのだ。そのため、ついにインスピレーションが涸《か》れてくると、また書けるようになるまで強情を貫く物書きの覚悟が彼には足りなかった（実際、私がこれまでいっしょに仕事をしてきたうちで、天才と呼べるのは唯一彼だけだった。例外はアメリカのテレビディレクター、《チアーズ》や《フレイジャー》で名高いジミー・バローズだけだ）。もっとも、『マイケル・リマー～』にかかっているときにそれが問題になることはまったくなかった。集まって仕事をすればかならず成果はあったし、おまけにたとえようもなく楽しかった。一九六九年の春にはだれもが脚本に満足していたし、ケヴィンは配役にとりかかることができ、六月末には撮影も始まった。私もちょい役をもらった。タンゴの練習をしているフェレットという男の役だ。

『マイケル・リマー～』が順調に進んでいたので、グレアムと私は『雇われ《レンタ》探偵《スルース》』の脚本に重点を切り換えることができた。『マイケル・リマー～』は風刺だった（とくべつ洗練された風刺ではなかったが）のに対して、こちらは徹頭徹尾コメディだった。そしてほんとうに笑える部分もあると私たちは思っていた。たとえば、ロニー・コーベットの演じる人物が金塊のヴァンを襲撃し、ロニー・バーカー演じる人物にドアのロックをあけさせようと、運転台にホースの水を流し込むという傑作なシーンがあった。またべつのシーンでは、マーティ・フェルドマンが電動式車椅子（あまり速度が出ない）を盗み、ティム・ブルック＝テイラーがアイスクリーム販売車（これまた障害を抱えている）をハイジャックしてマーティを追う。ふたりは猛然と追いつ追われつをやっているのだが、その横を自動車が、自転車が、しまいにはジョガーが追い抜いていくのだ。そして最後に、グレアムと私の長大なシークエンスがあった。番犬をしている二頭のドーベルマン・ピンシャーに、薬入りの肉をやって眠らせようとするのだが、薬がまったく効かない。しかたなくどんどん肉をやるうちに二頭はすっかりなついて、ともかく私たちは侵入に成功する。もっと肉をもらおうと、尻尾を振ってついてくる犬たちをまつわりつかせて、私たちは盗みを働くのだが、当然ながらやがて肉のなくなるときがきて、とたんに犬たちは機嫌が悪くなるのである。これは、グレアムと私が最も好んで書くタイプのネタだった。いっぽうでは犯罪劇であり、その結果は理屈のうえでは重大だが、他方では徹底的にばかばかしい話で、にもかかわらずその行動にはりっぱに合理性がある——言い換えれば、ふつうの強盗映画というよりずっと笑劇寄りなのだ。そしてなにより興奮するのは、最高のコメディアンにしかできないことのできる役者がそろっていたということだ。観客を巻き込みつつ「限界を越える」ことのできるメンバーぞろいだった。つまり、不条理を観客に受け入れさせることができるのだ。すぐれた喜劇俳優でも、これはなかなかできないことなのである。

デイヴィッド・フロストの許可を得て監督探しが始まったが、そのせいで私は、おそらく一生でいちばん面目ない思いをすることになった。最初に声をかけた相手はデニス・ノーデンだった。私たちにとっては、英国のコメディの世界では文字どおり第一人者だったからだが、デニスは監督をする気がなかった（その気持ちはひじょうによくわかる）。次に私のエージェントが、ジェイ・ルイスという監督を知っているかと尋ねてきた。たまたま、その答えはイエスだった。休日に知りあって、大いに好感を抱いたのだ。エージェントが彼の実績を読みあげてくれた（すばらしいとは言わないまでも、なかなか悪くなかった）。そして、ジェイが脚本を読んでたいへん気に入ったと言っているが、電話をしてみたらどうかという。そのとき私は数日出かける予定だったが、戻ったらすぐに電話すると言い、その約束を実行した。電話に出たのは、ジェイの恋人で女優のセルマ・ルビーだった。私は挨拶をして、ジェイのニュースを聞いてとても喜んでいると言った。「今日の午後、埋葬したところなの」彼女は答えた。私はつっかえつっかえ、彼が亡くなったのを喜んでいたわけではなく、ただ彼が亡くなる前に脚本を気に入ってくれたと聞いて、それがうれしかっただけで、それがこんなことに…

…そこで私は「失礼しました」と言って受話器をおろし、自殺をした。何回も。

次に、チャールズ・クライトンという人物を知っているかと尋ねられた。それで調べてみて、私たちは飛んだり跳ねたりするほど興奮した。イーリング・スタジオで監督をしていた人だとわかったからだ。一九四九年から五五年にかけて、英国がかつて生んだ最高の喜劇映画を何本も作ったスタジオなのである。チャーリーは、私が（『マダムと泥棒』に次いで）二番めに好きな『ラベンダー・ヒル・モブ（一九五一）』を作っていた。そこで私たちは脚本を彼に送り——そのあとで思い出した。私たちの脚本の結末は、まさにその映画から完璧に、かつ意図的に盗んだ（というか、こう言ってよければ、大いに影響を受けた）ものだったのだ。

だが幸い、その後会いに行ってみたら、彼はそのことに気がついていなかった。さらにうれしいことに、会って五分もするころにはわかったのだが、彼はまさに掘り出し物だった。これまで会っただれより映画のことをよく知っており、おかげでこちらが恥ずかしくなるほどだった。いくつか未解決の問題を残してその日は引き揚げると、翌朝にはチャーリーが、パイプをさかんにすぱすぱやりながら、おずおずという様子で紙を一枚差し出す。それで読んでみると、彼は問題の解決法を見つけているだけでなく、いつのまにかプロットの核心をはっきりさせ、そのうえによくできたジョークまで付け加えているのだった。彼の指導のおかげで脚本はどんどんよくなっていき、八月に『マイケル・リマー～』の撮影が終わる直前には、《バラエティ（米国の芸能業界誌）》に記事が出るまでになっていた。デイヴィッド・フロストの映画会社の第二作『雇われ探偵《レンタスルース》』は、チャールズ・クライトンによって「舵取り」されることになった（脚本はグレアムと私）と。

残念ながら、それは実現しなかった。デイヴィッド・フロストは、私たちに黙って、その脚本をネッド・シェリンというプロデューサーに売却したのだ。そしてシェリンはチャーリーを使うのを拒否し、その理由を私たちに説明しようともしなかった。私たちはチャーリーを心から尊敬していたから、このプロジェクトから降りることにし、ほかの役者たちもそれに続いた。シェリンはさらに映画のタイトルを『雇われ《レンタ》探偵《ディック》（***Rentadick***）』に変えた（彼はポルノが大好きだったのだ〔dickには「探偵」のほかに「ペニス」の意もある〕）。そしてひどい駄作を制作してくれた——あまりの駄作ぶりに、映画評論家のアレグザンダー・ウォーカーが「英国の映画産業の柩に打ち込まれたもう一本の釘」という忘れられない評を書いたほどだ。言うまでもないが、脚本も完全に書き換えられていた。

いろいろな意味で、グレアムと私があの脚本から離れたのはかえって好都合だった。というのも、シェリンはセンスがなくて下品で無能だという結論にたちまち達していたからだ。その後まもなく、私たちを金銭的にもだまそうとしたので、私たちはそこに「不誠実」も付け加えた。彼はいつも、私たちと会うたびにべつの若い男に付き添われていた。私たちが映画の話をしているあいだ、その男は少し離れてじっと待っているのだ。彼がなんのために待っているのかを思うと身震いがした。たぶん金だろう。ひとつ感謝しているのは、チャーリーが『ワンダ』の監督でアカデミー賞にノミネートされたとき、シェリンがまだ生きてぴんぴんしていたことだ（ちなみに先週、ウィジャボードを通じてグレアムが連絡してきて、この段落はまったく正しいと太鼓判を押してくれた）。

そろそろ白状してよいころだと思うのだが、グレアムと私の書いた映画の脚本は二本が撮影され、三本めも承認をもらっていたけれども、そして若い脚本家が三本脚本を書いて三本とも実際に映画になるというのはきわめてまれなことではあるけれども、現実を言えば、私たちは自分の手がけている仕事のことをよく理解していなかった。面白いジョークや愉快なシーンを書くことはできても、本格的な長篇映画をどうやって組み立てるのかわかっていなかったのだ。コントを書くこつを呑み込むのはそれほどむずかしくないし、このころにはグレアムと私は、かなりちゃんとしたテレビの三〇分番組を書けるようになっていた（事実、この期間を通じて私たちが書いた最高の脚本は、ハンフリー・バークレイのために書いたパイロット版だった。リチャード・ゴードンの『学寮の医学生《ドクター》（*Doctor in the House*、医学生を主人公とする小説。一九五二年刊）』に基づくもので、グレアムの医学生としての知識経験もあって、面白くて現実味のある番組をびっくりするほど簡単に作ることができた。のちの長寿シリーズはここから生まれたのである）。しかし、一〇〇分間の長篇映画はそれとはまったく別ものであり、羽根の色のちがう鳥、異なる球技、色のちがう馬だ。三〇分のシットコムを書くのが、一本のコントを書くよりたとえば七倍むずかしいとすれば、映画を書くのはシットコムを書くより二〇倍むずかしい。コメディの場合はとくにそうだ（これがコメディアンの手前みそだと思うなら、すぐれたドラマの名を五〇あげてから、すぐれたコメディの名を一五ひねり出そうとして四苦八苦するように）。

言うまでもなく、どんな映画でもちゃんとした脚本を書くのはむずかしい。友人のウィリアム・ゴールドマンを、私は最もすぐれた脚本家のひとりだと思っているが（また、ハリウッドに関する最高の本『スクリーン稼業の冒険（*Adventures in the Screen Trade*）』の著者でもある）、彼はあるとき、小説や戯曲より映画の脚本のほうが書くのがむずかしいと言っている。とくに大変なのは、物語をつねに動かしつづけなくてはならないことだ——ほんの少しでも中だるみがあると、映画の観客はたちまち退屈してしまう（爆発を多用すれば、関心を持続させるのに大いに役立つが）。それに加えて、コメディにはこんな問題もある——観客を一〇〇分間ずっと笑わせつづけることはできない。人間の心理からも生理からもそれは不可能だ。だから、笑いの山と谷が交互に来るように計算しなくてはならないし、それと同時に、笑わせようとしていない部分でも、観客が関心を失わないようにしなくてはならない。《フォルティ・タワーズ》では、コニーと私は緊張と笑いを持続させるように物語を構築することができたが、これができるのはだいたい三五分が限度で、それ以上になると観客は一種の倦怠に襲われる。なぜかはわからないが、実際そうなのだ。サー・ヘンリー・アーヴィング（英国の俳優。一八三八〜一九〇五）は、臨終の床で死ぬのはむずかしいかと問われて、「いや、死ぬのは簡単だ。むずかしいのは喜劇だ」と答えている。

五〇年間かかって、ほんとうに出来がよいと言える映画脚本を私はたった一本しか書けなかったが、その理由がこれでわかってもらえるだろう（ただし、『ライフ・オブ・ブライアン』も共作はしたが）。

グレアムと私はご機嫌に三本の映画を書いてはいたが、ある程度までは、この仕事のことを自分たちがわかっていないのはわかっていた。ただ、その無知の深さをじゅうぶんに把握していなかったのだ。幸い、周囲の大半の人々も私たちと同じぐらい無知だったので、それであの映画に資金がついたのだ。しかし、あの三本は三本とも余裕で失敗したし、なかでも大失敗だったのが『雇われ探偵《レンタディック》』（製作ネッド・シェリン）だ。

だから、私たちがほんとうに得意とすることにこの時点で関わることになったのは、おそらくグレアムと私にとってよいことだったと思う。そしてそれはすべて、毎週木曜日の午後は仕事を早く終えて子供向けテレビ番組を観ることにしていたおかげだった。その番組のタイトルは《テレビの故障ではありません（*Do Not Adjust Your Set*）》で、マイケル・ペイリン、テリー・ジョーンズ、エリック・アイドルが出演していたほか、テリー・ギリアムの最初期のアニメーションもいくつか使われていた。そしてなんと、これは当時の英国のテレビでは、朝昼晩を問わず最も面白い番組だったのだ。ある日、いつにもましてみごとな回を観たあとに、私はグレアムに言った。「こいつらに電話をかけて、いっしょに番組をやろうと持ちかけてみたらどうだろう」。グレアムが賛成したので、私はマイケルに電話をかけ、数日後に会って、それはいいアイデアだという結論に達して、それからバリー・トゥックに連絡をとった。バリーはマーティ・フェルドマンのかつての共同執筆者で、《フロスト・レポート》時代からよく知っていたのだが、いまはBBCの顧問かなにかをしていたのだ。それで今度はバリーが、BBCのコメディ部長のマイケル・ミルズと会えるようにお膳立てをしてくれたわけだ。

約束の日、私たちはマイケルのオフィスにぞろぞろ入っていった。挨拶がすむと、コメディのシリーズをやりたいそうだね、とマイケルは言った。「そうなんです」「なるほど、具体的に説明してもらえるかな」――そしてもちろん、私たちには説明できなかった。信じられない話に聞こえるだろうが、どういう番組をやるつもりなのか、一度もまともに話しあっていなかったのだ。ただなにかやりたいというだけだった。当然ながら、マイケルはプレゼンテーションのようなものを期待していたのだろう。沈黙が長く続き、だんだん居心地が悪くなってきたころ、彼はこう水を向けてきた。「ゲストを呼ぶとか？」私たちは顔を見合わせ、「いえ……そういうわけでは……」「じゃあ歌かなにか？」「ええと……たぶん多少は……でもそれが主体ではなく……」「録画なの？」「はい！　そうです、ぜひ録画で！」マイケルは、イギリスのコメディ番組の世界で一番の有力者だ。そんな人物の前で、私たち六人はぼけっとばか面を並べて座っている。これじゃただの恥さらしだ。いったん帰って、どんな番組をやりたいかちゃんと話しあってまた来ますと私は言いそうになった。二カ月後か、たぶん二年後ぐらいに……だが、マイケルはふいに肩をすくめたかと思うと、やれやれという口調で言った。「わかった、それじゃ一三回のシリーズを作ってきて」

パイロット版を作れとさえ言わずに……

マイケルに礼を言って意気揚々とオフィスをあとにしたとき、私たちにはまるでわかっていなかったが、これはとてつもなく幸運なことだったのだ。というのも、テレビの世界はこのあとすぐに変わりはじめて、マイケルのようなやりかたはとうてい通用しなくなったからだ。

しかし、《モンティ・パイソン》は誕生に向けて動きだしたものの、私たちはあいかわらずなにをやるべきか決めかねていた。制作スケジュールが向こうから与えられ、テリー・ギリアムはBBCの経理部門に、まちがいなくたったこれだけの費用でアニメーションが作れると納得させたが、そのほかはまるで進んでいなかった。というのも、私たちはみなほかのプロジェクトに深く関わっていて、やっと集まることができたときも、番組のタイトルを考えるだけで手いっぱいだったのだ。BBCからは早くタイトルを決めろと矢の催促で、やっといいのを思いついたと思うたびに、翌朝にはパニックを起こして却下するようなありさまだった。そんなわけで、《馬とスプーンとバケツ》、《ふくろうのあくびの時間》、《バン、ウォケット、バザード、スタブル、アンド・ブート》、《ヒキガエルが跳ぶとき》、《「ベティ」なんてタイトルの番組はない》などさまざまな案が浮かんでは消えた。しまいにBBCは愛想を尽かして、勝手に《バリー・トゥックのフライング・サーカス》と呼びはじめた。私たちは「フライング・サーカス」の部分が気に入って、もう少しでバリー・トゥックのところをグウェン・ディブリー（マイケル・ペイリンの案）に変えて、これでタイトルにしようとしかけていた。それがある晩、だれかがパイソンはどうかと言いだして（当てにならない座長の名前としてはぴったりだと思った〔パイソンには「大蛇」のほかに「占い師」という意味がある〕）、またべつのだれかがそれにモンティを付け加え（第二次世界大戦の英国最大の将軍のことでもある）、あとはご存じのとおりである。

数日後の夜、私はたまたまスパイク・ミリガンの新番組《Q5〔一九六九年に始まった超現実的なコメディ番組〕》を見た。ぞっとした。傑作だった。テリー・ジョーンズに電話した。「うん、いまぼくも見てた」と彼は言った。「でもさ、あれこそぼくらがやるはずのことだったと思うんだ」と私は言った。「ぼくもそう思った」テリーは答えた。

とはいえ、とにかく《パイソン》を作らなくてはならない。どんなスタイルの番組にしようかと私たちはしばらく話しあった。マイケルとテリー・ジョーンズは、テリー・ギリアムのアニメーションに触発されて、意識の流れ的なアプローチをとってはどうかと言う。いっぽうグレアムと私は、コメディ番組の約束ごとを極力排除しなくてはならないと思っていた（どういう約束ごとがあるのか、じつはよくわかっていなかったのだが）。第一回の番組をどうするか話しあうためにやっと集まったとき、ああでもないこうでもないとアイデアをつつきまわしたあげく、これではしかたがないと気がついた。とにかく、帰ってなにか書いてこないことには。

そこで翌朝、チャップマンと私は腰をすえて、しばらく遠くを眺めていた。やがていつものとおり、私は『ロジェのシソーラス』を手にとり、でたらめに単語を読みあげていった。

「キンポウゲ。フィルター。破局。歓喜。墜落」

「ああ」とグレアム。「墜落はいいな」
二、三分経過。
「羊が墜落するってのはどうかな」とどちらからともなく言いだす。

「つまり、空を飛ぼうとしてってこと?」もういっぽうが答える。

(これは説明が必要かもしれない。だれかと作品を共作したときには、どれがどちらの案だったのか、あとになるとまったく思い出せなくなるものなのだ)

「だけど、なんで羊が飛ぼうとするんだ?」

「逃げるためとか?」

二カ月後、《モンティ・パイソン》の収録が始まったとき、最初に収録されたのはこの「空飛ぶ羊」のコントだった。いまもはっきり思い出せるが、収録の始まる二分ほど前から、私はマイケル・ペイリンといっしょに舞台袖に立って見守っていた。テリー・ジョーンズがグレアムに近づいていって、会話を始める瞬間が近づいてくる。「マイケル」私は言った。「あのさ、ぼくらは史上最初の人間になるかもしれないんだな。しーんと静まりかえったなかでコメディ番組を収録したっていう」。

ややあって、マイケルは答えた。「ぼくもおんなじことを考えてた」

人々が《パイソン》を面白がってくれるかどうか、まるでわからなかった。とんでもなく危険な賭けに乗り出す気分だった。

しかし、会話が始まって……マイケルと私が全身耳にしていると……くすくすが聞こえ……小さな笑い声……またくすくす……そして爆笑！

私はマイケルと顔を見合わせた。そして、「ひょっとしたら、うまく行くかもしれないな」と思ったのだった。

第16章　そして現在……

前章の最後の行を書き終えたときには、「この本を締めくくるのにぴったりの方法だ」とひとり満足していた。

しかし、すでにお気づきのように、そうはならなかった。というのも、あの芸術的なクリフハンガーを書いたあとで、想定外の〈パイソン〉的活動がおこなわれたからだ。すなわち、ロンドンのO_2アリーナでの復活ライブである。これを無視しては手落ちと言われるだろう。というわけで……

それにしても、あれは大成功だった――私がそう言うのは穏当ではないが、謙遜などしてもしかたがない。一〇夜とも一万六〇〇〇の客席が満席で、その一万六〇〇〇人が一〇夜とも、熱狂的にして幸福なスタンディング・オベーションを与えてくれたのだ。見下したようなコメントは全部で三つしか聞いていない（《デイリー・メイル》は例外だ。あの新聞は私たちのショーをあざけり、劇評は「賛否両論」だったと書いた――それを言うなら、ヒトラーのニュルンベルク裁判での評価も賛否両論だったと言わねばならない。《デイリー・メイル》はもとは親ナチ新聞だったから、そう言われてもしかたがなかろう)。

面白いのは……これがみんな偶然に始まったということだ。去る二〇一三年一一月、生き残りのパイソン五人は、集まって厄介な法律問題を話しあわなくてはならなかった。一九七五年の映画『モンティ・パイソン・アンド・ホーリー・グレイル』のプロデューサーのひとりが、『スパマロット(『ホーリー・グレイル』から派生したミュージカル・コメディ)』の利益のうち、パイソンのメンバーが受け取っているのと等しい取り分を要求してきたため、だいたい八〇万ポンドの訴訟費用がかかることになってしまったのだ。そんなわけで、うれしい理由で集まったわけではなかったのだが、それでも顔がそろえばすばらしいと全員が感じ、いっしょにいて楽しく、盛んに笑い声があがり、六歳児ならぬ六〇歳児のようにはしゃいでいた。そうするうちに、だれかが「ショーをやって費用をまかなおうぜ!」と言い出した。その五分後には話がまとまっていたのだ。

もともとは、昔からの固定ファンのおかげで、二回か三回ならショーをやっても引き合うのではないかと思っていたのだが、初日のチケットが四〇秒で売り切れたと知って私たちはぼうぜんとした。しかも、その後の四回ぶんのチケットも数時間で売り切れてしまった。最初の記者会見のあとは、文字どおり世界的なニュースになっていた。私たちはそろって盛大に息を呑み、しばらくは呑んだ息が吐けないほどだった(ショーのプロデューサーのフィル・マッキンタイアは、「きみたちは怪物を解き放ってしまったよ」と言ったものだ)。当然のことながら、私たちは大満足だった。《モンティ・パイソン》はこの三五年間「時代後れ」になっていて、もう何十年間も、私はメディアから「盛りを過ぎた」という扱いを受けていた。それなのにだしぬけに、愛情と理解の蓄積がこれほど分厚く残っていたとわかったのだから、これはほんとうにうれしい驚きだった。しかしすぐに気づいたのだが、実際のショーがどう受け止められるか、まるで予想がつかなかった。〈パイソン〉のなかでも気の弱いメンバーは、ひどく不安になり、自信を喪失し、失敗の予感すら覚えていた。

しかし数カ月後、O_2の舞台に立ったときには、なにもかもなんとうまく行ったことかと喜びを感じていた。そのときふと思った――グレアムがここにいて、いっしょに楽しんでいればよかったのに。

グレアムは一九八九年に癌で亡くなった。まだ四八歳だった。《モンティ・パイソン》以外ではさほど大きな成功を収めたとは言えなかったが、《パイソン》内では創作のあらゆる面で絶対に不可欠な役割を演じていた。ひじょうにすぐれた演技者だった（アルコール依存症に足をすくわれるまでは）のは言うまでもないが、私の考えでは、彼がほかにまねのできない貢献を果たしたのはまず脚本家としてだった。ほかのだれにも思いつけない種類のユーモア――天才的な、型破りなせりふ（あるいはアイデア）で、新しい、より肥沃な土地にコントが転がり込むのを助けてくれたのだ。私があまりにも理屈っぽくて約束どおりのネタにはまり込んでしまうと、彼が突拍子もない提案をしてきて、それで救われたことが何度あったか知れない。また先にも書いたが、私たちはユーモアのセンスがとても近かったから、それがとてつもなく助けになった。ほかの多くの面では異なっていたかもしれないが、彼がげらげら笑うときは私もヒーヒー笑っていたし、私が身をよじるのと同じところで彼も腹を抱えていた。

それに加えて、彼には貴重このうえない、かなり不思議な才能があった。観客になにが受けるかわかるのだ。この面では彼の判断を私は無条件に信じていたから、彼が気に入らないと言うアイデアを追求しようとは思わなかった。逆もまた真なりで、自分では自信が持てないときでも、グレアムが面白いと言うからとりあえずやってみることもあった。《パイソン》時代のよい例が「チーズ屋」だ。

このコントが生まれたいきさつはとくに変わっている。これを書く数日前、マイケルとテリーの船上のコントを撮影するため、私たちは南部の海岸に出かけていった。嵐の日で、私は船酔いしやすいほうだから心配していた。しかし着いてみたら、撮影は港のなかだから大丈夫だと言われた。私が演じるのは《パイソン》のペッパーポットで、甲板に出ていってちょっとばかなことをわめくだけだった。テイクの時間はぜんぶで六秒ぐらいだし、これなら簡単だと思った。しかし船に乗り込んだ瞬間、「大丈夫」でないのはわかった。はっきりした横揺れを感じ、撮影準備が進むにつれて、気分は……悪くなっていくいっぽうだった。やがてディレクターのイアン・マクノートンが「よし、それじゃ撮影しよう」と言い、私は下甲板に降りて出番を待った。そこで立って待っているうちに思い出したのは、第二次世界大戦中、ムルマンスクに補給物資を届ける船で、英国人の水兵数名がほんとうに船酔いで生命を落としたという話だった。かれらにとって、それは幸福な救済だったにちがいないと思った。そのとき、イアンの「アクション」という叫びが聞こえ、私は甲板に出ていき、カメラに向かい、口をあけ――そしてカメラに吐物をぶちまけた。噴出嘔吐の話は聞いたことがあったが、実際に見たことはなかったし、まして自分でやったことなどなかった。

「カット！」

衣装さんとメーキャップさんが駆け寄ってきて吐物をきれいにし、口紅を塗りなおした。いっぽうカメラ班はレンズを拭き、カメラマンの髪についたニンジンのかけらを取り除いていた。船は揺れつづける。「もう大丈夫？」イアンが尋ねる。「大丈夫」私は嘘をつき、階段を降りながら、幸運な水兵のことを考えていた。

「アクション！」

私は覚悟を決め、急いで階段をのぼり、せりふを忘れ——そしてまた嘔吐した。「くそっ！」カメラマンが叫んだ。今回は実際に吐いた量は少なかったのだが、運悪くさっきより狙いが正確で、おかげで清掃作戦は長引いた。それでもしまいにメーキャップの女性は満足し、カメラはぴかぴかになり、カメラマンは暴風雨帽を見つけてきて、私はうながされて三度めの撮影のためにこそこそ降りていった。

「アクション！」

私はよろよろ階段をのぼり、今回は比較的うまく行って、吐いたのはせりふをぜんぶ言い終わってからだった。

「よし、これで行こう！」

その後、ロンドンに戻る車のなかで、私がそろそろ生き返ってきたのを見て、なにか食べたほうがいいとグレアムが言った。なにか食べたいものある？　「チーズなら食べられそうな気がする」私は答えた。そこで食料品店を探したが、一軒も見当たらない。やがて薬局の前を通った。「薬局ならあったよ」グレアムが言った。「薬局にチーズなんか置いてるかな」私が言うと、グレアムは答えた。「もしあったら、それは薬用チーズだろうね」私は笑って言った。「それはコントになるな」

というわけで、次に脚本書きにとりかかったときには、人が薬局にチーズを買いに行くとしたら、それはなぜだろうと考えることになった。当然ながら、チーズ屋でチーズが見つからなかったからにちがいない。こうしてできあがったのがあのコントだ。しかしあれは、客がチーズの種類の名をあげてそれがあるか尋ね、チーズ屋があれやこれやの理由をつけてないと答えるだけのコントだから、私は書き進めるうちに自信がなくなってきて、「グレアム、これほんとに面白いか?」と尋ねつづけた。するとと彼はパイプを口からはずして、「面白い」と言う。それでもう少し先に進めて——「ではたくましき店主よ、差し支えなければケアフィリチーズを四オンス」「すみません、二週間前から切らしておりまして」——そこで私はまた尋ねる。「グレアム、これほんとに面白いと思う?」すると、励ますようににやりと笑う。私が自信をなくすたびに同じことがくりかえされ(「チェダーチーズは?」「ここいらではあまり需要がありませんで」)、これがさらに六回続いた。そんなわけで、もしグレアムがいなかったら「チーズ屋」のコントは生まれなかっただろうし、《パイソン》時代のとくに愉快な思い出も作れなかっただろう。初めて朗読したとき、マイケル・ペイリンは笑いすぎて椅子からほんとうに滑り落ち、床をころげまわっていたのである。

ちなみに、グレアムと私は結局、薬用チーズのアイデアは採用しなかった。

私は本書を通じて、ドクター・グレアム・チャップマンという傑出した人物の一種の肖像を描こうとしてきた。彼の最も賢明な側面を物語ったところで、今度はべつの、私にとって理解しがたい一面を取りあげなくてはなるまい。というわけで、グレアムのとくに奇妙なエピソードを紹介する。

第一シリーズの撮影中、ある暑い日の午後、〈パイソン〉のメンバーでヨークシャー・ムーアズ(イングランドのノースヨークシャー州とクリーヴランド州にまたがる荒れ地の通称)に出かけ、マイケルとテリーのコントを撮影したことがある。上流階級の狩猟パーティのコントで、夕方に帰館したときは全員が銃弾であちこちけがをしているというものだ。とくべつ斬新というわけではなく、さまざまな事故を示す滑稽な光景の連続で笑わせる作品で、グレアムと私はちょい役で出るだけだった。そのため、撮影現場から少し離れて、衣装トラックのまわりをぶらぶらして大半の時間をつぶしていた。クロスワードパズル——出番を待つあいだにできることとしては、多少でも建設的な活動はそれぐらいしかなさそうだった——を終えてしまうと、退屈のあまり発狂するのを食い止める手段を考案しようとしたが、大したことは思いつかなかった。グレアムは、ベティ・マースデンというラジオの女性コメディアンの名前を、かつてだれもやらなかったほど早口で言う練習を始め、私はあごのうえに傘を立てて、まる一分間倒さずにいられるかやってみようとしていた。

そのうち、グレアムのパイプが椅子にのっているのを見て、私はグレアムが気づかないうちにそれを取って自分のポケットに入れた。それでなにか面白いことをしようという、はっきりした目論見があったわけではない。ややあって、あごに傘を立てているとき、すぐ後ろでグレアムの動きまわる気配がした。ふり向いた私は驚いた。グレアムがひどく動揺しているのだ。

そのほとんど半狂乱の捜しぶりに、私はせつな恐怖に近いものを感じた。と同時に、パイプがなくなったぐらいで、なぜこれほどうろたえるのかわからず面食らってもいた。早く白状したほうがいいと思って、「パイプならぼくが持ってるよ」と、ポケットから取り出してみせた。彼は私をにらみつけ、すぐにひったくると、こちらに一歩足を踏み出した。反射的に私があやまろうとしかけたところへ、股間に彼の膝が入った。睾丸には当たらなかったが、恥骨にかなり強い一撃が決まった。しかしその痛みは、私を襲った完全な驚愕の波にくらべたらなんでもなかった。これは私のよく知っている男なのだ！　いったいどうしてこんなことに？　このころには彼は私を怒鳴りつけていた。それから大股に離れていった……

自分がいささかショック状態なのに気づいて、私はそろそろと腰をおろしたが、頭のなかではすでに納得できる説明を探しまわっていた。ふいに、フロイト的に説明すればわかりやすいと思えてきた。私がとったのは彼のパイプではない。ペニスだったのだ。

数カ月後の《デイリー・ミラー》紙に、このパイプ事件のかなり異なる記述がお目見えした。グレアムが記者に語ったのだ。彼の話では、この事件は《パイソン》のショーを収録していたスタジオで起こったことになっていた。私にパイプを盗まれたのに気づいて、彼は私をスタジオじゅう追いまわし、ラグビー式にタックルして取り返すと、私の頭のうえに座ってやったというのだ。グレアムの説明を一度読み、もう一度くりかえし読んで、私は困惑した。彼の話と私のそれを、『羅生門』式に同じ事件の異なる解釈と見ることはできない。いくら記憶があてにならないものだと言っても、この事件に関しては、私たちのどちらかが——言ってみれば——いささか混乱しているのは明らかだ。

要約すると、グレアムは親切で頭がよくて才能にも恵まれていたが、ときおり、現実とのつながりがかなり希薄になってしまうことがあった。幸い、それは私たちの仕事上の関係に影響を及ぼしたことはなかったと思うし、彼に対する私の親愛の情にもなんの障りもなかった。

まあそういうわけで、《パイソン》がついに始まって、私たちがみな脚本にとりかかったとき、グレアムと私にとってそれはいつもの仕事と同じだった。いままでどおり、たいていはバジルストリートのわが家で会って執筆を続けたわけだ。唯一のちがいは、いまでは《パイソン》のために書いているということだった。

数日後、私たちは電話をかけあい、集まって自分たちが書いたものを読みあげ……そして、いったいなにをやっているのかはっきりさせようということになった。集まったのはテリー・ジョーンズの家だった。広かったし、サウスロンドンを訪ねるいい機会になったからだ。行くだけの価値はあった。私たちは盛大に笑い、別れるときには正しいコメディの方向に向かっている――まあ、だいたいにおいて――と感じられた。こうして単純なパターンが確立した。休日を除いて六日か七日ごとに、五人で集まって読み合わせをしてネタを評価し、それでテレビ放送の一話ぶんが組み立てられるか検討する。ここで「五人」と言っているのは、テリー・ギリアムはこのための台本は書いていなかったからだ。番組を構成するさいに、どこに彼のアニメーションを入れてもらいたいか、長いものがいいか短いのがいいか台本に指示を書いておくと、彼はそれに応じて小さな傑作を作りあげていった。私たちがそれを目にするのは、番組を収録する日の午後になってからだった。そういうわけで、ほかのメンバーはいっしょに稽古するさいに提案やアドバイスをしあっていたが、彼に対してはそれはできなかった。テリーはそのほうがやりやすかったのだと思う。いずれにしても、時間的制約からしてほかにやりようはなかった。それをべつにすれば、私たちはチームとして密に協力しあっていて、つねにアイデアや意見を交換し、この時期を通じて互いをよりよく知りあっていった。読み合わせは、たいていいつも楽しかった。面白いネタがどっさり書かれていたし、しかもその多くがひじょうに独創性の

《モンティ・パイソン》のメンバー。
私はテリー・ギリアムのうえに立っている。

高いものだった。もちろんときには、コントがあまり受けず、それを書いた者ががっかりすることはあった。しかし、それが画期的な方法で救済される場合もあったのだ。どうしたらよくなるか、カットするのか書きなおすのかという議論は、全般的に言ってきわめてレベルが高いと私は感じていた。エリックがかつて言ったように、コメディについてこれほど専門性の高いアドバイスの得られる場所は、ほかにはめったになかったと思う。

《パイソン》グループがどんなふうに仕事をしていたか理解するためには、ひとつ本質的な事実を把握することが必要だ。グレアムと私もそうだったが、マイケルとテリーも、またエリックも、基本的に脚本家であって演技者ではなかったということだ。だから、配役について議論になったことはない。私たちがその根っこのところで役者だったら、とうぜんいちばんいい役を求めて争っていただろう。しかし、そんな争いは起きたことがない。あるコントについてこれでよしとなったら、脚本家である私たちにとって配役は自明だった。どの役をだれがやれば、そのよさを最大限に引き出せるか。言い換えれば、だれなら台無しにせずにすみそうかということだ。そのひとつの結果がこれだ――俳優なら、自分の才能を披露するのにぴったりの役を書こうとしただろうが、私たちはだれもそんなことはしなかった。

　しかし脚本家だったから、私たちの情熱（こんな陳腐な言葉は使いたくないのだが、出版社の営業部がどこかにかならずこの語を入れるべきだと言うのだ）が向かう先は台本であって演技ではなかった。そしてときにはこの……情熱……のせいで、ひじょうにばかげた領域へ踏み込んでしまうことがあった。ひじょうにばかげた……

　たとえばあるとき、だれかの書いてきたコントの舞台が、あまりぱっとしない、古ぼけた共同寝室に設定されていたことがある。べつのだれかが、その部屋の照明として、ルイ一四世様式の豪華なシャンデリアを吊るそうと提案した。それはいいとみんなが賛成したが、そこでべつのメンバーが「いや、家畜の剝製を吊るそう。四本脚の一本一本にひとつずつ電球をつけて」と言いだした。こっちのほうがさらにいいとだれもが思ったが、そこでだれかが「やっぱり羊だよね」と意見を言い、議論が始まった。

「なんで羊なんだよ。ヤギのほうがいい」

「ヤギ？」

「当然だろ！　角があるほうが視覚的に面白いじゃないか」

「だけど羊はばかだから、ばかで面白いよ」

「あのさ、羊はまるっこいだろ。ヤギのほうがごつごつしてる」

「だから？」

「だから、ごつごつしてるほうが不釣り合いに見えるじゃない」

「天井から家畜がぶら下がってりゃ、それだけでもうじゅうぶん不釣り合いに見えるよ。それがごつごつしてようがだれが気にするんだ」

「それにさ、羊毛でもこもこしてるほうがおかしいじゃないか」

「羊毛のどこがおかしいんだ」

「だって、柔らかくてもやっとしてるじゃないか」

「そりゃそうだけど、ヤギのほうがずっと見かけがおかしいぞ。目つきがマーティ・フェルドマンみたいだし、あっちこっちから毛の房が突き出してるし」

「だけど、それが間抜けだとはだれも思わないよ」


などなど。ヤギ派三人に羊派ふたり、議論はいよいよ熱を帯び、同時に感情的にもなって、おたがいの血筋だの性的な奇癖だのをあげつらって人身攻撃まで始まる。そして二〇分ほど経つころ、私はやっとこの口論からいったん身を引き、頭を冷やして高次の存在に助言を求め、そしてこのばかばかしさについて冷静に熟考できるようになる。まったくもってくだらない、オックスブリッジの卒業生が五人で、けんか腰で議論をするようなことか。単純な選択肢ではないか、羊のシャンデリアとヤギのシャンデリアとでは、どんな知能の低い人間にでもどっちが面白いかすぐにわかる、もちろんくされヤギのほうである。

私たちはあまりに台本に入れ込み過ぎていたし、議論が過熱する、いや失礼、情熱的になりすぎるのもそのせいだったと思う。そういうことが起きると、私たちの集団力学の作用はたいてい予測可能だった。対立の嫌いなマイケルは安全な距離まで撤退する。グレアムはいつにも増して無口になる。エリックは理性的かつ建設的であろうと努力する。テリー・ギリアムは、テリーという名前の人物ならだれの味方でもする。そしてテリー・ジョーンズと私は角突きあい……いささか褒められない行動に走る。私はやたらに気むずかしく冷淡で無口になり、抑えたいらいらや怒りを耳から染み出させる。ジョーンジーはどんどん声が甲高く、執拗になり、そしてけっして、けっして口をつぐまず、自分の正しさを一〇〇パーセント主張してほんの少しも譲ろうとしない。私はいくつかのポイントについては正しいと強く感じ、そのポイントについては闘うが、ジョーンジーはすべてについて正しいと強く感じ、すべてについて最後まで闘う。たとえ、会議の最後に議論の流れが彼に対して完全に不利になり、意見が却下されたとしても、翌朝みんなでコーヒーを飲んでいると、「今朝からずっと考えてたんだけど、やっぱりぜったいあれは……」と蒸し返し、そして議論は前日の三時半に逆戻りしてしまうのである。彼は、議論の理非はその問題に対する気持ちの強さによって決まるとでも思っているようで、そして彼はつねに、すべてについて抑えがたい情熱を感じるから、したがって明らかに彼がつねに正しいということになってしまうのだ。この不合理なたわごと、浅黒くてかっとなりやすくてころころ太ったちびのケルト人が発するそれは、徹底的に見当ちがいであるばかりか、啓蒙主義の根幹をなす基本原則を転覆せしめんとするやかましくかつ無知蒙昧《むちもうまい》な試みのように私には思えた。それだけでなく……

　申し訳ない。ちょっとわれを忘れてしまって……

　たしかに、テリーと私はしょっちゅう言い合いをしていた。しかし、そのさいに強く感じたのは怒りではなく、むしろ苛立ちだったし、私たちはお互いにうまくバランスをとりあっていたと思うし、すぐれたコメディを作るためのよりよい選択に役立っていたと思う。この点で興味深かったのは、ケンブリッジ出身の三人組は意見が一致することが多かったということだ。これは身びいきのためではなく、三人とも構造や論理を重視するほうだったからだ。対してふたりのテリーとマイケルは、雰囲気とか視覚的な表現をより重視していた。そのため、私たちが最初から左脳的な問題にこだわるのをかれらはよく窮屈に感じていたし、いっぽう私たちは、因果関係や論理性にほとんど無頓着で、どう見ても大したことと思っていなさそうな、そういうかれらの態度に心底面食らっていたのだ。ケンブリッジ三人組は、因果関係と論理性というふたつの要素を必要不可欠と信じていたのだと思う。というのも、そのコントの前提がどんなに突拍子もないものであっても、いったんそれが確立されたらその規則に従わなくてはならないからだ。そうでないとコントはまとまりをなくし、したがって「信憑性」が失われるのである。《パイソン》のコントについて、「信憑性」という言葉を使うのはおかしいと思われるかもしれない。しかしどういうわけかわからないが、視聴者はどんな前提でも——それがどれほど奇怪な前提であっても——受け入れるし、そしていったん受け入れたら、その作品世界においては、その前提に基づいて信憑性のあるなしが決まることを認めるようになるのだ。

たとえば「ベッドを買う」コントを考えてみよう。このコントでは、お熱い新婚夫婦がダブルベッドを買おうとデパートに駆け込む。ところが販売員のミスター・ランバートは、だれかが「マットレス」という単語を口にするたびに大きな紙袋を頭にかぶり、みんなが聖歌「エルサレム」を歌うまではその紙袋をとることができない。この前提が了解されたら、その規則はかならず守られなければならない。だれかが「マットレス」と言ったのに、ミスター・ランバートが紙袋をかぶらなかったら、視聴者はすぐにその矛盾に当惑するし、当惑した視聴者は笑わない。その理由はふたつある。第一は理性のレベルの問題だ。規則が恣意的に変化して急に理解できなくなるため、笑う代わりに「それはいいけど、あの規則はどうなったわけ？」と考えはじめてしまうからだ。そして第二に、少しでもつじつまの合わないことがあると、感情的にコントに入り込みにくくなるからである。これもまた、同じように笑いを抑制するという影響をもたらす。

グレアムと私が自分の信条――どんなコントも内的論理は整合しているべきだという――にあまりにこだわりすぎる、とマイケルやテリーがときどき感じていたのはたしかだが、しかしそれは問題ではなかった。チーム内で意見が対立するとか、みんなの意見がばらばらだというのは、創造面ではきわめて貴重なことなのだ。あらゆる研究が示しているように、チームのメンバーの考えかたがみな同じなら、いっしょに仕事をするのは楽しいし、おたがいに好感を抱き、またいっしょに仕事をしたいと思うものだが、創造性は皆無である。対照的に、メンバーの考えかたが異なるチームは言い合いが絶えないが、その創造的対立から新しいものが生まれてくる。創造的対立は歓迎すべきことであり、歓迎できないのは個人的対立だ。個人的な対立があると物事を進めにくくなるし、暗礁に乗りあげやすくなってしまう。《パイソン》チームのメンバーはみんなばらばらだった。ともに仕事をした時期のあと、全員がまったくべつべつの方向に進んでいったのを見ればわかる。しかし、意見の対立にもかかわらず、創造性という面では私たちの協力関係はとてもうまく行っていた。私たちはみな欠点を持っていたが、それは他のメンバーの異なる長所によってうまく補われていたのだ。

奇妙なことに、脚本会議ではときに激しい論争が起こったわりに、実際に稽古となると異常なほど摩擦は少なかった。脚本について意見がまとまったあとは、それを演じるのはきわめて単純な作業だった。何度か通し稽古をすると隠れていた問題点が見えてくるから、ブレーンストーミングをしてせりふか演技を改善する道を見つけるのだが、それはリラックスした楽しい経験だった。長年のあいだに、稽古をするごとにかならずよくなるという結論に私は達していたが、《パイソン》で仕事をしているときはつねにそう感じていた。ほかのメンバーはかならずしもそう感じていなかったし、私ほどしつこく練習したがることはめったになかったが、たいていは私のしたいようにさせてくれた。

ファンにアドリブがあったかどうか尋ねられると、私はいつも驚いていた。というのも、私たちは脚本家で即興には興味がなかったからだ。即興というのはやはり演技者のやることである。しかし思うに、執筆をしながらグレアムと私がやっていたことは、厳密に言えば、たしかにべつのせりふを即興で作ることだった（うまく行く組み合わせが見つかるまで）。そして当然ながら、稽古中に新しいせりふを思いついたときは試しにやってみたりもしていた。しかし、実際に番組を収録するさいに、アドリブを入れなかった理由はもうひとつある。単純に時間が足りなかったのだ。私たちは、だいたい三〇〇人の観客――観客が二〇〇人以下だと、ちゃんと笑いがとれないという不文律があった――

の前で番組を収録しており、観客がスタジオに入ってくるのは午後七時半だった。観客が席に着くと、前説があって、出演者の紹介があり、収録が始まるのは八時で、一〇時きっかりに終了だった。午後一〇時を過ぎたら収録は許されなかった——なぜなのかさっぱりわからなかったが——ので、ちょうど二時間ですべてを終えなくてはならなかった。セットや衣装は変えなくてはならないし、演技や技術でミスがあればリテイクも必要だから、いつでも時間的なプレッシャーにさらされていたわけだ。あるコントの演技が合格点ではあるがもうひとつという場合、最後にまた戻ってやりなおせればいいがと思いつつも、そのまま次のコントに進むのがつねだった。そんなわけで一分一秒が貴重だったから、稽古で試していないことを新たにやってみるような、そんな危険を冒すわけにはいかなかったのだ。

いま私はこうして、《フライング・サーカス》がいかに組み立てられたか伝えようとしているわけだが、そこにすばらしい皮肉を感じずにはいられない。あのテレビ番組についていま書いていることはすべて、O_2であったこととはまったくの正反対だからだ。

わかりきったことからあげると、一九六九年当時は私たちはみなスタジオにいて、こういう新しいユーモアが三〇〇人の観客に受けるかどうか不安に思っていた。しかもその三〇〇人は全員が、オーストラリアふうに言えば、私たちとせっけんの見分けもつかない（「まったく知らない、見たこともない」という意味）人たちだった。それが二〇一四年には私たちはライブで演技していて、場所は定員一万六〇〇〇人の巨大なアリーナで、その大多数が私たちの熱心なファンだった。《パイソン》にがまんできないから、O_2のチケットを買ったなどという人間がいるはずもない。

次に、ここまでさんざん力説してきたように、テレビシリーズのさいにはチームワークが重要だった。しかし、O_2ではチームワークの出番はなかった。ショーをやろうと決めた翌日、私たちのうち四人は、あきれるほどスケジュールがぎっしり詰まっていることに気がついた。いくらかでも時間が自由になるのはエリックだけだった。それで、一九七三年から八〇年にかけてライブをやったときにうまく行ったコントをもとに、エリックが自分から進んで構成を考えてくれたのだ。

二日後に読み合わせをして、これならなんとかなりそうだと思った。エリックが考えてくれた構成はすばらしく、後半の冒頭部分を少し変更すれば大丈夫だとだれもが賛成し、それでショー全体のプロデュースをエリックにやってもらおうじゃないかということになった。彼が引き受けてくれて助かった。というのも、ほかのメンバーはまもなく世界各地へ散っていくことになっていたからだ。マイケルは旅に出ることになっていて、その刺激的な毎日の一瞬一瞬を、映像または日記、あるいは――たいていの場合――その両方で、細かく記録することになっていた。ジョーンジーはエイリアン映画（それまでの四年間、英国のマスコミでは「パイソンの再結成」と誤って伝えられていた）の制作準《プリプロ》備段階《ダクシヨン》に入ることになっていた。またテリー・Gはブカレストで映画の監督をすることになっていて、凍てつく中央ヨーロッパの真冬をそこで過ごすのを熱烈に待ち望んでいた。そして私は陽光あふれるシドニーに飛んで、豪華なフォーシーズンズホテルで四カ月過ごし、四万五〇〇〇ワードほどのこの本を書くことになっていたわけだ。

それで、エリックが……ひとりであの復活ライブを作りあげたのである。

最初に解決すべき問題がふたつあった。ひとつは、主要な出演者が四人しかいないわけだから、出のあいだに着替えをする時間をどうやって確保するかという問題。もうひとつは、広大なプリプロダクションの舞台を埋められるようなショーをどうすれば創り出せるかという問題だ。ふたりか三人で演じるコントをつなげていくだけでは、とうていこの問題の解決にはならない。

私たち全員にとって幸運なことに、エリックは何年間も『スパマロット』のさまざまな舞台のプロデュースを手がけていたから、ミュージカル・コメディの経験を豊富に積んでいた。おかげで、コント（と映像）の混合物に付け加える……不可欠にして魔法の要素――歌とダンス！――を生み出すことができたというわけだ。

歌とダンスだって!?　《パイソン》の最初の三シリーズでは、歌やダンスはただの一度もやったことがなかったと思う。つまりエリックは賢明にも、長く続いた《フライング・サーカス》の伝統に背を向けたわけだ。彼がそこでひるんでいたら、あの復活ライブは成功しなかっただろう。ありがとう、エリック。

テレビシリーズとO_2とのもうひとつの大きな違いは――卑語である。テレビでは、当時の雰囲気のせいで大きな制約があった。ＢＢＣでは、たまになら「ちくしょう《ブラッディ》」とか「ばかやろう《ダム》」とか「ろくでなし《バスタード》」を使うのは許されたが、せいぜいそこまでが限界だった。《パイソン》で最も破廉恥な言葉が使われたのは、「スペイン宗教裁判」の最後の場面だ。三人の枢機卿のひとりが中央刑事裁判所《オールドベイリー》に行こうとするのだが、番組が終わってしまって結局行き着けなかったとき、マイケル・ペイリンが「くそったれ《バガー》！」と叫ぶのである。信じられないことに、マイケル・ミルズが許可してくれたのはうれしかった。「まさかオーケイを出すことになるとは思わなかったが、実際に観てみたらあまりに面白かった。だから許可しよう」と彼は言ったものだ。しかし、「プルーストの要約コンテスト」で、グレアムが趣味のひとつとして「マスターベーション」をあげたときは、ほんとうに大騒ぎになってしまい、編集段階で削除せざるをえなかった。

私はあまり気にしていなかった。汚い言葉に対していささか珍しい考えかたをしていたから――つまり、おおむね使うべきではないと思っていたのだ。しかし、それは下品だからではなく、純粋にコメディに対する考えかたの問題だった。簡単に言ってしまうと、罵倒語を使うのは一種の反則――本来は大して面白くないネタで、笑いをとるための怠惰な手法だと思っていたのだ。しかし、社会全般で基準がゆるくなってくるにつれて、私の基準もゆるんできた。これまでに聞いた最高のアドバイスは、七〇年代前半にデイヴィッド・アッテンボローが言った「ショックはたまに使え」である。そういうわけで、いま私は「ファック」をところどころで使ってもよいことにしている。たぶん二時間の番組で四回ぐらいか。しかし心の底では、人為的な刺激に頼るのは、すぐれたコメディとは言えないといまも思っているのだ。

パイソンの復活ライブを最近やったばかりのくせに、よくもそんなことが言えるなと思われるかもしれない。この点については私にも責任がある。なんと言っても、マイケルとふたりのテリーと私は、ショーの構成と監督をしてくれとエリックに頼んだのだし、プロデュースが終わった段階では、そのショーはまぎれもなく「卑猥なコントとミュージカルの夕べ」の名に恥じないものになっていたのだから。彼の書いた歌詞をＢＢＣの初代会長リース卿に見せて承認をもらおうとしたら、戒厳令が布《し》かれていたにちがいない。

しかしこの四〇年間に、罵倒語や卑語に対する考えかたが一方向にシフトするいっぽうで、それとはべつの価値観が逆方向に動いてコメディを脅《おびや》かしているように見える。私が言っているのは、「政治的な正しさ」と呼ばれる教条主義的な風潮のことだ。最初は思いやりの気持ちから始まったものかもしれないが、あっというまにバランス感覚に欠ける一部の人間に乗っ取られ、ばかばかしいほど極端に推し進められている。バランス感覚に欠けるというのは、その定義によって、ユーモア感覚にも欠けるということだ。幸いなことに、あのテレビシリーズが作られたのは、この頭の弱い偽善がはびこる前の時代だった。また同じく幸運なことに、二〇一四年には私たちは頭も身体もよぼよぼになっていたから、この方面ではおとがめなしになっていたようだ（あるいは、観客も私たちと同意見だったのかもしれない。なんと言っても、《パイソン》のファンにはかなり知的な人が多いから）。

最後にもうひとつ、一九六九年と二〇一四年の奇妙に対照的な点をあげよう。《フライング・サーカス》は、コメディの約束事を破ることを是とし、またその内容には独創的なものも多かったが、つねにテレビのコメディ番組と認識されていた。対してO_2での復活ライブは、テレビ番組を舞台にかけたものというわけではなかったし、かといって演劇と呼べるようなものでもなかった。たんに観客がネタの多くを知っていたとか、観客の反応が全体を通してすばらしく愛情に満ちたものだったとか、そういうことを言っているのではない。そもそも私たちのほかに、ポップ・コンサートをやったことのあるコメディグループなどあるだろうか。

去る二〇一三年一一月の記者会見で、私はこの線に沿ってある提案をしようとした。記者たちの質問からして、これが大がかりな演劇の一種と見なされているのは明らかだったので、これは劇というより観客との相互作用であり、祝賀会であり、むしろパーティに近いものだとあえて主張してみたのだ。

それで、あれはいったいなんだったのだろう。私にもよくわからない。わかっているのは第二夜のこと、オーケストラが「スペインのばか」のコントのおどけたイントロを演奏し、その曲が終わると全員立ちあがって「オレ！」と叫び、私は噴き出してしまい、観客も釣られて笑って、まだだれもひとこともしゃべらないうちに、アリーナじゅうが一〇秒間も笑いつづけていたということだ。そしてまた、第三夜の幕間《まくあい》のとき、「ミケランジェロ」のコントでせりふをとちってくよくよしていた私が、舞台裏で出くわしたエディ・イザードにそれを打ち明けたら、「ジョン、あんたがこのコントをちゃんとやったところはみんな何回も見ているんだ。まちがったことのほうが、みんなにとってはむしろ特別なことなんだよ」と言われたことだ。なんという鋭い意見！　そして……私がテレビ番組でやってきたこととはまるで正反対だ。

この最後の分析において、私にわかっているのはこれだけだ——O_2の観客は、この五〇年に私が出会ったうちで最も楽しい観客だったということ。そして、あの夜が喜ばしくも感動的な笑いと愛情と無心の善意との混合物に変わったのは、ひとえにその観客の力だったということだ。《デイリー・メイル》に嫌われたのも無理はない。

ショーの最終日の翌日、私たちは集まってランチをともにした。全員が異口同音に、どんな意味でも後悔はまったくないと言った。エリックが言ったように、あれは「甘やかな別れの挨拶」だった。たまにはいっしょに食事したりはするものの、それをべつにすれば、私たちはそれぞれ満足しつつ異なる方向に散っていくだろう。マイケルは旅を続け、エリックは歌を書き、テリー・Gはまたプロットのない音楽劇を作るために資金集めをし、テリー・Jは怒りの管理《アンガー・マネジメント》クラスで生まれ変わろうとしはじめ、そして私はO_2での経験を理解しようと頭をひねるのだ。

ただ第二夜に一度だけ、コントが始まるのを待っているあいだ、スポットライトがこちらを照らす前の数秒間、おかげで目の前に広がる巨大な、人でいっぱいのアリーナの全体がまだよく見えていたのだが……そのとき、気がついたらこんなことを考えていた。「どうしてこんなことがありうるのか、いまこのとき、これっぽっちも興奮を感じていないとは」

たぶん私は、今後は執筆に専念するほうがいいのかもしれない。

訳者あとがき

本書は、二〇一四年にRandom House Booksより刊行された*So, Anyway...*の全訳である。

ご存じの読者も多いと思うが、著者のジョン・クリーズは世界的に有名なコメディアンであり、彼の属していた〈モンティ・パイソン〉というグループが登場したのは一九六九年、《モンティ・パイソンズ・フライング・サーカス》という英BBCのコメディ番組でのことだった。これは日本でも《空飛ぶモンティ・パイソン》と題して一九七六年以降に東京12チャンネル（現・テレビ東京）などで放映されているが、とにかく世界中で放映されて、コメディの概念そのものを革命的に変化させた番組として、いまだにテレビの歴史に、というより喜劇やお笑いという広いジャンルの歴史にその名を轟かせている。とはいえ、なにしろ古い番組だから長らく伝説と化していたわけだが、技術の進歩のおかげで一〇年ほど前にDVD化され、いまでは簡単に観られるようになっているのはまことにありがたいことだ。当時の英国の有名な人物や出来事をネタにしている部分など、英国人でない私たちがいま観るとちんぷんかんぷんだったりもするのだが、それでもいまだに古さを感じさせないのはさすがというしかない。

　この番組の稀有なところは言い出せばきりがないほどあるが、出演者六人全員の共同制作だというのもそのひとつではないだろうか。ひとりでアニメーション部分を作っていたテリー・ギリアムはべつとして、その他の脚本や演出は五人全員で話しあって作りあげていて、とくにまとめ役とかリーダー的なメンバーはいなかったそうだ。本書にもあるとおり、メンバーの個性はひとりひとりばらばらなのに、それでひとつの番組としてまとめあげて、毎週完成度の高いものを作っていたというのは信じられない気がする。そんなリーダー不在の〈パイソンズ〉だが、少なくともグループ結成にいちばん貢献したという意味で、本書の著者ジョン・クリーズはとくに重要メンバーだったと言ってもよいのではないかと思う。

　本書はそんなクリーズの「半生記」——というより、「四半生記」と言ったほうがいいかもしれない。なにしろ〈モンティ・パイソン〉結成（このとき彼は三〇歳になるやならずである）までで話は終わっているのだ。「その後のことはみんな知ってるでしょ」というスタンスなわけだが、日本の読者にはそこまで知られていないかもしれないので、とりあえずここで簡単にその後の歩みをまとめておこう。先にも述べたとおり、《モンティ・パイソンズ・フライング・サーカス》の第一シリーズの放映は一九六九年に始まり、人気が出たおかげで第二シリーズが一九七〇年にすぐ放映され、第三シリーズが七二年、第四シリーズが七四年に放映されている。人気の高まりを受けて映画も制作され、七一年には『モンティ・パイソン・アンド・ナウ』、七五年には『モンティ・パイソン・アンド・ホーリー・グレイル』、七九年には傑作の呼び名も高い『ライフ・オブ・ブライアン』、八三年には『人生狂騒曲』が制作された。そのかたわら、グループとして何度も国内外でライブ・ツアーをおこなっている。ただし、一九八九年にグレアム・チャップマンが癌のためわずか四八歳で亡くなってからは、二〇一四年復活ライブまで〈モンティ・パイソン〉としての活動はさたやみになっていた。

ジョン・クリーズ個人としては、本書でも「自分に得るところがないと思うとすぐに飽きる」という趣旨のことを書いているとおり、《モンティ・パイソン》が本格的に人気が出はじめた第二シリーズの途中でもう飽きてしまい、このころから個人としての活動に比重を移しだす。一九七二年にはアントニー・ジェイとともに〈ビデオ・アーツ〉社を設立して、ビジネスマン向けの教育ビデオを作りはじめている。《モンティ・パイソン》の第四シリーズには一度も出演せず（ただしコントはいくつか書いており、クレジットに名前は出ている）、一九七五年には妻で女優のコニー・ブースとシチュエーション・コメディの《フォルティ・タワーズ》というシリーズを作り、人気を受けて七九年には第二シリーズも作っている。また、心理セラピーを通じて知り合った精神科医ロビン・スキナーと共著で、一九八三年には ***Families and How to Survive Them***（家族関係とそれを生き延びる方法）を出版し、さらに続篇の ***Life and How to Survive It***（人生とそれを生き延びる方法）も発表。そして一九八八年には、代表作ともいうべき映画『ワンダとダイヤと優しい奴ら』の脚本・主演をこなして成功させている。

その他、テレビ出演や映画の「カメオ出演（と言えば聞こえはいいがちょい役のこと、とクリーズは本文中に書いているが）」などはそれこそ書ききれないほどあり、新しいところでは『ハリー・ポッター』シリーズにも出ているが、手を出したさまざまな分野のすべてで成功を収めているのがクリリーズのすごいところだ。《フォルティ・タワーズ》のシリーズは、第一、第二ともきわめて完成度が高く、何度も再放送されていまだに英国シットコムの最高峰と言われているし、精神科医との共著は出版されて三〇年以上たついまも売れつづけているし、〈ビデオ・アーツ〉社の製品は数々の賞を受け、これでクリーズはだいぶ儲けたと言われているだけでなく、身売りはしたもののいまも立派に存続している。もちろん『ワンダ』は傑作コメディ映画として評価が高く、助演のケヴィン・クラインはこれでアカデミー賞を受賞しているほどだ。クリーズが飽きっぽくなかったらどれだけすごいことをやったかと思わずにはいられないが、たぶんある程度やってひととおりやりかたがわかってしまうと、それ以上はやる気がなくなってしまう人なのだろう。もったいない——と思うのは凡人の悲しさか。

私生活のほうも簡単にご紹介しておくと、本書にあるとおり六八年にコニー・ブースと結婚、七一年には長女シンシア誕生。しかし七八年には離婚して、八一年にアメリカの女優バーバラ・トレンサムと再婚、八四年には次女カミラ誕生。九〇年にはバーバラとも離婚し、九二年にはアメリカの心理療法家アリス・フェイ・アイケルバーガーと結婚。本文中に何度か三人めの奥さんの悪口が遠回しに書かれているが、それはこのアリスさんのことである。それまでの二度の離婚はいずれも円満離婚で、もと奥さんたちとはいまもよい関係が続いているそうだが、このアリスさんと二〇〇八年に離婚したときには、多額の賠償金と扶養費を請求されている（それを支払うためと称して二〇一一年には「前配偶者扶養料ツアー」を敢行、というのは本書にも書かれていた）。しかしクリーズはめげることなく、二〇一二年には英国の宝飾デザイナーでもとモデル（で三二歳年下）のジェニファー・ウェイドと結婚。本書の謝辞の最後に「魚（フィッシュ）」とあるのは、このジェニファーさんのことである。なぜ魚《フィッシュ》なのかと言うと、とても水泳がうまい人なのだそうだ。二〇一四年の復活ライブの成功のあと、クリーズは《テレグラフ》紙のインタビューを受けて、「真の愛を見つけていまとても幸福だ」と答えている。前の三人の奥さんたち（まあアリスさんはべつとしても）やふたりのお嬢さんたちの立場はどうなるのかと思わないでもないが、今年七七歳になったクリーズが幸福なら一ファンとしては喜ばしいかぎりである。

本書では、そんな「天才」クリーズがどんな子供で、どんなふうに育ってきて、どんな青春時代を過ごしたかが軽妙な筆致で書かれているわけだが、なにしろ書いているのがクリーズだから、なにも知らずに読んでもめっぽう面白い。英国の学校制度のユニークさもあちこちでうかがえるし、私立小学校の校長先生の描写などはおみごとと言うしかない。あちこちでコメディの創作や演技に対する分析や洞察が書かれているのも興味深いが、あまり深く踏み込まず、ちょっと思いついたから書いておく、と言わんばかりにあっさり片づけているのもなんだかクリーズらしい気がする。けっして自慢せず、しかし過度に謙遜もしない絶妙なバランスの記述に、ジョン・クリーズの賢さと人柄のよさがにじみでているように思う。また、グレアム・チャップマンとの思い出話など、チャップマンがアル中になって大変な思いをするのはもう少しあとのことだからかもしれないが、歳月に洗われて「幸福な思い出」だけが強く心に残っているように感じられるのも、ファンとしてはうれしいところではないだろうか。

最後にひとつ付け加えておくと、これは多くの読者にはたぶんどうでもよいことだろうとは思うのだが、ダグラス・アダムスの『銀河ヒッチハイク・ガイド』に出てくる「四二」の理由について、本書でクリーズが簡単に推測を書いているのが訳者としてはひじょうに興味深かった。あるコントで、グレアム・チャップマンが叫んだ「賛美歌四二番！」から来ているのではないかとクリーズは書いているのだけれども、ダグラス・アダムス自身は、なんとジョン・クリーズが出典だと言っているのだ。これについては拙訳書『銀河ヒッチハイク・ガイド』のあとがきにも書いてしまったのだが、〈ビデオ・アーツ〉社でクリーズが作っていたビデオで、客をほったらかして計算に熱中しているだめな窓口係が、やっと計算の答えが出て最後に「四二だ！」と叫ぶという……ほんとうのところはどうだったのか、アダムスもチャップマンも亡くなってしまっているので確かめようがないのは残念なことである。

〈モンティ・パイソン〉のファンであり、そのなかでもとくにジョン・クリーズのファンである訳者にとって、本書の翻訳を手がけられたのは望外の喜びだった。お声をかけてくださった早川書房編集部の伊藤浩氏にはお礼の言葉もない。しかしなにしろ仕事が遅いものだから、伊藤氏はもちろん、校正の二タ村発生氏にも大変なご迷惑をおかけしてしまったのはまことに申し訳なく、面目ないことである。そんなわけで、この場をお借りして心からお礼とお詫びを申し上げます。

二〇一六年一一月

写真クレジット

下に特記ある以外はすべて、著者所有のもの。

●口絵

p. 5 下 : Clifton College.

p. 8 上 : reproduced with permission of The Master, Fellows, and Scholars of Downing College in the University of Cambridge.

p. 11 右下 : John Vere Brown / University of Bristol Theatre Collection / ArenaPAL.

p. 14 上 : © Getty Images.

p. 15 上 : © BBC / credit: Photo Library; p. 15 左 : © BBC / credit: Photo Library; p. 15 下 : ITV / Rex Features.

p. 16 上 : © Lewis Morley Archive / National Portrait Gallery, London; p. 16 下 : © BBC / credit: Photo Library.

p. 18 上 : Mirrorpix; p. 18 下 : Warner Bros / Seven Arts courtesy RGA.

p. 19 下 : FremantleMedia Ltd / Rex Features.

p. 20 上 : © Moviestore collection Ltd / Alamy.

p. 20 下 : Everett Collection / Rex Features.

p. 21 上 : Everett Collection / Rex Features; p. 21 下 : Phillip Jackson / Associated Newspapers / Rex Features.

p. 22 上 : © BBC / credit: Photo Library; p. 22 下 : Mirrorpix.

p. 23 下 : © AF archive / Alamy.

p. 24 : © AF archive / Alamy.

●本文

p. 143 (Clifton College Lord's XI, 1957): Clifton College.

p. 229 (drawing of John Cleese): Humphrey Barclay.

p. 274 (Cast of *Cambridge Circus* before the New Zealand tour): Lord Crathorne.

p. 362 (*The Frost Report* team, 1957): Ben Jones / Rex Features.

p. 544 (The Pythons, 1970): © Rolf Adlercreutz / Alamy.

モンティ・パイソンができるまで
—ジョン・クリーズ自伝《じでん》—
2016年12月20日　初版印刷
2016年12月25日　初版発行
＊
著　者　ジョン・クリーズ
訳　者　安《やす》原《はら》和《かず》見《み》
発行者　早　川　　浩
＊
印刷所　中央精版印刷株式会社
製本所　中央精版印刷株式会社
＊
発行所　株式会社　早川書房
東京都千代田区神田多町2−2
電話　03-3252-3111（大代表）
振替　00160-3-47799
http://www.hayakawa-online.co.jp
定価はカバーに表示してあります
ISBN978-4-15-209661-6　C0074
Printed and bound in Japan
乱丁・落丁本は小社制作部宛お送り下さい。
送料小社負担にてお取りかえいたします。